JAHRBUCH ZUR KULTUR UND LITERATUR DER WEIMARER REPUBLIK

Jahrbuch zur Kultur und Literatur der Weimarer Republik

Band 23 · 2023/24

Herausgegeben von Sabina Becker
in Zusammenarbeit mit Robert Krause

edition text + kritik

Die Zusendung von Beiträgen für das *Jahrbuch zur Kultur und Literatur der Weimarer Republik* wird – möglichst nach vorheriger Absprache mit der Redaktion – freundlich erbeten. Für die Einrichtung der Typoskripte stellt die Redaktion ein verbindliches Merkblatt zur Verfügung.

Anschrift: Prof. Dr. Sabina Becker, Albert-Ludwigs-Universität Freiburg, Deutsches Seminar/Neuere Deutsche Literatur, Postfach D-79085 Freiburg i. Br.

Bibliografische Information der Deutschen Nationalbibliothek
Die Deutsche Nationalbibliothek verzeichnet diese Publikation
in der Deutschen Nationalbibliografie; detaillierte bibliografische Daten
sind im Internet über www.dnb.de abrufbar.

ISSN 1618-2464
ISBN 978-3-96707-944-9

Umschlaggestaltung: Thomas Scheer
Umschlagabbildung: Werkfoto zu *Hoppla, wir leben!* (1927),
Quelle: Institut für Theaterwissenschaft der FU Berlin,
Theaterhistorische Sammlungen, Nachlass Traugott Müller.

© edition text + kritik
im Richard Boorberg Verlag GmbH & Co KG, München 2024
Levelingstraße 6a, 81673 München
www.etk-muenchen.de

Gesamtherstellung: Laupp & Göbel, Robert-Bosch-Straße 42,
72810 Gomaringen

Inhalt

TEXTE UND DOKUMENTE

RUDOLF BRAUNE

Filmkritiken 9

FABIAN BAUER

»Wenn ich das Kino hätte?«
Einleitende Überlegungen zum filmkritischen Werk Rudolf Braunes 25

AUFSÄTZE

MAREN LICKHARDT

Aufwertung der großen Zahl
Popularität als quantitative Kategorie im Zeitschriftendiskurs
der Weimarer Republik 47

BRITTA HERRMANN

»… denn am Radio hängt, nach Radio drängt heute alles«
Weimarer Rundfunk zwischen Popularisierung und
Massen-Experiment 69

SABINA BECKER

Dramatik im Zeitalter der Masse und der Medien
Zu Ernst Tollers ›Kollektivstücken‹ 97

JÜRGEN HILLESHEIM

Ideologiefernes Episches Theater
Vor hundert Jahren wurde Bertolt Brechts *Baal* uraufgeführt 129

THOMAS STORRER

Alfred Döblins Exil vor dem Exil 1918–1933 149

WOLFGANG MENZEL, MICHAEL JANSEN

Oskar Loerke – Literaturvermittler in bewegten Zeiten 175

MILOSH LIETH

Stadt, Dschungel, Großstadtdschungel
Eitopomar als Kolonialphantasie in Norbert Jacques' *Dr. Mabuse,
der Spieler* und Fritz Langs/Thea von Harbous filmischer Adaption   185

BERNHARD RUSCH

Max Warburg und das Bankhaus M. M. Warburg & Co
in der Weimarer Republik 211

WILFRIED HEISE

»Wie von einem gnadenlosen Dämon besessen«
Die Verführung des Bösen in Christian Krachts Roman *Die Toten* . . 237

REZENSIONEN

Mechtild Duppel-Takayama, Rolf Parr, Thomas Schwarz (Hrsg.):
Exotismen in der Kritik. Brill Fink 2023 (Günter Helmes) 261

Bernhard Rusch: Dada & München. Eine Art Romanze.
Schrägverlag 2022 (Walter Delabar) 266

Hannes Gürgen: Arnolt Bronnen. Literatur, Ästhetik und
Medienarbeit eines modernen Schriftstellers. Triglyph Verlag UG
2023 (Günter Helmes) 269

Edition Carl Einstein »Die Fabrikation der Fiktionen«. Metzler 2022;
Carl Einstein: Briefwechsel 1904–1940. Metzler 2020
(Walter Delabar) 276

JUNI-Magazin für Literatur und Kultur, H. Nr. 59/60: Carl Einstein.
AISTHESIS 2022; H. Nr. 61/62: Gregorianische Gesänge.
AISTHESIS 2023 (Barbara von Reibnitz) 284

Ausgewählte Neuerscheinungen 291

Verzeichnis der Mitarbeiterinnen und Mitarbeiter 295

Personenregister 299

TEXTE UND DOKUMENTE

Rudolf Braune

Filmkritiken

Der amerikanische Film. Eine Verteidigungsrede für unsere Zeit [1925]

Zuerst, immer und immer wieder: Film ist weniger Kunst, aber umsomehr Technik! Willst du psychologische Feinheiten, Nuancen und Erschütterungen, rollendes R und zerbrochene Schicksale: Bitte sehr, die Schaubühne!

Aber flammenden Protest gegen alle Filme, die gekurbelte Theatervorstellungen sind! (wir versuchen, in Dresden bei durchgefallenen Filmen das Pfeifen einzuführen. Nachahmen!).

Schlecht ist nicht der Film, der uns Erotik, Unlogik, nackte Beine, Schauergeschichten zeigt (er ist höchstens geschmacklos!), sondern das Grundübel sind die *langweiligen* Filme.

Wenn das kleine Ladenmädel müde ins Kino geht, wenn der Banklehrling vor den Zahlen flieht in das abendliche Lichtspielhaus und wenn diese jungen Proletarier zwei Stunden in Spannung gehalten, in ein anderes Tempo gerissen werden, dann zu diesen Filmen tausendmal: Sei gegrüßt! Denn diese jungen Menschen sind nicht nur der größte Teil der Kinobesucher (Studenten, Angestellte, junge Mädchen, Arbeiter vom Markthelfer bis zum Straßenbahner, Schüler; alle zwischen 18 und 25), sie sind auch der zukünftige Kern der Nation! Bitte, glaubt nicht, weil ihr keine Zigarette im Schnabel habt, reiner zu sein! Die Reinigung der Jugendbewegung von diesem Dünkel und vom Glauben an ihre Auserwähltheit scheint jetzt, dank der Arbeit einiger tapferer und selbstkritischer Kerle, zu gelingen, deshalb dazu noch einige Worte. Über den Wert dieser Großstadtjugend kann man nicht mit dem Helmut Harringa in der Hand diskutieren. Wir (ich spreche nicht nur pro domo, sondern für meine Freunde von der Dresdener Proletarischen Tribüne) sind vielen dieser jungen Menschen Kameraden geworden. Wir haben ehrlich versucht, die Basis zu finden, von der aus alle, die guten Willens sind, sich die Hände reichen und dem Leben und dieser Zeit zuzurufen: Evoi! Nötig war, daß auch wir denen drüben aus der bürgerlichen Welt ein Stück entgegengingen. Das haben wir nicht bereut. Auf der Plattform der guten Europäer (oder wie ihr den neuen Typ sonst nennen wollt) sammeln sich nun, gleich weit entfernt vom Snob, von Zunft und von bürgerlicher Mentalität alle, auf deren Fahne die guten Forderungen des 20. Jahrhunderts stehen: *Gelassenheit* und *Kollektivgeist*! Niemand wird sie durch Ignorieren, Modetorheit und Fußballfanatismus,

Seidenstrumpferotik und Flirt erledigen, erst recht nicht durch Reden. Ehe
man den Feind angreift, muß man das Gelände erkundigen. Wir sind bis in
die Höhle »des Bösen« gegangen (erinnert ihr euch noch an die gestürmten
Kinovorstellungen; war das nicht vor 1000 Jahren?), und wir haben gelernt.
Auch von denen. Und sind doch nicht an dieser »Jugend von heute« ver-
zweifelt. Wir wissen, daß auch die Jungen in Shimmyschuhen (ich spreche
immer vom Gros, von der Masse!) verdammt kritisch sind, vor allem: daß
sie den Realitäten des Lebens und der Nachkriegsjahre viel entschlossener
und grifffester gegenüberstehen, als diese Zunft.

Und der neue weibliche Typ, den einmal Hans Blüher so glühend in
seinen Merkworten für den freideutschen Stand herbeigesehnt hat, der ist
wohl auch in der Jugendbewegung entstanden, aber – wo ist er heute? (Ein
Wandervogel, den ich seit Jahren nicht gesehen hatte, sagte mir, als wir uns
beim Wiedersehn über alte Freunde unterhielten, dies und jenes Mädel sei
»verspießert«. Ich besuchte diese Frauen und fand weder bürgerliche noch
zünftige Kaffeetanten und Klatschbasen, sondern den neuen weiblichen
Typ, der, wie Hans Blüher schrieb, durchaus nicht alles mitmacht, Frauen,
die den Mut haben, abzulehnen, die Distanzen verstehen, die nicht mehr
diskutierten, sondern *sind!* Sie hatten allerdings den neuen, selbstverständ-
lichen, aristokratischen Stil, der ihnen zwar nicht verbot, die Freuden dieser
Zeit ganz zu genießen und Asta Nielsen höher zu schätzen als Oma Prell-
bock, aber der zwischen ihnen und jenen ewigen Wandervögeln eine klare
Grenze zog.)

Der Flirt des Bürgermädels ist sehr oft – immer en masse betrachtet –
die geistvollste und zugespitzteste Form des Zwiegespräches; ob der Inhalt
der Form gemäß ist, oder nicht, kommt auf den Mann an. Das Arbeitermä-
del ist – bedingt durch ihr gegenteiliges Milieu – der liebereichste unter den
Frauentypen. Beide, die ich heute als einzige feminine Typen anerkenne,
weil sie richtig ihre Funktionen erkannt haben und ausnützen, treffen sich
nicht mehr bei Liebesromanen oder auf dem Tanzsaal, sondern im Lichtspielhaus. Dieser neue Typ, der sich schon jetzt im Tohuwabohu dieser Zeit
sammelt, der wirklich die junge Generation bildet, schwört nicht mehr auf
Programme, aber er hat das eine: Form. Den Inhalt bestimmen andere Ins-
tanzen, die Form geben wir uns selbst. Wir streifen das Häßliche, Grelle ab,
und gehen mit den Dingen und Erscheinungsformen der Zeit: Boxkampf,
Sechstagerennen, Dynamo, Film. In allen Höllen dieser Zivilisation finden
wir uns zurecht; denn auch Überlegenheit ist eine Angelegenheit dieser
Form. Unser Kampf gegen die herrschenden Klassen und deren System
wird dadurch nicht im geringsten sabotiert; denn die Änderung der sozialen Verhältnisse wird nicht durch Reformismus kommen (Reformismus

sind z. B. die Versuche, einige Auswüchse der kapitalistischen Wirtschafts-ordnung durch Boykott zu beseitigen). Wer draußen steht und schreit, be-weist, daß er nicht dieses kann: An die Dinge herantreten und doch in Dis-tanz bleiben. Er beweist auch, daß er nicht die eine Eigenschaft des neuen Typus hat: Gelassenheit. Der Besessene schwört auf Statuten, wir aber tol-len mit dieser Zeit. Propagandafilme für Sittlichkeitsvereine sind allenfalls gute Witze, nie werden wir aber vergessen, wie Jackie Coogan, das kleine amerikanische Filmkind (das bleibt er für uns trotz dieser schamlosen Pro-paganda, die Karl Kraus sehr treffend Kinderschändung nannte, während seiner Europareise), eine Fensterscheibe einwerfen will: In der erhobenen Hand der Stein, hinter ihm, ohne daß der Kleine etwas merkt, der Polizist. Plötzlich, im letzten Augenblick, sieht er den Gummiknüppel. Langsam, ohne den Gesichtsausdruck zu verändern, läßt er den Arm sinken, spielt mit dem Stein und sieht den Schutzmann an, mit einem so harmlos-fre-chen, so nichtwissendüberlegenen Gesicht, daß ... Ach, was könnt ihr aus diesen armen Worten erfahren, wie wundervoll diese kurze Szene ist, wenn ihr sie nicht gesehen habt! Nur das eine: Alle diese jungen Menschen in dem großen, vollen Kino lachten unbekümmert du herzhaft, sorgenlos und froh, und alle hatten Solidaritätsgefühl mit dem Kleinen: Die einen aus Ka-meradschaft, die anderen aus Mütterlichkeit.

Ja: Jackie Coogan ist der eine und Charlie Chaplin der andere und dann noch die: Baby Peggy, Harold Lloyd, Fatty, Semons, Norma Talmadge, Gloria Swanson und die Regisseure der Sensationsfilme und die der wil-den (immer ohne Namen laufenden) Grotesken: Alles Amerikaner! Und so wurden uns Jungen diese drei Worte ein Programm: *Der amerikanische Film.* Hauptmerkmale: Tempo, Unlogik und eine kleine Dosis Sentimentali-tät. Und alles ist da, was wir wollen! Nicht nur ich und meine Kameraden und die vielen Kinobesucher, sondern auch du, auch du! Paß auf!

1. Unlogik. Tag für Tag in den Geschäften und Betrieben, in Häusern und auf der Straße, beim Geldverkehr und beim (meistens ebenfalls bezahl-ten) Liebesverkehr geht alles so kaltschnäuzig, so gemein mathematisch zu, daß wir alle froh sind, wenn uns am Abend auf eine höchst amüsante Art gepredigt wird: Das ist ja gar nicht wahr, das ist alles umgedreht! Ob du dich heute verrechnet hast, ist doch vollkommen egal: Hier klettert Harold Lloyd auf einen Wolkenkratzer, rutscht auf der 20. Etage ab, und wir wissen ganz genau: Der fliegt nicht!

2. Tempo. Wenn die Unlogik durch Geschwindigkeit beschleunigt wird, dann verschwindet das Gräßlichste: Langeweile. Überall, im Thea-ter oder in Versammlungen, beim Bücherlesen oder beim Bilderangucken: Wenn ihr gähnt, ist die Chose wertlos. Leben heißt Schnelligkeit, mo-

dernes Leben heißt Blutüberschuß. Das sind allerdings keine Thesen für Metaphysiker, aber jeder, der noch keine Arterienverkalkung hat, jeder, der noch jung, zügellos ist, pfeift auf die Ewigkeit, wenn er hier unten nicht mehr das Bedürfnis hat, zum Augenblicke zu sagen: Verweile doch, du bist so schön. Wie köstlich ist dieses Gefühl der Erregung: Was bringen die nächsten Stunden. Nötig ist, daß man keine moralischen Hintergründe hat; nötig ist, daß wir uns für diese unsere Zeit verantwortlich fühlen. Wer Hymnen gegen die »verruchte« Zeit singt, hat nur noch Panoptikumwert. Radio, Fordauto, Rekorde, Zahlen, Wunderbauten, Großtaten der Ingenieure und Techniker, Riesenmegaphone, Flugzeughaltestellen auf den Dächern der Wolkenkratzer, das alles bringt der amerikanische Film, bringt es reichlich, bringt es auch manches Mal kitschig; aber: Wir werden mitgerissen, mitgedreht und darum (warum auch nicht?): Es lebe der Kitsch!

Und dann, als Nummer 3, muß die ganze Sache doch glücklich auslaufen. Der verlorene Sohn muß sich zurückfinden, die geraubten Millionen kommen wieder, die Braut steht hinter der Kulisse, elterlicher Segen, Kuß, Stille Nacht, heilige Nacht, Ende. Wir lachen. Aber nicht böse, draußen im Alltag geht der Kampf der Energien weiter, da gönnen wir uns am Abend eine kleine Dosis Sentimentalität: Die einen weinen dabei und wir lachen: Befriedigt sind beide Teile.

Was soll ich noch zum amerikanischen Film sagen? Vielleicht können ihn die sehr jungen deutschen Regisseure (Carlo Mayer, Paul Leni) noch großartiger machen; das ist aber gar nicht nötig.

Hunderttausende sind beglückt, Chaplin und Jackie Coogan gehören zum eisernen Bestand der Filmproduktion.

Bitte, kompliziert die Angelegenheit nicht durch die Frage: Wo steckt hier Kunst? Meinetwegen, diese Filme sind sentimental, verlogen, blödsinnig, aber sie sind nie langweilig; und technisch: Meisterwerke, alle Möglichkeiten ausnutzend, präzis, exakt und – in ihrer Primitivität und ungekünstelten Darstellung – erstklassige Filmprodukte. Deshalb: En avant Amerika!

Chaplin aber ist ein Kapitel für sich.

Charlie Chaplin »Zirkus« [1928]

Wir sahen ihn wieder.

Heute, nach »The Kid«, nach »Hundeleben«, »Goldrausch« und einer langen Reihe Einakter, können wir versuchen, das Fazit festzustellen: Was bedeutet Chaplin, seine Kunst, sein Spiel, und seine Idee, für das Weltproletariat? Schon die Reichweite seiner Arbeiten (und natürlich aller Filme überhaupt), die bis in die fernsten Winkel der Welt dringen, verschaffen ihm eine Bedeutung, die unsere Beachtung verlangt. Unsere, d. h. des aktiven Teiles des Proletariats. Denn die Arbeiter aller Welt stellen den größten Teil seiner Zuschauer, ihm jubeln die Kulis in Schanghai und Kanton ebenso zu wie die Hafenarbeiter in Hoboken, und die Kumpels von Kladno, sein Name läuft über die Leinwand in den Kinos der irischen Slums, in den 75-Centimes-Höhlen der Pariser Vorstädte, in den Lichtspielhäusern der Moskauer Gewerkschaften, in Berlin, Frisco und auch in Hamm, in Kaiserswerth und jedem kleinsten Fleck, wo ein Kino existiert. In aller Welt.

Jeder Film, ob er »Potemikin«, oder »Ich hab' mein Herz in Heidelberg verloren« heißt, ist eine Klassenäußerung, der Ausdruck eines bestimmten, sozial fundierten (meistens durchaus nicht künstlerischen) Willens. Seine Wirkung ist dementsprechend und, in unserer Periode des permanenten Klassenkampfes, durchaus mit der Wirkung eines Maschinengewehrs oder einer anderen militärischen Waffe zu vergleichen. Hier wie dort wird niederkartätscht. Und ob nun ein Arbeiter im Straßen-Kampf fällt, oder vorher in einem der vielen Netze der bürgerlichen Theologie (dazu gehört auch das Kino mit dem heutigen Klassen-Repertoire) gefangen wird, das ist nur ein Gradunterschied. Für die bürgerliche Klasse ist er in beiden Fällen aus dem sozialen Kampf ausgeschaltet. Wobei zu beachten ist, daß im zweiten Falle für uns noch die Möglichkeit besteht, diesen Arbeiter wiederzugewinnen.

Und Chaplin?

Er spielt (nur als dokumentarische Tatsache sei dies zuerst vermerkt) immer den Unterdrückten. Schon in seinem Aeußern, in jener unvergleichlich einmaligen, schäbigen Eleganz, ist er der Arme, gedrückte, verschüchterte, der Außenseiter. Darin ist aber gleiche eine zweite Feststellung enthalten: Charlie, der Arme, Ausgepowerte, wehrt sich nicht mit unseren Mitteln, er ist nicht in dem Sinn aktiv und kämpferisch, wie das ein Streiter ist, oder ein Arbeiter, der auf die Barrikade geht. Ist er aber passiv, indifferent? Nein.

Er zieht sich aus allen Affären mit Hilfe der Tücke des Objekts.

Daß Chaplin dieses Mittel benutzt, hat natürlich zuerst einen äußeren, sehr triftigen Grund. Wir hätten nämlich höchstwahrscheinlich nie einen Film von ihm zu sehen bekommen. Von wegen Zensur. Falls er nicht vorziehen würde, in Sowjetrußland zu arbeiten.

Nun müssen wir ihn nehmen, wie er ist und seine Wirkung untersuchen. Und seine Wirkung ist gewaltig. Wieviele haben über ihn gelacht und was ist nicht schon geschrieben worden, um das zu erklären. Wieviel bombastische Sätze, wieviel Superlative, wieviel komplizierte Erklärungen! Wir aber können uns ruhig zuerst alle Psychologie ersparen. Das, was uns hinreißt, ist seine Komik. Seine unvergleichliche Gestalt. Die bezaubernde Anmut seiner Bewegungen (Der Schritt, das Zucken des Gesichts, der berühmte »Brötchentanz« in »Goldrausch«). Und noch etwas mehr. Eben jene Tücke des Objekts. Da ärgert ihn eine maßlos eingebildete Person. Er kann sie nicht hineinlegen, weil sie eine »Dame der Gesellschaft« ist und immer ein Policemann als ewige Drohung neben ihm herschreitet. Die Sache spielt auf einem Dampfer. Charlie geht auf das Oberdeck und bestellt Eis, schönes Vanille-Eis. Er balanciert es lange herum. Schließlich rutscht es ihm doch vom Teller hinunter auf das Promenadendeck und natürlich gerade in den Busenausschnitt der fetten Dame, die ihn so geärgert hat. Tücke des Objekts. Alles schreit.

Und in dieser feinen Szene liegt noch etwas anderes, das wir in allen Chaplin-Filmen wiederfinden. Den Großen geht es immer schlecht. Der kleine, ängstliche, zerknutschte Mann aber siegt. Ihm kann nichts passieren. Er geht durch alle Gefahren unbeschädigt, ja unberührt. Das ist neben seiner Komik die wichtigste Ursache der Sympathie, die er bei dem Arbeiterpublikum hat.

Seine Filme aber reichen über unsere Zeit hinaus. Seine leise Melancholie, die zärtliche Wehmut eines empfindsamen Herzens, das sich in dieser verbiesterten Zeit heimatlos fühlt, mit einer unbestimmten Sehnsucht nach besseren, reineren, fröhlicheren Tagen, all dies wird dann einmal Schulen beschäftigen und als ein gutes Dokument des beginnenden 20. Jahrhunderts betrachtet werden. Das Proletariat versteht ihn aber schon heute.

Nun sahen wir endlich seinen langerwarteten »Zirkus«. Die bürgerliche Journaille unkte schon seit langem: »... schwächer als sonst.« Es war der ganze, alte Chaplin. Eine reine Freude.

Charlie kommt über den Rummelplatz. So geht »Zirkus« los. Er sieht zu, etwas ängstlich, etwas reserviert. Da rutscht er das erste Mal aus: Ein Taschendieb, verfolgt von der Polizei, stopft dem kleinen Mann sein Diebesgut in die Tasche. Und nun verfolgt ihn die Polizei. Hetzjagd über den Rummelplatz, durch leere Straßen (herrlich, wie er neben dem wirklichen Taschendieb herläuft und, noch in dieser Situation, höflichst seinen Hut lüftet), schließlich hinein in eine Schaubude mit beweglichen Treppen und Irrzimmern, in deren tausend Spiegeln sich Charlie nicht mehr zurechtfindet und schließlich erschöpft stehen bleibt. Die Groteske überkugelt sich aber, als nun auch noch die Polizei in den Spiegelzimmern ihn verfolgt. Er entkommt schließlich und flüchtet in einen Zirkus hinein. Das

Publikum, das sich schrecklich langweilte, ist freudig über den kleinen komischen Mann überrascht und bejubelt ihn als beste Nummer. Er weiß nicht, daß er Mittelpunkt ist. Mit irrer Hilflosigkeit tut er die dummsten Dinge, über die das Publikum natürlich wieder in größte Begeisterung gerät. So darf er bleiben. Jeden Abend während der Vorstellung latscht er in die Runde, ohne zu ahnen, daß alles Leute nur gekommen sind, um ihn zu sehen. Der Zirkusdirektor hat eine Tochter, in die verliebt sich natürlich Chaplin, bis ... die leise Melancholie kommt wieder in sein Gesicht, bis der hübsche Seiltänzer Rex kommt, dem das Mädchen zufällt, ohne daß dieser einen Finger krumm macht. Charlie bleibt zurück, ein bisschen traurig, ein bißchen müde, die bunten Wagen verschwinden hinten am Horizont, an einen endlosen Horizont, vor dem still und allein der kleine Mann steht. Hier können wir den Regisseur Chaplin bewundern, der ganz einfache Bilder stellen kann, deren Architektur, deren Aufbau aber so klar und gut abgewogen ist, wie auf den Bildern Rembrandts oder Henri Rousseaus.

Einmal flüchtet er, ich glaube vor einem wildgewordenen Pferd, in einen Löwenkäfig. Die Tür klappt zu und nun steht er da, angstschlotternd, und der Löwe schläft in der Ecke. Er drückt sich ganz in die Ecke, er macht sich so klein, nur, damit der Löwe nicht aufweckt. Da – natürlich, Tücke des Objekts: Ein kleiner Hund kommt angesaust und kläfft herauf. Der Löwe rührt sich. Da kommt, ausgerechnet, seine Geliebte, und statt ihm die Tür zu öffnen, fällt sie in Ohnmacht. Der Löwe dehnt sich schon. Charlie aber bespritzt, aus dem Käfig, seine bewußtlose Freundin mit Wasser. Der Löwe steht auf, beschnuppert ihn ... nein, er hat keinen Hunger, er legt sich wieder hin. Charlie ist baff, er befühlt sich. Noch heil? Ja. Seine Geliebte wird wieder munter und öffnet ihm, ängstlich und verstört, den Käfig. Kommt Charlie heraus? Nein. Jetzt hat er Mut. Jetzt kann er dem kleinen Mädchen beweisen, daß er ein Mann ist. Stolz, mit einer Fünfgroschen-Lorsche, aber mit bebenden Knien, den Mund gespickt zum lockenden Piff – ach, ich möchte diese paar Meter immer wieder sehen: – So geht er in die Löwenecke. Aber der Löwe versteht natürlich jetzt (gerade jetzt! Tücke!) keinen Spaß. Ein Sprung – aber da ist Charlie schon längst draußen. Das Kino brüllt!

Charlie! Sie machen dir drüben das Leben sauer. Wir wollen etwas Schuld abtragen. Wir lieben dich. Bleibe so, und komme immer so wieder!

Von unserer Kulturfilmbühne, die alle möglichen ollen Kamellen aufwärmt, erwarten wir aber, daß sie nächstens einen alten, sehr verkannten Chaplin-Film bringt. Nämlich »Hundeleben«.

Aber, Genossen, in diese Woche zuerst »Zirkus!«

Hätten wir das Kino! Forderungen und Vorschläge der Jungen
für den deutschen Film [Beitrag zur Kolumne, 1929]

Wenn ich das Kino hätte? Wenn mich Einer ein paar Wochen lang mit guten Operateuren kurbeln ließe? Ich würde den Stoff von der Straße auflesen, ich würde keine Stars engagieren, ich würde Die aus dem Leben nehmen.

Ein berliner Büromädchen, ein Leunaprolet, eine Tippse von der Hapag, ein Student ohne Monatswechsel, ein Gepäckträger vom kölner Hauptbahnhof, ein mittlerer Bankbeamter aus Kottbus, das sind sechs Filme. Kerls, die Das spielen können, laufen nicht gerade haufenweise herum, aber sie sind da (und hungern meistens).

Scharfe Aufnahmen ohne Symbolik (Eisenstein ist in »Zehn Tage« darin umgekommen). Montage des Filmbildes ohne komplizierte Gedankensprünge (denn nicht alle Kinobesucher sind Leser der »Neuen Bücherschau«), keine Seelenanalyse, keine Lüge (auch nicht um des schönen Bildes willen).

An das Manuskript würde ich zu allerletzt denken (vielleicht, wenn der Film uraufgeführt wird), immer aber daran, was man fotografisch aus einer Straße herausholen kann, wie totenstarr und apokalyptisch Stuckfassaden aussehen, wie eine Hand, die sich vor dem Zelt des toten Matrosen in Odessa (Potemkin) zur Faust ballt, unseren Herzschlag anhält.

Daß ich (pro domo) dem Manuskript wenig Beachtung schenken würde, schließt nicht die dominierende Rolle des Leitmotivs aus. Wenn mir Einer den Tipp »Warenhausmädelfilm« gibt, sehe ich sofort den Generalnenner. Eisensteins, Pudowkins, Chaplins Filme haben Generalnenner.

Mit Atelieraufnahmen wird soviel Unfug getrieben, das sogar schon die Straßenbilder wie miese, überzuckerte Boudoirszenen aussehen. Warum nicht an die Wirklichkeit herangehen, sich auf scharfe Augen verlassen? Etwas sehen! Viel sehen! Die Augen brauchen gar nicht ins Herz zu blicken; geschenkt, Herr Lang! Die Hauptsache, daß sie überhaupt die Umwelt erfassen: die Straße, die Menschen, die Gesichter. Dort ist Alles: Farbe, Bewegung, Stoff, Tragik, Komik und der Generalnenner. Das richtig festhalten, aufnehmen, komponieren ist die Aufgabe des Regisseurs. Seit dem Lied der Maschinen im Leib des »Potemkin« kennen wir das Leben der toten Dinge. Dreht die Geschichte einer Fabrik, spürt dem Atem einer Esse nach, betrachtet die Konturen und Profile des Giganten, stoßt mit der Linse von oben in den winzigen Fabrikhof, kurbelt ihn leer und beim An- und Abmarsch der Belegschaft und vergeßt, bei allen optischen Effekten, den Generalabnehmer nicht: *Die Belegschaft*.

Jetzt warte ich darauf, daß die Ufa mich engagiert!

Ein Jahr Provinzkinokritik [1929]

Du lebst noch. Drei Mal in der Woche Wiener Wald und Werner Fuetterer,
das macht 156 Abende im Jahr und ein gerütteltes Maß Menschenverachtung. Jede Notiz liegt vor Dir, fein säuberlich ausgeschnitten aus der Arbei-
terzeitung, die Dich vor einem Jahr mit der Filmkritik beauftragte. Einhun-
dertsechsundfünfzig Zettelchen. Das ist nun gewissermaßen die Bilanz, der
Ausweis über Dich und – über Die da. Über Dich? Hast Du nicht das unheimliche beängstigende Gefühl, daß Deine Kritiken gegen Ende des ersten
Jahres an Schärfe verlieren, daß Du Dich anpaßt, Rücksichten nimmst,
Kompromisse schließt. (So: Manuskript, Regie, Darsteller und alles Übrige
können wir nicht anders als mit dem Prädikat »Mist« auszeichnen, die Photographie ist aber so ausgezeichnet, daß wir den Besuch …) Provinzkino
in einer Stadt über 100 000 Einwohner unterscheidet sich vom hauptstädtischen Capitol, Beba Atrium und Nollendorfplatzkino grade durch vierzehntägige Programmverspätung, sonst ist keine Nuance anders. Eine antiquierte und in Berlin schon wieder fallengelassene Einrichtung findet jetzt
in der Provinz neue Heimat: Die Bühnenschau. So hätten wir denn alles
zusammen und können unsre Bilanz schließen. Zuunterst, als letzte Kritik
und mahnendes Beispiel meiner Überflüssigkeit, liegt eine Attacke gegen
»Wolga-Wolga«, dem Stenka Rasin-Großfilm aus Oberammergau. So wie
Herr Schlettow ihn uns offeriert, habe ich mir den rebellischen Bojaren
Stenka Rasin, den russischen Thomas Münzer, schon immer vorgestellt:
Parfümiert und mit jenem süßlichen Zynikergesicht, bei dem man zwischen Hanns Heinz Ewers und Pitigrilli schwankt. Erfolg: Um acht Tage
verlängert. Pro domo: Da steht nun, vierzig Zeilen, Übel auf Übel regis-
triert, Verlogenheit, Sentimentalität, Edelkitsch, historische Fehler, alles,
alles. Und der Erfolg: Die Leser kümmerten sich nicht darum. Von Mund
zu Mund ging ein eindringlicheres Geflüster: Das muß man gesehen haben.
Und sie besahen sich Herrn Schlettow. Ich danke den Herren von der Kritik, Exit. (Bleibt als erwähnenswertes Plus, daß ein Mann seine Kinokarten
nicht zu bezahlen braucht.)

Ein Jahr: »Zirkus«, zwei Russenfilme (der dritte ein verunglücktes Experiment), »Das gottlose Mädchen«, das Gesicht Greta Garbos, der schon
fast vergessene Sowkinofilm »Sühne« (Weißt Du noch, die irrsinnige Klon-
dykegeschichte in der Goldgräberhütte. Zwei Mann und eine Frau. Und
ein Wahnsinn), dann noch Victor McLaglen, der Bulle aus den »Rivalen«,
aus »Carmen« und ein neuer amerikanischer Matrosenfilm, der bei uns,
notabene, »Blaue Jungens – Blonde Mädchen« heißt. Und der Rest? Ja, der
Rest sind hundertundfünfzig Stück, Zähren im Parkett und der Emailblick

Willi Fritschs. Fehlanzeige. »Heute spielt der Strauß«, und morgen? Morgen beginnt das zweite Jahr.

Da bekommt man in der Provinz einen Rappel. Einen kleinen Spleen. Man glaubt, daß der Stoff auf der Straße liegt, daß die Herren Direktoren nur zuzupacken brauchen. Keiner packt zu, keiner kurbelt, was du da vor dir siehst, Stuckfassaden und behauchte Schottersteine, Alltagsgesichter in Läden und Bureaus. Schicksale, die uns nahe gehen, näher als die österreichischer Waschermadeln und berliner Margarinefabrikanten. Habt ihr schon mal den Film eines deutschen Eisenbahners gesehn, eines Streckenwärters zwischen Berlin und Hannover zum Beispiel? Die Leute haben auch ein Leben und ein Schicksal, ein Stück Liebe und viel Kummer. Und welche Welt ließe sich da photographieren. Schienen, Schienen, Rauhreif, Morgenwind, Nachtkühle, Regen. Züge darüber. Monotonie der Güterwagen. Sehnsüchtszüge. Und Einsamkeit dazwischen.

Oder ein Warenhausmädelfilm (ohne Heirat des Direktors mit der Heldin aus der Trikotagenabteilung). Arbeit, Hatz, Antreiberei, Spitzelwesen, Kontrolle, Überwachung. Kleine Liebe und unsicheres Schwanken. Sehnsucht (und als Korrelat Überstunden). Optisch: Betrieb des Warenhauses, Fahrstühle, Verkauf, Wirbel der Ausverkäufe. Kurbelt den Betrieb an und tischt uns keine geruhsamen Atelieraufnahmen auf!

Oder der Film eines Verkehrspolizisten, eines Bergmanns (Haben wir schon? Ja, am Schluß stellt sich dann heraus, daß der Kumpel in veritas ein Jraf ist. Das sind heute soziale Filme in Deutschland und Hollywood).

Wenn ein Film mal im Ladenmädchenmilieu spielt, dann hat Herr Richard Eichberg seine ingeniösen Hände dazwischen oder Dina Gralla macht Bibabo und spitzt den Mund und alles ist überzuckert, verlogen, verfälscht. So sehen diese jungen Mädchen gar nicht aus, die Tippsen, Verkäuferinnen, »Privatsekretärinnen«, die haben verdammt andre Sorgen und mit der Liebe setzen sie sich zwar sehr leicht auseinander, aber nicht so! Kennt keiner dieser Flimmerkoryphäen solch ein kleines Mädchen, die ihm nun mal genau erzählt, was da eigentlich los ist: Der Chef, die Direktrice, das neue Kleid, der Krach zu Hause, Vorschuß, Lohnabzug, die Schattierungen der Freude, das bißchen Hast und Angst. Und abends in das Kino ... (Da zeigt dann Lilian Harvey, wie man das Leben zwingt, garantiert echt bis zum Altar).

Es soll auch Jungens geben, die noch nicht im Mercedes ins Geschäft fahren, Angestellte, kleine Bureauschreiber, Arbeiter, sogar Studenten. Vielleicht leben Die auch, lieben, schlagen sich herum, verzweifeln, beißen sich durch. Vielleicht interessiert uns das sogar ...! Lassen Sie den Mann doch reden, nehmen Sie ihm den Kollaps nicht übel. Der kommt eben aus der Provinz. Und außerdem ein Jahr Kinokritik … (Bedauerndes Achsel-zucken).

Ich möchte mal so einen Film drehen.

Chaplins Abenteuer [1929]

Chaplins Produktion setzte nach einigen tastenden Versuchen mit einer Reihe von grotesken Einaktern ein, die damals die Welt eroberten. Das war vor ungefähr 15 Jahren. Jetzt sehen wir diese Grotesken noch einmal, sehr geschickt geschnitten und zusammengefaßt zu einem Großfilm »Chaplins Abenteuer«. Es ist ein reiner Genuß. Die Zeit hat den Filmen nicht von seiner Komik genommen, ja, man staunt sogar, wie raffiniert und schön die Bildeinstellung, die Szenerie, die Typenwahl schon damals war, Chaplin hat eben konsequent von Anfang an mit künstlerischem Selbstbewußtsein und ohne jede Geschmackskonzession seine Filme gedreht. Er wird nie veralten, er ist der Klassiker des Films.

Wir sehen ihn zuerst auf einem Auswandererschiff. Die Passagiere der ersten Klasse tanzen zur Bordmusik in den eleganten Räumen, im Zwischendeck aber liegen sie wie Vieh durcheinander. Chaplin tänzelt mitten zwischen ihnen hindurch, verfolgt von der Seekrankheit und von bösen Stewards. Wir sehen ihn mit ein paar Raufbolden würfeln und wie er das Glück zwingen will, mit unheimlichen Körperverrenkungen, ehe er die Würfel rollen läßt, das ist unerhört schön und lustig. Dazwischen die Abfütterung der Auswanderer, scharf, satirisch. Schließlich erscheint die Freiheitsstatue, die Aermsten der Passagiere werden mit Nummern versehen und mit einem Strick zusammengewürgt, ehe sie das Land der Freiheit betreten können.

Bald hungert er, am Boden, in der Ecke eines Hauses schläft er eng zusammengedrückt. Da, er hört die Musik. Was ist das? Ja, er schläft grade vor einem Missionshaus und nun geht er hinein. Was jetzt kommt, ist eine so bissige Satire auf die Religionsgesellschaften, die »Geist« geben aber kein Brot, das man mit Worten kaum wiedergeben kann. Bigotterie, Frömmelei, Heuchelei, falsche Mildtätigkeit (ich mußte immer an die katholische Karitas denken), alles wird verhöhnt. Schließlich verläßt Charlie geistig gestärkt aber mit leerem Magen das Missionshaus (ausgezeichnet sind die Zwischentitel, knapp und in einer schönen klaren Schrift). Unterwegs findet er ein Geldstück, ohne zu wissen, das es ein falsches ist und stürzt begierig und hungrig in ein Restaurant, um zu essen. Da erlebt er nun eine unbeschreibliche Odyssee mit Kellnern, reichen und halb verhungerten

Gästen, mit einem Mädchen, das er liebt und mit einem dicken Mann, der irgendwas von ihm will. Ohne jede Aufdringlichkeit, aber so deutlich, daß es jeder merken muß, wird die Parallele zum Staat gezogen, der nur die zahlungskräftigen Mitbürger ernährt und beschützt. Nun geht Charlie zu einem Pfandleiher, macht Dummheiten, entlarvt einen Brillantendieb und wird schließlich – Policemen wanted (Polizisten werden gebraucht) steht es an der Tür – Polizist. Natürlich schickt man ihn gleich ins Scheunenviertel, wo die größten herkulischsten Verbrecher toben und der kleine Charlie – sogar in der Uniform des Policeman – ist wieder einmal der Verfolgte. Aber nach unerhörten Abenteuern, wie immer, triumphiert er doch wieder und zieht als Sieger fort.

Gerade in dieser neuen Bearbeitung kommt die aggressive soziale Haltung, die bei ihm wahrscheinlich etwas gänzlich unbewußtes ist, deutlich zum Vorschein. Immer ist er der Verfolgte, der den großen Gewalten des Staates machtlos gegenüber steht und sich doch nicht von ihnen ducken läßt. Sein Humor ist aber noch frisch und herrlich wie am ersten Tage. Alle müssen ihn sehen. Ein erfreuliches Zeichen für das Qualitätsempfinden unseres Publikums ist, daß seit langem einmal wieder gestern das Residenztheater voll war. Also zieht doch nicht nur »Alt-Heidelberg« und »Küß mich mal«! Vorher läuft ein ausgezeichneter Wildwestfilm mit Fred Thomson und einer schönen Gegenspielerin namens Nora Lane. Spannende Szenen, herrliche Aufnahmen.

Ein guter Verkehrsfilm, geschickt aufgemacht, beschließt das Programm. Wir empfehlen allen den Besuch dieses Programmes, es ist selten ein so qualitativ vorzügliches zu sehen!

Chaplin als »Pilgrim« [1930]

»The Pilgrim« hieß dieser Chaplinfilm in USA, auf deutsch: Der Pilger. Oder noch besser: Der Prediger. Denn der offizielle Pfarrer der amerikanischen Gemeinde spielt die Hauptrolle. Zehn Jahre ist dieses Wunderwerk nun alt, es ist kein Tonfilm, kein Farbenfilm, kein Duftfilm und überragt doch die Filmproduktion 1930 gewaltig. Man kann verstehen,

daß der Klerus versucht hat, die Aufführung dieses Films zu verhindern,

und es ist ihm das auch zehn Jahre lang gelungen. Wie jämmerlich muß es mit der dunklen Macht des Klerus bestellt sein, wenn er vor dem Humor dieses kleinen gedrückten Mannes eine solche panische Angst hat.

Der Inhalt ist ebenso einfach wie herrlich. Chaplin, dem Zuchthaus entsprungen, findet am Rande eines Sees die Kleider eines Pfaffen, die er sofort mit seinem Sträflingskittel vertauscht. Der Pfaffe schwimmt unterdessen – nichtsahnend – im See. Chaplin findet im Anzug des Pfaffen genügend Geld und beschließt, erst einmal recht weit fortzufahren. Seine Ortswahl nimmt er auf die Art vor, daß er sich mit einer Nadel vor die Abfahrtstafel der Züge stellt, sich die Augen zuhält und dann blind nach den Ortsnamen sticht. Das erste Mal trifft er natürlich Sing-Sing (die amerikanische Zuchthausstadt); das zweite Mal aber den Hinterteil eines dicken Herren, der sich vor die Tafel gestellt hat und erst beim dritten Male gelingt ihm die Wahl. Vergnügt fährt er nun los und steigt erst aus, als sich neben ihn ein Mann mit der Erkennungsmarke der Polizei setzt. Chaplin fühlt sich in seinem Priestergewand doch nicht sicher, wie von der Tarantel gestochen geht er hoch und verläßt den Zug, der auf einer kleinen Station hält. Die Gemeinde dieses Städtchens aber erwartet gerade ihren neuen Prediger mit dem Zug und als Chaplin aussteigt, wird er sofort freudestrahlend in Empfang genommen. Charlie geht mit, er begreift noch nicht ganz. Bald soll er aber begreifen, denn ein Telegrafenbote kommt hinter dem Gemeindeältesten hergelaufen und überreicht ein Telegramm: »Bin verhindert, komme erst in 8 Tagen, Prediger Pim«. Glücklicherweise hat der Gemeindeälteste seine Brille vergessen und so muß Chaplin das Telegramm verlesen. Entsetzt sieht er sich diese telegrafische Absage an, um auch schon im nächsten Augenblick eine neue Fassung vorzulesen: »Bin bald wieder obenauf, freue mich auf Wiedersehen, dein Schnuckelchen«. Und der Gemeindeälteste scheint tatsächlich Dreck am Stecken zu haben, denn mit süß-saurem Lächeln zerreißt er das Telegramm. Ueberhaupt, das ist mit das Schönste in diesem Film: Die Karikierung der heuchlerisch-frömmelnden Gemeinde. Der Gemeindeälteste säuft heimlich, die weiblichen Mitglieder sind Klatschbasen, die männlichen Duckmäuser, ein Sammelsurium von dunklen Charakteren zwischen denen Chaplin hold und gerissen herumspaziert. Wie er z. B. seine Antrittspredigt über das Thema »David und Goliath« mit drastischen Demonstrationen hält und sich am Schluß wie eine Diva verbeugt, wie dem Kirchenchor applaudiert, als dieser sein Lied beendet hat, wie er die Kirchenkollekte überwacht und die Drückeberger mit drohendem Zeigefinger herausholt, das alles ist nicht nur überwältigend komisch, sondern zugleich ein ebenso wirksamer und beißender Hohn auf die kirchlichen Institutionen, wie etwa George Grosz'sche Zeichnungen, nur auf eine andere, gefälligere Art. Niemand sollte versäumen, diesen Chaplinfilm zu sehen. Außerdem sieht man noch einen ebenso schönen Chaplin-Einakter »Feine Leute« und einen sehr sentimentalen Lien-Deyers–Wilhelm-Dieterle-Film.

Verschwundene Filme [1930]

Vor einem Jahr kam ein Filmverleih auf die gute Idee, einige sehr alte Produkte aus der diluvialen Zeit der Filmindustrie laufen zu lassen. Die Sache machte dem Publikum Spaß, alle lachten über die schrecklichen Moritaten und dachten: Wie herrlich weit haben wir es doch gebracht! Der Erfolg ermunterte zu weiteren Experimenten, eine Reihe interessanter Filme aus der Frühzeit folgten, besonders Jugendsünden heute avancierter Stars waren gefragt. Die Qualitätsfrage spielte bei diesen Reprisen eine geringere Rolle, viel Abfall wurde gezeigt, aber auch manches Schöne. Schließlich war ein Disponent sogar so mutig, den uralten und erstaunlich jungen Chaplin auszugraben und siehe da, es wurde ein Erfolg.

Während aber in regelmäßigen Abständen bis tief in die Provinz hinein (und vor allem da!) die »Rote Rosen«-Epidemie wütet, bleibt der wertvolle Bestand älterer Filme unangetastet. Filme, über die man sich noch heute freuen kann, auch wenn sie vor zehn Jahren gedreht wurden, die nicht veralten, deren Technik sogar vieles Sehenswerte enthält: solche Filme kommen nur durch Zufall wieder auf den Spielplan, denn die Instinktlosigkeit der Verleiher wird nur noch überboten durch ihre Angst vor dem Publikumsgeschmack. Jener berühmte Aufkäufer ist durchaus keine Sagengestalt, von dem die Anekdote erzählt, er nähme bei Probeaufführungen seinen Chauffeur und seine Köchin mit, um nach eingehender Sachberatung mit diesen Getreuen aus dem Volke den Abschluß zu tätigen. Vielleicht bringt ein kleiner Streifzug durch die Filmgeschichte diese schönen alten Filme wieder zum Rollen: auch die ersten Reprisenvorführungen waren durch die Presse angeregt worden.

Für wenig Geld kann man sich einen der packendsten deutschen Filme verschaffen: »Die freudlose Gasse«. Dieser unter Regie von G. W. Pabst gedrehte Inflationsfilm arbeitet mit einer erlauchten Galerie von Stars: Werner Krauß, Asta Nielsen, Greta Garbo, Nils Asther u. a. Ein Privatmann, der einen eignen Vorführapparat besitzt, bekommt für wenige Mark eine Kopie des Films von dem Filmkartell »Weltfilm« (Berlin SW 48, Hedemannstraße 21) geliehen. Schlimmer ist es mit den verschollenen Amerikanern. Warum bringt niemand die allerersten Buster Keaton-Filme (Buster Keaton als Sherlock Holmes, eine herrliche Kriminalparodie) heraus? Und die sanftkecke Norma Talmadge als Revuemädel Kiki? (Ihre tränenreiche »Kameliendame« ist öfter gespielt worden). Mary Pickford hat sehr unterschiedliche Ware geliefert, aber ihre Kinderrolle in »Die Sperlinge Gottes«, jene ergreifende Geschichte von den verwahrlosten Großstadtkindern, dürfte auch heute das sentimentale Publikum zu Tränen rühren. Auch gibt es von drüben einen grandiosen Nationalfilm, genannt »Die Karawane«, der die Eroberung des Landes durch die europäischen Einwanderer schildert, ein spannendes Epos kühnen Wagemuts, prachtvolle Landschaftsbilder, herrliche Tieraufnahmen (eine riesige Büffelherde, die durch einen reißenden Strom schwimmt, ist mir noch in Erinnerung) und mittendrin einen köstlichen sommersprossigen Jungen, der leider aus der Filmbranche verschwunden zu sein scheint. Der schönste Märchenfilm heißt »Der Dieb von Bagdad«, Douglas Fairbanks spielt die Hauptrolle. Und völlig vergessen wurde Gloria Swanson, die gefährliche schöne Katze, deren hinreißende »Zaza« einmal eine Revolution bedeutete. Ich war damals, acht Jahre wird es wohl her sein, noch ein kleiner Tertianer, ich habe den Film vielleicht ein Dutzend Mal gesehn, ich würde morgen wieder hinsausen, wenn »Zaza« irgendwo gegeben werden sollte. Eine holde, sanfte, fröhliche Erinnerung habe ich an einen andern Amerikaner, ebenso verschollen wie die große Gloria Swanson, er heißt Raymond Griffith und drehte Kriminallustspiele, in denen er selbst einen sehr angenehmen konzilianten Gentlemandieb spielte, leise, gewandt und sehr lustig. Seine Filme waren aus einem Guß, man amüsierte sich köstlich. In bester Erinnerung ist mir »Das verschwundene Perlenkollier«, wenn ich mich recht entsinne mit Betty Compson. Von unsren deutschen Filmahnen möchte man, außer der unvergleichlichen Asta Nielsen (»Was ich bin und was ich kann, verdanke ich nicht dem Filmatelier, sondern dem Leben des Volkes«, hat sie einmal gesagt), immer wieder »Die Hose« sehen, jene brillante Spießer-Persiflage mit Werner Krauß, und aus der deutsch-französischen Gemeinschaftsproduktion die erregende Verfilmung der »Thérèse Raquin« unter Jaques Feyders Regie mit Wolfgang Zilzer in der Hauptrolle. Vieles ist aus der Erinnerung gelöscht, andre mögen ergänzen. Ein großer Wunsch sei aber noch erwähnt. Wer kennt den alten Russenfilm »Sühne«? Wahrscheinlich wenige. Er spielt in Alaska unter vier Goldgräbern und schildert einen grausigen Fall von Selbstjustiz. »Sühne« ist wohl das atemraubendste, wahnwitzigste Filmdokument, ein Grenzfall, schaurig, unwahrscheinlich und unvergeßlich.

Spielt Reprisen. Aber gute!

Editorische Notiz
In Unterscheidung zu seinen Publikationen in überregionalen Zeitungen wie der *Weltbühne* oder der *Neuen Bücherschau* hat Rudolf Braune in hoher Frequenz für die Düsseldorfer *Freiheit* geschrieben. Die hier auffallende Vielzahl von Druck- bzw. Rechtschreibfehlern spricht dafür, dass die KPD-nahe »Tageszeitung für Rheinland und Westfalen« wohl über kein gründli-

ches Lektorat verfügt haben dürfte. Die vorliegende Auswahl von Braunes Filmkritiken ist darum bemüht, dem Erstdruck streng zu folgen. Einzig eindeutige Druck- und Rechtschreibfehler wurden stillschweigend korrigiert.

Einzelnachweise

Der vorliegende Abdruck von Braunes Filmkritiken folgt dem Erstdruck und gibt folgende Textgrundlage an:

Der amerikanische Film. Eine Verteidigungsrede für unsere Zeit. In: Junge Menschen (Melle), Jg. 6, Nr. 2, Februar 1925, S. 46 f.

Charlie Chaplin »Zirkus« (Ufa-Palast). In: Freiheit (Düsseldorf), Jg. 11, Nr. 55, 5. März 1928, S. 10.

Hätten wir das Kino! Forderungen und Vorschläge der Jungen für den deutschen Film (Beitrag zur Kolumne). In: Die Neue Bücherschau (Berlin), Jg. 7, Nr. 2, Februar 1929, S. 89–92, hier S. 89 f.

Ein Jahr Provinzkinokritik. In: Die Weltbühne (Berlin), Jg. 25, Erstes Halbjahr, Nr. 6, 5. Februar 1929, S. 233–235.

Chaplins Abenteuer (Residenztheater). In: Freiheit (Düsseldorf), Jg. 12, Nr. 157, 8. Juli 1929, S. 6.

Chaplin als »Pilgrim« (Residenztheater). In: Freiheit (Düsseldorf), Jg. 13, Nr. 57, 8. März 1930, S. 12.

Verschwundene Filme. In: Die Weltbühne (Berlin), Jg. 26, Erstes Halbjahr, Nr. 24, 10. Juni 1930, S. 891 f.

Hrsg. v. Fabian Bauer

Fabian Bauer

»Wenn ich das Kino hätte?«
Einleitende Überlegungen zum filmkritischen Werk Rudolf Braunes

Zum Autor Rudolf Braune

Rudolf Braune (1907–1932) hinterließ trotz seines frühen Unfalltodes ein bemerkenswert heterogenes Werk, das u. a. drei vollendete Romane, mindestens 18 Kurzprosaschriften sowie über 300 gesellschaftspolitische und kulturkritische Feuilletons umfasst.[1] Nachdem Braune als Herausgeber der Dresdner Schüler- und Jugendzeitung *MOB. Zeitschrift der Jungen* erste eigene essayistische Arbeiten erproben konnte, siedelte er 1927 nach Düsseldorf über, um zunächst als Buchhändler zu arbeiten und dann ein Volontariat bei der KPD-nahen Zeitung *Freiheit* zu absolvieren. Hier berichtete er vorrangig über das rheinländische Lokalgeschehen und verfasste – teilweise mehrmals wöchentlich – Musik-, Buch-, Theater sowie insbesondere Filmkritiken. Die Bedeutung derselben für die gesellschaftliche Wahrnehmung seiner schriftstellerischen Tätigkeit hinterfragte er 1929:

> Du lebst noch. Drei Mal in der Woche Wiener Wald und Werner Fuetterer, das macht 156 Abende im Jahr […]. Jede Notiz liegt vor Dir, fein säuberlich ausgeschnitten aus der Arbeiterzeitung, die Dich vor einem Jahr mit der Filmkritik beauftragte. Einhundertsechsundfünfzig Zettelchen. Das ist nun gewissermaßen die Bilanz, der Ausweis über Dich […].[2]

Sein vielbeachteter Roman *Das Mädchen an der Orga Privat* (1930), erste Lyrikveröffentlichungen in der *Weltbühne* (1929) wie auch die Publikation der Erzählung *Frieda Sommer* (1929) in der *Frankfurter Zeitung* verdeutlichen indes Braunes Bestreben, sich im literarischen Feld der Weimarer Republik um 1930 auch abseits von Kulturkritiken einen Namen als Schriftsteller zu machen. Braunes dritter Roman *Junge Leute in der Stadt* erschien im November 1932 postum als Fortsetzungsdruck in *Berlin am Morgen*. Mit dem Ende der Weimarer Republik geriet Braune schnell in Vergessenheit; dies auch, weil Braune als ›Asphaltliterat‹ diffamiert und sein Werk auf die Schwarze Liste der nationalsozialistischen Kulturpolitik gestellt wurde.[3]

In der DDR wurden schließlich Versuche unternommen, Braune durch Editionen und Verfilmungen seiner Romane im literarischen Kanon zu rehabilitieren. Otto Gotsche beeinflusste die weitere Rezeption maßgeblich,

indem er Braune 1958 in seinem Vorwort zu *Junge Leute in der Stadt* als
Vorbild schriftstellerischer Agitation portraitiert:

> Rudolf Braune ist einer jener proletarisch-revolutionären Schriftsteller, die in den zwan-
> ziger Jahren begannen, die Grundlage für eine neue, sozialistische deutsche National-
> literatur zu legen. [...] Wir setzen dem kühnen Revolutionär und Schriftsteller Rudolf
> Braune nur ein spätes Denkmal, wenn wir heute dem deutschen Leser sein Buch auf
> den Tisch legen.[4]

Durch die 2022 erschienene Neuauflage von *Das Mädchen an der Orga
Privat* wurde Braunes Roman erstmals wieder einer breiteren Öffentlichkeit zugänglich gemacht. Sein nur kurzes schriftstellerisches Wirken sowie
seine Anstellung bei der *Freiheit* haben maßgeblich dazu beigetragen, dass
die ohnehin nur überschaubaren Forschungsarbeiten Braunes gesellschaftspolitische Überzeugungen vorschnell mit denen der kommunistischen Bewegung gleichgesetzt haben. Sein Ausscheiden aus der *Freiheit* sowie der
Bruch mit dem Herausgeber 1930 zeigen indes an[5], dass Braunes künstlerischer Werdegang keineswegs teleologisch zu zeichnen ist. Auch Gotsche
verschwieg in seiner Würdigung die Tatsache, dass sich Braune zunehmend
von der ideologischen Linie der KPD losgelöst haben musste. Der Nachruf auf Braune in der *Roten Fahne* verdeutlicht, dass Braunes »erfolgreiche Mitarbeit an bürgerlichen Blättern« als Verrat an den klassenkämpferischen Zielen »unserer Partei« gedeutet wurde.[6] Verfolgte der zwanzigjährige
Braune im *MOB* eine dezidiert antibürgerliche Programmatik, durch welche er sich für das Volontariat bei der *Freiheit* qualifiziert haben dürfte, so
ist sein nur kurzes journalistisches Wirken gekennzeichnet von einer zu-
nehmenden Selbstverortung im linksintellektuellen Milieu, wie seine Publikationen in der *Frankfurter Zeitung*, der *Literarischen Welt*, der *Weltbühne*,
dem *Tage-Buch* oder *Die Neue Bücherschau* belegen.

Nicht nur weil sie einen beachtlichen Raum in seinem Gesamtwerk ein-
nehmen, verdienen Braunes filmkritische Arbeiten eine Kontextualisierung.
Das aktuelle *Jahrbuch zur Kultur und Literatur der Weimarer Republik* veröffentlicht mit Blick auf die Frage nach Braunes intellektueller Biografie
erstmals eine exemplarische Auswahl seiner Filmkritiken (vgl. S. 9–24).[7]
Mein nachfolgender Kommentar will zeigen, inwieweit die filmkritischen
Arbeiten Aufschluss über Braunes ästhetische und gesellschaftspolitische
Überzeugungen bieten. Durch eine Einordnung derselben im kulturkritischen Diskurs der Weimarer Republik wird deutlich, dass Braunes Schriften weniger eine diskursive Nähe zur KPD aufweisen, als sich vielmehr den
prominenten Positionen Walter Benjamins, Bertolt Brechts oder Siegfried
Kracauers annähern. Zur theoretischen Bestimmung von Braunes Position

zum Medium Film wird, erstens, der Blick auf seinen Beitrag in der Kolumne *Hätten wir das Kino!* in der *Neuen Bücherschau* (1929) gerichtet. Ersichtlich wird hier, dass Braune neusachliche Zielsetzungen auf die ästhetischen Möglichkeiten des neuen Mediums Film überträgt. Braunes Kritik an den vorherrschenden Tendenzen der Filmindustrie soll, zweitens, erörtert werden, um, drittens, exemplarisch einzelne Filmkritiken einzuordnen. Diese geben nicht nur Einblick in Braunes pointiertes Sprachvermögen; darüber hinaus kann durch sie ein gewichtiger, doch bislang unberücksichtigter Aspekt deutlich gemacht werden, der den Dissens mit der KPD maßgeblich befeuert haben dürfte: Braune ist trotz seiner kommunistischen Sozialisation zeitlebens ein vehementer Befürworter des Amerikanismus gewesen. Als solcher erhebt er amerikanische Filmhelden wie Charlie Chaplin oder Greta Garbo zu Vorbildern des deutschen Angestelltenstandes – ein Aspekt, der sich nicht nur in seinen filmkritischen Arbeiten, sondern auch gattungsübergreifend in Romanen wie *Das Mädchen an der Orga Privat* oder *Junge Leute in der Stadt* niederschlägt.

Braunes ›Ästhetik der Straße‹

Der Kolumne *Hätten wir das Kino! Forderungen und Vorschläge der Jungen für den deutschen Film* vorangegangen war eine Kontroverse zwischen der *Neuen Bücherschau* und den etablierten Filmzeitschriften, d. h. insbesondere dem *Film-Kurier*, dem *Kinematographen* sowie der *Lichtbild-Bühne*. Arthur Rudolf knüpfte mit seiner *Kritik der Filmkritik* an Hans Georg Brenners zuvor veröffentlichten Beitrag »*Die Filmkrisis« – und kein Ende*[8] an und warf der »bürgerliche[n] Presse«[9] vor, in ihren Filmkritiken den Fokus auf boulevardartige Themen statt auf den ästhetischen Gehalt des Films zu richten:

> Was liest man? Begeisterung über einen Star – ».. . und ein Paar Beine, auf deren schlanker Linie sich allein eine Handlung aufbauen läßt« –, Schmerz über das Abweichen von der literarischen Vorlage: *Darüber werden die filmischen Mängel vergessen, die viel wichtiger sind, weil es auf den Film und nicht auf die Vorlage ankommt.* [...] Ergebnis bleibt: Die bürgerliche Presse hat [...] keinen Grund, dem Film den Weg zu erleichtern zu seiner Mission, geschichtliche, soziologische, politische Wahrheiten [...] zu zeigen. Denn kommt der Film zu einer Änderung seines Weges auf dieses Ziel und zugleich zu einer Auswertung aller Begabungen, die heute unter Industrie und Zensur verkümmern [...], dann könnte bald die Zeit da sein, in der von einem Teil der heutigen Presse nur noch in der Vergangenheit gesprochen wird.[10]

In Reaktion auf Brenners und Rudolfs Ausführungen polemisierte Hans
Feld im *Film-Kurier* gegen den Autorenbetrieb, dem er jedwede filmische
Fachkompetenz absprach.[11] *Die Neue Bücherschau* wiederum antwortete im
Frühjahr 1929 mit einer dreiteiligen Kolumne, in welcher sich zwölf »junge
Dichter über den deutschen Film« äußerten.[12] Die Vorrede nimmt unmittelbar Bezug auf die Vorwürfe der Filmzeitung: »*Die Neue Bücherschau* ist
von der Filmfachpresse ›belehrt‹ worden, daß ihre Kritik unwissend und
ungerecht sei. Thanks! Der Mangel brauchbarer Manuskripte werde – mei-
nen die Film-Flunkerer – doch von den deutschen Schriftstellern verschul-
det.«[13] Deutlich wird die programmatische Überzeugung, dass die diagnostizierte Krise des Films gerade durch ein ästhetisches Korrektiv in Form von
Vertretern des Weimarer Literaturbetriebs überwunden werden könne. Die
Februarausgabe wird durch Rudolf Braune eröffnet; neben ihm beziehen
Hans Georg Brenner, Hermann Kesten, Hanns Vogts sowie Werner Türk
Stellung zum gegenwärtigen deutschen Kino. Die Märzausgabe setzt sich
aus Beiträgen von G. Berg, Anton Betzner, Josef Breitbach, Kurt Kläber
sowie Franz Carl Weiskopf zusammen; die Kolumne wird im April 1929
durch Ernst Glaeser, Klaus Herrmann und Erich Kästner abgeschlossen,
wobei der Herausgeber Gerhart Pohl den »Grundakkord« der zwölf Stel-
lungnahmen resümiert: »*Schluß mit der deutschen Filmkonfektion!*«[14] Die
schriftstellerische Kritik an der deutschen Filmkultur rührt im Wesentlichen aus den die Filmproduktion bestimmenden ökonomischen Maximen
der Unterhaltungsindustrie: »Denn die Filmindustrie [...] *sieht nur eine
Fiktion: Das Geschäft.*«[15] Die *Vossische Zeitung* schaltete sich im März 1929
in die Kontroverse ein und veröffentlichte die Umfrage *Warum schreiben
Sie keine Filme?*[16], auf die Bertolt Brecht dem Urteil der *Neuen Bücherschau* entsprechend unmissverständlich antwortete: »Die Filmindustrie ist
zu doof und muß zuerst *bankerott* gehen.«[17]

   Die forcierte Frontenbildung zwischen Film und Literatur darf indes
nicht als kategorischer Streit der Medien verstanden werden. Von großer
Bedeutung für die Kolumne *Hätten wir das Kino!* ist gerade die explizite
Erkenntnis, dass der Film über einen umfassenderen wirkungsästhetischen
Möglichkeitsraum verfüge als die Literatur. Rudolf bekennt in seiner *Kritik der Filmkritik* demgemäß, dass »[d]er Film [...] die beste Möglichkeit«
biete, »große Massen zu unterhalten, zu bilden«.[18] Dem noch traditionslo-
sen Film wird einzig vorgeworfen, das große ästhetische Potential des neuen
Mediums nicht erkannt zu haben, um es vollumfänglich ausschöpfen zu
können. In eben diese Kerbe schlägt nun die junge Schriftstellergeneration,
indem sie ihre neusachliche Ästhetik zum Vorbild für das gegenwärtige
deutsche Kino erhebt:

Die Jugend will eine bessere Welt. Also verzichtet sie auf eine verbesserte, also verfälschte Flimmer-Welt. Daraus erklären sich auch die Forderungen, die fast Alle erheben: *Dokumente der Wirklichkeit.* Im jungen Schrifttum hat diese gesunde Auffassung von Kunst und Wirksamkeit sich bereits durchgesetzt. [...] Im deutschen Film ist nicht ein Hauch davon zu spüren.[19]

Dies bestätigt das Urteil Anton Kaes', nach welchem sich in »der Auseinandersetzung mit dem Kino [...] das poetologische Selbstverständnis der Literatur [spiegelt]; die Kino-Debatte ist also zugleich eine Debatte um die Literatur der Zeit«.[20]

Rudolf Braunes Beitrag eröffnet mit der Imagination des Schriftstellers in die Rolle des Regisseurs: »Wenn ich das Kino hätte? Wenn mich Einer ein paar Wochen lang mit guten Operateuren kurbeln ließe?«[21] Gleichermaßen selbstbewusst wie herausfordernd wendet sich der erst 22-jährige Braune – rund ein Jahr vor seinem ersten Romanerfolg mit *Das Mädchen an der Orga Privat* – an die etablierte Filmwelt. Offensichtlich lässt er keinen Zweifel daran, dass seine Kritik Anklang finden würde, so schließt er seinen Kommentar mit dem provokanten Vorsatz zu warten, »daß die Ufa mich engagiert!«.[22]

Braune unterstreicht den dokumentarischen Anspruch ›seiner Filme‹. Hiermit einher geht eine explizite Wendung gegen hochtechnisierte »Atelieraufnahmen«, die mit ihrer aufgeladenen »Symbolik [...] komplizierte Gedankensprünge« verfolgen.[23] Er spricht sich in seinen filmästhetischen Forderungen gegen »gekurbelte Theatervorstellungen«[24] aus und proklamiert stattdessen eine neusachliche Oberflächenästhetik, welche der von Regisseuren wie Fritz Lang akzentuierten »Seelenanalyse«[25] eine Absage erteilt: »Warum nicht an die Wirklichkeit herangehen, sich auf scharfe Augen verlassen? Etwas sehen! Viel sehen! Die Augen brauchen gar nicht ins Herz blicken; geschenkt, Herr Lang!«.[26] Der Regisseur habe stattdessen zu prüfen, »was man fotografisch aus einer Straße herausholen kann [...]. Dort ist Alles: Farbe, Bewegung, Stoff, Tragik, Komik und der Generalnenner. Das richtig festhalten, aufnehmen, komponieren ist die Aufgabe des Regisseurs«.[27] Nicht das an einem Schreibtisch erdachte »Manuskript« dürfe folglich den Filmstoff bestimmen; vielmehr projiziert Braune die Elemente der Straße selbst – und damit das Alltägliche – auf die Leinwand: »Ich würde den Stoff von der Straße auflesen [...]. Ein berliner Büromädchen, ein Leunaprolet, eine Tippse von der Hapag, ein Student ohne Monatswechsel, ein Gepäckträger vom kölner Hauptbahnhof, ein mittlerer Bankbeamter aus Kottbus, das sind sechs Filme.«[28] Braunes ›Ästhetik der Straße‹ zeichnet sich durch einen unmittelbaren Zeitbezug aus, wodurch nicht die Versatzstücke der bürgerlichen Lebenswelt, sondern eben die »Außenseiter der Gesellschaft« in den Fokus treten.[29] Auf den ersten Blick mag es durchaus erstaunen, dass der Stellenwert des Manuskripts ausgerechnet durch einen Berufsschriftsteller relativiert wird. Es ist indes hervorzuheben, dass Braune die skizzierten filmästhetischen Forderungen vice versa auch auf seine in der Folgezeit fertiggestellten Romane anwenden wird: *Das Mädchen an der Orga Privat* (1930) handelt entsprechend von weiblichen Angestellten im Berliner Großstadtbüro, *Junge Leute in der Stadt* (1932) spielt zu großen Teilen im Arbeitslosenmilieu und ist geprägt von zahlreichen Straßenszenen. Braune legt der Darstellung seiner literarischen Handlungsräume einen »fotografisch[en]« Blick zugrunde und erschließt diese ferner durch filmische Schreibverfahren.[30] Angesprochen wird hierdurch die stofflich-ästhetische Wesensverwandtschaft zwischen der erzählerischen Literatur der Weimarer Republik und dem neuen Medium Film, wie sie bekanntlich auch Brecht 1931 in seinem *Dreigroschenprozeß* hervorheben wird.[31] Die forcierte ästhetische Wechselwirkung zwischen Literatur und Film spricht dafür, dass Braune die sich in den 1920er Jahren formierende Idee von Universalautorschaft aufgreift[32]; durch die Umsetzung der *Forderungen und Vorschläge [...] für den deutschen Film* in seinem literarischen Werk wird zudem die grundsätzliche Verfilmbarkeit seiner Romane impliziert.

Nicht zuletzt reiht sich Braunes Gebrauchsanweisung für Filmschaffende in die grundlegende Kritik der Kolumne an den ökonomischen Strukturen der Unterhaltungsindustrie ein. Die einleitende Mehrfachverwendung des Konjunktivs (»Wenn ich das Kino hätte?«) verdeutlicht, dass der Primat des Geldes die junge Weimarer Schriftstellergeneration von einer Teilhabe am massenwirksamen Medium Film ausschließe. Die »Film-Flunkerer«[33] – so Gerhart Pohl im Vorwort der Rundfrage – verfolgen einzig das Interesse, mit ihren Filmprodukten eine realitätsfremde Scheinwelt zu propagieren; der Einsatz von etablierten Filmschauspielern untermaure entsprechend die angestrebte Illusion »überzuckerte[r] Boudoirszenen«.[34] Diesem Missstand leitet Braune eine durchaus klassenkämpferische Konsequenz ab: Keine »Stars«, sondern einzig »Die aus dem Leben« können die zum Leitprinzip erhobenen »Straßenbilder« glaubwürdig verkörpern.[35] Die Filme Sergei Eisensteins, Wsewolod Pudowkins sowie Charlie Chaplins nennt er als vorbildhaft, da es ihnen gelungen sei, den »Generalnenner« – d. h. »Stoff von der Straße« wie das »Warenhausmädel« oder die »Belegschaft« – unverfälscht zur Geltung zu bringen.[36] Die intendierte mimetische bzw. dokumentarische Verbindung zwischen Filmfigur und Filmpersonal unterstreicht Braune im zeitgleich entstandenen Text *Ein Jahr Provinzkinokritik* (1929):

Wenn ein Film mal im Ladenmädchenmilieu spielt, dann hat Herr Richard Eichberg seine ingeniösen Hände dazwischen oder Dina Gralla macht Bibabo und spitzt den Mund und alles ist überzuckert, verlogen und verfälscht. So sehen diese jungen Mädchen gar nicht aus, die Tippsen, Verkäuferinnen, »Privatsekretärinnen«[37]

Braune entfaltet seine stofflich-ästhetische Kritik am deutschen Film vor dem Hintergrund der die kulturpolitischen Debatten der Weimarer Republik prägenden Stadt/Land-Kontroverse. Obgleich er zu keinem Zeitpunkt konservative Positionen vertreten hat, problematisiert Braune im Zuge seiner Selbstverortung in der rheinischen Provinz die kulturelle Abhängigkeit von der impulsgebenden Kraft Berlins. Seine Position nimmt die 1931 durch Hannes Küpper erhobene Anklage gegen die unreflektierte Selbstüberschätzung des Berliner Kulturbetriebs vorweg. Küpper, der in Essen die Zeitschrift *Der Scheinwerfer* (1927–1932) herausgab, konstatiert:

Das Wort *Provinz* in seiner Berliner Anwendung drückt etwas Zweitrangiges, Minderwertiges aus […]. Berlin leidet an der Unterschätzung der Provinz und fühlt sich in der Rolle des Exporteurs; aber es führt die Rolle ungefähr so aus, wie wenn beispielshalber ein Pelzhändler die absurde Idee hätte, seine Pelzwaren am Äquator abzusetzen.[38]

Braune ist als Fürsprecher einer progressiven Provinzkultur bzw. -moderne zu identifizieren. Als solcher richtet er seinen kulturkritischen Blick in die deutsche Hauptstadt; dies indes keineswegs, um die Fronten zwischen den Polen Stadt/Land gegeneinander auszuspielen, sondern um die Provinz in ihrer gesamtgesellschaftlichen Relevanz im kulturellen Diskurs der Weimarer Republik aufzuwerten. Folglich plädiert er für eine Gleichberechtigung zwischen Provinz und Hauptstadt, schließlich unterscheide sich das »Provinzkino […] vom hauptstädtischen Capitol, Beba Atrium und Nollendorfplatzkino« einzig »durch vierzehntägige Programmverspätung, sonst ist keine Nuance anders«.[39] Braune macht mit seiner *Provinzkinokritik* in der Berliner *Weltbühne* auf die Divergenz zwischen den aus der Hauptstadt exportierten Filmen und dem tatsächlichen Leben in der deutschen Republik aufmerksam. Hierin liegt eine bemerkenswerte Umkehrung der traditionellen Zuschreibungen der Stadt/Land-Dichotomie. Ausgerechnet die deutsche Provinz – und damit nicht die Metropole Berlin – wird als stofflicher Impulsgeber für die geforderte ästhetische Neuausrichtung der deutschen Filmkultur in die Kontroverse eingeführt:

Da bekommt man in der Provinz einen Rappel. Einen kleinen Spleen. Man glaubt, daß der Stoff auf der Straße liegt, daß die Herren Direktoren nur zuzupacken brauchen. Keiner packt zu, keiner kurbelt, was du da vor dir siehst, Stuckfassaden und behauchte

Schottersteine, Alltagsgesichter in Läden und Bureaus. Schicksale, die uns nahe gehen, näher als die österreichischer Waschermadeln und berliner Margarinefabrikanten. Habt ihr schon mal den Film eines deutschen Eisenbahners gesehn, eines Streckenwärters zwischen Berlin und Hannover zum Beispiel? Die Leute haben auch ein Leben und ein Schicksal, ein Stück Liebe und viel Kummer. Und welche Welt ließe sich da photographieren. Schienen, Schienen, Rauhreif, Morgenwind, Nachtkühle, Regen, Züge darüber, Monotonie der Güterwagen, Sehnsüchtszüge. Und Einsamkeit dazwischen. [...] Ich möchte mal so einen Film drehen.[40]

Braunes Filmkanon: Zur Bedeutung der Filmgeschichte

In seiner letzten filmjournalistischen Arbeit vom Juni 1930 – bis zu seinem Unfalltod knapp zwei Jahre später konzentrierte sich Braune vorrangig auf die Fertigstellung seiner Romanprojekte und verfasste nur noch vereinzelt gesellschaftspolitische Aufsätze[41] – kritisiert Braune die gegenwärtigen Kinospielpläne. Die »Instinktlosigkeit der Verleiher« habe besonders in der deutschen »Provinz« eine regelrechte »Rote Rosen‹-Epidemie« ausgelöst; ökonomische Zwänge der Unterhaltungsindustrie sowie eine allgemeine »Angst vor dem Publikumsgeschmack« bedingten wiederum, dass gleichartige Filme stetig neuproduziert und in die Spielpläne aufgenommen werden, wodurch sich die diagnostizierte ›Krise des Kinos‹ perpetuiere.[42]

Nachfolgend möchte ich zeigen, dass Braune mit seinen gesellschaftskritischen Positionen in einem marxistisch geschulten linksintellektuellen Diskurs zu verorten ist. Der Titel *Verschwundene Filme* korrespondiert demgemäß mit den von Walter Benjamin formulierten Maximen einer kritischen Rezeptionsästhetik. 1928 besprach Benjamin in der *Frankfurter Zeitung* die von Rudolf Borchardt im Vorjahr herausgegebene Anthologie *Der Deutsche in der Landschaft*.[43] Nicht nur lobt Benjamin die Publikation als Vorbild anthologischer Herausgeberpraxis, vielmehr noch leitet er ihr methodische Überlegungen zum Sinn und Zweck des kritischen Umgangs mit Relikten der Kulturgeschichte ab. Borchardts Komposition deutscher Reisebeschreibungen aus dem 18. und 19. Jahrhundert bewirke ein »wehrhafteres Fortblühn des Alten«, wodurch wiederum eine »höhere Einheit außerhalb des Buches« geschaffen werde. Borchardts Beispiel folgend dürfe ein Herausgeber nicht beliebig »Improvisieren«, sondern müsse durch genaueste Sachkenntnis diejenigen Kulturrelikte aus dem Fundus der Geschichte auswählen, die ihr ästhetisches und inhaltliches Potential neuerlich in der Gegenwart entfalten können.[44] Aufgrund der unzureichenden Quellenlage kann nicht belegt werden, ob Braune Benjamins Rezension von *Der Deutsche in der Landschaft* im Kontext seiner eigenen Arbeiten gelesen hat.[45] Auffallend ist indes, dass Braune eine vergleichbare Denkfigur verfolgt, indem er – implizit oder explizit – Benjamins rezeptionsästhetische Forderungen auf einen kritischen Umgang mit der Filmgeschichte überträgt. Braune beruft sich in seiner Filmkritik auf seine Erfahrung als langjähriger Kinogänger[46]; mit der Akzentuierung seiner umfassenden Kenntnis der noch jungen Filmgeschichte verfolgt er einen historisch-materialistischen Ansatz, der das antizipierte produktions- und wirkungsästhetische Kontinuum der Filmindustrie aufbrechen soll. Der Historiker als kritischer Sammler – so schreibt es Benjamin in seinem Aufsatz über Eduard Fuchs – müsse eine »kritische Konstellation« zwischen dem »Fragment der Vergangenheit« und der »Gegenwart« herbeiführen[47], um dem vergessenen »Kunstwerk das Dasein in der Gesellschaft zurückzugeben.«[48] Dementsprechend begrüßt Braune im Jahr 1930, dass sich Charlie Chaplins *Pilgrim* der langjährigen Zensur durch die katholische Kirche widersetzen und nun endlich im Düsseldorfer Residenztheater gezeigt werden konnte. Braune unterstreicht das zeitlose ästhetische Potential des Films:

> Zehn Jahre ist dieses Wunderwerk nun alt, es ist kein Tonfilm, kein Farbenfilm, kein Duftfilm und überragt doch die Filmproduktion 1930 gewaltig. Man kann verstehen, *daß der Klerus versucht hat, die Aufführung dieses Films zu verhindern* [...], das alles [= die besprochenen Filmszenen, F. B.] ist nicht nur überwältigend komisch, sondern zugleich ein ebenso wirksamer und beißender Hohn auf die kirchlichen Institutionen, wie etwa George Grosz'sche Zeichnungen, nur auf eine andere, gefälligere Art. Niemand solle versäumen, diesen Chaplinfilm zu sehen.[49]

Braune knüpft seine schriftstellerische Tätigkeit an die nüchterne Erkenntnis, kein Filmschaffender zu sein und somit eine Veränderung der Spielpläne nicht selbst bewirken zu können[50]; dennoch misst er seinen Filmkritiken ein revolutionäres Moment bei, das einen dialektischen Prozess einleiten und damit die dominierende Tendenz des gegenwärtigen Kinos hemmen soll: »Vielleicht bringt ein kleiner Streifzug durch die Filmgeschichte diese schönen alten Filme wieder zum Rollen: auch die ersten Reprisenvorführungen waren durch die Presse angeregt worden.«[51] Braune argumentiert entsprechend für neuerliche Aufführungen von Relikten der jüngeren Filmgeschichte, »über die man sich noch heute freuen kann, auch wenn sie vor zehn Jahren gedreht wurden, die nicht veralten, deren Technik sogar vieles Sehenswerte enthält«. Frei von finanziellen Risiken (»Für wenig Geld«) könne man demnach einen »wertvolle[n] Bestand älterer Filme« in die Gegenwart überführen, wodurch nicht nur der Kinokanon neugestaltet, sondern zugleich auch der von Braune wie auch von anderen Akteuren als unausgebildet bewertete Publikumsgeschmack nach ästhetischen Kriterien geschult werden könne.[52]

»Spielt Reprisen. Aber gute!«, lautet Braunes abschließender Appell an die deutschen Kinobetreiber.[53] Sein Filmkanon wird maßgeblich durch das ästhetische Profil seiner Filmkritiken, d. h. einen dokumentarischen Anspruch sowie eine stoffliche Verschränkung mit gesellschaftlichen und sozialpolitischen Themen, bestimmt. Georg Wilhelm Pabsts *Die freudlose Gasse* (1925) entspricht beispielsweise Braunes Maximen einer ›Ästhetik der Straße‹, so spielt Pabsts »Inflationsfilm« im Wiener Armenviertel.[54] Der Unterhaltungswert von Filmen wird ferner als bedeutende ästhetische Kategorie hervorgehoben, wolle man ein großes Publikum erreichen und den ökonomischen Anforderungen der Filmindustrie entsprechen. Kategorisch empfiehlt Braune so etwa »die allerersten Buster Keaton-Filme« sowie Raymond Griffiths Kriminalfilme: »Seine Filme waren aus einem Guß, man amüßierte sich köstlich.«[55] Darüber hinaus dürfe das Medium Film nicht dem Weg des Theaters der 1920er Jahre folgen. Seine Wendung gegen »gekurbelte Theatervorstellungen«[56] verfolgt einen illusionistischen Wirkungsanspruch, durch welchen – und hierin zeigt sich Braunes Sensibilität für den die großstädtische Kultur prägenden Angestelltentypus – das Kino zu einem wesentlichen Fluchtpunkt vor der wirtschaftlichen Realität erhoben wird:

> Schlecht ist nicht der Film, der uns Erotik, Unlogik, nackte Beine, Schauergeschichten zeigt (er ist höchstens geschmacklos!), sondern das Grundübel sind die *langweiligen* Filme. Wenn das kleine Ladenmädel müde ins Kino geht, wenn der Banklehrling vor den Zahlen flieht in das abendliche Lichtspielhaus und wenn diese jungen Proletarier zwei Stunden in Spannung gehalten, in ein anderes Tempo gerissen werden, dann zu diesen Filmen tausendmal: Sei gegrüßt! Denn diese jungen Menschen sind nicht nur der größte Teil der Kinobesucher (Studenten, Angestellte, junge Mädchen, Arbeiter vom Markthelfer bis zum Straßenbahner, Schüler; alle zwischen 18 und 25), sie sind auch der zukünftige Kern der Nation![57]

Es wird deutlich, dass Braune das »Lichtspielhaus« als das entscheidende Medium der »Nachkriegsjahre« bewertet und diesem eben hierdurch eine wesentliche gesellschaftliche Funktion beimisst.[58] Auch in anderen kulturkritischen Arbeiten untermauert er diese Ansicht, so etwa in der soziologischen Reportage *Büromädels* (1930):

> Die jungen Mädchen aus den Büros haben meistens eine sehr monotone und gleichförmige Arbeit zu erledigen, [...] lange Diktate führen verständlicherweise Ermüdungserscheinungen, Kopfschmerzen usw. herbei [...]. Der Ausgleich, der dafür gesucht wird, unterscheidet sich nicht viel von dem der Generation davor: Lichtspielhaus statt Ballsaal [...].[59]

Die »*Moral von Hollywood*«: *Braunes Amerikanismus*

Braunes Standpunkt erinnert an die Ausführungen Siegfried Kracauers, der mit *Die kleinen Ladenmädchen gehen ins Kino* (1928) die besonders im Angestelltenstand vorherrschende Begeisterung am neuen Medium Film erörtert. Kracauer bewertet Filme als »Tagträume der Gesellschaft«[60] und problematisiert, dass »Filme in ihrer Gesamtheit das herrschende System« – d. h. die gesellschaftlich fest verankerten Strukturen der Unterhaltungsindustrie – »bestätigen«.[61] Braune versteht seine filmästhetischen Überlegungen wiederum als Lösungsangebot, um einen positiv zu deutenden »Kult der Zerstreuung«[62] mit klassenbewussten Inhalten in der Weimarer Alltagskultur zu etablieren. Bemerkenswert erscheint vor diesem Hintergrund, dass Braune der amerikanischen Kultur bzw. insbesondere dem amerikanischen Film Bildungspotential für das alltägliche Leben zuspricht.

In *Der amerikanische Film* beschreibt Braune eine junge deutsche Gesellschaftsschicht, die »sich [...] im Tohuwabohu dieser Zeit sammelt« und mit den »Erscheinungsformen der Zeit« gehe.[63] Dieser sich im Nachkriegsdeutschland formierende »neue Typ«[64] habe im Kino sein zeitgemäßes Medium gefunden, er wendet sich programmatisch gegen antiquierte bürgerliche Wert- und Kulturanschauungen.[65] Deutlich wird hier Braunes Faible für den Amerikanismus, so werden amerikanische Kulturimporte wie »Radio, Fordauto, Rekorde, Zahlen, Wunderbauten, Großtaten der Ingenieure und Techniker, Riesenmegaphone, Flugzeughaltestellen auf den Dächern der Wolkenkratzer, das alles bringt der amerikanische Film«, als Losungen eines modernen Lebensgefühls gedeutet.[66] Die »Großstadtjugend«[67] finde in amerikanischen Filmikonen wie »Jackie Coogan«, »Charlie Chaplin«, »Baby Peggy, Harold Lloyd [...], Norma Talmadge, Gloria Swanson« identitätsstiftende Vorbilder, die laut Braune gar eine klassenkämpferische Funktion erfüllen, indem sie »Solidaritätsgefühl« unter den Kinobesucher:innen hervorrufen können:[68]

> Alle diese jungen Menschen in dem großen, vollen Kino lachten unbekümmert und herzhaft, sorgenlos und froh [...]. Alles Amerikaner! Und so wurden uns Jungen diese drei Worte ein Programm: *Der amerikanische Film.* [...] Und alles ist da, was wir wollen! Nicht nur ich und meine Kameraden und die vielen Kinobesucher, sondern auch du, auch du! Paß auf![69]

Zwar finden sich in Braunes filmkritischem Werk auch positive Besprechungen sowjetischer Filmproduktionen, doch beziehen sich diese vorrangig auf technische und bildkompositorische Besonderheiten. Über Abram Rooms *Menschenarsenal* (1929) heißt es: »Die Hauptbedeutung dieses Filmes liegt auf optischem Gebiet, wo der russische Film wieder ganz neue Wege betritt.«[70] Indes wird deutlich, dass Braune eine zu komplexe Bildästhetik ablehnt. Zwischen 1925 und 1930 nimmt er immer wieder Bezug auf Charlie Chaplin, um das Profil seiner ›Ästhetik der Straße‹ weiter zu schärfen. Er bescheinigt seinen Filmen Massentauglichkeit und führt Chaplin als Referenzgröße inhaltlicher und formaler Filmkritik in die deutsche Kinokontroverse ein. In seiner Kritik von *Zirkus* (1928) lobt er den »Regisseur Chaplin [...], der ganz einfache Bilder stellen kann, deren Architektur, deren Aufbau aber so klar und gut abgewogen ist, wie auf den Bildern Rembrandts oder Henri Rousseaus«.[71]

Ähnlich wie Walter Benjamin in *Der Autor als Produzent* (1934) versteht auch Braune jedes kulturelle Zeugnis als »Klassenäußerung«.[72] Chaplin wiederum sei imstande, eine »Umfunktionierung«[73] des »Produktionsapparates«[74] im Sinne Benjamins zu bewirken, da er seine Filme mit Eigenkapital produziere und sich über die etablierten Bewertungsmaßstäbe der »bürgerliche[n] Journallie«[75] hinwegsetze. Dementsprechend wird Chaplin als Gallionsfigur klassenbewusster Filmkunst gedeutet:

> Was bedeutet Chaplin, seine Kunst, sein Spiel, seine Idee, für das Weltproletariat? Schon die Reichweite seiner Arbeiten [...], die bis in die fernsten Winkel der Welt dringen, verschaffen ihm eine Bedeutung, die unsere Beachtung verlangt. Unsere, d.h. des aktiven Teiles des Proletariats. Denn die Arbeiter aller Welt stellen den größten Teil seiner Zuschauer [...].[76]

Chaplin, der »immer den Unterdrückten«[77] spiele und »den großen Gewalten des Staates machtlos gegenüber steht«[78], bietet laut Braunes Ausführungen eben aufgrund dieses Umstandes ein großes gesellschaftliches Identifikationspotential. In seinen Kritiken oszilliert Braune zwischen klassenkämpferischer Agitation, detaillierten Beschreibungen ausgewählter Szenen und einem bisweilen freundschaftlichen Ton, durch welchen Chaplin in die Arbeiterbewegung integriert wird: »Charlie! [...] Wir lieben dich. Bleibe so, und komme immer so wieder!«[79]

Die positive Einflussnahme des Kinos im Allgemeinen bzw. des amerikanischen Films im Besonderen auf das Leben des Weimarer Prekariats reflektiert Braune auch in *Das Mädchen an der Orga Privat* und *Junge Leute in der Stadt*, wie ich abschließend zeigen möchte. Beide Romane machen bereits zu Beginn deutlich, welchen Stellenwert das Kino in der großstädtischen Topografie sowie der Wahrnehmung der arbeitenden Bevölkerungsschicht einnimmt. Noch am Abend ihrer Ankunft in Berlin »schlendert« Erna Halbe gewissermaßen als weibliche Flanerie-Figur »langsam in die

unbekannte Stadt hinein«.[80] Keineswegs sucht sie dabei typische Sehens-
würdigkeiten auf; stattdessen lässt sie sich von »flammen[den] Lichtaureo-
len« ihren Weg hin zur »glänzende[n] Fassade des Lichtspielhauses« leiten.[81]
Thomas Wegmann urteilt zutreffend, dass die »künstliche Beleuchtung der
Großstädte [...] nicht die Differenz von Tag und Nacht« aufhebe, »sondern
[...] diese umso deutlicher« unterstreiche.[82] In Braunes Stilisierung der
Weimarer Asphaltstadt geht eine sogartige Strahlkraft vom illuminierten
Kino aus, welche durch die mediale Inszenierung des Filmprodukts weiter
verstärkt wird. Die Reklame erscheint der von der Provinz in die Metropole
gezogenen Protagonistin als verheißungsvolle Phantasmagorie:

> Auf der Plakatwand eines Kinos hüpft ein Mädchen mit pfiffigem Gesicht und einer
> grauen Baskenmütze, ähnlich der Ernas, eine Treppe hinauf. Auf zwanzig Plakaten tut
> sie dasselbe, und das Bogenlampenlicht hebt die grellen Farben in die Dunkelheit der
> Straße hinaus. [...] Bewundernd betrachtet sie die glänzende Fassade des Lichtspiel-
> hauses und ahnt nicht, dass dieses Kino [...] fast ausschließlich von der werktätigen
> Bevölkerung besucht wird [...].[83]

Hervorzuheben ist, dass Braune seine ästhetischen und kulturellen Überzeugungen gattungsübergreifend entfaltet. Unterstreicht Braune in seiner
Filmkritik *Verschwundene Filme* etwa die schauspielerische Leistung von
Norma Talmadge als Revuemädel *Kiki* (1926)[84], so erörtert er den Einfluss
derselben auf die Lebenswirklichkeit von Angehörigen des Angestelltenstandes wiederum in literarischen Genres: In *Das Mädchen an der Orga Privat*
durchläuft Erna Halbe einen gleichermaßen klassenkämpferischen wie fe-
ministischen Bildungsprozess, der in der Organisation eines Generalstreiks
weiblicher Angestellter mündet. Die ›MeToo‹-Bewegung gegen die patriar-
chale Gewalt des Arbeitgebers ist dabei gesäumt von zahlreichen Referenzen
zu amerikanischen Filmikonen. Sei es die Imitation »Clara Bow[s]«[85] oder
die Aneignung eines selbstbewussten »Greta-Garbo-Gang[s]«[86] – Hollywood
gilt als maßgebende Referenz in der modernen Identitätskonstruktion. Erna
Halbes Erstkontakt mit der großstädtischen Kultur erfolgt demgemäß vor
dem Hintergrund einer übermäßigen Identifikation mit der Filmschau-
spielerin:

> Kiki. Ja, Erna sieht an diesem Abend, am ersten in Berlin, Kiki, das schwarzäugige
> Mädchen mit der Baskenmütze, die niemand anders als Norma Talmadge ist. Das ist
> ein richtiges Arbeitermädel, die sich durchschlagen muss und die sich Platz schafft, Kiki
> weint und Kiki lacht, Kiki als Revuemädchen und Kiki als Dame. Ist das Leben nicht
> schön in diesem Kino? Alles sieht man, das Leben draußen in der Welt, das Leben hier
> in der Stadt.[87]

Auch in *Junge Leute in der Stadt* wird das Kino das Kontrastmittel zwischen
gesellschaftlicher Realität und individueller Selbstverwirklichung inszeniert:
»Zwischen der ersten und der zweiten Hauptstraße liegen die Kinos, zwischen der zweiten und dritten eine riesige Elektrofabrik, mehrere Kirchen
und eine Gasanstalt. Das *Arbeitsamt* aber liegt an der Peripherie.«[88] Bewegen sich Braunes Protagonist:innen am finanziellen Rand der Gesellschaft,
nehmen die durch den amerikanischen Film verbreiteten Inhalte eine zentrale Bedeutung in der Bestreitung des Alltags ein. *Junge Leute in der Stadt*
handelt entsprechend vom arbeitslosen Chauffeur Emanuel Roßhaupt, der
um die Gunst der Tänzerin Susie Schmitz wirbt. Roßhaupt wird als jemand
vorgestellt, der über »eine Leidenschaft für das Kino und ein gänzlich un-
bekümmertes Herz«[89] verfügt. Der arbeitslose Roßhaupt, dessen Vorbilder
die Amerikaner Charles »Lindbergh«, »Lon Chaney« sowie »Victor Mac
Laglen« sind[90], gibt sich Tagträumereien hin, in welchen »Marceline Day«
und »Buster Keaton« auftreten.[91] Bildkompositorisch sind seine Träume
an filmischer Ästhetik geschult und nur »beinahe so schön wie in einem
M. G. M.-Revue-Farbentonfilm«.[92] In seinen Handlungen orientiert er sich
wiederum maßgeblich an der »Moral von Hollywood«[93], so spricht er sich
im Kontext der Arbeiterbewegung beispielsweise für eine gewaltfreie Wi-
derstandspraxis aus oder bemüht sich ungeachtet seiner finanziellen Not,
Susie Schmitz aus widrigen Arbeitsbedingungen zu befreien. Diese findet
sich im Spannungsfeld von ökonomischen Zwängen und dem Streben nach
individueller Selbstverwirklichung. Die von Braune postulierte Bedeutung
Chaplins für die Unterdrückten der Gesellschaft[94] spiegelt sich in Schmitz'
Emanzipationsprozess von ihrem Arbeitgeber, der sie – »wie es im Kontrakt
steht«[95] – an den Rand der Prostitution drängt:

> Diese Wendung, die bei ihr haften geblieben war und die manches Mal aus dem Laby-
> rinth der Wünsche und Träume auftauchte […], diese Wendung war nicht von Susie.
> »Ich möchte nur einmal einen Menschen kennenlernen, um den es sich lohnt«, ein Kino-
> Zwischentitel aus Chaplins »Goldrausch«. Im Tanzsaal des Goldgräbergasthauses. Das
> kleine hübsche Tanzmädchen, Georgia Hale, sagt diese Worte hoffnungslos und bitter
> zu einem Bekannten. Sie hat ein schmerzlich-trauriges Gesicht. Charlie steht neben ihr,
> klein und geduckt, hört alles, fühlt alles und schweigt. Georgia Hale sieht über ihn hin-
> weg. »Einen Menschen, um den es sich lohnt.« Auf wunderbare Weise war das in Susies
> Gedanken haften geblieben. Und sie begann sich mit der Frage zu beschäftigen, wie man
> wertvolle Menschen von oberflächlichen und unaufrichtigen unterscheiden könne.[96]

Der durch eine Projektion der eigenen Biografie auf die Filmgeschichte
eingeleitete Erkenntnisprozess führt zu einem Bekenntnis zu Roßhaupt,
den sie schließlich als ihren »Verlobten« anerkennt.[97] Braune spricht sich

in seinem filmkritischen Werk für eine Hinwendung zum Amerikanismus aus und erhebt diesen ferner zu einem gesellschaftspolitischen »Programm« für die junge Weimarer Gesellschaftsschicht.[98] Sinnbildlich hierfür ›amerikanisieren‹ Emanuel Roßhaupt und Susie Schmitz ihre Beziehung zu einer Romanze zwischen einem »Broadway-Girl« und einem »Hollywoodjungen«[99], wodurch *Junge Leute in der Stadt* – und dies ist untypisch für einen in den Wirren der frühen 1930er Jahre angesiedelten Zeitroman – in einem ›Happy End‹ mündet.

Anmerkungen

[1] Vgl. Rudolf Braune-Bibliografie in: Martin Hollender: »eine gefährliche Unruhe im Blut …«. Rudolf Braune – Schriftsteller und Journalist (1907–1932). Biographie und Bibliographie. Mit Feuilletons und Erzählungen von Rudolf Braune im Anhang. Düsseldorf 2014 (= Heinriche-Heine-Institut Düsseldorf. Archiv – Bibliothek – Museum. Hrsg. v. Joseph A. Kruse, Bd. 9), S. 89–136.

[2] Rudolf Braune: Ein Jahr Provinzkinokritik. In: Die Weltbühne (Berlin), Jg. 25, Erstes Halbjahr, Nr. 6, 5. Februar 1929, S. 233–235. Zit. nach: Jahrbuch zur Kultur und Literatur der Weimarer Republik 23 (2023/24), S. 17–19, hier S. 17.

[3] Vgl. Wolfgang Herrmann: Prinzipielles zur Säuberung der öffentlichen Büchereien. In: Börsenblatt für den deutschen Buchhandel (Leipzig), Jg. 100, Nr. 112, 16. Mai 1933, S. 356–358, hier S. 357.

[4] Otto Gotsche: Vorwort. In: Rudolf Braune: Junge Leute in der Stadt (1932). Berlin 1958, S. 5–14, hier S. 13 f.

[5] Der Bruch mit dem Herausgeber muss derart tiefgreifend gewesen sein, dass in der *Freiheit* zunächst keine Rezension von Braunes zeitgleich erschienenem Erfolgsroman *Das Mädchen an der Orga Privat* abgedruckt wurde. Erst nach einigen Wochen wurde der Roman positiv besprochen, indes ohne namentliche Nennung des ehemaligen »Hausautors«. Vgl. Hollender: »eine gefährliche Unruhe im Blut …«, S. 68.

[6] o. V.: Gen. Rudolf Braune gestorben. In: Rote Fahne (Berlin), Nr. 139, 25. Juli 1932, S. 10. Zit. nach: Hollender: »eine gefährliche Unruhe im Blut …«, S. 60.

[7] Das 2015 veröffentlichte *Rudolf Braune Lesebuch* (Zusammengestellt und mit einem Nachwort von Martin Hollender. Köln 2015) verzichtet gänzlich auf eine Veröffentlichung von Braunes Filmkritiken und richtet den Fokus stattdessen auf das literarische Werk und gesellschaftspolitische Essays.

[8] Vgl. Hans Georg Brenner: »Die Filmkrisis« – und kein Ende. In: Die Neue Bücherschau (Berlin), Jg. 6, Nr. 6, Juni 1928, S. 308–310.

[9] Arthur Rudolf: Kritik der Filmkritik. In: Ebd., Nr. 11, November 1928, S. 592 f., hier S. 593.

[10] Ebd.

[11] Hans Feld: Autoren-Dämmerung. In: Film-Kurier (Berlin). Jg. 10, Nr. 292, 8. Dezember 1928, 2. Beiblatt: »Des Uebels Grund ist im Versagen der Autoren zu finden.«

[12] Vgl. Titelblatt der *Neuen Bücherschau* vom Februar 1929.

[13] Gerhart Pohl: Vorwort von *Hätten wir das Kino! Forderungen und Vorschläge der Jungen für den deutschen Film*. In: Die Neue Bücherschau (Berlin), Jg. 7, Nr. 2, Februar 1929, S. 89.

[14] Gerhart Pohl: Nachwort von *Hätten wir das Kino! Forderungen und Vorschläge der Jungen für den deutschen Film*. In: Ebd., Nr. 4, April 1929, S. 218 f., hier S. 218.

[15] Ebd. Vgl. auch Erich Kästners Kritik: »Jeder aussichtsreiche Versuch, den deutschen Film wesentlich zu qualifizieren, müßte mit der Durchführung des aussichtslosen Planes beginnen: die Industrialisierung der Filmproduktion zu beseitigen. [...] Solange Filme wie Briketts oder Konfektionsanzüge hergestellt werden, solange erreichen gute Manuskripte, begabte Regisseure und verantwortungsbewußte Darsteller Nichts weiter, als daß sie in die Maschinerie geraten oder aufs laufende Band.« Erich Kästner: Beitrag zur Kolumne *Hätten wir das Kino! Forderungen und Vorschläge der Jungen für den deutschen Film*. In: Ebd., S. 218.

[16] Vgl. »Warum schreiben Sie keine Filme?«. In: Vossische Zeitung (Berlin), Nr. 153, 31. März 1929 (Literaturbeilage), S. 33–35.

[17] Bert Brecht: Kurz und Gut. In: Ebd., S. 34.

[18] Rudolf: Kritik der Filmkritik, S. 592.

[19] Pohl: Nachwort von *Hätten wir das Kino!*, S. 219.

[20] Anton Kaes: Einführung. In: Ders. (Hrsg.): Kino-Debatte. Texte zum Verhältnis von Literatur und Film 1909–1929. Tübingen 1978, S. 1–36, hier S. 1.

[21] Rudolf Braune: Beitrag zur Kolumne *Hätten wir das Kino! Forderungen und Vorschläge der Jungen für den deutschen Film*. In: Die Neue Bücherschau (Berlin), Jg. 7, Nr. 2, Februar 1929, S. 89 f. Zit. nach: Jahrbuch zur Kultur und Literatur der Weimarer Republik 23 (2023/24), S. 16.

[22] Ebd.

[23] Ebd.

[24] Rudolf Braune: Der amerikanische Film. Eine Verteidigungsrede für unsere Zeit. In: Junge Menschen (Melle), Jg. 6, Nr. 2, Februar 1925, S. 46 f. Zit. nach: Jahrbuch zur Kultur und Literatur der Weimarer Republik 23 (2023/24), S. 9–12, hier S. 9: »Willst du psychologische Feinheiten, Nuancen und Erschütterungen, rollendes R und zerbrochene Schicksale: Bitte sehr, die Schaubühne!«

[25] Braune: Beitrag zur Kolumne *Hätten wir das Kino!*, S. 16.

[26] Ebd.

27 Ebd.

28 Ebd.

29 Rudolf Braune: Buch und Buchhandel um die Wende 1925/26. In: Jungbuch-
händler-Rundbrief (Bühl/Baden), Nr. 2, April 1926, S. 5–7, hier S. 7. In dieser
Kritik literarischer Neuerscheinungen wendet sich Braune u. a. gegen Thomas
Mann, indem er die Unzeitgemäßheit betont, »in diesem Arbeitslosenwinter auf
Zauberbergen spazieren zu gehen«.

30 Braune: Beitrag zur Kolumne *Hätten wir das Kino!*, S. 16.

31 Bertolt Brecht: Der Dreigroschenprozeß. Ein soziologisches Experiment [1931].
In: Ders.: Große kommentierte Berliner und Frankfurter Ausgabe. Bd. 21:
Schriften 1. Schriften 1914–1933. Bearbeitet v. Werner Hecht. Frankfurt/Main
1992, S. 448–514, hier S. 464: »Die alten Formen der Übermittlung nämlich
bleiben durch neu auftauchende nicht unverändert [...]. Der Filmsehende liest
Erzählungen anders. Aber auch der Erzählungen schreibt, ist seinerseits ein
Filmsehender. Die Technifizierung der literarischen Produktion ist nicht mehr
rückgängig zu machen.«

32 Vgl. Sabina Becker: Experiment Weimar. Eine Kulturgeschichte Deutschlands
1918–1933. Darmstadt 2018, S. 379: Universalautor/innen »publizieren in Zeitungen und Zeitschriften, doch sie schreiben zugleich Hörspiele, verfassen Dreh-
bücher und arbeiten an den Verfilmungen und Vertonungen ihrer Werke mit«.

33 Pohl: Vorwort von *Hätten wir das Kino!*, S. 89.

34 Braune: Beitrag zur Kolumne *Hätten wir das Kino!*, S. 16.

35 Ebd.

36 Ebd.

37 Braune: Ein Jahr Provinzkinokritik, S. 18.

38 Hannes Küpper: »Provinz« und Berlin. In: Querschnitt (Berlin), Jg. 11, Nr. 5,
Mai 1931, S. 307–309, hier S. 307 f.

39 Braune: Ein Jahr Provinzkinokritik, S. 17.

40 Ebd., S. 18.

41 Vgl. Martin Hollenders Bibliografie, Nr. 176–181, S. 108.

42 Rudolf Braune: Verschwundene Filme. In: Die Weltbühne (Berlin), Jg. 26, Erstes Halbjahr, Nr. 24, 10. Juni 1930, S. 891 f. Zit. nach: Jahrbuch zur Kultur und
Literatur der Weimarer Republik 23 (2023/24), S. 22 f., hier S. 22.

43 Vgl. Rudolf Borchardt (Hrsg.): Der Deutsche in der Landschaft [1927]. Berlin
2018.

44 Walter Benjamin: Rezension zu: Der Deutsche in der Landschaft. Besorgt von
Rudolf Borchardt [1928]. In: Ders.: Gesammelte Schriften. Bd. III: Kritiken
und Rezensionen. Hrsg. v. Hella Tiedemann-Bartels. Frankfurt/Main 1980,
S. 91–94, hier S. 92.

45 Hierfür spricht, dass Braune selbst Publikationsversuche in der *Frankfurter Zeitung* unternahm und Leser der Zeitung gewesen sein dürfte; zudem darf unterstellt werden, dass Braune – als linksorientierter Filmkritiker und ausgebildeter Buchhändler – die Schriften Benjamins oder auch Siegfried Kracauers kannte.

46 Vgl. Braune: Verschwundene Filme, S. 23: »ich habe den Film vielleicht ein Dutzend Mal gesehen«.

47 Walter Benjamin: Eduard Fuchs, der Sammler und der Historiker [1937]. In: Ders.: Gesammelte Schriften. Bd. II.2: Aufsätze, Essays, Vorträge. Hrsg. v. Rolf Tiedemann, Hermann Schweppenhäuser. Frankfurt/Main 1977, S. 465–505, hier S. 467.

48 Ebd., S. 503.

49 Rudolf Braune: Chaplin als »Pilgrim« (Residenztheater). In: Freiheit, Jg. 13, Nr. 57, 8. März 1930, S. 12. Zit. nach: Jahrbuch zur Kultur und Literatur der Weimarer Republik 23 (2023/24), S. 20 f.

50 Vgl. »Ich möchte mal so einen Film drehen.« (Braune: Provinzkinokritik, S. 19); »Wenn ich das Kino hätte?« (Braune: Beitrag zur Kolumne *Hätten wir das Kino!*, S. 16).

51 Braune: Verschwundene Filme, S. 22.

52 Ebd. Vgl. auch das Vorwort von Hans Richters *Filmgegner von heute, Filmfreunde von morgen* (Berlin 1929, S. 5): »Glauben Sie nicht, was man Ihnen sagt: daß der Film schlecht sein müsse – weil das Publikum es wünscht. Sie selbst sind Publikum. [...] Wir wollen Ihnen zeigen, daß der Film über reiche künstlerische Mittel verfügt. Wir wollen Ihnen seine Prinzipien zeigen, um Sie fähig zu machen, nicht nur zu fühlen, welcher Film schlecht ist, sondern auch zu wissen, warum. Wir wollen Ihr Urteil schärfen, damit Sie den besseren Film fordern können.«

53 Braune: Verschwundene Filme, S. 23.

54 Ebd., S. 22.

55 Ebd., S. 22 f.

56 Rudolf Braune: Der amerikanische Film, S. 9.

57 Ebd.

58 Ebd., S. 9 f.

59 Rudolf Braune: Büromädels. In: Die Tat. Monatsschrift zur Gestaltung neuer Wirklichkeit (Jena), Jg. 22, Nr. 5, August 1930, S. 353–357, hier S. 355.

60 Siegfried Kracauer: Die kleinen Ladenmädchen gehen ins Kino [1927]. In: Ders.: Das Ornament der Masse. Essays. Frankfurt/Main 2017, S. 279–294, hier S. 280.

61 Ebd., S. 279.

62 Siegfried Kracauer: Kult der Zerstreuung [1926]. In: Ebd., S. 311–317.

63 Braune: Der amerikanische Film, S. 10.

64 Ebd.

65 Ausdruck findet dieser Gesichtspunkt exemplarisch in Braunes Interview von »drei Stenotypistinnen« in der *Frankfurter Zeitung*. In der Antwort auf Braunes Frage nach der bevorzugten Freizeitbeschäftigung heißt es: »Lesen […] ist zu langweilig, außerdem habe ich gar keine Zeit. […] Kino, ja!« Rudolf Braune: Was sie lesen: Drei Stenotypistinnen. In: Frankfurter Zeitung, Jg. 73, Nr. 295, 21. April 1929, Literaturblatt Nr. 16.

66 Braune: Der amerikanische Film, S. 12.

67 Ebd., S. 9.

68 Ebd., S. 11.

69 Ebd.

70 Rudolf Braune: Ein revolutionärer Film – »Menschenarsenal« im Capitol. In: Freiheit, Jg. 12, Nr. 269, 15. November 1929, S. 8.

71 Rudolf Braune: Charlie Chaplin »Zirkus« (Ufa-Palast). In: Freiheit, Jg. 11, Nr. 55, 5. März 1928, S. 10. Zit. nach: Jahrbuch zur Kultur und Literatur der Weimarer Republik 23 (2023/24), S. 12–15, hier S. 15.

72 Ebd., S. 13.

73 Walter Benjamin: Der Autor als Produzent [1934]. In: Ders.: Gesammelte Schriften II,2: Aufsätze, Essays, Vorträge. Hrsg. v. Rolf Tiedemann, Hermann Schweppenhäuser. Frankfurt/Main 1977, S. 683–701, hier S. 691.

74 Ebd., S. 692.

75 Braune: Charlie Chaplin »Zirkus«, S. 14.

76 Ebd., S. 12 f.

77 Ebd., S. 13.

78 Rudolf Braune: Chaplins Abenteuer (Residenztheater). In: Freiheit, Jg. 12, Nr. 157, 8. Juli 1929, S. 6. Zit. nach: Jahrbuch zur Kultur und Literatur der Weimarer Republik 23 (2023/24), S. 19 f., hier S. 20.

79 Braune: Charlie Chaplin »Zirkus«, S. 15.

80 Rudolf Braune: Das Mädchen an der Orga Privat. Ein kleiner Roman aus Berlin [1930]. Berlin 2022, S. 20.

81 Ebd., S. 21.

82 Thomas Wegmann: Dichtung und Warenzeichen. Reklame im literarischen Feld 1850–2000. Göttingen 2011, S. 120.

83 Braune: Das Mädchen an der Orga Privat, S. 21 f.

84 Vgl. Braune: Verschwundene Filme, S. 22.

85 Braune: Das Mädchen an der Orga Privat, S. 32.

[86] Ebd., S. 49.

[87] Ebd., S. 22 f.

[88] Rudolf Braune: Junge Leute in der Stadt [1932]. Berlin 1960, S. 121.

[89] Ebd., S. 26.

[90] Ebd., S. 65.

[91] Ebd., S. 24.

[92] Ebd., S. 25.

[93] Ebd., S. 20.

[94] Vgl. Braune: Charlie Chaplin »Zirkus«, S. 12 f.

[95] Braune: Junge Leute, S. 287.

[96] Ebd., S. 286.

[97] Ebd., S. 317.

[98] Braune: Der amerikanische Film, S. 11.

[99] Braune: Junge Leute, S. 53 und S. 63.

AUFSÄTZE

Maren Lickhardt

Aufwertung der großen Zahl

Popularität als quantitative Kategorie im Zeitschriftendiskurs der Weimarer Republik

Das Populäre wandelt sich im Laufe der Moderne von einem umkämpften normativen Zuschreibungs- und Aneignungsphänomen zu einer performativ-faktischen quantitativen Größe.[1] »Populär ist, was von vielen beachtet wird«[2], und dies muss sich zumeist nicht mehr qualitativ legitimieren, während ›hoch‹ gewertete kulturelle Artefakte und Praktiken in Rechtfertigungszwang kommen, wenn sie keine Beachtungserfolge aufweisen. Vor allem ab den 1950er Jahren vollzieht sich diese Umkehr der Beweislast, die nicht lediglich die Dichotomie *high* vs. *low* qualitativ hinterfragbar macht, sondern die die Wahrnehmung von Relevanz in eine Frage nach der Zahl wendet: viel beachtet vs. nicht beachtet. Dabei ist nicht nur faktisch ohnehin populär, was etwa in Charts ganz oben steht. Vielmehr ist das, was derart populär ist, qua Popularität legitimiert und wird zur Bedingung kultureller Selbstverständigung.[3] In diesem Prozess sind die Meta-Operationen der Feststellung und Inszenierung von Popularität von großer Bedeutung. Wenn Populäres als solches eine gesellschaftliche Aspekte transformierende Agency hat, muss es als Vielbeachtetes beobachtbar sein.[4] Besagte Charts – um nur ein Beispiel zu nennen – ermitteln ab den 1950er Jahren in diesem Sinne Popularität und machen sie sichtbar. Der Sonderforschungsbereich *Transformationen des Populären* untersucht die kulturellen Konstruktionsbedingungen und Konsequenzen von so verstandener Popularität. Neben der synchronen Vielfalt methodischer Zugänge und Objektbereiche stellt sich die Frage nach der historischen Dimension des Populären bzw. dessen Transformationsstufen. Popularisierungsprozesse haben in den 1920er Jahren längst durchgegriffen; in jeder nur erdenklichen Hinsicht handelt es sich bei der Weimarer Republik um eine populäre Kultur. Popularisierung zweiter Ordnung, also die reflexive Beobachtung und Ausstellung des Populären in Form von Charts etc., ist jedoch erst ab den 1950er Jahren auf breiterer Ebene Grundlage der kulturellen Verständigung. In den 1920er Jahren wird das Populäre eher als qualitative Kategorie im Spannungsfeld von *high* und *low* reflektiert. Das heißt aber nicht, dass in den 1920er Jahren, insbesondere im Zeitschriftendiskurs, nicht bereits eine erste kleine Diskursverschiebung stattfindet, die das Populäre als große Zahl aufwertet, was im Folgenden exemplarisch aufgezeigt werden soll.

Schaut man sich unter diskursanalytischen Gesichtspunkten Publikationen zur Weimarer Republik an – und zwar v. a. Lexikonartikel und
Überblicksdarstellungen, die besonders prägnant zuspitzen, was in und zu
Weimar kursiert –, fallen die Schlagworte Massenkultur oder Massengesellschaft – neben Populärkultur – mit Blick auf Medienlandschaft und Kon-
sumphänomene fast immer.[5] Viel zitiert sind zeitgenössische kulturkritische
Beobachter/-innen wie Siegfried Kracauer, für die sich die Masse lediglich
oberflächlich zusammensetzt aus isolierten, homogenisierten Individuen,
die sich nach oftmals gleichförmiger Arbeit mit den Angeboten der Kulturindustrie zerstreuen.[6] Unterhaltungskultur, Industrialisierung und Masse
fallen z. B. auch gemäß Fritz Giese in synchronisiert choreografierten Tanz-
Revuen augenfällig in eins.[7] Auf den ersten Blick taucht das, was die vielen tun und was sie betrifft, zunächst einmal in negativen Kontexten auf.
So hatte der Erste Weltkrieg auf dehumanisierende Weise über die massenhafte Vernichtung menschlicher Körper zu einer makabren Egalisierung geführt. Während die konkrete Kriegserfahrung nicht für jede/n in der Weimarer Republik gleichermaßen präsent blieb, mussten sich doch alle in der
neuen Demokratie zurechtfinden. Die Lockerung von Klassenbindungen
und der Wegfall der Autoritäten des Kaiserreichs konnten als ›Vermassung‹
und Orientierungsverlust empfunden werden, was nach Kompensation ver-
langte.[8] Nicht nur politische, sondern auch ökonomische Prozesse führten
den Menschen vom »bürgerlichen Individuum zur anonymen Masse«[9], an-
gefangen bei der Inflation. Eine massenhafte Vermehrung von Geld bedeutet
Entwertung und damit auch »Verlust von Ordnungen, Werten und Orien-
tierungen im privaten, öffentlichen wie politischen Leben«.[10] Für Geld gilt:
»[Z]ero's power to signify growth and multiplication is fused with zero's sig-
nification of a void [...].«[11] Bei weitem nicht für alle, aber für manche wendet sich das Blatt ab 1923/1924. Ab dann ist Masse, wie bereits erwähnt,
vorwiegend mit Kultur, mit Freizeit und Konsum verbunden, was regelmäßig in einem Atemzug mit dem Amerikanismus der 1920er Jahre genannt
wird.[12] Es beginnt die Zeit der so genannten relativen wirtschaftlichen Stabi-
lisierungsphase, also eines – wie der Name sagt: relativen – wirtschaftlichen
Aufschwungs im Rahmen eines nach amerikanischem Vorbild strukturierten
kapitalistischen Systems, das nach dem Dawes-Plan durch amerikanische
Anleihen mitfinanziert wurde.[13] Diese »Erholungspause für Deutschland«[14]
schafft Raum und Kapazitäten für Massenproduktion, Massenkonsum und
Freizeitkultur[15], wobei Massenproduktion als Teil der Industrialisierung und
massenhafter Konsum von Gütern und Produkten aller Art, weil diese nun
bezahlbar erschienen, – durchaus nicht zu Unrecht – eben genau die kulturkritischen Positionen auf den Plan riefen, die in all dem nur noch ein leeres

Getriebe sahen. Im Schlagwort der ›Masse Mensch‹[16] geht es weniger um Vermehrung als um Un-Ordnung und Ent-Wertung des Menschen, der als Teil einer Masse nicht etwa als Individuum gewinnt, sondern gleichgültig wird, während Konsum- und Kulturgüter oder -waren neben der wirklichen oder vermeintlichen Gleichförmigkeit tatsächlich vermehrt werden.

In der vorliegenden Kürze und Holzschnittartigkeit sollte lediglich skizziert werden, was zuerst in den Sinn kommt, wenn man in der und in Bezug auf die Weimarer Republik heterogene Semantiken und Phänomene in den Blick nimmt, die auf je unterschiedliche Weise die schiere große Zahl implizieren. Dass es im Zuge der Neuen Sachlichkeit sehr wohl zu einer Akzeptanz bis Affirmation von Massenkultur und Massenmedien kommt, hat Sabina Becker gezeigt[17], und in der wissenschaftlichen Retrospektive wird die ästhetische Vielseitigkeit und Innovationsleistung der Weimarer Kultur betont[18], wobei dann allerdings oftmals eine Umbenennung stattfindet und man nicht mehr von Massen-, sondern von Populärkultur spricht.

Neben der Nivellierung von Standesunterschieden, dem Abbau von Klassenbewusstsein und dem Wegfall von alten Zugehörigkeiten – jeweils wirklich oder vermeintlich – findet in den 1920er Jahren auch eine kritische Reflexion der Unterscheidung künstlerischer und kultureller Artefakte in *high* und *low* statt.[19] Im Zuge der Neuen Sachlichkeit will man populär, verständlich und zugänglich sein. Teilweise führt dies lediglich zu einer Umverteilung, wird unter Beibehaltung der *high/low*-Grenze von oben herab manches nach oben gelobt, oder es werden ganz selbstbewusst unten die Qualitäten des Unten herausgestellt. Wenn Vicki Baum allerdings in einem kunstkritischen Essay Lesenden die Angst vor Kitsch nehmen will, d. h. das »schlechte[..] Gewissen vor Dingen, die man schön findet«[20], ist erstens schon gar nicht mehr klar, aus welcher Perspektive – oben oder unten – hier gewertet wird und zweitens, ob überhaupt noch eine Skala gelten gelassen wird, die wirkliche oder vermeintliche Qualitäten der Objekte von hoch bis niedrig erfasst.

Mit ihrem ersten Roman *Gilgi, eine von uns*[21] hat Irmgard Keun den Roman ihrer Generation, ihres Geschlechts und einer bestimmten Szene veröffentlicht. In diesem Roman reflektiert Keun die Differenz von Hoch- und Populärkultur. »Literatur, Musik, Malerei – ist so eine Sache mit der Kunst. Was dem einen sein Hubermann – bleibt dem andern sein Dajos Bela, was dem einen sein Rembrandt ist – ist dem andern sein Abeking. Was will man da machen?« (G 144 f.). Ob nun Dajos Béla, der mit seinem Tanzorchester Schlager wie *Wochenend und Sonnenschein* und *Großmama, laß dir die Haare schneiden* spielte, oder Bronislav Hubermann, der als Stargeiger im bildungsbürgerlichen Bereich agierte; ob Hermann Abeking, der als Illustrator für Plakate, Bücher sowie das Magazin *Ulk. Wochenblatt für Humor und Satire* tätig war, oder Rembrandt; das Gefallen, das die Künstler jeweils erwecken, wird gleichgesetzt. Keun lässt Gilgi an dieser Stelle explizit nicht in einen qualitativen, objektbezogenen Bewertungsdiskurs einsteigen, wodurch sie sich wohl notwendig an hochkulturellen Konzepten abgearbeitet hätte, sondern lässt sie allein auf Basis des sinnlich-ästhetischen Empfindens des rezipierenden Subjektes argumentieren.[22] Persönlicher Geschmack und Angeregtheit machen das Objekt im zweifachen Sinne gleichgültig – alle sind erstens gleichwertig, und alle sind zweitens hinsichtlich ihrer Eigenschaften nicht weiter relevant für diesen Wahrnehmungsprozess –, ebenso wie die Passage ein Schulterzucken artikuliert – »Was will man da machen?« –, das nichts von der Hitzigkeit zahlreicher kultureller Valorisierungsdebatten der 1920er Jahre hat. Keuns Coolness resultiert daraus, dass es letztlich nicht um singuläres Empfinden geht, das eifrig gegen ›die Hochkultur‹ zu verteidigen wäre. Keun befindet sich nicht in der Defensive. Schließlich ist Gilgi »eine von uns« und fügt sich somit in einen allgemeinen Diskurs, der im Roman selbstbewusst näher konturiert wird.

Gefragt, ob sie denn lese, antwortet Gilgi: »Ob ich lese? Jaaa – ich les' Zeitungen, am liebsten die dicken Sonntagsausgaben und den ›Uhu‹, und Remarque hab' ich gelesen, der hat mir gefallen. Und dann les' ich Jack London und Colin Roß und Bengt Berg« (G 102). Mit dem *Uhu* benennt Keun einen wichtigen Intertext ihres Romans, aber v. a. einen wesentlichen Bezugspunkt ihrer Peer Group. Die Figur Gilgi liest, was diese liest, aber dort wird v. a. ihr Geschmack für weitere Lektüren sowie Mode, Kosmetik, Musik, Männer etc. geprägt. Dem ist der Roman programmatisch qua Titel gewidmet, und dies ist bereits untersucht. Noch kaum beachtet wurde allerdings, dass mit guten Gründen zu vermuten ist, dass sich diese Passage auf eine konkrete Ausgabe des *Uhu* bezieht, nämlich die Mai-Ausgabe im Jahr 1930, in der die von Gilgi genannten Lektüren unter der Überschrift »Was der deutsche Bürger liest …«[23] thematisiert werden.

Für den Artikel *Was der deutsche Bürger liest …* wurde auf Basis von Anfragen an sechzig verschiedene Stadtbibliotheken/Leihbüchereien ermittelt und statistisch ausgewertet, was zum Zweck des Lesens am häufigsten geliehen und vermutlich auch tatsächlich gelesen wurde, nicht was sich wie oft verkauft hat – was man im Ullstein-Verlag mindestens für die eigenen Produkte ziemlich genau wusste. Die Autoren, die Gilgi zu ihren Favoriten zählt, tauchen auf der Liste der beliebtesten Autor/-innen auf: Jack London an der Spitze, direkt gefolgt von Erich Maria Remarque, Bengt Berg auf Platz 20 und Colin Roß auf Platz 29. Auf der Liste der meistgelesenen Bücher steht Remarques *Im Westen nichts Neues* ganz oben, Jack London ist

mit vier Texten unter den Top 10, ein bestimmter Roman von Berg oder
Roß erscheint hier nicht. Da sich Gilgi im Fortgang des Zitats auf die Geschichte eines Lappenkindes bezieht, ist zu vermuten, dass sie Bergs *Der
Seefall* von 1910 gelesen hat, der Anfang 1930 unter dem Titel *Die Mutter-
losen. Eine Erzählung aus Lappland* neu aufgelegt wurde. Dies sei erwähnt,
weil es nicht unwahrscheinlich ist, dass Keun die Neuauflage mehr oder
weniger frisch wahrgenommen und in ihren Schreibprozess integriert hat.
Auch dies zeigt, dass Anfang 1930 in die Recherche- und Schreibphase von
Keun fällt,[24] und da *Uhu*-Inhalte auf vielfältige Weise im Roman verarbeitet
werden, ist sehr gut denkbar, dass auch konkret die soeben erwähnte Mai-
Ausgabe mit ihrem Ranking Eingang in *Gilgi, eine von* uns gefunden hat.

Deutlicher als der Roman stellt der *Uhu* selbst durch listenförmige Präsentation aus, dass in dem Artikel *Was der deutsche Bürger liest . . .* eine Popularitätsmessung im literarischen Feld auf Basis von Zahlen vorgenommen
wird.[25] Das meistgelesene Buch *Im Westen nichts Neues* kommt auf »39 mal«,
was anzeigt, »wie oft [es] von den sechzig befragten Stellen als meist gelesen genannt wurde[..]«. Verschiedene Texte Jack Londons werden insgesamt 58 mal auf der Liste der meist gelesenen Bücher genannt, und auf der
Liste der meistgelesenen Autor/-innen belegt London Platz 1 mit 25 Nen-
nungen. Neben der Tatsache, dass hier letzlich sehr niedrige Zahlen aus
einer kleinen Stichprobe zur Debatte stehen, also keinerlei Repräsentativität
reklamiert werden kann, bleibt unklar, wie nun die Büchereien zu ihrem
Eindruck gekommen sind, also ob sie die Ausleihen in einem bestimmten
Zeitraum gezählt haben oder ob gemäß persönlicher Einschätzungen der
Befragten geantwortet wurde, die dann vom *Uhu* gezählt wurden. Umso
erstaunlicher erscheint die Akribie bei der Auswertung, durch die Popularität als Quantität auffällig inszeniert wird: Es werden die Präferenzen von
verschiedenen kleineren und größeren Städten im Vergleich noch einmal
gesondert aufgeführt, die beliebten Bücher und Autor/-innen nach Wertung
zwischen *high* (»die breiten epischen Romane, in bürgerlichen Kreisen spie-
lend, die ihren Leserkreis wie anno dazumal haben«[26]) und *low*, Genre und
Nationalität differenziert und die Ergebnisse mit früheren Erfassungen verglichen, z. B. aus der Wilmersdorfer Stadtbibliothek aus dem Jahr 1911.[27]
Das Wort »Statistik« taucht in dem Artikel nicht selten explizit auf, und es
werden im Duktus empirischer Studien verzerrende Effekte reflektiert.

Ausgerechnet an dem Punkt, an dem durch Problematisieren der eigenen Methode Wissenschaftlichkeit suggeriert wird, verlässt der Artikel das
Terrain der strengen Empirie. Verzerrt seien die Ergebnisse, weil Bibliotheken und Büchereien aufgrund ihres Bildungsauftrages sehr populäre Romane wie die Hedwig Courths-Mahlers sicherlich mit nur wenigen Exem-

plaren im Angebot hätten, wodurch sie auch weniger ausgeliehen werden können. So wird erklärt, warum Courths-Mahler oder ihre Texte auf der Liste nicht auftauchen. Aber eigentlich wird erklärungsbedürftig, warum und vor dem Hintergrund welchen Wissens nun ausgerechnet Courths-Mahler in Anschlag gebracht wird, denn hier wird unabhängig von den ermittelten Quantitäten Popularität unterstellt und diese mit der Liste verglichen, ohne Bezugsgrößen zu nennen. Da man offensichtlich ohnehin weiß, was gerne und viel gelesen wird – und das wusste man, daher findet Courths-Mahler durchaus zu Recht Erwähnung –, erscheint die Liste in einem spielerischen Licht. Die Inszenierung der Relevanz von quantitativer Popularität selbst steht hier deutlich im Vordergrund, während die Ergebnisse teilweise redundant sind oder durch die Erörterung möglicher Verzerrungen in Frage gestellt werden; es wird eher ein epistemologischer Umbruch in der Verankerung von Popularität als solcher verhandelt, als die einzelnen empirischen Befunde praktischen Nutzen hätten, überraschend wären, repräsentativ wirkten etc. Aber v. a. handelt es sich bei den Überlegungen zu Courths-Mahler, die ja eigentlich der Einordnung der quantitativen Ergebnisse dienen sollen, nun um Wertungen seitens des Autors Günther Gortatowski oder der *Uhu*-Redaktion, die Qualitätszuschreibungen implizieren. Zwar handele es sich nicht um eine »Zwangsernährung«, aber doch um eine »Bevormundung der Leserschaft«[28], dass zu erwarten ist, dass Courths-Mahler in Bibliotheken/Büchereien nicht sehr präsent ist. Indem das Fehlen von Courths-Mahlers Texten in Bibliotheken als »Bevormundung« bezeichnet wird, unterstellt der Artikel, die populärkulturellen Texte würden lieber gelesen werden, während man zur Lektüre hochkultureller Produkte gezwungen würde. Auch hier argumentiert der Text an der Liste vorbei, oder er fügt der Quantität eine eigene Wertung bei, denn die Liste führt Thomas Mann als einen der meistgelesenen Autor/-innen sehr wohl auf und zählt die *Buddenbrocks* und den *Zauberberg* zu den meistgelesenen Büchern. Wer sagt, dass diese Lektüren einer Bevormundung im Zuge eines Bildungsauftrages geschuldet sind?

Auch wenn der Artikel nicht konsequent Quantität fokussiert, ist es bemerkenswert, dass eine listenförmige »Statistik« dazu dienen soll, die Lesenden des *Uhu* darüber zu informieren, was populär/viel gelesen ist. Das unterzieht das Populäre im Sinne der großen Zahl einer Transformation und lädt es mit einer eigenen Dignität und Legitimität auf. Trotz aller qualitativen Interpretation wird hier vom *Uhu* die – im Grunde kleine – große Zahl selbst zum Qualitätskriterium erhoben, und die Unnötigkeit des Unterfangens bzw. die Nicht-Repräsentativität und Art, wie doch letztlich immer wieder qualitative Kriterien ins Spiel kommen, indiziert, dass es ein Bewusstsein dafür gab, dass das viel und meist Gelesene als solches zu einem affirmierten Faktor kultureller Selbstverständigung wird.

1895 erschien erstmals eine Bestseller-Liste im amerikanischen Monatsmagazin *The Bookman*, für die die führenden Buchläden in 16 englischen Städten befragt wurden, 1912 in *The Publisher's Weekly*, und ab 1931 publizierte die *New York Times* ihre Bestseller-Liste.[29] 1927 gedenkt *Die literarische Welt* »eine so genannte Best-seller-Liste« nach amerikanischem Vorbild einzuführen.[30] Ab 1935 gibt es im *Querschnitt* häufiger eine kleine, nicht weiter kommentierte Spalte mit dem Titel »Meistverkaufte Bücher [...] nach Umfragen«. Im *Börsenblatt des deutschen Buchhandels* wird die potentielle »weitere Verengung und Verflachung des geistigen Lebens« diskutiert, die die Liste in *Die literarische Welt* bedinge. In der Replik letzterer wird dagegengehalten, sie sei »wichtiges kulturhistorisches Material«.[31] Die Bestseller-Liste wird von kulturkritischen und kulturpessimistischen Diskussionen begleitet, die das Misstrauen gegenüber der Masse artikulieren. Kommerzialisierung ist freilich tatsächlich am Werk: Laura Miller bezeichnet diese Listen als »powerful marketing tools«[32], und dies gilt ebenfalls für die kleine *Uhu*-Liste. Dass mit der Liste ›Masse‹ hoch gewertet oder per se als legitimiert betrachtet wird, kann auch daran abgelesen werden, dass in dem Ullstein-Magazin ausgerechnet ein Ullstein-Roman, nämlich *Im Westen nichts Neues*, an der Spitze steht. Das Spielerische dieses statistisch nicht repräsentativen Unterfangens steht im Dienste der Werbung für das hauseigene Produkt. Mit Blick auf die Textsorte Reklame ist davon auszugehen, dass die ›große‹ Zahl und der Spitzenplatz positiv gewertet werden und dass dem Artikel die Annahme zugrunde liegt, dass die massenhafte Beliebtheit auch unabhängig von der literarischen Qualität eo ipso anziehend wirkt, dass das, was populär ist, noch populärer wird, wenn man seine quantitative Popularität zur Schau stellt. Der ganze Artikel indiziert ein kulturdiagnostisches, reflexives Bewusstsein für diesen Prozess. In einer anderen Ausgabe des *Uhu* heißt es in einer Werbung für Remarques *Im Westen nichts Neues*:

> Wenn aber ein Buch in 12 Wochen eine Auflage von einer halben Million erreicht wie ›Im Westen nichts Neues‹ von Erich Maria Remarque – eine solche Verbreitung, die ihresgleichen nicht hat, ist nur denkbar, wenn die erschütternde Wahrheit des Werkes allen, die es lesen, zum persönlichen Erlebnis ureigenen Schicksals wird, wenn es jeden Volksgenossen zwingt, sich mit ihm auseinanderzusetzen![33]

Zunächst einmal wird auf den zahlenmäßigen Erfolg des Romans verwiesen, und auch hier wird ein Ranking vollzogen, indem die Verbreitung als eine beschrieben wird, die »ihresgleichen nicht hat«. Die Formulierung stellt die Inkommensurabilität von Remarques Erfolg aus, setzt den Text aber letztlich ohne empirische Validierung im Modus der Behauptung an die Spitze der Verkaufserfolge, vergleicht also doch. Die quantitative Verbreitung wird ursächlich auf die Qualität des Romans zurückgeführt, die hier v. a. an der – vermeintlichen – Authentizität und dem Identifikationsangebot festgemacht wird. Und doch erscheint es fast, als könne man die Kausalität umkehren, als könne man die Verkaufszahl selbst als Begründung für die Qualität heranziehen. Mit Karl May wird im *Querschnitt* in einer Anzeige für eine Buchhandlung auf ähnliche Weise geworben:

> Karl May's Reiseerzählungen erzielen ihre überragende Beliebtheit nicht nur durch äußerst spannende Handlung, sondern auch durch die farbenreichen anschaulichen Naturschilderungen und durch ihren geographischen und ethnographischen Inhalt. Die Zugkraft dieser Werke beweist die Auflage von über 5 Millionen Bänden.[34]

Popularität wird durch dramaturgische und stilistische Eigenschaften sowie interessante Inhalte erklärt, aber wörtlich ist dann nicht zwingend zu lesen, dass die Zugkraft des Romans etwa als immersive Potenz im Sinne einer Qualität des Objektes die Auflage bedingt, sondern die große Zahl »beweist« auch umgekehrt die »Zugkraft«. Und diese Attraktivität muss nicht zwingend als qualitative Charakterisierung des Inhaltes verstanden werden, wie soeben behauptet, sondern kann auch als Verkaufsstärke verstanden werden, wodurch sich tautologisch Erfolg durch Erfolg begründen und legitimieren würde.

Viel einfacher und direkter zeigt sich dies an einer Werbung im *Querschnitt* – ebenfalls ein Ullstein-Blatt (Propyläen) – für Rahel Sanzaras von Ullstein herausgebrachten Roman *Das verlorene Kind*. In der Anzeige wird der Text als derjenige beschrieben, »den das Berliner 8 Uhr-Abendblatt das meistgelesene und erfolgreichste Buch des Jahres nennt«.[35] Diese Zeitung wurde seit 1927 von Mosse verlegt. Es zeigt sich also neben der Betonung des quantitativen Superlativs, dass auch die Konkurrenz – natürlich für Geld – den Erfolg der Ullstein-Produkte kommuniziert. In *Das Leben*, um ein weiteres Beispiel anzuführen, wirbt der Universitas-Verlag in einer Anzeige mit »1000000 Eine Million Jack London-Bücher verkauft«[36], als sei es in Bezug auf Literatur eine Selbstverständlichkeit, dass als gut erachtet wird, was von jeder:m gelesen/verstanden werden kann.

Popularitätsmessung und -inszenierung sind ein Teil der Weimarer Medien- bzw. Feuilletonkultur, aber selbstverständlich wird an gleicher Stelle, nämlich z. B. im *Querschnitt*, bei Weitem nicht immer und automatisch darauf vertraut, dass die Masse nicht irren kann. So findet sich neben vielen ähnlich gelagerten Artikeln einer mit dem Titel »Blütenlese im Unkrautgarten«, in dem das englische Wort »Best=Seller« noch in Anführungszeichen steht[37], also als fremd ausgewiesen wird, um ›wirklich‹ empfehlenswerte

Bücher unter den viel verkauften zu finden, was als Abwertung impliziert, dass es derer darunter nicht viele gibt. Auch in *Das Magazin* findet sich die Tendenz der Aufwertung der großen Zahl neben konservativen literarischen Wertungen. Courths-Mahlers Roman *Wo du hingehst* wird im bereits zitierten Duktus als »neueste Roman der gelesensten und beliebtesten Autorin unserer Zeit«[38] deklariert und im Superlativ der Geschmack der Vielen positiv herausstellt, wodurch auch der neue Roman interessant und lesewürdig erscheinen soll. In der gleichen Ausgabe findet sich aber auch ein Artikel mit dem Titel *Die Vielgelesenen II*, der einen anderen Ton anschlägt. Courths-Mahler wird attestiert, sie sei ein Garant für exorbitanten Verkaufserfolg in allen Lesekreisen, aber heiß umstritten, denn es

> ist eben eine eigene Sache um den künstlerischen Erfolg, und die Geschmacksrichtung der Menge kann niemals ein Maßstab für die künstlerische Qualität sein. Die meisten führenden Literaten der Gegenwart reichen an die Auflagenziffern der Courths-Mahler Romane nicht heran, obwohl sie künstlerisch haushoch über ihr stehen.[39]

Hier wird künstlerische Qualität gegen den Geschmack der Masse gesetzt, nicht ohne, dass im Anschluss an das Zitat betont wird, dass Thomas Manns *Buddenbrocks* in die 159. Auflage gegangen ist und der *Zauberberg* bereits in der 20. Auflage gedruckt wird. Man fühlt sich offenbar nicht erhaben und konkurrenzlos allein auf Basis von Qualitätszuschreibungen, sondern man sieht sich letztlich doch gezwungen, mit den hohen Verkaufszahlen in Konkurrenz zu treten und sich quantitativ zu messen, um einen Autor wie Thomas Mann gänzlich aufzuwerten. Dadurch wird zwar nicht bewusst anerkannt, aber das Spiel doch mitgespielt, dass Verkaufserfolg nicht einfach nur eine kommerzielle Größe darstellt, sondern einen kulturellen Geltungsanspruch impliziert. Aufmerksamkeitserfolg übertrumpft in den 1920er Jahren traditionelle literarische Wertungen nicht – unabhängig davon, in welche Richtung sie argumentieren –, die traditionelle literarische Wertung allein befindet sich jedoch schon in der Defensive, wenn sie der Untermauerung durch Zahlen bedarf. Es zeigt sich in ersten Ansätzen eine Umkehr der Beweislast zwischen Qualitätsurteilen und Quantitätsfeststellungen. Insgesamt gilt, dass in den 1920er Jahren *high/low*-Unterscheidungen weder in qualitativen Umwertungen völlig dekonstruiert noch von empirisch-quantifizierenden Beliebtheitsmessungen abgelöst werden, wenngleich sich die bislang in der Forschung wenig beachtete Tendenz zeigt, dass die große Zahl nun teilweise als solche zur Validierung und Legitimierung herangezogen wird.

Wenn in Bezug auf einen literarischen Text behauptet wird, er sei ein Bestseller oder häufiger verkauft als andere Texte, dient dies einerseits Werbezwecken und andererseits handelt es sich um einen Service für Lesende, denn es stellt sich bei diesen ein Bewusstsein dafür ein, dass sie sich mit anderen Lesenden auf einem Common Ground bewegen.[40] Der Text stellt einen gemeinsamen Wissens- und Erfahrungsvorrat dar, auf den man sich kommunikativ beziehen kann. Da man dies aber auch ohne Popularitätsmessungen in geschlossenen Gruppen tun kann, und man ohnehin auch völlig alleine für sich ohne Anschlusskommunikationen lesen kann, lebt die literarische Erfahrung nicht zwingend von dem Bewusstsein zu lesen, was viele andere auch lesen. Dennoch scheint es eine ganz eigene Attraktivität zu haben, wenn dies bekannt ist. In Bezug auf massenmediale Formate und Inhalte erscheint es unmittelbar einsichtiger, dass es wichtig ist zu wissen, was alle anderen wissen. Schließlich dienen sie in besonderer Weise der Herstellung von Öffentlichkeit, als deren Teil man sich mehr oder weniger wahrnehmen kann, wenn man z. B. weiß, welches die leitenden oder die alternativen Medien sind und was diese verbreiten. Da die Herstellung von Öffentlichkeit also zum Funktionsspektrum von Zeitungen und Zeitschriften gehört, ist es kaum verwunderlich, dass diese mit ihrer Auflagenzahl beworben werden, so z. B. die *Leipziger Zeitung* in *Das Leben*: »Das große populäre 15h-Blatt Mitteldeutschlands, das täglich Hunderttausende lesen«.[41] Die Zeitschrift *Kokain* hatte bei ihrer Markteinführung in der ersten Ausgabe um kritische Zuschriften gebeten, die sie in der zweiten Ausgabe im Editorial kommentiert. Neben positiven Reaktionen hatte es negative gegeben, die der Zeitschrift Kitsch und Trivialität unterstellt hatten. Diese werden als »hilflose Versuche von noch geistig Minderjährigen«[42] bezeichnet. Die Kategorien Kitsch und Trivialität, die landläufig dem Populären zugeschrieben worden sind, werden damit als geistig volljährig ausgewiesen, während diejenigen, die noch in traditionell-hochkulturellen Mustern deuten, eben noch reifen müssten. Dann schlägt die Argumentation ins Quantitative und ins Tautologische um: »Wie populär unser Magazin geworden ist, beweist die Tatsache, daß die erste, ganz erhebliche Auflage schon nach wenigen Tagen nachgedruckt werden musste.«[43] Mit der nicht nachprüfbaren Popularitätsbehauptung soll jegliche Kritik abgetan werden, und Popularität beweist sich durch die Höhe der Auflage. Populär ist also, was von vielen beachtet wird, und als solches ist das Populäre legitimiert. Man könnte auch sagen: Popularität legitimiert sich hier bewusst durch Popularität.

Dass dieser Mechanismus für Filme, Schauspieler/-innen, Sänger/-innen, Schlager, Urlaubsziele, Bekleidungsmode, Frisuren, Hunderassen etc. gilt, muss vermutlich nicht eigens gesagt werden. Es wird in Unterhaltungszeitschriften der 1920er Jahre permanent wörtlich darauf verwiesen, dass etwas ›beliebt‹ oder auch ›populär‹ bzw. das ›Beliebteste‹ und ›Populärste‹ ist, dass

etwas im Trend liegt oder dass alle etwas Bestimmtes tun oder mögen. Hier
wird ein Common Ground der Zeitschriften-Lesenden einjustiert, Quantität
mit Qualitäten verbunden, denn die vielen zeigen ja in allen genannten Hinsichten einen bestimmten Geschmack. Was Hunderte oder Tausende tun,
kann nicht schlecht sein, sondern die Zahl verbürgt sich zumeist für Qualität. In einem Bericht über Hotels wird beispielsweise in der *Revue des Monats*
das berühmte Astor Hotel vorgestellt. Neben einem Bild, das die Hotelfas-
sade als Reihung von Hunderten von Fenstern präsentiert, wird »Mr. Mu-
schenheims New Yorker Hotelpalast« beschrieben: »Das Hotel besitzt mehrere tausend Zimmer [...] und beschäftigt ein Heer von Köchen, Kellnern
und sonstigen Angestellten.«[44] Als sei dies der Massensemantiken nicht
genug, wird im Artikel selbst unterhalb des Bildes das Märchen von *Tau-
sendundeiner Nacht* zur Beschreibung der Hotelatmosphäre benannt. Und in
allen vier Fällen – das Bild der Fenster, »tausend Zimmer«, »Heer«, *Tausend-
undeine Nacht* – sind eine faszinierende Ästhetik und große Funktionalität
angesprochen. An anderer Stelle fahren in Amerika »Tausende von Bade-
gästen [...] mit dem Wagen direkt an den Strand«[45], und auch in Deutschland ist eine Fahrt mit dem eigenen Wagen ins Grüne »[d]ie Sehnsucht der
Tausende[n]«.[46] Amerika ist hier – einmal mehr – das Vorbild dafür, wie
man sich in einer Freizeit- und Konsummassenkultur einrichten kann.

Eine Öffentlichkeit herzustellen, für diese Moden herauszustellen bzw.
Popularität festzustellen, war schon lange vor den 1920er Jahren eine Aufgabe der Massenmedien, insbesondere der Zeitschriften. Schließlich sollen
die Zeitschriften den Zeitgenoss/-innen ihre Zeit vergegenwärtigen und
einen gesellschaftlichen Common Ground indizieren und bereiten. Dabei
ist fraglich, woher die Redaktionen ihr Wissen nehmen, also wie diese sich
denn ihrerseits ihrer Zeit vergewissern. Sie kennen Verkaufszahlen, haben
Kontakt zu ihren Anzeigenkunden, erhalten Informationen von Agenturen,
aber sie beobachten auch andere Medien. Dass ein Medienbericht oder ein
Trend in der Berichterstattung oftmals weitere Berichte nach sich zieht,
ist in der publizistikwissenschaftlichen Forschung ein altbekanntes Phänomen.[47] Dass man durch Aufmerksamkeit wiederum Aufmerksamkeit gene-
riert, wird schon in den 1920ern in den Massenmedien explizit reflektiert,
so z. B. in *Das Magazin*, wo es um die Frage geht, wie man ein Star wird.

Im Interesse ihrer Publizität stellen sich zahllose Schauspielerinnen [...] dem Photogra-
phen als kostenlose Modelle zur Verfügung. [...] Je schöner die Aufnahmen der einen
oder anderen sind, um so größere Chancen hat sie, populär zu werden, denn wenn ihr
Name immer wieder in den Spalten der illustrierten Presse erscheint, so fällt er nicht nur
dem großen Publikum auf, sondern auch den Agenten [...].[48]

Dass Aufmerksamkeit eine Ressource um ihrer selbst willen sein kann, zeigen auch It-Girls und -Boys der Weimarer Republik wie Ruth Landshoff-Yorck und Klaus Mann. Wichtig ist es, in den Medien zu erscheinen. Allerdings haben die It-Girls und -Boys in dieser Zeit noch einen Beruf, auf dem die mediale Aufmerksamkeit gründet. Landshoff-Yorck und Mann waren Schriftsteller/-innen, andere waren Schauspieler/-innen, und so ist auch in der zitierten Passage die Rede davon, den Aufmerksamkeitserfolg für einen Beruf zu nutzen, der aber dann weiteren Aufmerksamkeitserfolg garantiert. Fotografien stehen im »Interesse der Publizität«, die, sofern sie sich häuft, mit Popularität gleichgesetzt wird. Wer dadurch schon dem Publikum aufgefallen ist, hat Chancen bei Agenten, die dafür sorgen, dass man z. B. in Filmproduktionen mitwirken und dadurch bestenfalls abermals auffallen kann. Wer häufig beachtet wird, hat bereits den Erfolg, den er oder sie durch Beachtung zu erringen versucht, aber dies ist immer weiter steigerbar. Und der Artikel lässt erkennen, dass sich die Unterhaltungsmagazine über ihre Rolle in diesem Prozess im Klaren sind, nämlich dass sie durch die Häufigkeit der Nennung und Präsentationen von Personen als Quantitätsverstärker dienen und allein damit eine qualitative Umbewertung und Aufladung vornehmen.

Auch die Werbung der 1920er Jahre – und dies stellt im Grunde keinen Themenwechsel dar, denn bei Buch-Bestseller-Listen handelt es sich wenngleich nicht ausschließlich so doch in starkem Maß um Werbung – setzt auf Quantität. »Über 25000 Raucher benutzen täglich Albert Rosenhain's Gesundheitsspitze«[49], Föne von Sanitas sind »[ü]ber eine Million in Gebrauch«[50], »[d]ie Qualitätsmarke Chlorodont [...wird] von Millionen täglich« verwendet[51], »[ü]ber 500 Millionen Eier werden jährlich durch Garantol frisch erhalten«[52], und Novacyl gegen Schmerzen hat sich »millionenmal bewährt«.[53] Es ist nicht weit hergeholt, ein Produkt dadurch zu bewerben, schon viele überzeugt zu haben nach dem Motto: Wiederholter Verkauf beweist, dass sich etwas als funktional erwiesen hat. Die große Zahl steht nicht für sich selbst, sondern unterstreicht die Zufriedenheit früherer Kund/-innen und somit die Qualität des Produktes. Darüber hinaus kann ein hoher Absatz einen konkreten Nutzen für Verbraucher/-innen haben, wie im folgenden Beispiel, das eine betriebswirtschaftliche Rechnung präsentiert: Palmolive-Seife kann »wegen ihrer Verbreitung und Beliebtheit auf der ganzen Welt zu einem Preis verkauft werden, den jeder bezahlen kann«.[54] Masse macht billig, und das ist in dem Fall gut so.

Zumeist wird die große Zahl mit Attributen, die ohnehin positiv konnotiert sind, in einen Kontext gebracht, ohne dass ein kausaler, funktionaler etc. Zusammenhang hergestellt wird oder hergestellt werden kann. Mouson Seife, die »von Millionen und Abermillionen« erprobt wurde, verleiht z. B.

»mattes, vornehmes Aussehen«.[55] Kolynos Zahnpasta »ist nun also in Wirklichkeit die Zahnpasta <u>aller</u> Anspruchsvollen«.[56] ›Millionen‹ und ›vornehm‹, ›alle‹ und ›anspruchsvoll‹; hier wird kein Zusammenhang zwischen Masse und Vornehmheit oder Anspruch geknüpft; beides ist unabhängig voneinander zumindest vorgeblich gegeben, aber die Kollokation von Semantiken der Masse und Semantiken des Herausgehobenen etabliert eine neue Wahrnehmung. Etwas Besonderes kann gleichzeitig eine Konsumgewohnheit von vielen sein; etwas Besonderes muss sich nicht dadurch auszeichnen, dass es nur wenigen vorbehalten bleibt. Insbesondere Unvergleichlichkeit wird als reizvolle Kategorie in der Werbung häufig eingesetzt. Erasmic Seife ist »die Unvergleichliche« mit einem »Wochen-Umsatz 1 ¼ Millionen Stück«[57]; Zuckooh Creme »das unvergleichliche millionenfach bewährte Schönheitsmittel«.[58] Hier stellt sich allerdings ein engerer Zusammenhang ein, als ihn die parataktische Zusammenstellung in den oberen Beispielen birgt. Mattes, vornehmes Aussehen verleihen, können auch Seifen, die nicht millionenfach gekauft werden; anspruchsvollen Erwartungen können auch Zahnpasten genügen, wenn sie dies nicht für alle unter Beweis stellen. Was aber macht Erasmic Seife und Zuckooh Creme nun unvergleichlich? Ihre Produkteigenschaften oder ihr Verkaufserfolg? Sind sie unvergleichbar gut oder unvergleichbar häufig verkauft? Wird hier mit Qualität oder mit Quantität geworben? Dass beides letztlich miteinander einhergeht, suggeriert v. a. die Coty-Werbung der 1920er Jahre, wenngleich hier die Qualität des Produktes ganz klar als solche herausgestellt wird.

> Coty Der Sieg des guten Geschmacks. Der Wunsch nach Schönheit und Schick ist allen Frauen gemeinsam. Die elegante anspruchsvolle Dame weiss ihn zu erfüllen: überall in der Welt wird von ihr Coty gewählt. Das einzigartige Raffinement seiner Schöpfungen, der geheimnisvolle Zauber seiner Parfums, die unvergleichliche Wirkung des Puders sind das Entzücken der verwöhnten Frau aller Länder Zehn MILLIONEN Frauen der großen Welt nehmen Coty. Den Welterfolg beweisen die Ziffern des Jahresverkaufs 10 Millionen Flaschen Parfum 33 Millionen Schachteln Puder.[59]

Diese Werbung ist in der Zeitschrift *Die Dame* ganzseitig auf goldschimmerndem Hintergrund abgedruckt. Da es sich im Gegensatz zu anderen Seiten bei dieser Seite um Hochglanz-Papier handelt, ragt sie beim Blättern auch haptisch heraus. Den Siegerstatus, den die Seite durch das Gold farblich kommuniziert, hat auch die Dame, die in der Werbung beschrieben wird. Sie verfügt über einen guten Geschmack, möchte schön und schick sein, ist elegant und anspruchsvoll. Daher wählt sie Produkte, die ›einzigartig‹ und ›geheimnisvoll‹ sind oder machen, deren qualitative Wirkung unvergleichlich ist. Gleichwohl ist es ein Produkt für Millionen Frauen, was dann sogar mit konkreten Verkaufszahlen für Parfum und Puder unterstrichen wird. Natürlich kann ein einzigartiges Produkt millionenfach gebraucht werden, aber dass die Konsument/-innen beim Gebrauch nicht mehr einzigartig sind, klingt hier in keiner Weise an. Einmal mehr wird darauf verwiesen, dass Millionen den Glanz nicht mindern, sondern selbst geradezu dazu beitragen, zumindest aber nicht falsch liegen können[60]: »Coty Der Sieg des guten Geschmacks. Ein Mensch kann sich täuschen, zehn können sich irren, aber nicht Millionen. Millionen aber sind treue Anhänger des Coty-Puders.«[61] Und auch wenn Persönlichkeit eigentlich etwas Einzigartiges ist, wird sie durch die Verwendung der explizit massenhaft verkauften Coty-Produkte unterstrichen, stehe es doch »für das Wesen ihrer Persönlichkeit«.[62] Hier wird auf spektakuläre Weise inszeniert, dass Masse in der Werbung der 1920er Jahre paradoxerweise ganz offensichtlich mit Exklusivität einhergehen kann. Dass die Werbung auf dieses Oxymoron setzt, ist besonders interessant, wenn es darum geht, kulturelle Bewertungen von Quantität zu untersuchen, weil es eine kontraintuitive Gewohnheit etabliert. In einer Chlorodont-Werbung wird beispielsweise der Weg vom Geheimtipp zum Mainstream-Wissen nachvollzogen:

> »Sie haben ein herrliches Chlorodont-Gebiss, meine Gnädigste.« »Wie kommen Sie dazu, meine Toilettengeheimnisse zu erraten [...].« »Aber meine Gnädigste, das ist nun wirklich kein Geheimnis mehr, mit uns brauchen heute Millionen ausschließlich Chlorodont-Zahnpasta [...].«[63]

Während die Frau ihre als ›herrlich‹ beschworenen Zähne noch auf ein Geheimnis ihrer Schönheit zurückführt, belehrt sie der Mann, dass es ein solches nicht mehr gibt, sofern es sich um ein kommerzielles Produkt handelt. Aber dies wertet das Produkt nicht ab; im Gegenteil setzt Werbung qua Textsorte auf Aufwertung, und Aufwertung kann sich offenbar nun durch die große Zahl vollziehen. So auch in einer Werbung für Zimmermann-Pianos: »Weit über 139000 Instrumente verkauft, ein alleindastehender Beweis für die Beliebtheit unserer Instrumente.«[64] Diese Werbung muss ein Schmunzeln entlocken, wenn man sie wörtlich liest. Zunächst ist zu sehen, wie sich einmal mehr die große Zahl legitimiert, weil sich hier wieder, wie bereits oben gezeigt, die Tautologie einstellt, Beliebtheit mit Beliebtheit zu erklären, indem Verkaufszahlen als Beweis für die Beliebtheit gelten. Aber ›alleindastehend‹ sollte der Beweis bestenfalls nicht sein, weil er genau genommen auch als Abwesenheit aller guten Produkteigenschaften gelesen werden kann, sondern man könnte auch darauf verweisen, dass sich die Pianos im Gebrauch bewährt haben. Wörtlich bildet aber tatsächlich die Verkaufszahl den ›alleindastehenden‹ Beweis.

Geradezu absurd wird es in der Werbung für Sektmarken, die in den 1920er Jahren Konkurrenten waren.[65] Kupferberg wirbt in den 1920er Jahren damit, Masse zu produzieren:

> Die weltumspannende Einführung der Marken »Kupferberg Gold« und »Kupferberg Riesling« und ihr großer Absatz in Deutschland bedingen technisch ungewöhnlich hohe Leistungen unserer Kellerei. Während der Füllzeit unseres Jahresbedarfs entstehen täglich 30.000 Flaschen, also jede Sekunde eine Flasche »Kupferberg«. Wir lieferten in den letzten Jahren nach 68 überseeischen Gebieten.[66]

Die große Abfüllmenge suggeriert technische Effektivität, womit man im neusachlichen Kontext der 1920er Jahre punkten kann. Aber natürlich geht es auch um die Popularität der Sektmarken, weil hierbei Verkaufszahlen ins Spiel kommen, und dies muss aus heutiger Sicht ungewöhnlich erscheinen. Wenn es um Nahrungsmittel und Getränke geht, ist der Verweis auf Knappheit ein Aufwertungsmittel, ganz abgesehen davon, dass man heute auch eher mit Handabfüllung werben würde, sofern es irgendwie geht. Hier werden die der modernen Industrialisierung zugewandten Lesenden adressiert und die Massenware gefeiert. Interessanterweise setzt Henkell noch nicht mal darauf, mit Verkaufszahlen zu glänzen, sondern bezieht die große Zahl lediglich auf die Lagerkapazität: »Henkell auch quantitativ erster! 6 Millionen Flaschen in Glas und Faß betragen durchschnittlich unsere Sektvorräte.«[67] Dass Henkell ›auch‹ quantitativ an erster Stelle steht, impliziert, dass dieser Sekt in erster Linie in qualitativer Hinsicht ›erster‹ ist. Dennoch darf der Verweis auf die große Menge nicht fehlen, selbst wenn dabei noch nicht einmal von Markterfolg, sondern von Lagerlogistik die Rede ist. Auch für MM-Sekt wird in dieser Logik geworben: »MM allen voran! Der Umsatz unserer MM-Qualitätsmarken war in den letzten zehn Jahren der größte aller deutschen Sektkellereien.«[68] Es gibt offenbar »ein Lager von 15 Millionen Flaschen«, und es wird verkündet, dass »unsere Vorräte auch die größten von anderen Sektkellereien bekannt gegebenen Mengen übertreffen«.[69] Der Überbietungsgestus der Werbung scheint sich auf die zuvor zitierten zu beziehen. Dazu sei gesagt, dass letztere mit März 1928 die erste aufgefundene aus diesen zitierten Artefakten ist, und die beiden zuvor zitierten danach erschienen. Es wurden bei der Durchsicht keine weiteren Werbungen gefunden, was aber keineswegs bedeutet, dass es sie nicht gibt. Vielmehr werden die meisten Werbungen häufig wiederholt, manchmal in Variationen. Es ist also wahrscheinlich, dass sich die zuletzt zitierte Werbung auf ähnliche wie die zuvor zitierten Reklamen bezieht. Dass statt des besseren Geschmacks noch nicht einmal der größere Verkaufserfolg explizit herausgestellt, sondern dieser nur indirekt mit der Menge der Vorräte angedeutet wird, mutet geradezu skurril an und zeigt einmal mehr die Relevanz und positive Bedeutung der großen Zahl. Es geht gar um eine fast schiere große Zahl, die nicht mehr immer oder oft nur noch subtil und en passant auch qualitativer Zuschreibungen bedarf, weil sie per se für Funktionalität und Effizienz steht, darüber hinaus aber auch einfach um ihrer selbst willen attraktiv wirkt, weil sie in so vielen positiven Zusammenhängen vorher dieserart encodiert wurde.

Insgesamt zeigt sich an allen im vorliegenden Zusammenhang erwähnten Texten, Text-Bild-Relationen und Textsorten, dass warenförmige Produkte wie auch kulturelle, ästhetische Artefakte im Spannungsfeld zwischen qualitativen Zuschreibungen positiver Produkteigenschaften und dem quantitativen Verweis auf deren massenhafte Beliebtheit beworben werden können, d. h. dass Menschen in einem positiv konnotierten Konsum- und Rezeptionszusammenhang freiwillig eine Masse bilden und als Masse adressiert werden. Dies ist in kommerziellen, kapitalistischen Kontexten nicht ungewöhnlich. Auffallen muss allerdings, dass für Waren und Kulturgüter die gleiche Logik gilt, dass Kulturgüter durch die Umstellung auf Quantität recht offensichtlich kommodifiziert werden. Nicht alle, aber die allermeisten der hier untersuchten Phänomene dienen in erster Linie der Werbung, d. h. hier gehen – das ist der gemeinsame Nenner – Hochwertung, Quantifizierung und Kommerzialisierung eine Allianz ein. Manches, was im vorliegenden Zusammenhang ausgeführt wurde, dürfte Forscher/-innen zur Weimarer Republik, die sich mit dem Amerikanismus dieser Zeit, der Technikbegeisterung, der Neuen Sachlichkeit etc. auseinandergesetzt haben, nicht überraschen. Dass die klassische Moderne das Zeitalter der Statistik ist – man denke etwa an Robert Musil –, ist ebenfalls nicht neu. Aber dass gerade die große Quantität zu einem Medium kultureller Selbstverständigung wird, ist vom 19. Jahrhundert her sowohl in Bezug auf die Frage, wie man Menschen organisiert, als auch, wie Waren zirkulieren, und erst recht, wie man Kunst bewertet, nicht angelegt. Auf Quantität basierende Rankings haben auf breiter Ebene erst ab den 1950er Jahren eine als solche ausgestellte kulturdiagnostische Funktion. Im Zeitschriftendiskurs der 1920er Jahre deutet sich dies auf die gezeigte, in vielen Beispielen geradezu skurrile Weise bereits an. Es soll nicht behauptet werden, dass in den 1920er Jahren auf breiter Ebene bereits intentional eine Popularisierung zweiter Ordnung einsetzt, also der Feststellung populärer Phänomene in Charts etc., aber es findet eine Gewöhnung der Lesenden an den Gedanken statt, dass das, was von vielen beachtet wird, nicht unwichtig sein kann, dass das, was von vielen gemocht wird, nicht schlecht sein muss.

Wie bereits vielfach erwähnt, etabliert sich hier über die große Zahl ein Common Ground unter Gleichgesonnenen, der durchaus aisthetisch aufgeladen ist. Zwar handelt es sich um völlig verschiedene Formen der Ästhetik, aber mit der ansetzenden Popularisierung zweiter Ordnung geht es gleichzeitig um die Frage, was gelesen wird, wie man sich schminkt, was man trinkt, also einen ästhetisch aufgeladenen Lifestyle. *Gilgi – Eine von uns, Was der deutsche Bürger liest*, die Sektwerbungen etc. sind Inszenierungen von Zeitgeist und Mode, die Exklusivität für die Masse zur Schau stellen. Ruth Landshoff-Yorck formuliert diese Gruppendynamik für die 1920er Jahre *avant la lettre*:

> Wir gehören zu einer fiktiven Geheimverbindung, die keine Statuten hat, deren Mit-
> glieder sich an merkwürdigen Geheimzeichen erkennen […]. Unsere Beschäftigungen
> und unsere Lebensweise werden von diesen [Erwachsenen] kurzweg als sinnlos bezeich-
> net werden, aber man erlaubt uns in den meisten Fällen, sie mit Persönlichkeit zu de-
> cken. Wir glauben natürlich, daß die Begabung aus Hundespazierenführen, Telepho-
> nieren, Ausschlafen, Kleider herschenken oder bestellen eine ausreichende Tätigkeit zu
> machen, ihnen einfach mangelt. […] Wir glauben nicht, daß es nötig ist, modern zu
> sein, aber wir glauben, daß es wichtig ist, gern zu sein. […] Es ist unnötig, daß dieses
> jeweilige Gegenüber den Kern unseres Wesens zu fassen bekommt; aber es steht jedem
> Mitmenschen frei, sich der guten Meinung, die wir von uns hegen, anzuschließen.[70]

Zum großen Teil liefern Unterhaltungsmagazine Anleitungen zu diesem Leben, das gleichzeitig zu einem Wir-Gefühl führt. Ästhetische Zugehörigkeiten formieren sich und führen zu einer ersten Ausprägung von Stilgemeinschaften, die man ab den 1950er Jahren der Pop-Kultur zugeordnet hat. Und diese leben paradoxerweise davon, dass sie Exklusivität für die Masse versprechen.

Anmerkungen

[1] Gefördert durch Wissenschaftsfonds (FWF) I 5049-G (Teilprojekt im SFB 1472 »Transformationen des Populären gefördert durch die Deutsche Forschungsgemeinschaft (DFG).

[2] Thomas Hecken: Populäre Kultur. Mit einem Anhang ›Girl und Popkultur‹. Bochum 2006, S. 85.

[3] Jörg Döring u. a.: Was bei vielen Beachtung findet. Zu den Transformationen des Populären. In: Kulturwissenschaftliche Zeitschrift 6/2 (2021), S. 1–24, hier S. 3–5, S. 8 und S. 15.

[4] Ebd., S. 13.

5 Vgl. z. B. Peter Hoeres: Die Kultur von Weimar. Durchbruch der Moderne. Berlin-Brandenburg 2008, S. 8; Detlev Peukert: Die Weimarer Republik. Krisenjahre der Klassischen Moderne. Frankfurt/Main 1987, S. 166; Bernd Balzer, Volker Mertens (Hrsg.): Deutsche Literatur in Schlaglichtern. Mannheim u. a. 1990, S. 19; Volker Meid (Hrsg.): Literaturlexikon. Begriffe, Realien, Methoden. München 1983, S. 481. Vgl. auch die Ausführungen zur Kultur der Weimarer Republik von Thomas Hecken: Pop. Geschichte eines Konzepts. 1955–2009. Bielefeld 2009, S. 43–47.

6 Siegfried Kracauer: Die kleinen Ladenmädchen gehen ins Kino [1927]. In: Ders.: Das Ornament der Masse. Frankfurt/Main 1977, S. 279–294; ders.: Asyl für Obdachlose [1926]. In: Ders.: Die Angestellten. Frankfurt/Main 1971, S. 91–101; vgl. auch Michael Gamper: Masse lesen, Masse schreiben. Eine Diskurs- und Imaginationsgeschichte der Menschenmenge. 1765–1930. München 2007, S. 487und S. 490.

7 Fritz Giese: Girlkultur. Vergleiche zwischen amerikanischem und europäischem Rhythmus und Lebensgefühl. München 1925, S. 15, S. 29 und S. 79.

8 Helmut Lethen: Verhaltenslehre der Kälte. Lebensversuche zwischen den Kriegen. Frankfurt/Main 1994, S. 35 f.

9 Hoeres: Kultur von Weimar, S. 132.

10 Martin Geyer: Verkehrte Welt. Revolution, Inflation und Moderne. München 1914–1924. Göttingen 1998, S. 22; vgl. auch Walter Benjamin: Einbahnstraße [1928]. In: Ders.: Einbahnstraße. Berliner Kindheit um Neunzehnhundert. Frankfurt/Main 2011, S. 7–76, hier S. 23.

11 Bernd Widdig: Culture and Inflation in Weimar Germany. Berkeley, Oakland, Los Angeles, New York 2001, S. 99.

12 Ursula Büttner: Die überforderte Republik 1918–1933. Leistung und Versagen in Staat, Gesellschaft, Wirtschaft und Kultur. Stuttgart 2008, S. 333; Peukert: Weimarer Republik, S. 166; Balzer, Mertens: Deutsche Literatur, S. 19. Aber natürlich sollte nicht übersehen werden, dass auch bzw. gerade der Bolschewismus mit Vermassung, Entfremdungsprozessen, Entwurzlungen, Gleichmacherei etc. verbunden wurde: »[…] so niveaulos wie traditionslos; so seelenlos wie gottlos; materialistisch wie rationalistisch; so naturfremd und menschenfeindlich wie technikbegeistert; so heimatlos wie großstädtisch. Die Sammelbezeichnung dafür hieß ›Amerikanismus‹ oder ›Kulturbolschewismus‹« (Helmuth Kiesel: Geschichte der deutschsprachigen Literatur von 1918 bis 1933. München 2017, S. 89).

13 Eberhard Kolb: Die Weimarer Republik. München 2009, S. 67 und S. 74; Jost Hermand, Frank Trommler: Die Kultur der Weimarer Republik. Frankfurt/Main 1988, S. 50–56; Falko Schneider: Filmpalast, Varieté, Dichterzirkel. Massenkultur und literarische Elite in der Weimarer Republik. In: Rolf Grimminger, Jurij Murasov und Jörn Stückrath (Hrsg.): Literarische Moderne. Europäische Literatur im 19. und 20. Jahrhundert. Reinbek bei Hamburg 1995, S. 453–478.

14 Kolb: Weimarer Republik, S. 67.

15 Peukert: Weimarer Republik, S. 177 f.; Brockaus Enzyklopädie in 30 Bänden. Bd. 29. Mannheim 2006, S. 587; Friedrun Bastkowski, Christa Lindner und Ulrike Prokop: Frauenalltag und Frauenbewegung im 20. Jahrhundert. Materialsammlung zu der Abteilung 20. Jahrhundert im Historischen Museum Frankfurt. Frauenbewegung und die »Neue Frau« 1890–1933. Frankfurt/Main 1980, S. 106–107; Hoeres: Die Kultur von Weimar, S. 105, 109; Büttner: Die überforderte Republik, S. 331; Angela Schwarz: Die Erfindung des Wochenendes in der Presse der Weimarer Republik. In: Katja Leiskau, Patrick Rössler und Susann Trabert (Hrsg.): Deutsche illustrierte Presse: Journalismus und visuelle Kultur in der Weimarer Republik. Baden-Baden 2016, S. 275–304.

16 So der Titel von Ernst Tollers Drama, das Krieg und Kapitalismus eng führt.

17 Sabina Becker: Neue Sachlichkeit. Die Ästhetik der neusachlichen Literatur (1920–1933). Bd. 1. Köln 2000, S. 53.

18 Sabine Hake: USA. In: Maren Lickhardt, Robert Krause (Hrsg.): Handbuch Weimarer Republik. Literatur und Kultur. Stuttgart [im Druck, erscheint 2024].

19 Kerstin Barndt zeigt überdies, wie hier *middlebrow* ins Spiel kommt: Kerstin Barndt: Sentiment und Sachlichkeit. Der Roman der Neuen Frau in der Weimarer Republik. Opladen 2003, S. 38–49.

20 Vicki Baum: Angst vor Kitsch [1931]. In: Dies.: Makkaroni in der Dämmerung. Wien 2018, S. 232–235, hier S. 232 [ursprünglich erschienen im *Uhu*].

21 Irmgard Keun: Gilgi, eine von uns. München 2003.

22 Maren Lickhardt: Joe Lederer und Irmgard Keun. Glück als Ästhetik der Oberfläche und Vergnügen bei der Lektüre in Romanen der Weimarer Republik. In: Anja Gerigk (Hrsg.): Glück paradox. Moderne Literatur und Medienkultur – theoretisch gelesen. Bielefeld 2010, S. 153–182.

23 Günther Gortatowski: Was der deutsche Bürger liest … Ein Rundgang durch deutsche Volksbibliotheken. In: Uhu, Mai 1930, S. 34 f.

24 Hiltrud Häntzschel: Irmgard Keun. Reinbek 2001, S. 19 f.

25 Matthias Schaffrick: Listen als populäre Paradigmen. Zur Unterscheidung von Pop und Populärkultur. In: KulturPoetik 16 (2016), H. 1, S. 109–125. Populärkulturelle Listen wie die im *Uhu* basieren gemäß Matthias Schaffrick auf Quantität; Keun macht daraus insofern eine pop-kulturelle, auktoriale Liste, als sie nach eigenem Geschmack noch einmal gewichtet.

26 Gortatowski: Was der deutsche Bürger liest, S. 36.

27 Ebd., S. 36 f.

28 Ebd., S. 36.

29 Laura Miller: The Best-Seller List as Marketing Tool and Historical Fiction. In: Book History 3 (2000) S. 286–304, hier S. 289 f.

30 Die literarische 3/41 (14. Oktober 1927), S. 10, zitiert nach Anton Kaes (Hrsg.): Weimarer Republik. Manifeste und Dokumente zur deutschen Literatur. 1918–1933. Stuttgart 1983, S. 291 f.

31 Börsenblatt des deutschen Buchhandels (8. Dezember 1927), S. 1432; Die literarische Welt (17. Dezember 1927), beides zitiert nach Kaes: Weimarer Republik, S. 191 f.

32 Miller: The Best-Seller List as Marketing Tool and Historical Fiction, S. 286.

33 Uhu 6 (1929), Juni, S. 110.

34 Der Querschnitt 10 (1930), Mai, o. P.

35 Der Querschnitt 7 (1927), April, o. P.

36 Das Leben 10 (1930), März, o. P.

37 Evelyne Geeser: Blütenlese im Unkrautgarten. In: Der Querschnitt 16 (1936), Oktober, S. 632 f.

38 Das Magazin 2 (1925), Juli, o. P.

39 Ebd., S. 48 f.

40 Vgl. zum Konzept des Common Grounds: Maren Lickhardt: Zeichen über Zeichen und kein Wunder in Braunschlag. David Schalkos Fernsehserie zeigt ›Welt-Niederösterreich‹ in der Kontingenzkrise. In: Studia Austriaca 30 (2022), S. 5–27, hier S. 7, 15–19.

41 Das Leben 11 (1931), Juni, o. P.

42 Kokain 1 (1925), H. 2, Editorial.

43 Ebd.

44 Edith Hamann: Die Visitenkarte des Hotels. In: Revue des Monats, Aug. 1927, S. 1051.

45 Auto-Magazin, Juni 1928, S. 11.

46 Scherl's Magazin, Juni 1928, S. 673.

47 1922 prägt Walter Lippmann den Begriff ›news values‹ und begründet gewissermaßen die Nachrichtenwerttheorie. Lippmann betrachtet Etablierung als einen wesentlichen Nachrichtenfaktor, der später oftmals bestätigt wurde. Je besser ein Thema etabliert ist, umso wahrscheinlicher ist es, dass es bei der Nachrichtenselektion weiterhin bevorzugt behandelt wird. Vgl. Walter Lippmann: Die öffentliche Meinung. Bochum 1990 [Public Opinion. 1922].

48 Das Magazin 5 (1928), April, S. 2087.

49 Uhu 8 (1931), Juli, S. 113.

50 Uhu 7 (1930), Juni, o. P.

51 Uhu 2 (1925), Oktober, o. P.

52 Uhu 6 (1929), April, S. 7.

53 Das Magazin 8 (1931), Juni, S. 6084.

54 Uhu 6 (1929), Februar, o. P.

55 Uhu 5 (1928), Dezember, S. 154.

56 Uhu 10 (1933), Januar, S. 107.

57 Uhu 3 (1926), Januar, o. P.

58 Das Leben, Feb. 1929, S. 96.

59 Die Dame, 2. Dezemberheft 1928, o. P.

60 In der Massenpsychologie des ausgehenden 19. Jahrhunderts, z. B. bei Gustave le Bon wurde das noch ganz anders bewertet.

61 Das Magazin 7 (1930), April, S. V.

62 Ebd.

63 Uhu 2 (1925), September, o. P.

64 Der Querschnitt 6 (1926), Januar, o. P.

65 Erst seit wenigen Jahren gehört Kupferberg zur Henkell-Gruppe https://www. handelsblatt.com/unternehmen/industrie/oetker-tochter-kauft-sektmarken-ein-henkell-gruppe-uebernimmt-kupferberg/2377386.html?ticket=ST-3153774-3I 4tiWhJkeFl1zNHrr47-ap3.

66 Das Magazin 6 (1929), Februar, S. 1.

67 Scherl's Magazin, April 1928, S. 451.

68 Scherl's Magazin, März 1928, S. 351.

69 Ebd.

70 Ruth Landshoff-Yorck: Ich über uns. In: Dies.: Das Mädchen mit wenig PS. Feuilleton aus den zwanziger Jahren. Hrsg. v. Walter Fähnders. Berlin 2015, S. 63–66, hier S. 63.

Britta Herrmann

»… denn am Radio hängt, nach Radio drängt heute alles«
Weimarer Rundfunk zwischen Popularisierung und Massen-Experiment

Populär ist, was viele wollen: Verbreitung und Geschmack

Wenn populär das ist, was bei vielen Beachtung findet,[1] dann gilt das ohne
Zweifel für den Rundfunk der Weimarer Republik. Wie populär das Radio
bereits kurz nach dem Start des öffentlichen Sendebetriebs am 29. Oktober
1923 in Berlin war, verdeutlicht unter anderem ein Artikel im ersten Heft
der *Bayerischen Radio-Zeitung* vom 3. August 1924. Unter der Überschrift:
Radio dem Volke begründet der Autor die Notwendigkeit einer Erweiterung
der bestehenden Presselandschaft um eine Rundfunkzeitung mit dem Ziel,
»Vermittler auf dem neuesten Kulturgebiete, dem Radio« zu sein: »… denn
am Radio hängt, nach Radio drängt heute alles.«[2]
›Alles‹ ist zu diesem Zeitpunkt freilich etwas übertrieben, wenn man die
realen Zahlen der offiziellen Rundfunkteilnehmer und -teilnehmerinnen
einbezieht – auch wenn diese von ein paar Hundert im Dezember 1923
auf 99.000 bis zum Juli 1924 angewachsen waren und in den folgenden
Jahren dann so exponentiell stiegen, dass »die Rundfunkindustrie schon
Ende der 20er Jahre die Braunkohlebranche an wirtschaftlicher Bedeutung
überflügeln« wird.[3] Trotz der Zahlen aber sind 99.000 letztlich ein geringer
Prozentsatz der Bevölkerung, und man sah auch 1925 und in den Folge-
jahren noch die dringende Notwendigkeit, »einen Anreiz zu schaffen, der
die Teilnehmer in großer Zahl an die Apparate lockt. […] Man muß den
Rundfunk zu einer Unentbehrlichkeit in jedem Heime, in jeder Familie,
für jeden Menschen machen – […] unentbehrlich, wenn man überhaupt
am Leben Anteil haben will.«[4] So Hans Siebert von Heister, expressionistischer Maler und ab 1924 Chefredakteur der Zeitschrift *Der deutsche Rundfunk.*
Populär wurde der Rundfunk also offenbar nicht – oder nicht nur –,
weil die einst primär militärische Operation des Versendens und Empfan-
gens von Funkwellen irgendwie einen Nerv der Zeit nach dem Ersten Weltkrieg getroffen hatte und alle sich nun mit Begeisterung diesen seltsamen
Apparaten zuwandten, die – zumindest in der Anfangszeit – wohl mehr
Rauschen als reine Klänge von sich gaben, vor allem wenn man sich bewegte, und die auch ästhetisch sehr zu wünschen übrig ließen.[5] Vielmehr

stand hinter einer sich vergrößernden Zahl der Teilnehmer durchaus auch
die gezielte Bedürfnisgenerierung zur Durchsetzung sowohl ökonomischer
Interessen als auch einer neuen Mediennutzung. In dem bereits zitierten
Artikel aus der ersten Nummer der *Bayerischen Radio-Zeitung* 1924 ist gar
von einem Imperativ die Rede: »Was kann uns willkommener sein, als daß
die Freundschaft zum Radio und die Begeisterung für den Rundfunk die
weitesten Kreise des Volkes erfaßt und durchdringt? Hier ist der Imperativ
zu verwirklichen: ›Radio dem Volke!‹«[6]

Damit dieser Imperativ erfüllt werden konnte – man könnte hier mit
Adorno den Imperativ der ›Kulturindustrie‹, in jedem Fall aber der Industrie vermuten –, musste jedoch, so auch eine Forderung aus dem Jahr
1925, das Reichspostministerium dafür sorgen, »daß jeder in Stadt und
Land mit einfachstem und billigstem Empfangsgerät der Darbietungen des
Rundfunks teilhaftig werden kann.«[7] Mit zunächst 60 RM pro Jahr war der
Rundfunkbeitrag viel zu teuer für das Gros der potenziellen Hörer. Auch
die Geräte waren, wenn sie einigermaßen leistungsstark sein sollten, nicht
billig. 1924 kostete ein hochwertiges Röhren-Radiogerät zwischen 400 und
500 RM, ein einfacher Detektorempfänger, mit dem man allerdings nur
den Lokalsender empfangen konnte, dagegen ›nur‹ 70 RM. Dazu kam ein
Kopfhörer für 7 bis 14 RM oder ein (damals noch extra anzuschaffender)
Lautsprecher zwischen 60 und 100 RM. Zum Vergleich: Ein kleiner Angestellter verdiente rund 160 RM im Monat, ein Arbeiter noch weniger.
Oder ein anderer Vergleich: Ein Damenmantel mit Pelzbesatz im auch
heute immer noch gehobenen Münchner Geschäft Loden-Frey kostete nur
33 RM[8], nicht einmal die Hälfte des Detektorempfängers.

Der rechtliche und technische Zugang musste also erst einmal nied-
rigschwelliger werden, damit das neue Medium sich verbreiten und mehr
werden konnte als ein modisches Spielzeug für betuchte ›Radioten‹ oder
für schwarzhörende (und -sendende!) Funkbastler. Auch hierzu trugen die
neuen Rundfunkzeitschriften einen erheblichen Teil bei, die ihrem Publikum das neue Medium zunächst vor allem mit Bauanleitungen, Bedie-
nungshinweisen und Erläuterungen zur Funktionsweise nahebringen wollten, »nicht etwa im Sinne hyperkluger Fachsimpelei, sondern im Sinne
populärer Volksbelehrung«[9], wie es in der *Bayerischen Radio-Zeitung* (fortan
kurz *BRZ*) hieß. Vor allem aber fielen 1925 die Preise für die Empfangs-
geräte um 50 bis 75 Prozent, und die Rundfunkgebühren reduzierten sich
bereits 1924 auf 2 RM pro Monat.

Neben den schon genannten ökonomischen Interessen spielte bei dem
Imperativ der breiten Nutzung des Rundfunks auch etwas anderes eine
Rolle: eben die Idee der *populären Volksbelehrung*. Ist das Volk erst einmal

am Radio, hat man, so kann man in der ersten Nummer der *BRZ* 1924
lesen, »zugleich die Ausstrahlung ins Volk.«[10] Anders gesagt: Je populärer
das Medium ist (im Sinn seiner massenhaften Verbreitung und alltäglichen
Lebensnotwendigkeit), desto mehr kann man darüber auf das Volk bildend
einwirken – und etwa, im Sinn der Volksaufklärung des 18. Jahrhunderts,
Wissen popularisieren oder überhaupt »die Kulturgüter der Menschheit
Allgemeingut werden«[11] lassen. Genau das machte das Radio in den Augen
der Zeitgenossen zu einem mächtigen (und auch als solchen benannten)
Kulturfaktor – und zwar zu einem, von dem man hoffte, dass er auch ein
soziales Zusammenwachsen der Gesellschaft bewirken könne. So schrieb
etwa Kurt Weill 1926: »Der Rundfunk ist entstanden aus einer wenigstens
geistigen Annäherung von Schichten, die sich früher fremd waren [...]«,
und auch für die Zukunft komme ihm »als gesellschaftsbindendes Element
hohe Bedeutung« zu.[12]

Freilich ignorierte man dabei die tiefgreifende Segmentierung der Hö-
rerschaft bzw. des ›Volkes‹, und wie im 18. Jahrhundert ging man zunächst
davon aus, dass die zu verbreitenden Kulturgüter der Menschheit identisch
sind mit solchen der Hochkultur: Oper, Theater, Literatur, wissenschaftliche Vortragsreihen, Fremdsprachen. Bald zeigte sich jedoch, dass der größte
Teil des Rundfunkpublikums das anders sah und überhaupt vorwiegend
zur Entspannung einschaltete:

> Und diese finden die meisten in leichter Musik, heiteren Veranstaltungen und in bo-
> denständiger Kunst. Aber ist nun dieser Wille der Mehrheit Gesetz? Hat sich ihm die
> Sendeleitung zu beugen, oder hat sie die Pflicht [...] ihren eigenen Weg zu gehen im
> Bewußtsein ihrer kulturellen Aufgabe und ihrer volkserzieherischen Mission, wie dies
> von anderer Seite immer wieder gefordert wird? [...] Hohes Niveau zu fordern ist leicht,
> wenn man dabei das Wesen des Rundfunks außer acht läßt; es schmeichelt dem eigenen
> Namen und bringt Ehre. [...] Man kann aber nicht einer unkontrollierbaren freien
> Hörermasse, die – und das wollen wir unterstreichen – sich in erster Linie <u>den Rund-
> funk zur Unterhaltung angeschafft</u> hat, seinen Kulturwillen <u>aufdrängen</u>. Der Rundfunk
> würde bald vor tauben Ohren und leeren Erdleitungsdrähten predigen, denn der Hörer
> schaltet einfach ab. [...] der Rundfunk aber gehört allen und seine vornehmliche Auf-
> gabe ist der <u>Dienst</u> am <u>Hörer</u> [...], der Gebende muß seine Gabe auf den Nehmenden
> einstellen, nicht umgekehrt. Der Rundfunk ist nicht Selbstzweck, und seine Gesetze
> bestimmen die Technik und der Hörer.[13]

Populäres Medium ist der Rundfunk und bleibt es nur, wenn er der Unter-
haltung der ›Masse‹ dient und in diesem Sinn auch populäre Inhalte bringt.
Diese entstammen jedoch, wie der namentlich nicht genannte Autor des
Beitrags feststellt, überwiegend nicht der Hochkultur des Bildungsbür-

gertums. In Hörerumfragen stehen regelmäßig Unterhaltungs-, Militär-,
Marsch- und Volkmusik an der Spitze des Kulturwillens statt Opern und
Kammermusik; und im Wortbereich humoristische Vorträge, Hörspiele,
Kabarett statt Dichterlesungen und wissenschaftlichen Vorträgen. Gerade
weil der Rundfunk »allen« gehört und gehören soll, kann die Minderheit
der bürgerlichen Kulturelite der »freien, unkontrollierbaren Hörermasse«
nicht ihren »Kulturwillen aufdrängen«. Stattdessen ist es umgekehrt. Auch
die Verfechter der Volkserziehung durch E-Kultur müssen sich nun erziehen lassen und ihren Horizont erweitern: »Rundfunkhörer, wer du auch
seist, lerne zu fragen, was der andere will, begnüge dich nicht damit, zu
fordern, was du selbst schon immer gewollt und gedacht hast«[14], lautet ein
entsprechender blasenübergreifender Appell aus dem Jahr 1929. Das Radio
wird so zum Vermittler zwischen den Sphären, und damit treibt das neue
Medium eine »massive Umordnung des kulturellen Feldes«[15] voran.

Zur Vermengung der kulturellen Sphären tragen dabei nicht nur das
Nebeneinander von Programmanteilen oder sogenannte Mischprogramme
bei (etwa in Form eines ›bunten Abends‹), auch die Entwicklung neue Formate spielt eine Rolle. Der Rundfunk soll, wie Rudolf Arnheim es forderte, nicht »Bockbierfeste« zum Vorbild nehmen und »Bumsmusik« spielen, sondern volkstümlich in dem Sinn sein, dass er »auf gehaltvolle Weise
einfach« ist[16] – so wie laut Arnheim Brecht, Weill oder Kästner. In diesem
Sinn suchte man nach neuen, spezifisch radiophonen Formen, die die Kluft
überbrücken und ›gehobene Unterhaltung‹ boten.[17] Das galt für die Tonkunst, die hier recht experimentell wird, aber auch für die neu entstehende
Gattung der Hörspiele. Darauf wird zurückzukommen sein.

Zunächst bleibt festzuhalten:

Es lassen sich erstens Strategien der Popularisierung beobachten, die
auf die massenhafte Verbreitung des Radioapparates zielen. Zu diesen Strategien gehören massive Werbung und diskursive Intensität (etwa in der
Presse), rechtliche, technische und finanzielle Aufwandsreduktion, die Aufwertung zum Kulturfaktor und Mittel gesellschaftlicher Teilhabe sowie
schließlich zum Lifestyleprodukt.

Zweitens lassen sich Popularisierungsverfahren erkennen, die den Geschmack und die Bedürfnisse der Mehrheit des Radiopublikums ermitteln
und ausstellen, um die ausgestrahlten Inhalte und Formate daran auszurichten – nicht ausschließlich und unter heftigen Debatten, aber doch explizit.[18] Im Zuge dieser zumindest partiellen Umstellung von qualitativen
auf quantifizierende Kriterien wird der populäre Geschmack nicht mehr
zurückgewiesen, kann buchstäblich Gehör finden, auch in den bildungsbürgerlichen Wohnstuben und Herrenzimmern. Anders gesagt: Der Modus

gegenüber der U-Kultur wechselt von Resilienz über Resistenz zu Akkomodation.[19] Und das hat am Ende Folgen für das bisherige kulturelle Machtgefüge innerhalb der Gesellschaft.[20]

Ich bin daher nicht so sicher, ob man wirklich sagen kann, dass die »klare Hierarchie« der »klassischen Moderne« zwischen »Hochkultur und Massen- beziehungsweise Populärkultur« sich erst – wie Andreas Reckwitz schreibt – in der »digitalen Welt der Spätmoderne« abbaut.[21] Zumindest beginnt der Abbau mit der »Metrik des Populären«[22], die in den 1920er Jahren explizit und dezidiert an das neue Medium gekoppelt wird – alles andere hieße, wie gelesen, die Gesetze und das »Wesen des Radios« verkennen.[23]

Schließlich gibt es aber wohl noch einen dritten Aspekt der Popularisierung. Denn der Rundfunk ist nicht nur ein Vermittler zwischen Hoch- und Populärkultur, er wird auch selbst zum Gegenstand hoch- wie populärkultureller Aneignungsprozesse und Selbstverständigung. Dadurch erfolgt die Aufwertung zum Kulturfaktor, aber eben auch zum Lifestyleprodukt, wie ich nun darlegen möchte.

Sex, Drugs und Lifestyle: Radio goes Pop

Auf unterschiedlichen Niveaus wurde das Radio in der Weimarer Republik besungen, bedichtet, gemalt und fotografiert; es entstanden Radio-Clubs, Hörgemeinden[24], spezielle Zeitschriften, wissenschaftliche Diskurse; es gab eigene Protagonisten und Protagonistinnen (Sprecher und Sprecherinnen, Rundfunkkomponisten, Kommentatoren, Ansager und Ansagerinnen), die als Stars in Szene gesetzt und so ihrerseits zu Kommunikatoren (und Kommunikatorinnen) des Rundfunks sowie eines damit verbundenen neuen Lifestyles wurden – etwa wenn es um die (wiederholt gestellte) Frage ging, ob sie den Rundfunk mit in den Urlaub nahmen.[25]

Die Frage nach dem Urlaubsradio suggeriert einerseits ein Bedürfnis – kann man noch ohne seine Maschine irgendwo sein wollen? – und ist zugleich eine Frage der Distinktion, denn das muss man sich leisten können – also erstens Urlaub haben und verreisen können, zweitens das entsprechende mobile Gerät besitzen. Aber Popularität generiert sich eben nicht allein aus einem realen Besitz oder dem tatsächlichen Konsum von etwas, sondern auch aus dessen symbolischer Aufladung und der dazu gehörigen libidinösen Entbindung des Imaginären – will sagen: aus der zugewiesenen sozialen und kulturellen Bedeutung einerseits und der Verheißung affektiven und emotionalen Zugewinns andererseits.

Hier greift dann genau so etwas wie das Versprechen von Glamour, Luxus, Freizeit, aber auch Genuss, Fun, Sexyness und überhaupt Lustgewinn. Solche Versprechen werden durch Werbung formuliert, aber darüber hinaus sind sie quer durch alle Medien und Künste der Weimarer Republik Teil kultureller Verhandlungen und prägen sozusagen die zeitgenössischen Episteme des Radios. Anders gesagt, gibt es ein medienkulturelles Dispositiv, in dem das Radio von der Ware, vom technischen Apparat und vom Medium zu einem eigensinnigen kulturellen Gegenstand avanciert mit der Verheißung einer bestimmten Erlebnisqualität und eines bestimmten Lifestyles. Und um dieses Phänomen und dieses Dispositiv zu beschreiben, bietet sich möglicherweise das Wort ›Pop‹ an.[26]

Ich will hier nicht auf die vielfach anderswo schon thematisierte Problematik der Begriffsbestimmung von ›Pop‹ eingehen, und es liegt mir fern zu behaupten, dass die Jugendkultur und die Kunst der 1950er/1960er Jahre, die üblicherweise damit gemeint ist, etwas zu tun hätte mit der Mentalität und den Formen der Identitätsbildung der 1920er Jahre. Aber wenn man »Pop mit Konsum, Party, Profit, Unterhaltung, Lifestyle, Mainstream assoziiert und als Marken- beziehungsweise Warenartikel deklariert«[27] oder wenn man ihm die Aspekte »Mass produced / Witty / Sexy / Gimmicky / Glamorous / Big business« zuordnet[28], wie das häufig schon getan wurde, dann trifft das auf das Radio durchaus zu. Auch andere Aspekte der späteren Popkultur – etwa Rebellion, Jugendkultur und Stilgemeinschaften – werden bis zu einem gewissen Grad mit dem Rundfunk verknüpft, nicht zuletzt durch die Musik, die gespielt wurde, aber etwa auch durch die Einführung eigener Jugendprogramme.

Versuchsweise konzentriere ich mich im Folgenden also auf einige Aspekte, die auch Teil der späteren Popkultur sind und die dazu beigetragen haben, in den medienkulturellen Verhandlungen und Aneignungsprozessen der Weimarer Republik das Radio mit symbolischem und imaginärem Kapital aufzuladen. Diese Aspekte sind: Sexyness, Witz, Hedonismus, Konsumästhetik und Selbstreflexivität (nicht notwendig in dieser Reihenfolge). Und im letzten Abschnitt meines Beitrags gehe ich dann kurz auf die Entwicklung des Hörspiels als Teil der radiophonen Experimente ein, die ich ebenfalls zu den Aneignungsprozessen zählen möchte.

Doch zunächst zur Sexyness: Wenig subtil werden schon früh sexuelle Freuden und Rundfunk miteinander verknüpft – etwa in einem (so der Paratext) »Radiofunkenshimmyragtimefox« namens *Radiofimmel*. Zuerst im Dezember 1923 vom Orchester Georges Boulanger im Berliner Voxhaus eingespielt, wurde er im Januar 1924 auf Platte veröffentlicht, zunächst bei Vox (Vox 1541), später beim Label Polyphon-Record.[29] Der Text, bei Vox gesungen von Mack Simons, stammt von dem Couplet- und Schlagerdichter Harry Senger und lautet wie folgt:

Ja, der Radio-Funken-Funken-Fimmel
bringt uns alle in den siebten Himmel,
wenn die Welle blitzschnell durch den Äther rollt,
ist beglückt die Maid bei hunderttausend Volt.

Ja, im Radio-Funken-Funken-Fimmel
wird das spröde Herz so butterweich.
Wenn man's zärtlich lieb umfaßt
und der erste Kuß schon paßt,
fliegt man grad' sogleich ins Himmelreich![30]

Von Inhalt und Machart her dürfte das Lied ein Paradebeispiel für jene Art Schlager sein, in der zeitgenössische Kritiker eine »schändliche Spekulation auf niedrige Masseninstinkte« sahen und die sich »textlich wie musikalisch durch billige Gemeinheit« auszeichnen, »aufgeputzt im importierten Jazzmäntelchen«. Sie seien kein Beispiel für das Volkstümliche des Gassenhauers, auf den der Schlager oft zurückgeführt wird, sondern ein Beleg für die Kalkulation der Plattenindustrie auf die Verderbtheit des Großstadtlebens der Nachkriegszeit: »Man erspare es mir, hier alle jene obszönen und widerwärtigen Refrains handgreiflicher Erotik aufzuzählen, die das Gros dieser Schlager ausmachen.«[31]

Mit dieser handgreiflichen Erotik wird also nun das Radio verknüpft. Nicht nur besingt der kaum ausgefeilte Text den Empfang der Radiowellen als eine lustvolle körperliche Erfahrung, die »uns alle« in den siebten Himmel führen soll, auch die gewählte Musikform des Shimmy, eine Unterart der Jazzmusik, symbolisierte für die Zeitgenossen den Inbegriff von Lust und Grenzüberschreitung.[32] Generell steht der Jazz ja für »eine enthemmte und enthemmende Körperlichkeit«[33], die mit moralischen bzw. erotischen Freiheiten konnotiert ist und mit ekstatisch-rauschhaften Zuständen. Doch speziell im ›Skandaltanz‹ Shimmy – Modetanz der Saison 1921/22 – zuckt der Körper (analog zur hier besungenen Szene) tatsächlich wie von Wellen und von »100.000 Volt« durchströmt, denn ein charakteristisches Element des Tanzes besteht in einer Bewegung, »mit der man das Nachthemd von den Schultern schüttelt«.[34]

Der konvulsive Körper, besonders der weibliche (noch dazu ohne Nachthemd) ist sexuell konnotiert und insofern per se ein Skandalon. Der konvulsive Körper weist aber noch weiteres subversives Potential auf. Denn der Jazz, so heißt es bereits 1921 im so betitelten *Brevier der neuesten Tänze*,

»schlägt jeden Ansatz von Würde, von korrekter Haltung, von Schneidig-
keit, von Stehkragen in Grund und Boden. Wer Angst davor hat, sich lächerlich zu machen, kann ihn nicht tanzen.«[35]
Der würdelose Jazz-Körper, hier nun speziell der männliche (»Schnei-
digkeit«, »Stehkragen«), ist demnach das Gegenteil vom steifen bürgerlichen oder soldatischen Körper. Würden die Würdenträger und Staatsver-
treter sich in der neuen Weise bewegen, »[w]ie menschlich, wie nett, wie
komisch müßten sie werden! Kein Dunstkreis von Dummheit, Eitelkeit
und Würde konnte sich bilden. Hätte der Kaiser Jazz [!] getanzt – niemals
wäre das alles passiert!«[36] ›Das alles‹: also Erster Weltkrieg, Versailler Vertrag, Revolution, Inflation – die ganze Misere der Zwischenkriegszeit.
Ebenso wie die »abwechselnd als anarchistisch und als demokratisch
aufgefaßte Improvisationstechnik der Jazzmusik«[37] wurde auch die neue
Tanzkultur Anfang der 1920er Jahre als Akt der »Befreiung von sozialen
Eingrenzungen«[38], hier gar als Form antibürgerlichen Aufbegehrens und
staatspolitischer Kritik verstanden. Darin, so heißt es im *Brevier der neuesten
Tänze*, besteht »der Niederschlag unserer Zeit, die Revolution, der Expressionismus, der Bolschewismus im Ballsaal. Man tanzt darauf Shimmy«.[39]
Und im Zeichen des Jazz, insbesondere des Shimmy, konstituierte sich eine
»vor allem die Jugend ansprechende Feier- und Populärkultur«[40], wie es sie
in dieser Form noch nicht gegeben hatte. Die Koppelung von Radiofimmel
und Shimmyfieber verschiebt nun die affektiven und libidinösen Verhei-
ßungen dieser Feierkultur bereits in seinen Anfängen – nur wenige Wochen
nach Start des Sendebetriebs – auf den Rundfunk.
Nun erscheint das Lied *Radiofimmel* für unsere spätmodernen Ohren,
die ganz anderes gewohnt sind, nicht gar so ›wild‹. Zudem signalisiert der
Paratext der Platte, dass es sich ohnehin nicht um einen reinen Shimmy
handelt, sondern um einen »Radiofunkenshimmyragtimefox« – will sagen:
um ein Crossover mit den älteren, europäisch bereits appropriierten und
›gezähmten‹ jazzigen Tanzformen von Ragtime und Foxtrott. Es handelt
sich hier also sozusagen um einen kulturindustriell eingehegten, massentauglichen Shimmy. Als weiteres bzw. primäres Genrespezifikum benennt
der Paratext dezidiert die Radiofunken – also die elektrotechnischen Bedingungen des neuen Mediums. Dass diese einen eigenständigen musikalischen Stil befördern könnten, ist hier wohl noch nicht viel mehr als eine
witzige Pointe, doch tatsächlich begannen Komponisten wie Kurt Weill
nur wenig später über funk- und elektroakustische Spielformen der Musik
nachzudenken.[41]
Die Begeisterung für den Shimmy, aber auch für die Vermischung verschiedener Genres und Stilrichtungen, war natürlich nicht der Populärkul-

tur vorbehalten, sondern zugleich Teil der Avantgarde. Man kann hier breiten Spuren der Rezeption in den Künsten folgen, etwa bei den Dadaisten,
insbesondere George Grosz war ein Shimmy-Fan[42], oder bei dem Komponisten Paul Hindemith, der unter anderem die barocke Form der Suite mit
Shimmy, Boston und Ragtime amalgamierte, gemäß dem Motto: »Wenn
Bach heute lebte, vielleicht hätte er den Shimmy erfunden.«[43] Solche bislang buchstäblich ›unerhörten‹ Provokationen kultureller Aneignungs- und
Grenzüberschreitungsprozesse zwischen Hoch- und Populärkultur blieben
natürlich nicht unbeantwortet:

> Es ist erreicht! Der modernen deutschen Musik ist es endlich gelungen, das heutige
> Leben dort zu fassen, wo es sich am frivolsten und gemeinsten austobt, wo sexuelle
> Perversitätsorgien sich abspielen [...]. Ob ein Hindemith noch etwas wie Schamgefühl
> empfindet [...]? Wir glauben es nicht![44]

Solche (und speziell diese) Vermischungen von ›hoher‹ und ›niederer‹ Kunst
fanden bereits vor dem Start des Rundfunks 1923 statt. Doch das Radio
wird die Ästhetik des Crossover weiter einüben, nicht zuletzt durch die
Möglichkeit des Umschaltens, die heterogenes Material zusammenbringt,
Musik und Rede beispielsweise oder eben auch unterschiedliche Musik-
stile: sei es das zeitgenössisch so genannte ›musikalisch Deutsche‹ oder sei es
eben der von zahlreichen Musikkritikern verpönte ›Musikbolschewismus‹
des Jazz.[45] 1929 notierte etwa Alfred Döblin, selbst ein veritabler Schlager-
und Jazz-Hörer:

> Sie drehen auf und hören, sagen wir in Gleiwitz, Schlager und Militärmärsche und
> Ouvertüren, auch etwas Gesprochenes, [...] und Sie drehen 2 Zentimeter weiter, und
> wenn Sie Glück haben, hören Sie aus Agram die Fortsetzung jener Ouvertüre [...] und
> in Daventry singen ein paar Zentimeter entfernt und jazzen ein paar Neger aus voller
> Kehle [...].[46]

Doch zurück zur Sexyness des Radios. Mit etwas mehr Witz und narrativer
Mühe als *Radiofimmel* nutzte 1925 auch der bei der Deutschen Grammo-
phon erschienene und überaus beliebte Schlager *Die schöne Adrienne hat
eine Hochantenne*, gesungen von Max Kuttner, das Arsenal erotischer Anspielungen – dieses Mal in der musikalischen Form des Foxtrotts, der zwar
nicht ganz so entfesselt ist wie der später entstandene Shimmy, aber dennoch den schon von Adorno konstatierten »sex appeal des Jazz«[47] wesentlich mit geprägt hat – einen Appeal, der sich auch hier mit den Freuden des
Radiohörens verbindet. Die Musik komponierte der bekannte österreichische Komponist und Kabarettist Hermann Leopoldi, der Text stammt von

Theodor Waldau (Künstlername: »Wauwau«),[48] es spielten Efim Schachmeister mit seinem Künstler-Ensemble:

»Wo man geht,
Wo man sitzt und steht,
Ist vom Radio heut' nur die Red'.
Vom Kellerloch bis hoch zur Mansard',
Ist alles drin vernarrt.
Manche Maid,
Wenn schon Schlafenszeit,
Steigt ins Bettchen empfangsbereit
Und sie genießt mit dem Ohr
Ihren Lieblingstenor.
Horizontal,
Ideal.

Refrain:
Die schöne Adrienne
Tschintaratatatatatataradio
Hat eine Hochantenne
Tschintaratatatatatataradio
Aus aller Herren Ländern
Tschintaratatatatatataradio
Empfängt sie von den Sendern
Trara trara traradio

Momentan
Sucht ein junger Mann
Schnell ein Zimmer, schwer kommt's ihm an
Bad, Telephon, und wie es heut' Brauch,
Radioanschluss auch.
Ganz verzagt, trifft er und befragt
Einen Freund
Dem sein Leid er klagt.
Der hat voll fröhlicher Hast
Ihm beim Arm gleich gefasst:
»Komm nur, ich weiß, was dir passt!«

Refrain […]

Auf der Platte nicht vorhanden ist die letzte Strophe, die verdeutlicht, wohin die Kombination aus Untermieter und Radioempfang führt:

Sie und er
Als ihr Zimmerherr
Suchen Wellen nun kreuz und quer
Sie dreh'n zusammen am Radiophon
Paris berauscht sie schon.
Plötzlich da, sind zum Greifen nah',
Wellen aus Zentralafrika,
Und ganz entsetzt kommt sie knapp
Unverhofft bis zum Kap
Der guten Hoffnung hinab.«

Refrain […]⁴⁹

Besungen wird hier nicht nur erneut das Radio als Apparat weiblicher Lust und Bedürfnisbefriedigung, als sex machine sozusagen, sondern auch einiges anderes. Zunächst einmal kündigt der Schlager von der bereits erreichten Popularität des Radios im Jahr 1925. Zudem scheint der Rundfunk als schichtenübergreifendes diskursives Phänomen in Erscheinung zu treten, auch wenn noch nicht wirklich jeder oder jede ein Radio sein oder ihr eigen nennen kann: »Wo man sitzt und steht / Ist vom Radio heut nur die Red'«, vom Kellerloch (ganz unten) bis zur Mansarde (ganz oben). Aber nicht nur findet das Radio viel Beachtung, es gehört offenbar, wie Bad und Telefon, bereits zu einem modernen und jungen Lifestyle. Das zumindest suggeriert die Fiktion des Liedtextes: »Momentan / Sucht ein junger Mann / Schnell ein Zimmer, schwer kommt's ihm an / Bad, Telephon und wie es heut' Brauch / Radioanschluss auch«. Dass ausgerechnet die schöne und empfangsbereite Adrienne ein solches Zimmer mit Radio zu vergeben hat, ist ein rechter Glücksfall – in metonymischer Verschiebung bilden beide für den jungen Mann begehrte – sexy – Objekte.

Im Bett wurde Radio übrigens oft, und keineswegs nur von Frauen, gehört. Für solche Zwecke wurden z. B. spezielle Radiokissen hergestellt, damit die noch klobigen und schweren Kopfhörer die Ohren nicht allzu sehr schmerzen ließen, oder Zeitschaltuhren, um das Weiterbrennen der Röhren nach dem Einschlafen zu verhindern.

Man kann also festhalten: Verbunden mit der Verbreitung des Radios sind eine wachsende Aneignung und Intimisierung des Apparats und infolgedessen der Wandel vom Gebrauch zum Genuss. Vorangetrieben wurde dieser Wandel nicht nur von einer progressiven technischen Verbesserung der Leistung und Vereinfachung der Nutzung, sondern auch von einer fortschreitenden »Camouflage des Technischen«[50]: Zunächst werden die Detektoren, Drahtspulen, Röhren und Schalttafeln in einem Gehäuse verborgen, das dann zunehmend auch ästhetisch geformt wird; später werden diese Gehäuse in speziellen Radiomöbeln untergebracht, kombiniert unter Umständen mit anderen nützlichen Dingen wie »Lautsprecher, Schallplattenwiedergabeapparatur, eine[r] kleine[n] Stellage für Bücher und schließlich noch ein[em] Likörschränkchen [...]. Das Ganze nennt sich Radio-Phono-Hausbar. Hier sind die Genüsse für Auge, Ohr, Geist und Magen vereint«.[51] Rundum sinnliche Befriedigung – ein schönes Beispiel von Konsumästhetik.

Unabhängig von den tatsächlichen, geschlechterübergreifenden Hörpraktiken sind es aber ausschließlich Frauen, die liegend oder in unkonventionellen Sitzpositionen, meist lässig bis lasziv, dargestellt werden. Bett, Chaiselongue, Sofa – die so choreographierten Hörsituationen betonen die Privatheit, ja Intimität der heimischen Radiorezeption und zeigen neben der erotischen Inszenierung zugleich eine spezifisch weibliche Choreographie der Entspannung, des Genusses und der Gemütlichkeit. Männer hingegen können »der Gemütlichkeit lediglich im Sessel sitzend frönen«.[52] In der Ikonographie männlichen Radio-Genusses spielen Rauchwaren und Alkoholika eine signifikant größere Rolle. Das macht sich auch die Werbung zunutze – bzw. hier zeigt sich eine Verknüpfung von Freizeitverhalten und Konsumästhetik, die nicht zuletzt durch die Werbung getriggert und verbreitet wird.[53] Aber eben auch über allerlei andere Ebenen der kulturellen Verhandlungen.

So entstehen Images von Sexyness, Gemütlichkeit, Glamour oder Luxus und Hedonismus, die in verschiedenen Rückkoppelungsschleifen – etwa zwischen der Musik und ihrem neuen Verbreitungsmedium – das Radio mit symbolischer Bedeutsamkeit sowie mit dem Versprechen affektiver Bedürfnisbefriedigung aufladen und es so aus der Sphäre des Gebrauchs hinausheben. Anders gesagt, könnte man vielleicht von einem »Triumph des Fiktions- über den Gebrauchswert«[54] sprechen, der nicht selten in witziger, ironischer oder provokativer Weise selbstreflexiv in Szene gesetzt wird. Das alles macht das Radio zu einem populären, vielleicht sogar zu einem Pop-Gegenstand.

Cross the border, close the gap?[55] *Radiokunst zwischen Popularisierung und Experiment*

Natürlich erklangen im Radio der Weimarer Republik nicht überall Shimmys und Schlager, das Radio war also nicht Teil nur einer einzigen Stilgemeinschaft. Und das spricht dann vielleicht partiell auch wieder gegen die Pop-These. Vielmehr zielte der Rundfunk in der Weimarer Republik letztlich darauf, Unterhaltung zu bieten, die zwischen verschiedenen gesellschaftlichen und künstlerischen Niveaus vermittelt und die Bildungsidee nicht gänzlich preisgibt. Aber wie das genau aussehen sollte, war fraglich – zumal Unterhaltung nicht für alle das Gleiche meint.[56] Und doch hoffte man auf »werdende Formen«, die das erfüllen könnten, irgendwo zwischen der »Kultur mit dem haushohen K.« und der »muffigen Atmosphäre des Amüsements«, wie Walter Benjamin 1929 notierte.[57]

Zunächst behalf man sich bei dem Versuch der Kulturverbreitung mit Übertragungen und Sendespielen von Operetten, Opern und Theaterstücken, die man dadurch auch einem breiteren Publikum zugänglich zu machen suchte, dass man in den Rundfunkzeitschriften Texte zum Mitlesen und Mitsingen veröffentlichte und schließlich sogar als eigenständige Bücher anbot.[58] Diese Form der Unterhaltung erforderte eine deutlich aktivere Hörhaltung als etwa die Jazz- oder Schlagerrezeption.

Nicht zuletzt der Zeitgenosse Benjamin erkannte jedoch, dass die Popularisierung bildungskultureller Inhalte im und durch den Rundfunk so nicht funktioniert, sondern medienspezifischen »Form-Art-Gesetzen« zu folgen hat, um auch populär zu werden:

> »Die sehr viel breitere, aber auch sehr viel intensivere Volkstümlichkeit jedoch, die der Rundfunk sich zur Aufgabe setzt, kann sich mit diesem Verfahren nicht begnügen. Sie verlangt eine gänzliche Umgestaltung und Umgruppierung des Stoffes aus dem Gesichtspunkt der Popularität heraus. Es genügt also nicht [...] nur das zu bieten, was er [= der Hörer; B. H.] im ersten besten Bildungslehrgang hören kann. Vielmehr kommt alles darauf an, ihm die Gewißheit mitzuteilen, daß sein eigenes Interesse einen sachlichen Wert für den Stoff selber besitzt.«[59]

Benjamin dachte bei der Umgestaltung und Umgruppierung einerseits an gänzlich neue Stoff- und Formentwicklungen; andererseits aber auch an eine ebenso mediengerechte wie publikumsbezogene Transformation von ›altem Bildungsgut‹.[60] Sucht man nach einem prominenten Beispiel für eine solche radiophone Adaptation alten Bildungsgutes, kann man an die Bearbeitung von Shakespeares *Macbeth* durch den mit Benjamin befreundeten Bertolt Brecht denken. Sie wurde unter der Regie des berühmten Alfred Braun und in illustrer Besetzung, u. a. mit Werner Krauß und Helene Weigel, in der ›Berliner Funkstunde‹ am 14. 10. 1927 als Live-Hörspiel aufgeführt und ausgestrahlt. Ein zeitgenössischer Kritiker feierte das Unternehmen als »wichtigsten Schritt auf dem Wege zur Darstellung vorhandener Bühnenwerke im Rundfunk. Es war unbedingt ein gewagtes Unternehmen«.[61]

Brecht gruppierte das Stück in der Tat gänzlich um: Er stellte ihm eine instruktive Einleitung voran und ließ erzählende Teile mit Spielszenen wechseln, »die von Alfred Braun in der Art eines Schaubudenbesitzers ausgerufen wurden«.[62] Auf diese Weise wurden die Hörenden direkt adressiert, konnten sich angesprochen und hineingezogen fühlen in das Geschehen. Die Präsentation eines Werks der Hochkultur als Jahrmarktspektakel oder als Revue brachte es zugleich der Erlebnissphäre jener Hörenden näher, die eher nicht ins Theater gingen – einmal abgesehen davon, dass es damit sogar an theaterhistorischer Korrektheit gewann.[63] Durch die narrativen oder epischen Elemente erhielt das Stück schließlich auch deutlich mehr Plastizität, als es den bisherigen Sendespielen – theatrale Aufführungen in einem blinden Medium – bis dahin gelang. Eben dadurch, so der bereits zitierte Kritiker, entfaltete das Drama eine packende Wirkung. Sein Fazit: Der Weg der Episierung sei unbedingt weiter zu verfolgen und sogar noch zu radikalisieren.

Bei dem Stück handelt es sich unverkennbar um ein medienspezifisches Experiment im Sinn des epischen Theaters, das Brecht seit 1926 zu entwickeln anfing und das er nun im Rundfunk weiter erprobte und populär zu machen suchte. Ganz klar ging es ihm darum, vom Interesse der Hörenden aus den Stoff formal neu zu gestalten. Die Episierung wie die »Übertragungen […] in ein prosaisches Milieu« sollten der Verfremdung der klassischen Szenen dienen, um so »das Interesse an den Vorgängen wieder her[zustellen]«[64], die die Tragödie vorantreiben.

Erstmals setzte Brecht diese Verfahren in der radiophonen Einrichtung seines eigenen Stückes *Mann ist Mann* für die ›Berliner Funkstunde‹ am 18. 3. 1927 ein, also ein gutes halbes Jahr vor *Macbeth*. Auch hier führte Alfred Braun Regie. Bis dahin hatten die Berliner Bühnen »das neuartigste und stärkste Theaterstück unserer Zeit«[65] ignoriert. Mit der Berliner Erstaufführung im Rundfunk machte das Radio nicht nur Brechts Stück bekannt, sondern zog damit auch selbst, wie die zeitgenössische Kritik kommentiert, »das Interesse weitester Kreise auf sich«.[66] Das Experiment brachte also viel Beachtung, zumal es weitere Inszenierungen in anderen Sendern gab. Weite Beachtung ist gut, aber – genauso wichtig für das Moment des Populären – offenbar »verlebte man [auch] einige unterhaltsame Stunden«.[67]

Gelobt wurde nicht zuletzt der Einsatz der Musik, die hier nicht lediglich der Untermalung diente, sondern zur eigenständigen Handlungsträgerin wurde: »wesentlicher Bestandteil des Rundfunkwerks, akustische Fortsetzung des Wortes, Klangspiel.«[68] Das weist weit voraus auf Ansätze des Neuen Hörspiels in der Neoavantgarde der späten 60er Jahre.

In den Ohren der Kritik fand Brecht mit der akustischen Adaptation schon dieses frühen Versuchs seines epischen Theaters jedenfalls eine »neue rundfunkgemäße Form«.[69] Popularisierung und Experiment laufen hier zusammen. Zugleich ist der Einfluss des epischen Theaters auf die radiophone Ästhetik keine Einbahnstraße, ist das epische Theater laut Walter Benjamin doch letztlich »eine Zurückverwandlung der in Funk und Film entscheidenden Methoden der Montage«.[70] Ausgehend davon wären die Wechselwirkungen zwischen der experimentellen Entwicklung radiophoner Formen und dem epischem Theater, das Brecht seinen prominenten Platz im Feld der Literatur sicherte, genauer in den Blick zu nehmen, als es in der Forschung bislang geschehen ist. Der zeitgenössische Kritiker jedenfalls war sich schon 1927 sicher: Der Berliner Rundfunk bot »ein Ereignis [. . .], das weit über den Rahmen des Rundfunks hinaus literarische Bedeutung besitzt«.[71]

Brechts Experimente mit dem Rundfunk erreichten ihren hörspielgeschichtlichen Höhepunkt bekanntlich in der Zusammenarbeit mit den Komponisten Paul Hindemith und Kurt Weill beziehungsweise mit dem daraus entstandenen Hörspiel *Der Lindberghflug* (1929). Insgesamt blieb es jedoch für Brecht bei einer Handvoll Rundfunkarbeiten. Ein Grund dafür mag sein, was Rudolf Leonhard als Manko gegenüber dem Theater bemängelte: Hörspiele boten zwar Möglichkeiten des Experimentierens, nicht zuletzt mit Geräuschen und Musik, und sie hatten ein Massenpublikum, wurden aber, vor Etablierung der Aufzeichnungstechnik, üblicherweise nur einmal von einem Sender live ausgestrahlt, so »daß die Aufführung an zwei Sendern schon einen übermäßigen Erfolg bedeutet, die an drei Sendern ein unwahrscheinliches Glück ist, die an mehr Sendern überhaupt nicht vorkommt.«[72] Abgesehen von der damit verbundenen eingeschränkten Verdienstmöglichkeit konnte jedes Hörspiel also nur in ein bis drei Sendegebieten gehört werden und blieb, deshalb und mangels Wiederholungen, ideell vergleichsweise wirkungslos, wenn es nicht auch noch gedruckt wurde[73] – was für Originalhörspiele eher die Ausnahme gewesen sein dürfte. Hier fehlt es allerdings an umfassender Forschung. Wer also auf sein Publikum verändernd einwirken wollte, wählte wohl besser das Theater. Dessen ungeachtet verfasste Brechts Freund Benjamin zwischen 1927 und 1933 über 80 Rundfunkarbeiten. Er fand dabei diverse Formen zwischen hoher und populärer Kultur: didaktische Hörmodelle, die sich an zeitgenössisch beliebten Inszenierungen von Kriminal- und Scheidungs-affären orientierten[74], lehrreiche Hörfolgen für Kinder, Features, das Lärm-hörspiel *Radau um Kasperl*, das in vielem dem Humor Karl Valentins eben-bürtig ist, und vieles mehr.

Anlässlich des Goethejahrs 1932 erprobte Benjamin schließlich eine neue Form des literarischen Hörspiels – jenseits von gängiger Hörkulisse und deklamierter Zitatencollage. Stattdessen entwarf er in seinem Hörspiel *Was die Deutschen lasen, während die Klassiker schrieben* ein Gespräch nicht aus, sondern über Literatur, so wie es in den Kaffeehäusern oder verschie-denen Zirkeln aus Goethes Zeit hätte geführt worden sein können. Promi-nente und weniger prominente Namen der Literaturszene des 18. Jahrhun-derts tauchen auf, die sich gegenseitig darüber in Kenntnis setzen, welche Texte auf Auktionen verscherbelt werden – etwa Goethes – und welche Texte in den neuesten Messekatalogen zu finden sind – etwa Schauer-, Räuber- und Ritterbücher.[75] Dabei werden nicht nur allerlei Autoren und Werke kund und zu wissen gegeben, sondern es wird auch über die Verlags-landschaft des 18. Jahrhunderts informiert – über das Problem der Raub-drucke zum Beispiel – und dabei über den Kampf um kulturelle Bedeutung sowie über werbestrategische Kniffe diskutiert, Aufmerksamkeit zu generie-ren und Publikum zu gewinnen.

> »<u>Heinzmann</u>: Wissen Sie, wieviele Subscribenten Göschen auf die Goethe-Ausgabe bekam, die er von siebenundachtzig bis neunzig herausgab? Die Ziffern hab ich von ihm selber. – Sechshundert. [...] Ja, das alles will kein Mensch lesen. Es bleibt schon bei dem schönen Wort von Bürger, der Publikum und Pöblikum unterscheidet. [...] Friedrich Schlegel hat in Erwägung gezogen, ob man dem Absatz des Athe(n)äum nicht vielleicht durch Gratisverteilung von Pfefferkuchen als Beigabe aufhelfen könnte.
> <u>Unger</u>: Eine sehr moderne Idee. Aber da ist Schiller doch ma(chiavel)listischer. Als die Horen aus Mangel an Absatz eingingen, schlug er Cotta vor, in ihre letzte Nummer einen staatsgefährlichen Artikel einzurücken, damit sie auf il(l)ustre Weise zu Grunde gingen.«[76]

Das Populäre wird in dem Hörspiel zunächst (zeitgenössisch korrekt) gleichgesetzt mit dem Pöbel, und viel Beachtung wird potentiell gene-riert durch »sehr moderne« Marketing-Strategien, die auf Gratisgaben und auf Sensationslust zielen. Am Ende tritt das 19. Jahrhundert auf, das sich rühmt, durch billige Klassikerausgaben eine neue, »mittlere Kultur«[77] ge-schaffen und zur Verbreitung kultureller Schätze zudem schnellere Wege als das Buch erfunden zu haben. Gemeint sind hier natürlich Tagespresse, Telegrafie und Telefonübertragungen, die Vorform des Rundfunks. Doch auch diese Strategien der Popularisierung steigern die Klassiker-Lektüre nicht:

> »<u>Die Stimme des 19. Jahrhunderts:</u> [...] Ich habe eine mittlere Kultur allgemein verbreitet, wie Goethe es prophezeit hat.
> <u>Der Sprecher:</u> Eine mittlere Kultur? Solange Ihr 19. Jahrhundert gedauert hat, haben die Deutschen ihr grösstes Gedichtbuch nicht aufgeschlagen. Noch ist es nicht lange her, dass Cotta die letzten Exemplare des westöstlichen Divan vom Lager verkauft hat.
> <u>Die Stimme des 19. Jahrhunderts:</u> Sie waren zu teuer. Ich habe Ausgaben auf den Markt gebracht, die unter die Leute kamen.
> <u>Der Sprecher:</u> Unter die Leute, denen die Zeit fehlte, sie zu lesen.
> <u>Die Stimme des 19. Jahrhunderts:</u> Zugleich aber hat mein Jahrhundert dem Geist die Mittel gegeben, schneller sich zu verbreiten als durch Lektüre.
> <u>Der Sprecher:</u> Mit andern Worten: es hat die Tyrannei der Minute begründet, deren Geissel wir auch hier spüren.
> *Man hört jetzt sehr deutlich das Ticken eines Sekundenzeigers.*«[78]

Mit den letzten Tönen – dem Ticken des Sekundenzeigers – wird das Hörspiel offen medien- und selbstreflexiv, denn gerade im neuen Verbreitungsmedium Rundfunk gibt es ja exakte Zeitvorgaben für die Sendeslots. Und so verhindert »die Tyrannei der Minute, deren Geissel wir auch hier spüren«, nicht nur im 19. Jahrhundert die Auseinandersetzung mit den Klassikern, sondern auch im modernen Massen- und Unterhaltungsmedium des beginnenden 20. Jahrhunderts.[79]

In der Hörspielforschung wäre noch zu untersuchen, ob und inwiefern die neue radiophone Kunstform des Hörspiels, die sukzessive entsteht, den Gap zwischen der Hoch- und der Populärkultur tatsächlich schließen konnte.[80] Aber genau das war es, was Benjamin zu erreichen hoffte mit seinem Literatur-Hörspiel, für das er zeitgenössische Rezeptionsforschung und literatursoziologische Studien eingearbeitet hat:

> Kurz: das fragliche Hörspiel bemüht sich um engste Fühlung mit den Forschungen [...] Es sähe seine beste Bestätigung darin, daß es den Fachmann nicht weniger als den Laien zu fesseln vermöchte, wenn auch aus verschiedenen Gründen. Und damit scheint auch der Begriff einer neuen Volkstümlichkeit seine einfachste Bestimmung erfahren zu haben.[81]

Im Sinne der von Benjamin angestrebten Volkstümlichkeit galt es also einen Stoff und eine Schreibweise zu entwickeln, die gleichzeitig unterschiedliche Niveaus und Interessen bedient und unterhält. Das sahen andere Hörspielpioniere ähnlich. Einige verbanden die Entwicklung einer rein akustischen und völlig neuen Kunstgattung zudem mit der Hoffnung,

»zu einer neuen Art von Volkskunst« zu führen, »d. h. einer Kunst, die faß-
lich ist, ohne sich auf niederes Nieveau [!] zu begeben, einer Kunst, die der
Masse entgegenkommt und trotzdem nicht aufhört, Kunst zu sein, einer
Kunst, die primitiv ist, ohne banal zu werden, einer Kunst, die in gefälliger
Form aggressiv ist und Hintergründe aufreißt«.[82] Anders gesagt: »Pionier-
taten der Zukunft« waren gefordert – Hörspiele, die eine anspruchsvolle
Gebrauchskunst entwickelten, die »nicht populär in einem billigen, unter-
haltenden Sinne« erschien.[83]

In der Hörspielforschung wurde die Aufmerksamkeit auf immer dieselben experimentellen Highlights gerichtet: auf Hans Fleschs *Zauberei auf
dem Sender* (1924), Friedrich Bischoffs *Hallo, hier Welle Erdball* (1927),
Brechts/Weills/Hindemiths *Lindberghflug* (1929), Walter Ruttmanns *Week-
end* (1929). Doch das Gros der Hörspiele bestand aus Adaptationen. Neben
Brecht wären namentlich etwa auch Ernst Hardt[84], Karl Kraus[85], Ernst
Glaser und Wolfgang Weyrauch[86] als Adapteure zu nennen, deren Arbeiten
zwischen Popularisierung und funkischem Experiment je eigene Stile auf-
wiesen, jedoch bislang völlig unerforscht sind.

Abgesehen von solchen medienspezifischen Transformationen erprobte
der Rundfunk auch andere Formen transtextueller Beziehungen, um sich
den Klassikern zu nähern. Als ein Exempel führte 1931 der Germanist und
Lektor der »›Schlesischen Funkstunde‹«, Werner Milch, ein jetzt wohl ver-
schollenes Hörspiel an, das von einem plagiierenden Studenten handelt.
Um Geld zu verdienen, ersinnt dieser einen Dichter namens Nottemül-
ler »aus längst verflossenen Zeiten«, dessen Werk er in einer Klosterbiblio-
thek entdeckt haben will und für das er sich die Verfilmungsrechte sichert,
bevor er sich davon macht. Bei der Erstaufführung, der das Rundfunk-
publikum nun gleichsam beiwohnt, fliegt der Schwindel auf: Es handelt
sich um Shakespeares *Timon von Athen*. »Das Ganze bekam den Titel: Hat
Shakespeare gelebt?« Sei auch »die Verquickung von Ulk und ernster Kul-
turarbeit hier ein bißchen weit vorangetrieben«[87], so weise dieses Hörspiel
doch den funkischen Weg, unterhaltend zu belehren: In einen modernen
Plot gekleidet, lassen sich Biographie und Werke von vergangenen Autoren
›hoher‹ Literatur vergegenwärtigen.[88] Von Kritikern, die sich in ihrem Kul-
turverständnis bedroht sahen, wurde das freilich anders gesehen, nämlich
als »Kriecherei vor dem Publikum«.[89]

Darüber hinaus gab es zahllose Originalhörspiele, die mit den radiophonen Möglichkeiten experimentierten und dabei zugleich auf große Resonanz im Publikum stießen. Zu nennen wäre etwa *Brigadevermittlung* von
Ernst Johannsen – ein Hörspiel, das 1929, beinahe zeitgleich mit Erich
Maria Remarques Roman *Im Westen nichts Neues*, beklemmend realistisch

die Gräuel des Ersten Weltkrieges zu Gehör brachte: Es spielt im Unterstand einer Telefonzentrale an der Westfront, die zuletzt von Panzern überrollt wird. Aus der Perspektive der Brigadevermittlung wird so das Schicksal der ganzen Front und die Sinnlosigkeit der Materialschlachten des ersten Weltkrieges miterlebt.

Zuerst der ›Nordischen Rundfunk AG‹ angeboten, wurde das Hörspiel vom Hamburger Sender abgelehnt, weil es dort »aus technischen Gründen für nicht aufführbar« gehalten wurde.[90] Anders sah dies die »Deutsche Stunde in Bayern«, die das Hörspiel schließlich produzierte (Ausstrahlung am 17. 10. 1929, R.: Hellmuth Habersbrunner). In München wurde eine komplexe Geräusch-Partitur technisch avanciert in Szene gesetzt, um die Panzer, die Flugzeuge, das Trommelfeuer, die Handgranaten, das Gas, die Existenz im Unterstand und im Schützengraben, die regionale Diversität der Soldaten, die Telefonate und Leitungsstörungen akustisch zu realisieren und zu evozieren. Unter anderem wurden dazu Geräusche aufwendig elektroakustisch modifiziert und etwa mit Echo versetzt, gemischt, »verändert, gefärbt und vergrößert«.[91]

Dieses Hörspiel fand viel, auch internationale, Beachtung und wurde ein Welterfolg. Zu bezweifeln ist aber, dass man es deshalb als ›populär‹ definieren kann. Man würde diese Zuschreibung wohl auch nicht für Wolfgang Borcherts Heimkehrerdrama *Draußen vor der Tür* (NWDR 13. 2. 1947, R.: Ludwig Cremer) verwenden. Zwar erzeugten beide Hörspiele breite emotionale Reaktionen bei hohem Identifikationsangebot, doch bezeichnet ›populär‹ letztlich wohl einen positiveren oder einen unbeschwerteren Erlebniswert, als diese Kunstwerke bieten und bieten wollten.[92]

Festzuhalten bleibt, dass Hörspiele insgesamt recht weit oben auf der Hörerwunschliste standen – 1926 etwa an vierter Stelle nach Unterhaltungsmusik, Militärkonzerten und humoristischer Rezitation.[93] Solche Statistiken mögen mit Vorsicht zu bewerten seien, zumal es meines Wissens nach keine systematischen Auswertungen der Befragungen gibt, die – ebenso wie etwa Erhebungen über das beliebteste Hörspiel – die Sender nach opaken Kriterien[94] selbst durchführten und die etwa in den Jahrgängen aller Rundfunkzeitungen vergleichend verfolgt werden müssten. Doch sie bieten zumindest einen Anhaltspunkt.

Freilich liegt noch viel im Forschungsdunkel, etwa auch die Entwicklung und Akzeptanz von Serienformaten, die es ebenfalls gegeben hat. Dennoch sollte deutlich geworden sein, dass die Genese der neuen und experimentellen Kunstform des Hörspiels durchaus als Teil der Popularisierungsdynamiken des Radios in der Weimarer Republik zu verstehen ist, auch wenn dies überraschen mag – und im Übrigen schon der Auffassung derjenigen Zeitgenossen widersprach, die Kunst und Massengeschmack als miteinander unvereinbar betrachteten:

> »Das Hörspiel erfordert Mittel die gefunden werden mußten. [...] Und bei wem ist ›die Kriecherei vor dem Publikum‹? Bei dem, [...] der es wagt, sich vielleicht bei ›großen bürgerlichen Schichten‹ unbeliebt zu machen, um eine Kunstgattung weiterzubringen, an die er glaubt?«[95]

Anmerkungen

[1] Thomas Hecken: Populäre Kultur. Mit einem Anhang ›Girl und Popkultur‹. Bochum 2006, S. 85.

[2] Josef M. Jurinek: Radio dem Volke. Geleitgedanken zum Erscheinen der Bayerischen Radio-Zeitung. In: Bayerische Radio-Zeitung 1 (1924), S. 1 f., hier S. 1. – Für die Unterstützung bei der Recherche und für die Bereitstellung des Materials (Bestandsnummer: PER.BR.96.E) danke ich dem Historischen Archiv des Bayerischen Rundfunks, insbesondere seiner Leiterin Bettina Hasselbring für ihr großzügiges Entgegenkommen.

[3] Zit. nach Horst O. Halefeldt: Sendegesellschaften und Rundfunkordnungen. In: Joachim-Felix Leonhard (Hrsg.): Programmgeschichte des Hörfunks in der Weimarer Republik. München 1997, Bd. 1, S. 23–352, S. 26.

[4] Hans von Heister: Forderungen an den Rundfunk. In: Der Deutsche Rundfunk 38 (1925), S. 2413–2416, hier S. 2415.

[5] Ernst Schoen etwa beschrieb »die zottige Figur des Lautsprechers, das Geschwür des Kopfhörerpaares um die Ohren mit den pendelnden Eingeweiden der Leitungsschnur« und fand sie passend für »Aragons oder Cocteaus Dichtung, [...] ein Gemälde von Beckmann oder besser Chirico«. Walter Benjamin: Gespräch mit Ernst Schoen. In: Ders.: Werke und Nachlaß. Kritische Gesamtausgabe. Hrsg. v. Christoph Gödde, Henri Lonitz. Bd. 9.1: Rundfunkarbeiten. Hrsg. v. Thomas Küpper, Anja Nowak. Berlin 2017, S. 519–522, hier S. 519.

[6] Jurinek: Radio dem Volke, S. 1.

[7] Josef M. Jurinek,: Ein Jahr Rundfunk in Bayern. Die erste Geburtstagsfeier der Deutschen Stunde in Bayern. In: Bayerische Radio-Zeitung 15 (1925), S. 495–497, hier S. 495.

[8] Zu entnehmen einer Werbeanzeige von Loden-Frey in: Bayerische Radio-Zeitung 50 (1926), S. 21.

[9] Jurinek: Radio dem Volke, S. 1.

[10] Ebd.

[11] Jurinek: Ein Jahr Rundfunk in Bayern, S. 495.

[12] Kurt Weill: Berliner Jahresbeginn. In: Der deutsche Rundfunk 4 (1926), H. 1, S. 7–9, hier S. 7.

[13] Anonym: Dienst am Hörer, Unterhaltungs- oder Erziehungsfunk? – Gehört der Rundfunk auch dem Arbeiter? In: Bayerische Radio Zeitung 28 (1930), S. 1. Hervorhebungen im Original.

[14] E[ugen] Kurt Fischer: Funkplauderei. Rundfunkhörer – Wer bist Du? In: Bayerische Radio-Zeitung 46 (1929), S. 1.

[15] Jessica Nitsche, Nadine Werner: Einleitung: Populärkultur, Massenmedien, Avantgarde 1919–1933. In: Dies. (Hrsg.): Populärkultur, Massenmedien, Avantgarde 1919–1933. München 2012, S. 9–18, hier S. 9.

[16] Rudolf Arnheim: Der Rundfunk sucht seine Form. In: Ders.: Rundfunk als Hörkunst und weitere Aufsätze zum Hörfunk. Hrsg. v. Helmut H. Diederichs. Frankfurt/Main 2001, S. 185–189, hier S. 186 f.

[17] Vgl. Ludwig Stoffels: Kulturfaktor und Unterhaltungsrundfunk. In: Leonhard (Hrsg.): Programmgeschichte des Hörfunks, Bd. 2, S. 623–640, hier S. 632 f.

[18] Hier könnte man vielleicht von einer Popularisierung zweiter Ordnung sprechen, in dem Sinn, dass Populäres hergestellt und eine populäre Kultur etabliert wird. S. Jörg Döring, Niels Werber u. a.: Was bei vielen Beachtung findet: Zu den Transformationen des Populären. In: Kulturwissenschaftliche Zeitschrift 6 (2021), H. 2, S. 1–24, hier S. 13 (DOI: 10.2478/kwg-2021-0027); Hecken: Populäre Kultur, S. 85.

[19] Döring, Werber u. a.: Was bei vielen Beachtung findet, S. 6.

[20] Vgl. George H. Lewis: Trend Report: The Sociology of Popular Culture, in: Current Sociology 26 (1978), H. 3, S. 3–64, hier S. 21.

[21] Andreas Reckwitz: Die Gesellschaft der Singularitäten. Zum Strukturwandel der Moderne. Frankfurt/Main 2017, S. 240. – Dennoch funktioniert die digitale Enthierarchisierung der Kulturformate in der Spätmoderne anders und Reckwitz' Argumentation ist entsprechend komplex.

[22] Döring, Werber u. a.: Was bei vielen Beachtung findet, S. 8.

[23] Anonym: Dienst am Hörer, S. 1.

[24] In Radio-Clubs versammelten sich vor allem die technischen Bastler, Hörgemeinden bildeten eine spezifische, bislang praktisch nicht erforschte Rezeptionsform. S. dazu Bernhard Liedmann: ›Hörgemeinden‹ in der Weimarer Republik. Ein Beitrag zur historischen Rezeptionsforschung des Rundfunks. In: Studienkreis Rundfunk und Geschichte – Mitteilungen 13 (1987), H. 2, S. 147–166, DOI: https://doi.org/10.25969/mediarep/18332.

[25] Etwa in der *BRZ* 30 (1926). Das war zum Teil mit erheblichen Schwierigkeiten verbunden, weil die Empfangslizenzen der jeweiligen Länder beantragt und bezahlt werden mussten. Was die ›Hardware‹ anbelangt, so gab es – vermutlich nicht ganz leichte und auch nicht ganz billige – Radiokoffer.

26 In Anlehnung an Marcus S. Kleiner: Populär und Pop. In: Thomas Hecken, Marcus S. Kleiner (Hrsg.): Handbuch Popkultur. Stuttgart 2017, S. 246–251, hier S. 246.

27 Kleiner: Populär und Pop, S. 247.

28 So Richard Hamiltons bekannte Definition von Pop Art aus dem Jahr 1957. Zitiert nach Kleiner: Populär und Pop, S. 247.

29 S. Rainer E. Lotz: (Vox) Künstlerdiscographie, S. 64, URL: https://www.lotz-verlag.de/Vox-Kuenstlerdiscographie.pdf (zuletzt abgerufen am 25. 1. 2024); Hofmeisters Musikalisch-literarischer Monatsbericht über neue Musikalien, musikalische Schriften und Abbildungen 96,5 (Mai 1924), S. 71.

30 Nachhörbar unter URL: https://www.youtube.com/watch?v=wSbTif0iV3Y (zuletzt abgerufen am 25. 1. 2024).

31 Herbert Connor: Haben Schlager einen künstlerischen Wert? In: Die Musik 24 (1932), H. 10, S. 749 f.

32 Anne Seifert: Körper, Maschine, Tod. Zur symbolischen Artikulation in Kunst und Jugendkultur des 20. Jahrhunderts. Wiesbaden 2004, S. 240.

33 Cornelius Partsch: Schräge Töne: Jazz- und Unterhaltungsmusik in der Kultur der Weimarer Republik. Stuttgart/Weimar 2000, S. 8.

34 C. M. Craig: Shimmy. In: Franz Wolfgang Koebner (Hrsg.): Jazz und Shimmy. Brevier der neuesten Tänze. Berlin 1921, S. 58 f., hier S. 58.

35 Hans Siemsen: o. T. In: Koebner (Hrsg.): Jazz und Shimmy, S. 14–18, hier S. 18. Der Artikel erschien zuerst in der *Weltbühne*.

36 Ebd. – Die Vorstellung eines Shimmy-tanzenden, lächerlich zuckenden Kaisers ist ein Angriff auf eine traditionsreiche Bildpolitik, in der ›der Körper des Königs‹ als Repräsentation der (Staats-)Macht und als ein politischer sowie heiliger Körper inszeniert wird (vgl. Ernst Kantorowicz: Die zwei Körper des Königs. Eine Studie zur politischen Theologie des Mittelalters [1957]. Übers. v. Walter Theimer. Stuttgart 1992). Mit dem zuckenden Staatskörper löst sich die Fiktion der Macht auf. Vgl. Niklas Luhmann: Die Politik der Gesellschaft. Hrsg. v. André Kieserling. Frankfurt/Main 2002.

37 Partsch: Schräge Töne, S. 8.

38 Ebd.

39 R[obert] L. Leonard: Jazz – Shimmy – Steinach & Co. In: Koebner (Hrsg.): Jazz und Shimmy, S. 120–122, hier S. 120.

40 Frank Patalong: Tanzen wie 1920. Die Entdeckung des Hinternwackelns. In: Spiegel Geschichte (5. 2. 2020), URL: https://www.spiegel.de/geschichte/taenze-der-zwanzigerjahre-vom-shimmy-bis-zum-lindy-hop-a-ffac6d63-66e5-4cd9-8a62-6ba7e8d64cde (zuletzt abgerufen am 25. 1. 2024).

[41] Kurt Weill: Möglichkeiten absoluter Radiokunst [1925]. In: Ders.: Musik und Theater. Gesammelte Schriften. Hrsg. v. Stephen Hinton, Jürgen Schebera. Berlin 1990, S. 191–196. – Vgl. auch den Bericht von Frank Warschauer: Die Göttinger Tagung für Rundfunkmusik. In: Musikblätter des Anbruch. Monatsschrift für moderne Musik 10 (1928), H. 6, S. 212–215; Paul Hindemith: Neue Aufgaben [1929]. In: Ders.: Aufsätze, Vorträge, Reden. Hrsg. v. Giselher Schubert. Zürich, Mainz 1994, S. 34–37.

[42] Die Rezeption des Jazz erfolgte bei den Dadaisten aber schon vor dem Ersten Weltkrieg, und Richard Huelsenbeck, der mit seinen Trommel-Performances das Cabaret Voltaire aufmischte, erklärte den Züricher Dadaismus gar zur Geburtsstunde des Jazz. Dada und Jazz galten in Paris denn auch als Synonyme. S. Magnus Wieland: Wie klang Dada? URL: https://www.republik.ch/2022/02/17/wie-klang-dada (Einstelldatum: 17.2.2022, zuletzt abgerufen am 25.1.2024). Vgl. zudem Tobias Widmaier: Sin(n)copations: ein Kapitel Dada-Musik. In: Hermann Danuser, Tobias Plebuch (Hrsg.): Musik als Text. Kassel 1998, Bd. 2, S. 523–527.

[43] Paul Hindemith: Sämtliche Werke. Orchesterwerke 1916–1930, Bd. 2/1. Hrsg. v. Arnold Werner-Jensen. Mainz 1987, S. 286.

[44] Alfred Heuss: Der Foxtrott im Konzertsaal. In: Zeitschrift für Musik 90 (1923), H. 3, S. 54f. Zitat ebd. – Nicht nachgegangen werden kann hier den Verbindungen zum ›Schundkampf‹ des 19. Jahrhunderts. S. dazu Kaspar Maase: Die soziale Bewegung gegen Schundliteratur im deutschen Kaiserreich. Ein Kapitel aus der Geschichte der Volkserziehung. In: Internationales Archiv für Sozialgeschichte der deutschen Literatur 27 (2002), H. 2, S. 45–123.

[45] Vgl. Erika Funk-Hennigs, Johannes Jäger: Rassismus, Musik und Gewalt. Ursachen, Entwicklungen, Folgerungen. Münster 1996, S. 36.

[46] Alfred Döblin: Plus- und Minusempfindungen eines Hörers (30.8.1929). In: Ders.: Kleine Schriften. Bd. III. Hrsg. v. Anthony W. Riley. Zürich, Düsseldorf 1999, S. 187–190, hier S. 189. – Es ist eben diese Ästhetik des Umschaltens, die auch Döblins Roman *Berlin Alexanderplatz* (1929) entschieden mitgeprägt hat. S. Britta Herrmann: Der Sound von Berlin Alexanderplatz (Roman, Hörspiel). Aurale und akustische Lektüren. In: Klaus Schenk, Ingold Zeisberger (Hrsg.): Literarisches Hören. Geschichte, Vermittlung, Praxis. Kiel 2019, S. 36–68.

[47] Theodor W. Adorno: Über Jazz [1936]. In: Ders.: Gesammelte Schriften, Bd. 17. Hrsg. v. Rolf Tiedemann. Frankfurt/Main 1982, S. 74–100, hier S. 98.

[48] Leopoldi war später, wie auch Theodor Waldau, Fritz Grünbaum, Paul Morgan und Fritz Löhner-Beda, im KZ Buchenwald inhaftiert und komponierte dort das Buchenwaldlied zu einem Text Löhner-Bedas. Als einziger der genannten Künstler überlebte Leopoldi das KZ. Zum Buchenwaldlied s. Guido Fackler: Lied und Gesang im KZ. In: Lied und populäre Kultur / Song and Popular Culture. Jahrbuch des deutschen Volksliedarchivs 46 (2002), S. 141–198, hier S. 188–190.

[49] Nachzuhören unter der URL: https://www.youtube.com/watch?v=tVAHrq_ Y580. Der Text folgt inhaltlich der Wiedergabe aus Deutschlands Liederbuch, Bd. 1: Rundfunk-Schlager-Texte bei Karl Riha: Die schöne Adrienne hat eine Hochantenne (Fundstück Mediengeschichte). In: MEDIENwissenschaft: Rezensionen / Reviews 22 (2005), H. 4, S. 520–521, URL: https://mediarep.org/ bitstream/handle/doc/7910/MEDREZ_2005_4_520_Riha_.pdf?sequence=3 (beide zuletzt abgerufen am 25. 1. 2024).

[50] Carsten Lenk: Die Erscheinung des Rundfunks. Einführung und Nutzung eines neuen Mediums 1923–1932. Opladen 1997, S. 110.

[51] Ebd., S. 147.

[52] Ebd., S. 144. – In diesem Abschnitt beziehe ich mich auch über das Zitat hinausgehend auf Lenk.

[53] In der *BRZ* etwa findet sich wiederholt eine Werbung, in der ein beleibter, kahlköpfiger Mann mit einer schäumenden Maß Bier, Kopfhörern und ausgestreckten Beinen am Tisch vor seinem Detektorgerät sitzt – also quasi liegt, ohne zu liegen – und ein Schriftzug verspricht »ideale[n] Empfang mit Pschorr-Bräu«. Anschauen kann man sich diese Werbung auch als Bild 2 auf der Website des Historischen Archivs des Bayerischen Rundfunks unter der URL: https://www. br.de/unternehmen/inhalt/organisation/werbungdeutschestunde-100.html (eingestellt am 31. 3. 2014, zuletzt abgerufen am 25. 1. 2024).

[54] Moritz Baßler, Heinz Drügh: Einleitung: Konsumästhetik. In: Dies. (Hrsg.): Konsumästhetik. Umgang mit käuflichen Gegenständen. Bielefeld 2019, S. 9– 26, hier S. 21.

[55] Leslie A. Fiedler: Überquert die Grenze, schließt den Graben! Über die Postmoderne. In: Wolfgang Welsch (Hrsg.): Wege aus der Moderne. Schlüsseltexte der Postmoderne-Diskussion. Weinheim 1988, S. 57–74. – Zitiert wird hier der englische Originaltitel des Textes, der 1969 zunächst im *Playboy* erschien.

[56] Vgl. Anonym: Dienst am Hörer, S. 1: »Nicht für jeden ist der Begriff ›Unterhaltung‹ der gleiche. Und was der eine leichte Unterhaltungsmusik nennt, geht schon über das Auffassungsvermögen des andern. Bereits Haydn, Mozart, Wagner stehen auf dem Index vieler einfacher Hörer.« Zum Unterhaltungskonzept vgl. auch Stoffels: Kulturfaktor und Unterhaltungsrundfunk, S. 630 f.

[57] Benjamin: Gespräch mit Ernst Schoen, S. 519 f.

[58] Auch Reclam entdeckte dann das Geschäft: »Besorgen Sie sich rechtzeitig Reclam-Textbücher zu 40 Pf.«, mahnte der Verlag etwa im Werbeteil der *BRZ* vom 18. 3. 1928.

[59] Walter Benjamin: Zweierlei Volkstümlichkeit. Grundsätzliches zu einem Hörspiel. In: Ders.: Werke und Nachlaß, S. 527–530, hier S. 528. Zitat zuvor ebd.

[60] Walter Benjamin: Theater und Rundfunk. Zur gegenseitigen Kontrolle ihrer Erziehungsarbeit. In: Ders.: Werke und Nachlaß, S. 523–526, hier S. 526: »Der

Rundfunk, dem es ganz besonders obliegt, auf altes Bildungsgut zurückzugreifen, wird dies am förderlichsten gleichfalls in Bearbeitungen tun, die nicht allein der Technik, sondern auch den Anforderungen eines Publikums entsprechen, das Zeitgenosse seiner Technik ist.«

61 N. N.: Kritisches Allerlei. In: Der Deutsche Rundfunk 5 (1927), H. 43, S. 2968–2970, hier S. 2968.

62 Ebd.

63 Vgl. dazu auch Bertolt Brecht: Der Messingkauf. In: Ders.: Große kommentierte Berliner und Frankfurter Ausgabe, Bd. 22.2: Schriften 2 (1933–1942). Hrsg. v. Werner Hecht, Jan Knopf, Werner Mittenzwei und Klaus-Detlef Müller. Berlin, Weimer, Frankfurt/Main 1993, S. 695–869, hier S. 732.

64 So erläutert Brecht seine *Übungsstücke für Schauspieler*, zu denen auch die Mordszene aus *Macbeth* gehörte. Ebd., S. 830.

65 N. N.: Bühnenwerke im Berliner Sender. In: Der Deutsche Rundfunk 5 (1927), H. 11, S. 735 f., hier S. 735.

66 Ebd.

67 N. N.: Von den Kölner Mikrophonen. In: Der Deutsche Rundfunk 5 (1927), H. 29, S. 1989, Zitat ebd.

68 Ben Emm: Das Spiel im Senderaum. In: Der Deutsche Rundfunk 5 (1927), H. 13, S. 874, Zitat ebd.

69 N. N.: Von der Berliner Sendespielbühne. In: Der Deutsche Rundfunk 5 (1927), H. 13, S. 879 f., hier S. 880.

70 Benjamin: Theater und Rundfunk, S. 525.

71 N. N.: Bühnenwerke im Berliner Sender, S. 735.

72 Rudolf Leonhard: Die Situation des Hörspiels. In: Irmela Schneider (Hrsg.): Radio-Kultur in der Weimarer Republik. Eine Dokumentation. Tübingen 1984, S. 158–163, hier S. 162.

73 Ebd., S. 163.

74 Benjamin: Gespräche mit Ernst Schoen, S. 520.

75 Popularität findet sich so über das Merkmal ›gelesene Literatur‹ bestimmt. In jüngerer Zeit s. dazu Steffen Martus, Carlos Spoerhase (Hrsg.): Gelesene Literatur. Populäre Lektüre im Medienwandel. München 2018.

76 Walter Benjamin: Was die Deutschen lasen, während ihre Klassiker schrieben [1932]. In: Ders.: Werke und Nachlaß, S. 7–50, hier S. 44 f. – Das für den Rundfunk realisierte Original gilt als verschollen. Es gibt eine Neuinszenierung des SWR aus dem Jahr 1973 (R.: Peter Michael Ladiges) mit einem einleitenden Essay von Helmut Heißenbüttel, zu hören unter der URL.: https://archive.org/details/wasdiedeutschenlasenwaehrendihreklassikerschriebenwalterbenjamin1973 (zuletzt abgerufen am 25. 1. 2024).

77 Zur dreiteiligen stratifikatorischen Differenzierung der Bildungs- und literarischen Qualitätsschichten (hoch, mittel, niedrig/populär) s. auch Niels Werber: »Hohe« und »populäre« Literatur. Transformation und Disruption einer Unterscheidung. In: Jahrbuch der Schiller-Gesellschaft 65 (2021), S. 463–477, besonders S. 465–469.

78 Benjamin: Was die Deutschen lasen, S. 49.

79 Benjamin hat der Tyrannei der Minute und dem Regime der Sendeslots 1934 eine eigene Glosse gewidmet. S. Walter Benjamin: Auf die Minute [1934]. In: Ders.: Gesammelte Schriften. Hrsg. v. Rolf Tiedemann. Frankfurt/Main 1972, Bd. 4.2, S. 761–763.

80 Von – wenn auch noch seltenen – Beispielen der Verbindung, die verdeutlichen, dass die Grenze zwischen »Gebrauchsdramatik und der nicht mehr populären hohen Literatur« unbestimmt ist, spricht z. B. Eberhard Moes: Gebrauchsdramatik für den Rundfunk. In: Funk. Die Wochenschrift des Funkwesens 51 (1931), S. 406.

81 Benjamin: Zweierlei Volkstümlichkeit, S. 529.

82 Leopold Jessner: Rundfunk und Theater. In: Schneider (Hrsg.): Radio-Kultur in der Weimarer Republik, S. 163–170, hier S. 168.

83 Moes: Gebrauchsdramatik für den Rundfunk, S. 406.

84 Hinzuweisen ist etwa auf Hardts Goethe-Adaptationen, insbesondere sein *Faust II* (WERAG 22. 3. 1932, R.: Ernst Hardt) hat begeisterte Kritiken erhalten. S. Karl Karst: Ernst Hardt (1876–1947). In: Geschichte im Westen. Halbjahres-Zeitschrift für Landes- und Zeitgeschichte 1 (1992), S. 99–116, hier S. 113.

85 Kraus' Überarbeitung des Shakespeare-Dramas *Timon von Athen* (Berliner Funk-Stunde, 13. 11. 1930, R.: Karl Kraus) auf Basis der Übersetzung von Dorothea Tieck wurde kontrovers diskutiert. U. a. die von Kraus modernisierte Sprache bzw. »sprachliche Neuschöpfung« stand im Fokus, durch die Kraus sich übrigens berechtigt sah, das Stück als sein eigenes Werk zu betrachten. S. dazu auch Karl Kraus: Timons eigene Schrift. In: Die Fackel 33 (1932), H. 868, S. 101–104. – Die Rundfunkfassung hatte mit Karl Kraus in der Hauptrolle, Alfred Braun als Flavius und Ernst Ginsberg in der Rolle des Malers sowie eines Dieners eine illustre Sprecherbesetzung. S. Die Fackel 32 (1930), H. 845, S. 27.

86 Die Berliner Funk-Stunde sendete am 4. 12. 1931 eine Adaptation von Xenophons *Anabasis*, die – wie Ernst Glaser schrieb – Wolfgang Weyrauch und er in »freier Bearbeitung« zu den »Kräften und Strömungen unserer Zeit« in Bezug setzten, um die »*Masse* als Held« und »Massensolidarität« darzustellen. Ernst Glaser: Der Geist der Anabasis. In: Rufer und Hörer 1 (1932), H. 11, S. 517. – Später schrieb Weyrauch das Stück um und fügte es damit seinem Werk hinzu. Im Zentrum stand nun mit Xenophon das Individuum.

87 Alle Zitate stammen von Werner Milch: Das Hörspiel als Lehrstück. Ergeb-
    nisse und Forderungen. In: Rufer und Hörer 1 (1931), H. 3, S. 124–129, hier
    S. 128. – Den Hinweis auf diesen Text gab Christian Hörburger: Das Hörspiel
    der Weimarer Republik. Stuttgart 1975, S. 80 f.

88 Milch nennt zwei weitere Beispiele, die Christian Günther und Andreas Gry-
    phius zum Gegenstand haben. Ebd., S. 129.

89 Eberhard Moes: Ein offenes Wort zur Hörspiel-Erzeugung. In: Rufer und
    Hörer 1 (1932), H. 11, S. 496–501, hier S. 499. – Moes antwortete damit di-
    rekt auf Milch und sprach von »Raubbau an den höchsten Gütern der Mensch-
    heit zu unmoralischen Zwecken«. Ebd., S. 499. Auch diese Quelle hat Hörbur-
    ger ausgewertet. Moes wurde im März 1932, einen Monat nach Erscheinen
    des hier zitierten Artikels, Schriftleiter der nationalsozialistischen Rundfunk-
    zeitschrift *Der deutsche Sender*.

90 Helmut Kreuzer: Deutschsprachige Hörspiele 1924–1933. Elf Studien zu ihrer
    gattungsgeschichtlichen Differenzierung. Frankfurt/Main, Berlin, Bern u. a.
    2003, S. 71. – Zur Charakterisierung des Hörspiels s. dort S. 70–73. Zum Hör-
    spiel s. außerdem: Melanie Fohrmann: Aus dem Lautsprecher brüllte der Krieg:
    Ernst Johannsens Hörspiel »Brigadevermittlung«. Bielefeld 2004.

91 N. N.: Hinter den Kulissen des Funks. Hinter den Kulissen des Hörspiels »Bri-
    gadevermittlung«. In: Bayerische Radio-Zeitung und Bayern-Funk 45 (1929),
    S. 6–8, hier S. 7.

92 S. dazu auch Kaspar Maase: Populärkulturforschung. Eine Einführung. Biele-
    feld 2019. – Maase versteht Populärkultur dezidiert als »*Praxis im Feld ästheti-
    schen Produzierens, Erlebens und Genießens*«. Ebd., S. 10. ›Genossen‹ – also als
    lustvoll oder entspannend empfunden – wurden solche aufrührenden Werke
    aber wohl eher nicht.

93 Stoffels: Kulturfaktor und Unterhaltungsrundfunk, S. 636.

94 Vgl. hierzu schon die Kritik Hans von Heisters aus dem Jahr 1925: Mit dem
    auch anonyme Einsendungen berücksichtigenden Zuschriftensystem entstehe
    eine »falsche Öffentlichkeit«, man könne so die »ganze Bekanntschaft und Ver-
    wandtschaft in Bewegung setzen und die Sender mit begeisterten Zuschriften
    überschütten lassen.« Von Heister: Forderungen an den Rundfunk, S. 2414.

95 M. Felix Mendelssohn: Eine offene Antwort. In: Rufer und Hörer 2 (1932),
    H. 1, S. 32–35, hier S. 33.

Sabina Becker

Dramatik im Zeitalter der Masse und der Medien

Zu Ernst Tollers ›Kollektivstücken‹

*Mediengesellschaft im Zeitalter der Masse, Massengesellschaft
im Zeitalter der Medien*

Kurz nach seiner Haftentlassung aus der Gefängnisanstalt Niederschönen-
feld konzipierte Ernst Toller im Sommer 1924 ein Stück über die Novem-
berrevolution in der Großstadt Berlin: *Berlin 1919*, so der vorgesehene
Titel. Das Stück ist jedoch zugunsten der Arbeit an *Hoppla, wir leben!*, das
Toller zusammen mit Erwin Piscator ausarbeitete, Fragment geblieben.[1]
Obwohl das Unternehmen letztlich nicht zustande kam, stellt *Berlin 1919*
eine Vorstufe zum Drama *Hoppla, wir leben!* dar. Toller wollte es als ein
»Massendrama«[2] anlegen; alternativ hat er von einem »Kollektivdrama«[3]
gesprochen, das einerseits dem revolutionären Berlin eine Stimme verleihen
und andererseits die Erfahrungen der Masse mit der großstädtischen Welt
verbinden sollte.[4] Schon dieses Werk beabsichtigte Toller in Zusammen-
beit mit Piscator an der Berliner Volksbühne zu realisieren; jedenfalls war
es »für Piscator und die Volksbühne« verfasst.[5] Das Drama sollte das »seelische Chaos jener Tage«, der Revolutionstage in Berlin also, gestalten, aber
zugleich das »Maschinengestampf« wie auch die »Dynamik und Bewegung
des 20. Jahrhunderts spürbar werden lassen«.[6] Atmosphärisch versuchte
Toller, die politische und zugleich die städtische Masse dieser Zeit zu erfassen.[7] Entsprechend plante er, die dramatische Handlung mit filmischen
Aufnahmen aus dem Berliner Scheunenviertel zu erweitern. Oder anders
formuliert: ein »Massendrama«[8], das der Erfahrung der Masse, des Kol-
lektivismus und Urbanismus sowie der Notwendigkeit einer intermedialen Zusammenarbeit Rechnung trug. Gerade über diese Aspekte ist es eng
der Weimarer Kultur verbunden. Eine Fotografie von Sasha Stone hält die
kollektive Inszenierungsarbeit an der Aufführung von Tollers *Hoppla, wir
leben!* eindrücklich fest und dokumentiert so diese kulturelle Innovation
der 1920er Jahre (vgl. die Cover-Abbildung).
    Der Ort, an dem sich in den 1920er Jahren politische wie städtische
Masse und (Massen-)Medien treffen, war die Stadt. Entsprechend rebel-
lierte eine urbane Kultur gegen Traditionsgewissheiten und bis zur ›Ur-
katastrophe‹ des Krieges geltende Ideologeme, die das Kulturelle auf das

Seelenhaft-Irrationale und Individuelle, auf das Geistige und Emotionale wie auch auf das Singuläre und Einzigartige festgelegt hatten. Über diese Akzentverschiebungen wurden sowohl der Grundstein für die Neue Sachlichkeit bzw. rationale Sachlichkeitskultur der 1920er Jahre als auch die Basis für eine massenmediale Populärkultur gelegt – an beiden Entwicklungen partizipierte der im Expressionismus sozialisierte Autor Ernst Toller, auch wenn er in der Weimarer Republik zumindest in den Anfangsjahren an einigen sprachlich-stilistischen Eigenheiten und inhaltlichen Gewissheiten der Moderneströmung der Vorkriegszeit festhielt.[9] Zwar war er kein begeisterter Befürworter einer Massenkultur, doch er interessierte und engagierte sich für das Kino, war Kinogänger, man kennt ihn zudem als aufmerksamen Beobachter und Nutzer des Rundfunks, sei es als Hörer, sei es als Hörspielautor und Gesprächspartner im Radio, wo er ein häufiger Gast war[10] – u. a. stritt er mit dem rechtsnationalen Journalisten und Feuilletonredakteur der *Deutschen Zeitung* Alfred Mühr über das politische Theater Erwin Piscators – Mühr prägte 1927 in einem Artikel über Piscators Inszenierung von Ehm Welks *Gewitter über Gotland* den Begriff des ›Kulturbolschewismus‹.[11] Mit Blick auf diese Aufgeschlossenheit den populären Kulturen und Medien gegenüber kann es kaum erstaunen, dass Toller den Kollektivgedanken seinen poetologischen Ideen zugrunde legte und überdies den unterhaltenden, konsumtiven Charakter von Kultur nicht ignorierte. Diese Überzeugungen brachten ihn zu experimentellen Ansätzen einer massentauglichen Theaterkultur, auch ungeachtet seiner expressionistischen Prägung und seines (partei-)politischen Literaturverständnisses.[12]

Aus letzteren resultierten vermutlich jene Differenzen, die Toller mit einem der wichtigsten Bühnenregisseure dieser Jahre und auch seiner Stücke, mit Erwin Piscator austrug.[13] Und vermutlich auch das über Jahre die Forschung bestimmende Urteil, Toller habe ein z. T. konventionelles Stück, Piscator indes eine revolutionäre Inszenierung geliefert.[14] Doch diese Einschätzung blendet aus, dass Tollers Dramenästhetik Grundkonstellationen der Weimarer Gesellschaft und Kultur reflektierte, vor allem das Erleben der Masse und die Präsenz und Effektivität der (populären) Medien.

In der Mediengesellschaft von Weimar kam es zu einem Autoritätsverlust der Autor/-innen, partiell vielleicht auch zu ihrer gesellschaftlichen und ökonomischen Deklassierung. Die Medienkonkurrenz führte bei vielen zur Bereitschaft, Literatur im technisch-industriellen Umfeld und Autorschaft mit Blick auf mediale Öffentlichkeit und Präsenz zu reflektieren, auch bei Toller. In der Folge waren die sich wandelnden produktions- und rezeptionsästhetischen Rahmenbedingungen von Literatur in einer Kommunikations- und Informationsgesellschaft, die nicht mehr die bürgerliche Elite, sondern vornehmlich die Masse der Konsument/-innen im Auge hatte, Ausgangspunkt von Verschiebungen, z. B. hin zur Praxis der Gebrauchsliteraten sowie der künstlerischen Teamarbeit, etwa im Umfeld Piscators oder Bertolt Brechts. Toller klagte zwar Anfang der 1930er Jahre über die Übermacht der dramaturgischen Aspekte im Zuge der Aufführung seiner Stücke und distanzierte sich von Piscators Inszenierung von *Hoppla, wir leben!*: »Ich bedaure heute, dass ich, von einer Zeitmode befangen, die Architektonik des ursprünglichen Werkes zugunsten der Architektonik der Regie zerbrach«[15], resümierte er rückblickend. Letztlich wirkte er als film- und rundfunkaffiner Dramatiker mit Ambitionen zu eigener Regiearbeit allerdings initiatorisch. Tollers erstes Stummfilmdrehbuch *Der Friseur* stammt aus dem Jahr 1924/25, vermutlich handelt es sich um die filmische Adaption seiner Komödie *Der entfesselte Wotan* von 1923.[16] Auch als Hörspielautor konnte er mit Blick auf die avantgardistische Aufführungspraxis der 1920er Jahre und der Piscators im Speziellen Akzente setzen. Zumal Toller Drama und Rundfunk, Schauspiel und Hörspiel konsequent in Bezug zueinander setzte.

Entsprechend sind – auch wenn viele seiner Arbeiten in Zusammenarbeit mit dem einflussreichen Theaterregisseur entstanden – Tollers Verdienste um eine intermediale Dramatik nochmals eigens hervorzuheben.[17] Zum einen öffnete er das Drama neuen populären Bühnen- und Theaterpräsentationen, beispielsweise der Revue gegenüber; zum anderen nutzte Toller von vornherein im dramatischen Text das filmische Medium ästhetisch, integrierte ferner sowohl inhaltlich als auch performativ das Radio. Mit *Der entfesselte Wotan* griff Toller 1923 im Jahr der Erfindung des Rundfunks bereits die sich wandelnden Verhältnisse in einer Mediengesellschaft auf. Sein Interesse ist umso erstaunlicher, als er diesen Wandel nur aus der Isolation heraus mitverfolgen konnte, sein Wissen bezog er über die Presse, über zahlreiche Zeitungsberichte neuer Inszenierungen und Formen der Aufführung. In der Folge war er sich über die »zunehmende Medialisierung auch der Theaterbühne der jungen Republik«[18] durchaus im Klaren.

Drama und Film, das Schauspiel als Lichtspiel

Seit den späten 1910er Jahren präzisierte Toller seine Vorstellungen zur Literarisierung und Inszenierung von Masse und Massen im Dramentext und auf der Bühne.[19] Der Parallelisierung von Drama und Film kommt hierbei eine zentrale Rolle zu, vor *Berlin 1919* bereits erstmals in *Masse – Mensch* von 1921, danach vor allem 1927 in *Hoppla, wir leben!* Die Räume und Möglichkeiten von Dramatik und Inszenierung werden durch die Ver-

zahnung von Drama und Film, von Schauspiel und Lichtspiel erweitert –
durch die Verbindung zweier Medien und Genres also, für die er ohnehin
eine ›Verwandtschaft‹ annahm: »Ich glaube dass gerade wir jüngeren Dramatiker, die vornehmlich versuchen, Zeitgeschehen zu formen, befähigt
wären, Filme zu schreiben, die künstlerisch wertvoll sind *und* das Publikum
fesseln«, hielt Toller 1929 im Artikel *Die Auftraggeber fehlen* fest.[20] In einem
Beitrag für die Zeitschrift *Die Volksbühne* skizzierte er sein Vorhaben. Es sei
ihm bei *Berlin 1919* darum gegangen,

> eine neue Form für ein Kollektivdrama zu finden, da ich glaube, daß mit den üblichen
> Mitteln dramatischer Formung inneres Gesicht und äußere Atmosphäre, Auf und Ab
> einer großen modernen Massenbewegung nicht gestaltet werden kann. Was beispiels-
> weise der Film dem Drama voraus hat, die Möglichkeit, Geschehnisse, die innigsten
> Kontakte geben, fast gleichzeitig zu zeigen, muß auch das neue Massendrama können.
> [...] Das innere Tempo und die Vielfältigkeit der Handlung sind Elemente, die der Zu-
> schauer als gebundene Ganzheit aufnehmen muß.[21]

Vielen seiner Äußerungen lässt sich entnehmen, dass Toller das Potential des
Films als Instrument der politischen Aufklärung und Propaganda zu nutzen
beabsichtigte.[22] Zugleich aber benannte er wiederholt, auch in oben zitier-
ter Überlegung, die ästhetischen Eigenheiten und Vorteile der filmischen
Technik, insbesondere die Möglichkeit, eine »Vielfältigkeit der Handlung«
darzustellen ebenso wie die der Verzahnung von informativem Schreiben
und Massenunterhaltung.[23] Nur wenige Szenen des *Berlin*-Stücks wurden
fertiggestellt, sie spielen in der Großstadt und in großstädtischen öffentlichen Räumen, u. a. »Am Alexanderplatz«, in der »Untergrundbahnstation
Friedrichstrasse«, im Berliner »Edenhotel«, aber auch auf der Straße »vor
einem Milchladen im Berliner Norden«.[24] Um die Phänomene Großstadt/
Urbanität und Masse adäquat einfangen zu können, plante Toller wie erwähnt Kurzfilme als Bestandteile des Dramas. Masse und Medien wurden
also gleichermaßen berücksichtigt, mediale Aspekte einbezogen, und die
filmische Technik war hinsichtlich zweier wichtiger Dimensionen durch-
dacht: Filmeinspielungen waren vorgesehen, zwei der Szenen wollte Toller
mit kurzen Filmsequenzen einleiten: eine spielt in den Räumen eines anderen Massenmediums, im »Maschinensaal einer Zeitung«[25]; die Szene in
einer Berliner »Arbeiterwohnung« sollte mit einem »Film: Demonstration
der Arbeiter«[26] eröffnet, der Film im Drama mithin als Medium der politischen Aufklärung genutzt werden.

Allerdings setzt die Parallelisierung von Massenmedium oder »Kollek-
tivspiel«[27] Kino, wie Toller es nannte, und Arbeiterschaft überdies paradigmatische Massenphänomene in Bezug zueinander. Die filmischen Auf-

nahmen können die gezeigten Bühnenszenen sowohl im Räumlichen als auch im Zeitlichen erweitern und so über die Bühnenpräsentation hinaus politische und städtische Dynamik simulieren; verfügt der Film doch mit Montage- und Schnitttechnik, Simultandarstellung, Parallelisierung und Dynamisierung des Geschehens sowie der Szenenfolge über Mittel, die Eigenheiten städtischer Erfahrung adäquat wiederzugeben. Diese Analogie von filmischer Ästhetik und städtischer Wahrnehmung war in den 1920er Jahren die Basis für die Weiterentwicklung einer filmischen Schreibweise.

Von dieser Intention zeugt auch Tollers 1930 entstandenes Hörspiel *Berlin, letzte Ausgabe.*[28] Es reflektiert das Zeitungsmedium, hier unter dem Aspekt der steten Präsenz und des Aktualitätsanspruchs der Printpresse, die viele Zeitungen in den 1920er Jahren durch drei, einige sogar mit bis zu vier Ausgaben pro Tag sicherstellen wollten. Die 1927 gegründete Berliner »Abend-Zeitung« *Tempo. Magazin für Fortschritt und Kultur* versuchte diesen Wandel bereits im Titel deutlich zu machen. Die Dichte neuer Nachrichten war hoch, die Zirkulation der Neuigkeiten schneller und präsenter. Zumal seit 1923 mit dem Radio ein neues technisches Medium erfunden war, das die mediale Sphäre erweiterte. Toller hat diesen Aufschwung der Medien, deren stete Präsenz im städtischen Raum und ihren Status als Taktgeber der gesellschaftlichen Öffentlichkeit aufmerksam verfolgt und vor allem in seinem Drama *Hoppla, wir leben!* reflektiert. Die ›schnellen‹ und ›offenen‹ Medien Zeitung und Radio haben hier längst Einzug gehalten in die eher geschlossene Welt der Dramatik, der Rhythmus des Dramas ist der Takt der »letzten Meldungen«.[29]

Bereits in *Der entfesselte Wotan* von 1923 findet sich der Hinweis, dass eine Szene »[m]öglichst als Film« auf der Bühne zu präsentieren sei. Tollers Zusatz, dass das Bühnengeschehen »vorbeigleiten[d]«[30] dargestellt werden soll, lässt den Rückschluss auf seine Beweggründe zu: Die dynamisch-fluktuierende Qualität des Films und die raffende Darstellungsweise waren wichtige Kriterien für die Durchsetzungskraft dieses Mediums. Entsprachen das bewegte Schauen und dynamische Sehen doch weitaus mehr den Wahrnehmungsbedingungen und Gewohnheiten der Menschen als der starre Blick auf das statische Bild der Theaterbühne. Toller hat von der »sinnliche[n] augenfällige[n] Wirkung«[31] des Films gesprochen – letzterer führt in seinem Werk dennoch nach wie vor »ein Schattendasein«.[32] Früh problematisierte Toller die politische Bedeutung von Rundfunk und Film, einschließlich der Möglichkeit ihrer (politischen) Instrumentalisierung sowie der Machtfülle dieser (technischen) Massenmedien.[33] Neben solchen medienkritischen Ansätzen stehen seine Überlegungen zu Chancen einer gesellschaftlichen Aufklärung (etwa im Artikel *Wer schafft den deutschen Re-*

volutionsfilm von 1929[34]) und künstlerischen Reflexion der Masse.[35] Ist der erstgenannte Aspekt vielfach benannt, so hat sein Beitrag zu einer massentheoretischen Ausdeutung von Film und Radio wenig Resonanz gefunden, ebenso wenig seine damit einhergehende Idee, beide Medien als Massenmedien und Medien der Masse für eine innovative Dramatik zu nutzen.

Masse im Drama, Dramatik der Masse

Den kulturphilosophischen Schriften dieser Zeit ebenso wie dem kulturellen, vornehmlich dem literarischen Diskurs lässt sich entnehmen, dass es erstmalig eine positive Einstellung gegenüber der Masse gab.[36] Und dies nicht nur im Umfeld proletarischer Massenbewegungen, sondern auch im Kreis einer politischen Literatur und unter politisch ausgerichteten Autor/-innen wie Toller. Hatte sich der Film in seinen Entstehungsjahren als Arbeiterkino oder, wie Alfred Döblin 1909 schrieb, als »Theater der kleinen Leute«[37] etabliert, so entwickelte er sich seit den 1910er Jahren und dann vor allem in Zeiten der Weimarer Republik zur »echten Volksunterhaltung der Masse des Volkes«.[38] Was das bedeutete, kann ein Blick auf die Zahlen präzisieren: In den 1920er Jahren strömten mehr als 2.000.000 Menschen pro Tag in die Kinos[39], was als eine Erfahrung des demokratischen Massenzeitalters gewertet werden darf. In ihm war Kultur als Massenartikel, ja sogar als Massenware verfügbar. Politisch argumentierenden oder der Arbeiterbewegung nahestehenden Autor/-innen (wie Toller) kamen solche Verschiebungen entgegen. Resultat war eine Massenkultur, die Elemente wie Unterhaltung, Zerstreuung, Amüsement zuließ und zunehmend im öffentlichen Raum präsent war, zumal sie sich in illustrierten Zeitungen, Werbeinseraten und -plakaten und letztlich in Film und Fotografie zeigte.

Auch Literatur konnte sich diesem Trend hin zu einer Unterhaltungskultur, die weder einen Genuss- noch einen Gebrauchscharakter negierte, kaum entziehen – eine für Toller durchaus paradigmatische Haltung.[40] In der Folge reagierten Autor/-innen auf die mediale Konkurrenz, diese erzwang geradezu eine Öffnung hin zu breiteren Leserschichten und Rezipientenkreisen. Zwar war das Publikumsinteresse an den Theaterhäusern nach dem Krieg hoch, die Bühnen waren gefragt; gleichwohl entstand eine intermediale Wettbewerbslage, die gerade für die Theater spürbar wurde, sahen sich diese doch mit Blick auf Schauspiel, Bühneninszenierung und Dramaturgie mit neuen Kunstformen und neuen visuellen Medien konfrontiert – insbesondere zu Anfang der 1930er Jahre mit der Erfindung des Tonfilms, aber schon zu Beginn des Weimarer Jahrzehnts sprachen mit

Stummfilm, Kabarett, Revue und Varieté alternative Bühnen ein breiteres Publikum an.[41] Nicht zu vergessen die Agitpropbühnen und linken Politrevuen, an deren Konzeption und Etablierung Toller jenseits seiner Eingebundenheit in die expressionistische Bewegung maßgeblich beteiligt war. Diese kulturelle Diversifizierung dürfte letztlich auch das öffentlich und poetologisch begründete Interesse von Autor/-innen an Massenveranstaltungen wie dem Sechstagerennen oder dem Boxkampf begründet haben – beide Sportarten werden in *Hoppla, wir leben!* als beliebte Freizeitbeschäftigung zusammen mit Kino und Rundfunk genannt[42]: der legendäre australische Radrennfahrer Reggie McNamara ist durch die Radioübertragung eines Wettkampfs präsent.[43]

Mit *Masse – Mensch* machte Toller letztlich den Auftakt zur literarischen Verarbeitung der Masse auf der Bühne und im Drama, wenngleich es 1919 in der provisorischen Festungshaft Eichstätt und damit in einer der Massenerfahrung völlig konträren Situation entstanden war. Tollers Interesse und thematischer Ansatz war die Vereinbarkeit von Masse und Individuum, insofern vermochte er gleich zu Beginn des Jahrzehnts im Umgang mit dem Phänomen und Sujet Masse neue Akzente zu setzen.[44] Dabei ist sein Begriff von Masse hinsichtlich ihrer Verführbarkeit auch negativ konnotiert, zumal er sie mit Eigenschaften wie Gewaltbereitschaft, Unentschlossenheit und Antiintellektualismus ausstattet (weil »ewig eingekeilt / In Schluchten steiler Häuser«) und zudem mit expressionistischem Gestus, z. T. auch Pathos, gegen die »ewige Menschheit«[45] und das ›starke‹ Individuelle in Stellung zu bringen sucht. Die Wendung in ein positives Verständnis erfolgt allerdings, wenn er – ähnlich wie Brecht oder Döblin (in *Die drei Sprünge des Wanglun* [1915] und in *Wadzeks Kampf mit der Dampfturbine* [1918]) – die Masse als zentrale Erfahrung der Moderne akzeptiert und zugleich als politisches Kollektiv denkt. Entsprechend konstruiert Toller nicht ausschließlich einen Gegensatz zwischen Masse/Kollektiv und Mensch/Individuum; vielmehr will er den Massenmenschen mit dem Individuum ›versöhnen‹ und umgekehrt eine naheliegende Zusammenführung beider Lebensformen erreichen, da politischer Kampf und politisches Handeln ihm zufolge vor allem in der Masse effektiv wirken.[46] Entsprechend lautet der Titel des Dramas mit der zweiten Auflage im Jahr 1922 bekanntlich *Masse – Mensch*, also weder »Masse Mensch« noch »Massenmensch«.[47] Die Masse agiert auf der Bühne, d. h. die »Masse im Saal« wird als Akteur eingesetzt; neben ihr treten die »Gruppe[n] junger Arbeiterinnen« und »Arbeiter« oder die der »Landarbeiter«[48] auf, auch sie also nicht als Einzelfiguren, sondern im Kollektiv. Kommt es zu Einzelaktionen oder -handlungen, so werden diese von der »Frau« oder von »Namenlose[n]« vorangetrieben. Die Masse wird keineswegs nur gegen die Einzelpersonen ausgespielt, zumal sie ohnehin in expressionistischer Manier und konventionellen Argumentationen folgend zum Phänomen der »Gemeinschaft« statt zur pluralistischen Gesellschaft in Bezug gesetzt ist.[49] Stattdessen soll »Masse [...] Volk in Liebe sein. Masse soll Gemeinschaft sein«[50], heißt es im »Fünfte[n] Bild«. Und umgekehrt vermag keine der agierenden Personen jenseits der Masse politische Aktivität und Erfolge zu initiieren: »Masse ist Tat!« oder: »Du ... bist ... Masse / Du ... bist ... Recht.«[51] »Die Masse gilt«[52], heißt es wiederum im »Vierte[n] Bild«, im partiell dem expressionistischen Darstellungsrepertoire des Visionären verhafteten »Traumbild«.[53]

Die Szene oder, wie Toller zumeist schreibt, das »Bild«[54] verzichtet – der Praxis der politischen Massenfestspiele vergleichbar – fast gänzlich auf schauspielerische Handlung, stattdessen nimmt sie die Rezitationsbühne des proletarischen Theaters vorweg und gibt dabei das personengebundene Schauspiel über weite Passagen preis: diese Reduktion könnte das Interesse Piscators geweckt haben.[55] Rede und Gegenrede oder ein kommunikationsbezogener Dialog fehlen hier weitgehend. Der »Tanz der Lust« und der »Totentanz«[56] ersetzen die Handlung. Die Darstellung der Masse lässt das traditionelle Sprechtheater nicht mehr zu, was gleich zu Anfang durch den Untertitel signalisiert wird, lapidar nennt Toller sein Drama ein »Stück«. Er engagierte sich bekanntlich früh bei den proletarischen Bühnen und Gewerkschaftsfesten, beispielsweise steuerte er für die proletarischen Massenfestspiele in Leipzig in den Jahren zwischen 1920 und 1924 einige Szenen bei.[57] In diesen politischen Bühnenspielen war – die Bezeichnung verweist darauf – die Masse eine feste Konstante, und zwar als politische Kraft, aber auch als eine neue anthropologische Erfahrung, die es ästhetisch zu reflektieren galt. Ein wichtiges Mittel war der Verzicht auf Dialogpassagen und auf eine lineare Handlungsstruktur zugunsten, so Tollers Formulierung, »choreographierter Abläufe in der Menge«[58], in denen die Fokussierung von Einzelpersonen irrelevant war – ein Vorgehen, das auch Tollers Dramen jener Jahre charakterisiert. Die Spiele kennen keine Einzelfiguren oder Individuen, die handelnde Figur ist das Kollektiv. Entsprechend sind ihnen subjektive Gefühle oder Gedanken, Persönliches und Individuelles fremd. Politische Erkenntnisse und Aussagen interessieren, gesellschaftliche Zusammenhänge und historische Verbindungen werden hergestellt. Erstere tragen die Massenchöre vor, »chorische Formen der Rede«[59] dominieren mit ihrer Aufgabe, die Distanz zwischen Spieler und Zuschauenden abzubauen oder sie gar in einem Kollektiv zu vereinen.

Toller hat in seinem Aufsatz *Zur Revolution der Bühne* aus den Jahren 1923 und 1924 diesen spezifischen Stil der Aufführung auch für die tradi-

tionelle Schaubühne angemahnt, mithin zentrale Ideen der Theateravant-
garde, wie sie beispielsweise 1926/27 Walter Gropius in Absprache mit
Erwin Piscator in einer Drehbühne oder, wie er es nannte, einem »Totaltheater«[60] entwarf, bereits perspektiviert. Ausgangspunkt ist eben die
Forderung nach einer Einheit von Schauspieler und Publikum, die in diesen Jahren auch bei Brecht in Zusammenhang mit der Beschreibung eines
›Epischen Theaters‹ auftaucht und wie sie anlässlich von Tollers, Brechts
oder Döblins Überlegungen zum Rundfunk konkretisiert wurde. Auch in
ihnen ging es um die Überwindung der Distanz zwischen Sprecher und
Hörer.[61] Toller sah gerade in der Aufhebung von Grenzen zwischen Büh-
nen- und Zuschauerraum, mithin in der Einheit von Akteuren und Publikum die *Revolution der Bühne* vorbereitet: »[...] die Gemeinsamkeit der
Idee, das beziehungsträchtige Mit-Einander von Hörern und Spielern, die
glühende Einheit aller Wirkenden« waren ihm zufolge zentrale Schritte hin
zu einer Aktualisierung der zeitgenössischen Dramatik und Bühnenkunst:
»Wirkende sind die Spieler ebenso wie die Hörer!«[62], lautete sein Resümee.
In *Die Maschinenstürmer* hat Toller diese Idee umgesetzt. Der Rezensent
der Wiener *Arbeiter-Zeitung* etwa hob die in Tollers Drama angelegte Neuerung hervor, die »Bühne und Zuschauerraum [zu] vereinen«.[63] Unbestritten war diese Beobachtung politisch motiviert, das revolutionäre Anliegen
sollte die Kluft zwischen Spiel und Rezeption, zwischen Produzent und
Rezipient aufheben, da das Drama ein »Zusammengehörigkeitsgefühl« pro-
voziere (»Es geht um dich!«[64], bemerkte der Kritiker eigens). Doch zugleich
ist mit diesem Hinweis die ›epische‹ Idee von Tollers Stück benannt, mit
der die konventionelle Dramenform aufgebrochen wird. Diese Entgren-
zung zeichnete sich bereits in *Masse – Mensch* ab, wenn es dort heißt: »Der
Namenlose verläßt die Tribüne, taucht in der Masse im Saal unter. Von
draußen dringen Arbeiter ein.«[65]

Indem Toller die Masse der ›Namenlosen‹ als Kontrahenten zum individuellen ›neuen Menschen‹ erfasste, gelang ihm eine der Masse adäquate
Präsentation auf der Bühne und Integration in das dramatische Geschehen.[66] Dass dieses Ziel nicht ohne ein Abrücken von der konventionellen Sprechbühne zu realisieren war, erklärt sich neben Tollers Vorsatz, ein
Ideendrama mit wenig Handlungskontinuum oder Geschehensablauf zu
schreiben, aus dem spezifischen Wesen der Masse. Was vielfach als fehlende künstlerische Gestaltung und ›Prinzipientheater‹[67] ohne individuelle
Charaktere kritisiert wurde – vielen Kritikern, unter ihnen auch Döblin,
erschienen die ›dramatis personae‹ bereits in den 1920er Jahren als »Denk-
figurinen, Mannequins für Ideen«[68] – dürfte eher dem Versuch geschuldet
sein, Masse ästhetisch zu reflektieren und darstellbar zu machen.[69] Die-

ses Ziel ließ kaum Raum für die subjektive Formung von »Einzelpersonen und ihre[r] sogenannten Schicksale«[70] – so eine Redewendung Alfred Döblins, bezogen auf seinen die Menschenmasse thematisierenden Roman *Berge Meere und Giganten* von 1924; sie werden weder über die sprachliche Ausdifferenzierung noch durch die dialogische Charakterisierung profiliert. Zwar ist »Sonja Irene L.«, die durchgehend anonymisiert als die »Frau« bezeichnet wird, in fast alle Bilder involviert, auch dürfte sie den Anteil »Mensch« verkörpern. Dennoch bleibt auch sie im Namen der Masse namenlos oder zumindest typisiert.

Mit dieser im Kern gegen die schauspielerische Ausrichtung der Bühne gewendeten Figurenzeichnung antizipierte Toller eine neusachliche, der Massenerfahrung geschuldete Prämisse: die Wendung gegen Individualität und Individualismus ebenso wie die Abkehr von der Psychologisierung der Figuren. Zugleich wird eine zentrale Maxime der naturalistischen Dramatik relativiert, wenn die Milieuschilderung und Verortung der handelnden Personen in ein soziales Umfeld allein mit dem Hinweis auf die Industriebetriebe und Städte eingelöst sind. Darüber rückte Toller zugleich vom expressionistischen Wandlungs- oder Stationendrama ab, das die psychologisierende Darstellung der handelnden Person zwingend benötigte.[71]

An die Stelle dieser in der Geschichte und Ästhetik des Dramas zentralen Komponente tritt wie gesagt die Masse, sie nimmt die Rolle des traditionellen Helden oder der Heldin ein: Im »Fünfte[n] Bild« wird die Masse eindrücklich auf der Bühne dargestellt, sie ist zusammengedrängt, einzelne Individuen sind in ihr fast kaum mehr zu erkennen. Selbstredend braucht eine solche Szene die visuelle Gestaltung und Vergegenwärtigung, sie ist naturgemäß kaum über die sprachliche Schilderung zu evozieren, auch die schauspielerisch-performative Darstellung muss in dieser Passage auf die optische Wirkung setzen. Carl von Ossietzkys Urteil kann verdeutlichen, dass dies in Jürgen Fehlings Inszenierung an der Berliner Volksbühne im September 1921 offenbar gelang. Er benannte in seiner Rezension die Bildgewalt des Aufzugs, »die gewaltige ineinander verkrampfte und verkrallte Masse des fünften Bildes war etwas, was sich ins Bewußtsein einhämmerte [...]«.[72]

Unbestreitbar folgte Toller in einigen Punkten Gustave Le Bons konservativem Modell der Masse, aber letztlich ging er weit über die Vorstellungen des französischen Sozialpsychologen hinaus. Vor allem, weil ihm an einer Verzahnung, wenn nicht gar Aussöhnung von Masse und Individuum gelegen war. So ist zwar an einer Stelle die Masse mit der bis zu diesem Zeitpunkt gängigen Begrifflichkeit der Flut, der »gewaltigen Flut«[73] erfasst, mithin über eine Naturmetapher, die letztlich auch eine Nichtkontrollier-

Abb. 1: Szenenfoto aus der Inszenierung von Ernst Tollers ›Masse Mensch‹, Regie: Jürgen Fehling, Berliner Volksbühne, 29. September 1921.[74]

barkeit und Unberechenbarkeit der Masse nahelegt. Doch diese Terminologie findet im Drama nicht durchgehend Anwendung, insbesondere über die Annäherung der Frau an die Masse konnte Toller die einseitige Festlegung umgehen. Und nicht zuletzt dadurch, dass in seinem Stück zahlreiche Positionen und Deutungen der Masse zusammengetragen werden.[75] Daher hielt Döblin zwar zu Recht fest, dass das dem expressionistischen Vokabular verbundene Wort »Mensch« »das häufigste [...] des Stückes«[76] sei; doch letzten Endes war diese Wiederholung dem Ziel geschuldet, das Verhältnis von Mensch und Masse neu zu diskutieren. Das Stück führt einen »Massediskurs«[77], ohne die unterschiedlichen Positionen aufzulösen oder in einer einzigen Position aufgehen zu lassen. Damit konnte Toller zweifelsohne neue Akzente setzen, hatten sich die bis dahin vorgelegten Schriften und Auseinandersetzungen mit dem Akteur Masse doch weniger um einen Ausgleich zwischen beiden anthropologischen Zuständen bemüht. Tollers Vorhaben hingegen mündet in dem von Gustav Landauer angeregten Credo »Mensch in Masse befreien, Gemeinschaft in Masse befreien«.[78] Es ist von expressionistischem Denken motiviert, aber es erweitert dieses in entscheidenden Punkten.

Film im Drama

Die Reflexion der Masse als Bestandteil der Moderne und des modernen Theaters sollte eine Konstante in Tollers dramatischem Schaffen bleiben. Ein in der Haft und entsprechend in einem statischen Zustand festgesetzter Autor reflektierte die veränderten Lebens- und Erfahrungsbedingungen des beginnenden Massenzeitalters unter ästhetischen Gesichtspunkten, einschließlich der wachsenden Dominanz des filmischen Mediums. Wie erwähnt wollte Toller in seine Arbeiten jener Jahre Filmsequenzen einbeziehen, für die Inszenierung der *Maschinenstürmer* (1923) gibt er z. B. den Hinweis: »Das Leben in den Elendsvierteln der Großstadt« sei über kurze Dokumentaraufnahmen auf der Bühne präsent zu machen und in Kontrast zu filmischen Einlagen über den »Giertanz der Schieber und Kriegsgewinnler«[79] zu setzen. Dieses ebenfalls während der Haft entstandene Stück – die Uraufführung fand im Juni 1923 im Wiener Komödienhaus statt – diskutiert wiederum den Konflikt zwischen Masse und Individuum, darüber hinaus das Verhältnis von proletarischer Masse und Technisierung der Arbeit, die die Maschinen-Arbeiter in ihrer Existenz bedroht.

Schon *Masse – Mensch* variiert die klassische Dramenästhetik und -struktur sowohl im Aufbau (Verzicht auf Handlungsentwicklung, Figurenrepertoire, Exposition, Peripetie und Katastrophe) als auch unter dem Aspekt des Intermedialen: Zum einen kommen Tanz, Musik, Songs und eine filmische Ästhetik zum Einsatz, die Dynamik des Films prägt den Rhythmus des Textes und der Handlung; zum anderen werden die Akte und Szenen durch »Bilder« ersetzt und somit eine Visualisierung des Geschehens angeregt, die die Analogie zum Film zu stärken sucht und die filmische Bilderschau assoziieren lässt.[80] War ein Kritiker wie Rudolf Arnheim der Ansicht, Tonfilme seien nichts anderes als ›schlecht abgefilmtes Theater‹[81], so wählte Toller einen intermedialen Zugang: Er ging von einer Nähe von Drama und Film aus, legte in der Folge seine dramatischen Arbeiten filmisch an[82], verfasste, um es mit den Worten Rudolf Braunes zu formulieren, »gekurbelte Theatervorstellungen«.[83]

Die Kinoqualität derselben wird also primär nicht über die Technisierung der Inszenierung realisiert, sondern über die Applikation einer filmischen Ästhetik auf den Dramentext. U. a. forcieren etwa die Regieanweisungen in *Masse – Mensch*, die Ausstattung der Räumlichkeiten betreffend, die Integration des Filmischen und Visuellen: »An getünchten Wänden Kriegervereinsbilder und Porträts von Heroen der Masse. In der Mitte ein klotziger Tisch, um den eine Frau und die Arbeiter sitzen.«[84] Fast alle »Bilder« werden mit filmischer Technik beendet: »Die Bühne verdunkelt sich«[85], lautet Tollers Anweisung für die Regiearbeit, die die Abblendtechnik der Kamera nutzt und bei adäquater Umsetzung die Nähe zum Kino herzustellen vermag.[86] Zumal Licht und Schatten, Helligkeit und Dunkelheit als dramaturgische Mittel eingesetzt werden, der Massenchor, über den die Massenthematik im Drama präsent ist, wird als agierender Part auf der Bühne oft im Dunkeln oder im Hintergrund in Szene gesetzt: »Massenchöre (*wie aus der Ferne*). [...]. *Die Bühne erhellt sich. Großer Saal.*«[87] Im fünften »Bild« finden diese spezifische Bühnenbeleuchtung und Lichttechnik ihre Fortsetzung, hier »schleicht« sich das »Morgengrauen« »durch die Fenster«, und die Bühne ist als »Tribüne von trübem Licht erhellt«. Wiederum eröffnet Toller die Szene mit visuellen Effekten, zumal die Beleuchtung vermutlich auf den »langen Tisch« gerichtet sein soll, an dem die »Frau« und der »Namenlose«[88] sitzen – eine Szene, die abermals das fotografische oder filmische Bild aufruft. In diesem Zusammenhang sind noch einmal die »Traumbilder« zu vergegenwärtigen, in denen ebenfalls mit visuellen Effekten gearbeitet wird. Zwar lassen sie sich nicht im Text, aber doch in der Inszenierung realisieren. Mit ihnen ergibt sich erneut eine Erweiterung der traditionellen Komponenten des Sprechtheaters, etwa wenn die Gedanken der »Frau« im »[s]echsten Bild« durch »Schatten« oder »Schatten ohne Kopf« visualisiert werden. Zudem verschwinden diese »Schatten« nicht, sondern sie »verblassen«.[89] Selbst die Stille wird optisch vergegenwärtigt: »(Sekundenlang flackernde Stille im Saal.) Weiterhin: (Stille fiebert.) / (Stille taumelt. Zweiter Arbeiter stürzt herein.).«[90]

Hoppla, wir leben! – Dramatik als intermediale Komposition

In seinem vielleicht bekanntesten Werk, im 1927 verfassten Drama *Hoppla, wir leben!*, geht Toller einen Schritt weiter, folgt konsequent der Praxis einer intermedialen Dramenästhetik. Das Stück erfuhr durch Piscators Inszenierung im Theater am Nollendorfplatz eine fulminante Resonanz und Wirkung. So urteilte z. B. Monty Jacobs: »Nach dem alten Maßstab würde man messen: ein dürres Stück, eine hinreißende Regieleistung.«[91] Vergegenwärtigt man sich die Berichte, Aufnahmen und wenigen Fotografien von dieser legendären Inszenierung im Theater am Nollendorfplatz – immerhin einer der größten Bühnenerfolge der Epoche –, so mag man Jacobs' Einschätzung kaum widersprechen. Allerdings ist zu bedenken, dass es – von der langjährigen Bekanntschaft einmal abgesehen – Gründe gab, warum der profilierte und ideenreiche Bühnenregisseur Piscator für die Realisierung seines politischen Theaters und einer intermedialen Bühne auf Tollers Werk zurückgriff, auf ein Stück also, das in Teilen nach wie vor auf expressionistisches Pathos und »messianische Stilisierung«[92] setzte. Auch wenn solche Expressionismen vornehmlich die nicht mehr zeitgemäße (ideologische) Verbundenheit von Karl Thomas mit einer untergegangenen Epoche deutlich machen sollen[93], widersprachen sie Piscators Idee einer auf politische Information und Überzeugung setzenden Inszenierungsarbeit. Aber zum einen war mit der von beiden favorisierten Revolutionsthematik eine markante Schnittmenge ihrer jeweiligen Interessen und Zielsetzungen gegeben; zum anderen dürfte über diese vergleichbaren politischen Ambitionen hinaus Tollers *Hoppla, wir leben!* Piscators Vorstellungen von einem politischen und intermedialen Revuetheater entsprochen haben: Ist die mediale Pluralität doch in Tollers Stück angelegt[94], es folgt einer den Kategorien ›Öffnung‹ und Offenheit verpflichteten revueartigen Dramatik, die der Idee eines Zeittheaters einerseits und der Annäherung an das Revuestück andererseits nachkam.

Unbestritten ist es Piscator gelungen, diese formalästhetische Eigenheit des Stücks weiter zu stärken, sein Ziel war erklärtermaßen »eine Art großer,

Abb. 2: Szenenfoto, Hoppla, wir leben! IV. Akt, 1. Szene, Gefängnis; Atelier Stone, 1927 © Institut für Theaterwissenschaft der FU Berlin, Theaterhistorische Sammlungen, Nachlass Traugott Müller.

politischer Revue«.[95] Aber Tollers Vorhaben, eine Geschichtsrevue über die verratene deutsche Revolution und zugleich ein episches Gesellschaftspanorama zu liefern, bestimmt Struktur und Ästhetik des Dramas, die klassische Tektonik der Gattung lässt es hinter sich. In Abgrenzung zur expressionistischen Dramatik wird – wie zuvor schon in *Masse – Mensch* – die Fokussierung auf das Einzelschicksal über die Erweiterung des gesellschaftlichen Spektrums aufgebrochen. Das »Wir« der Songzeile und des Dramentitels lässt es schon vermuten: Gezeigt werden bekanntlich unterschiedliche politische Milieus und verschiedene soziale Schichten, vom Arbeiter bis zur ›Neuen Frau‹, vom Kleinbürger bis zum adeligen Baron, vom Minister bis zur Angestellten – mithin das kollektive Schicksal und die Erfahrung des Kollektivs. Masse wird soziologisch ausbuchstabiert und gesellschaftlich ausdifferenziert, der neusachliche Blick ist auf den Soziotypus gerichtet.

Um einen solchen Querschnitt der zeitgenössischen Gesellschaft nach verlorenem Krieg und gescheiterter Revolution in ein Bühnengeschehen bzw. -bild und die experimentelle Textästhetik in eine avantgardistische Theaterkunst zu übertragen, gab Toller in der zweiten Fassung den Hinweis, dass [a]lle Szenen des Stückes [...] auf einem Gerüst spielbar«[96] seien. Und auch Piscator empfahl er 1927, die Dramenhandlung auf einem mehrstöckigen Metallgerüst spielen zu lassen, »das in Etagen aufgebaut ist und ohne Umbau verwendet werden kann«[97] – eine Empfehlung, Material und Aufbau dieser neuen Bühnenrequisite betreffend, die der Regisseur bekanntlich aufgegriffen hat und mit Hilfe des Bühnenbildners Traugott Müller umsetzte.

Diese Metallkonstruktion begründete unbestritten die Qualität und Faszination des Bühnenbildes wie der gesamten Aufführung; eine vierstöckige Etagen- und Drehbühne ersetzte den eindimensionalen Bühnenraum. Eine Tiefenbühne mit allseitigen Leinwänden und 14 Projektorpositionen ließen zudem eine völlig neue Bühnenkonzeption, aber auch Theatererfahrung zu. Der Theaterkritiker Herbert Ihering urteilte: »Eine phänomenale technische Phantasie hat Wunder geschaffen.«[98] Im Gerüst wurden zahlreiche Kammern konstruiert, zahlreiche simultane Spielorte also, in denen die kurzen Szenen in den Büros der Ministerien, den Hotelzimmern des dritten Aktes oder der »Kanzlei in einer Irrenanstalt«[99] im vierten sich abspielen. Fahrstühle kamen zum Einsatz und beschleunigten das gezeigte Geschehen. Es dürfte dieser Inszenierungsstil gewesen sein, der den Kritiker des *Filmkuriers* anlässlich der Uraufführung von Tollers *Hoppla, wir leben!* in Piscators Theater am Nollendorfplatz im September 1927 zu der Aussage brachte: »Das Theater von heute wurzelt im Technischen. Es bedient sich zur Wirkung aller maschinellen Hilfsmittel.«[100] So ist unzweifelhaft, dass ein avantgardistisches Bühnenbild und -tableau geboten wurde; aber Tollers Dramentext fordert eine solche Präsentation mit Blick auf die Simultanität und Dynamik der Geschehnisse geradezu ein. Daran ließ auch Piscator keine Zweifel:

> Toller hatte im Stück durch die Wahl und Gruppierung der Schauplätze bereits den sozialen Querschnitt angedeutet. Es mußte also eine Bühnenform geschaffen werden, die diesen Gedanken präzisierte und sichtbar machte: ein Etagenbau mit vielen verschiedenen Spielplätzen über – und nebeneinander, der die gesellschaftliche Ordnung versinnbildlichen sollte.[101]

Sicherlich verstärkte Piscator in seiner Inszenierung den Montage-Charakter des Dramas, indem er komplexe Medienarrangements gestaltete und weitere Materialien einbezog, u. a. über Spruchbänder. Ein Hinweis auf diese konkrete technische und mediale Erweiterung des Schauspiels findet sich bei Toller nicht. Doch auch er sah den Einsatz von Musik, Akustik, Geräuschen,

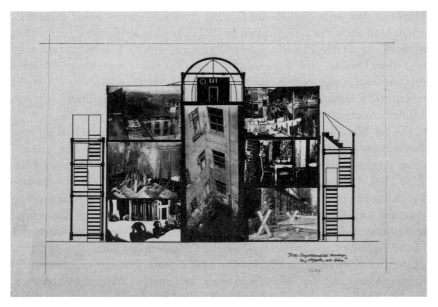

Abb. 3: Traugott Müller, Projektionsbild Montage, Bühnenbildentwurf für die Inszenierung von ›Hoppla, wir leben‹, Piscatorbühne, Theater am Nollendorfplatz, Berlin. Mischtechnik (Fotografie, Tempera, Tusche) auf Karton, ca. 1927 © Institut für Theaterwissenschaft der FU Berlin, Theaterhistorische Sammlungen, Nachlass Traugott Müller.

Abb. 4: Szenenfoto ›Hoppla, wir leben!‹, 1925, Fotografie, Urheber Hans Böhm, S-W-Fotografie; Silbergelatine; Ermanox-Aufnahme.

(Bild-)Telegrafie, Bildprojektionen, sogenannte »Projektionsbild[er]«[102], Zeitung/Presse, Radio und Film vor; ferner für die empfohlene Etagen-bühne aus Metall eine ausgefeilte Beleuchtungstechnik, die die Simultanität und Dynamik der einzelnen Szenen in den jeweiligen Räumen und Stock-werken in einer filmanalogen Form präsentiert.

Das Stück ist multimedial angelegt und ausgerichtet.[103] Die musika-lischen Einlagen – etwa der Song von Walter Mehring, auf den der Titel von Tollers Stück zurückgeht, vertont von Edmund Meisel – kommen-tiert die Handlung ironisch und exponiert die Revueform.[104] Neben der musikalischen Vertiefung des dramatischen Geschehens spielt die Akustik insgesamt eine entscheidende Rolle, die städtische und gesellschaftliche Öffentlichkeit sind stets präsent gehalten, sei es durch die »Geräusche«, etwa der »Sturmglocken«, sei es durch die sich durch fast alle Akte und Szenen ziehende Jazzmusik (»Man hört Jazzmusik.«[105]), über sie wird die im Titel *Hoppla, wir leben!* angesprochene vitalistische Komponente der Weimarer Republik und Kultur einbezogen. Zumal sie im dritten Akt im »Grand Hotel« gespielt wird – an einem Ort, der als Paradigma der Stadt beschrieben werden kann. Fanden hier doch die großstädtischen Tanz- und Unterhaltungsevents zumindest am Nachmittag und frühen Abend statt,

u. a. im Hotel Excelsior, in der renommierten Berliner Unterkunft am An-
halter Bahnhof:

> Man sieht: Fassade des Grand Hotels. / Die vordere Wand öffnet sich. / Man sieht:
> Räume des Grand Hotels. [...] Dunkel / Aufleuchtet / Das Vestibül / Tanzende Paare. /
> Dunkel. / Zwischen den einzelnen Szenen sieht man Momente das Vestibül. Hört Jazz-
> band.[106]

Die akustische Gegenwärtigkeit der gesellschaftlichen Öffentlichkeit und
des städtischen Kosmos wird durch Stimmen aus dem öffentlichen Raum
und urbanen Leben verstärkt. Die städtische Menge oder, wie es bei Toller
heißt, die »Menge auf der Straße«[107] ist indirekter Akteur. Und an anderer
Stelle folgt der Hinweis: »*Während auf der Straße Geschrei, Gesang aufquirlt,
das Bild des Präsidenten am Horizont erscheint.*«[108] Wenn auch nicht direkt
auf der Bühne, sondern hinter ihr agiert als mediale Instanz oder Stimme
im »Filmische[n] Zwischenspiel« überdies ein Chor. Mit ihm wird abermals
das musikalisch-akustische Element gestärkt, wobei seine Stimme weniger
der Kommentierung der Handlung, sondern mehr der Evokation des anderen Massenmediums, der Zeitung dient. Der Chor verdeutlicht die Medien-
präsenz, indem er Zeitungsschlagzeilen im »rhythmisch anschwellend[en],
rhythmisch verebbend[en][109] Ton vorträgt: »Prost Neujahr! Prost Neujahr! Extrablatt! Extrablatt! Große Sensation! Extrablatt! Extrablatt! Große
Sensation.«[110] Die Zeitungsstimme als kollektive Stimme des öffentlichen
Raums verbürgt den kollektiven Charakter des Geschehens auf der Bühne
und deutet zugleich das individuelle zum gesellschaftlichen Schicksal aus.
Diese Verallgemeinerungen bekräftigen die filmischen »Zwischenspiele«, sie
zeigen die »Großstadt 1927 / Straßenbahnen / Autos / Untergrundbahnen /
Aeroplane«[111] und darüber Urbanisierung, Mechanisierung des Verkehrs,
Industriekultur und technischer Fortschritt; mit der Szene »Osten einer
Großstadt«[112] weiterhin die Anonymität in der großstädtischen Masse. Das
Massenmedium Zeitung ist zudem durch die Journalisten im Stück an-
wesend: (»*Journalisten schreibend. Karl Thomas an der Tür*«), Baron Friedrich weist ihnen hinsichtlich des Kriegsendes und der Versailler Vertrags-
verhandlungen gar die Rolle der »Geschichtsschreiber« zu.[113] Erneut zielen
die Regieanweisungen auf die Schnelligkeit der Abläufe und Parallelität des
Geschehens. Der Handlung ist Dynamik eingeschrieben, ebenso werden
mit der zitierten Technifizierung von Stadt und Verkehr Bewegung und
Mobilität aufgerufen; die Schnelllebigkeit der modernen Welt wird durch
den gehetzten Rhythmus, in dem die Personen durch die Stadt und das
Stück eilen, etwa der Student, gesteigert.[114]

Ist bereits über die Einbeziehung zahlreicher kollektiver Stimmen eine
gesellschaftliche Öffentlichkeit hergestellt, so wird dies über die steten Ein-
spielungen von Radiostimmen forciert, ohnehin spielt das Radio als bedeutendes Massenmedium in Tollers Stück eine zentrale Rolle. Mit ihm ist
wiederum die mediale Sphäre gegenwärtig gehalten und zudem die kollektive Stimme in das unmittelbare Bühnengeschehen integriert, um darüber
die gezeigten individuellen Schicksale in einer gesellschaftlichen Allgemein-
heit und im politischen Gemeinwesen aufgehen zu lassen. So verkündet
eine Radiostimme Wahlergebnisse, konkret ein erstes Wahlresultat aus Ber-
lin/Steglitz: »Radio: Achtung! Achtung! Erstes Wahlresultat. Zwölfter Be-
zirk.«[115]
Die akustische Evokation des zeitgenössischen und städtischen Lebens wird vermengt mit bildlich-visuellen Szenen, nach dem filmischen
Vorspiel folgt der Wechsel erstens auf die Bühne, aber zweitens abermals
zum Medium Film, zur »Leinwand«.[116] Piscator selbst wies in seiner Thea-
terschrift darauf hin, dass die Integration des Films und des Filmischen
»im Umriß [...] bereits im Tollerschen Manuskript enthalten«[117] seien.
Das Drama nutzt das filmische Medium indes mehr als nur in Umrissen.
Piscators Begründung, dass die spezifische Thematik des Stücks, die Kon-
frontation eines über Jahre inhaftierten und isolierten Menschen mit dem
»Leben heute«[118], adäquat nur unter Rückgriff auf den Film zu leisten sei,
bekräftigt nochmals die medienästhetische Zielsetzung Piscators, aber eben
auch Tollers: »Denn [k]ein anderes Mittel als der Film ist imstande, binnen
sieben Minuten acht unendliche Jahre abrollen zu lassen.«[119] Entsprechend
wird im Programmheft der Berliner Aufführung an der Piscatorbühne hervorgehoben, dass die Inszenierung auf die »vollkommene Verbindung von
Film und Szene«[120] abziele. Mit dieser Verschränkung von gesprochenem
Wort/gespielter Handlung und visualisiertem Geschehen wie optischen
Impulsen gleichermaßen reagierte Toller zum einen auf die Visualisierung
der (großstädtischen) Lebenswelt und Erfahrung[121]; zum anderen gab er
dem Bildhunger der Zeit und Zeitgenoss/-innen nach. Piscator sprach vom
»Mangel der Phantasie«[122] der Zuschauer/-innen, verstand darunter aber
wohl gleichfalls die Dominanz des Visuellen in einer visualisierten Zeit.
Letztlich lässt sich auch diese inszenatorische Maßnahme auf Vorstellungen
Tollers zurückführen. Michael Pilz hat darauf hingewiesen, dass es bei der
Zusammenarbeit mit Piscator stets auch darum gegangen sei, seine Dra-
matik zu visualisieren. Also nicht nur – wie etwa Brecht – den »optischen
Chor«[123] einzufügen, um darüber eine epische Dramaturgie zu entwickeln.
Vielmehr perspektivierte Toller eine ›optische Dramatik‹, die nicht allein
auf das Wort, sondern auch auf das Bild und damit auf den visuellen Effekt

setzte; die infolgedessen das Theater auch filmisch(er) gestaltete und die
Bühne als Kino nutzte. Entsprechend ersetzen die filmischen »Vorspiele«
und »Zwischenspiele« in Tollers Dramatik die expressionistischen ›Traumbilder‹. Man kann diese ästhetische Neuerung im Umfeld des neusachlichen Dokumentarismus deuten, man sollte darüber aber nicht übersehen,
dass es sich um eine dezidiert intermediale Ausrichtung seiner dramatischen
Arbeit handelt, in der es zunehmend darum ging, die Konkurrenz zum
Massenmedium Film abzubauen und die Dramatik an die medialen Ge-
gebenheiten der Zeit anzupassen. In der »Anmerkung für die Regie« weist
Toller zwar darauf hin, dass »[d]ie Filmteile [...] in Theatern, in denen aus
zwingenden Gründen Filmeinrichtungen nicht möglich sind, fortgelassen
oder durch einfache Projektionsbilder ersetzt werden«[124]; gleichwohl waren
und sind sie Teil des dramatischen Geschehens.

Die filmischen ›Spiele‹ zeigen Aufnahmen der revolutionären Aufstände
und deren Niederschlagung im Jahr 1919 (»Szenen eines Volksaufstandes /
Seine Niederwerfung«[125]). Der historische Entstehungskontext der Weimarer Republik wird aufgerollt, ebenso sind aktuelle weltpolitische Ereignisse präsent gehalten, entsprechend Tollers Vorgabe, »[d]as Stück spielt
in vielen Ländern«[126]: »Große Sensation[en]«[127] der Zeit sind in chrono-
logischer Ordnung genannt: »(*Auf der Leinwand: Szenen aus den Jahren
1919–1927*).«[128] Die letzte Einspielung ist ein Blick auf Uhren, das heißt
die Zeit wird vergegenwärtigt und damit auch die Dynamik. Zudem sind
wiederum »Geräusche«[129], hier die der Uhren, wichtig. Schnell hinterein-
ander gesetzte Filmausschnitte zeigen zudem Frauen in unterschiedlichen
Berufen. Der emanzipatorische Ansatz von Tollers Stück wird einschätz-
bar, wenn diese Berufe nicht nur die für die 1920er Jahre klassischen sind,
Frauen also nicht nur als »Schreibmaschinistinnen« arbeiten, sondern auch
als »Chauffeure« oder »Lokomotivführerinnen« oder »Polizistinnen«[130] eingesetzt werden.

Die erste Filmszene des »Vorspiels« ist laut Regieanweisung mit Geräuschen, vor allem »Sturmglocken« zu unterlegen. Knappe »Streiflichter« zeigen die »Szenen« des »Volksaufstandes« wie auch seiner »Niederwerfung«,
dabei sollen »*Figuren auftauchend ab und zu*« die Dynamik des Bühnen-
geschehens verstärken.[131] An dieser Stelle denkt Toller also beide Medien
zusammen, denn vor dem abzuspielenden Filmausschnitt tauchen im ersten Akt die Figuren des Vorspiels auf, an anderer Stelle spielen sich vor
der Leinwand die Szenen mit »Karl Thomas im Anstaltskittel hin und her
gehend in einer Irrenzelle«[132] ab. Toller schien die Parallelisierung solcher
Szenen und Filmsequenzen mit dem Geschehen auf der Bühne zentral, die
filmische Sequenz wird mit der dramatischen Handlung und dem Bühnen-

geschehen verzahnt, mithin öffentliches und politisches Geschehen mit der individuellen Situation des Protagonisten zusammengefügt: Filmsequenz und Bühnenspiel werden vermengt, die beiden Präsentationsformen vereint, ergänzt durch das akustische Moment der Glocken. Der intermediale Regiestil ist bereits in Tollers Drama angelegt, ebenso die Dynamik von Handlung und Darstellung. Toller sprach vom notwendigen »Tempo des Werkes«[133], das er durch das »filmische Vorspiel« vorgeben und danach aber auch in seinem Dramentext über die spezifische Struktur einlösen wollte. Zum einen über den Verzicht auf Spielpausen, »nur eine Pause, und zwar nach dem 2. Akt«[134], soll es bei der Aufführung geben. Zum anderen wird die Dynamik der Handlung durch den beständigen und schnellen Wechsel der Szenen sichergestellt.

Auch außerhalb der Filmsequenzen arbeitet Toller mit cineastischen Techniken. Seine die Aufführung betreffenden Hinweise zielen über weite Strecken auf eine der Kinoästhetik analoge Überblendungstechnik, die den filmischen Charakter der Darbietung einlöst und primär die Möglichkeiten zur Erfassung simultanen Geschehens nutzt. Die ständig zwischen verschiedenen Räumen und Orten wechselnde Handlung, die die Gleichzeitigkeit des Geschehens zu vermitteln sucht, wird über das Etagengerüst realisiert; sie wiederum braucht eine ausgeklügelte Beleuchtungstechnik, die Toller in seinen Anweisungen dann auch bis ins Detail und wie bereits in *Masse – Mensch* illuminatorisch reflektiert. Die simultan ablaufenden Handlungen, u. a. im Arbeits- und Vorzimmer des Ministers (»Sichtbar zwei Zimmer: Vorzimmer des Ministers Arbeitszimmer des Ministers / Man sieht nach Aufgehen des Vorhangs beide Zimmer. Das Zimmer, in dem nicht gesprochen wird, bleibt dunkel.«[135]), werden der filmischen Bilderabfolge vergleichbar durch Auf- und Abblenden nacheinander aktiviert und für den Zuschauer ›sichtbar‹ als Ort des Handelns aufgerufen. Die Beleuchtung der einzelnen Räume und Handlungssequenzen unterstützt den Wechsel der Szenen und den fluiden Charakter des Geschehens, das abblendende Licht beschließt eine Szene, und die im nächsten Raum startende Beleuchtung eröffnet die sich anschließende Szene. Ein Handlungskontinuum entsteht, aber auch ein Szenenreigen, der in seiner Dynamik, Simultanität und Kontinuität der filmischen Bilderabfolge nachgestellt ist:

Dunkel / Aufleuchtet / Schreibsaal [...] / Dunkel / Aufleuchtet / Hotelzimmer Nr. 96 / [...] Dunkel / Aufleuchtet / Office und Dienstbotenzimmer / Beim Abendbrot sitzen Oberkellner, / Karl Thomas, Hausdiener, Pikkolo [...] / Dunkel / Aufleuchtet / Flur [...] / Dunkel Aufleuchtet Zimmer Nr. 96. [...] / Dunkel / Aufleuchtet / Halbdunkler Korridor.«[136]

Im Schlusssatz wird noch einmal – insbesondere mit der Wortschöpfung »dunkeln« – die filmische Praxis und Beleuchtungstechnik nachempfunden, wenn die Regieanweisung festlegt: »(In den Gängen rennen Aufseher. – Die Zellen dunkeln. Dunkel das Gefängnis. Die Bühne schließt sich.)«[137] Das Stück endet mit jener Assoziation, mit der es beginnt: Nicht nur das Theater, sondern auch das Drama wird im Zeitalter der optischen Medien filmischer. Ernst Toller hat diese Erkenntnis als einer der ersten Dramatiker seinen Stücken zugrunde gelegt.

Anmerkungen

[1] Vgl. Ernst Toller: Berlin 1919 [1926/27]. In: Ders.: Sämtliche Werke. Bd. II: Stücke II: 1926–1939. Hrsg. v. Bert Kasties, Karl Leydecker u. a. Göttingen 2015, S. 3–11.

[2] Ernst Toller: Das neue Drama Tollers [= Offener Brief, 1926]. In: Ders.: Sämtliche Werke, Bd. IV,1: Publizistik und Reden I. Hrsg. v. Martin Gerstenbräun. Göttingen 2015, S. 463 f., hier S. 464 (ursprünglich in der Zeitschrift *Die Volksbühne* 16 [15. 8. 1926] erschienen). – Vgl. auch Richard Dove: ›Berlin 1919‹: zu Ernst Tollers unveröffentlichtem Massendrama In: *The Germanic review* 64 (1989), Nr. 3, S. 105–111.

[3] Toller: Das neue Drama Tollers, S. 464.

[4] Ebd.

[5] Vgl. Toller: Berlin 1919, S. 654 (Kommentar).

[6] Ebd., S. 647.

[7] Toller arbeitete sein Drama 1931/32 zum Hörspiel *Indizien* um, auch in diesem sind die großstädtischen Stimmen stets präsent bzw. wird die Stadt über Stimmen evoziert. Die spätere Bühnenfassung des Hörspiels erschien unter dem Titel *Die blinde Göttin* und wurde 1932 in Wien uraufgeführt, sie erhärtet die Annahme, dass Toller seine Dramen und Hörspiele in engem Bezug sehen wollte. – Vgl. dazu Michal Pilz: Masse – Medium – Mensch: Medienreflexion und Medienkritik in Ernst Tollers Radioarbeiten am Beispiel des Hörspiels »Indizien. Drama für Rundfunk«. In: Ernst Toller. Hrsg. v. Hannah Arnold, Peter Langemeyer. München 2019, S. 67–75.

[8] Toller: Das neue Drama Tollers, S. 464.

[9] (Selbst-)kritische Äußerungen finden sich bereits in Tollers Drama *Der deutsche Hinkemann. Eine Tragödie in drei Akten* von 1923 (Potsdam: Kiepenheuer). Spätestens 1923 setzt mit der Komödie *Der entfesselte Wotan* Tollers kritische Auseinandersetzung mit dem Expressionismus ein.

10 Vgl. Pilz: Masse – Medium – Mensch, S. 67: »Toller hat innerhalb von sechs Jahren [...] im Schnitt fünfmal jährlich im deutschen Radio gesprochen.«

11 Alfred Mühr: Deutscher Kulturbolschewismus! In: Deutsche Zeitung, 24. 3. 1927.

12 Bis um 1922/1923 war Toller Mitglied der USPD, danach ist keine weitere Parteimitgliedschaft bekannt.

13 Vgl. Erwin Piscator: Das Politische Theater. Neubearbeitet v. Felix Gasbarra. Mit einem Vorwort v. Wolfgang Drews. Reinbek 1963, S. 149. – Piscator sprach mit Blick auf *Hoppla, wir leben!* von »lange[n] und hartnäckige[n] Auseinandersetzungen«, was seiner Meinung nach darin begründet lag, dass das Drama »noch weit davon entfernt war«, ein politisch »programmatische[s] Stück« zu sein. Bekanntermaßen drehten sich die Meinungsverschiedenheiten vor allem um den Schluss des Dramas, den Piscator in der Inszenierung in markanter Weise abänderte. Vgl. dazu auch Toller: Hoppla, wir leben!, S. 670 f. (Nachwort).

14 Vgl. etwa Marianne Mildenberger: Die Anwendung von Film und Projektion als Mittel szenischer Gestaltung. Emsdetten (Westf.) Lechte 1961; Thomas Tode: Wir sprengen die Guckkastenbühne! Erwin Piscator und der Film. In: Michael Schwaiger (Hrsg.): Bertolt Brecht und Erwin Piscator. Experimentelles Theater im Berlin der Zwanzigerjahre. Wien 2004, S. 16–34.

15 Vgl. Ernst Toller: Arbeiten [1930]. In: Ders.: Sämtliche Werke. Bd. IV,1: Publizistik und Reden, S. 156–166, hier S. 164.

16 Vgl. Ernst Toller: Sämtliche Werke, Bd. I: Stücke 1919–1923. Hrsg. v. Torsten Hoffmann, Peter Langemeyer und Thorsten Unger. Göttingen 2015, S. 235–275. – Die nicht realisierten Filmprojekte Tollers sind zusammengetragen bei: Christiane Schönfeld: Ernst Toller und das Kino: die Bedeutung von Film im Leben und Werk des Autors. In: Arnold, Langemeyer (Hrsg.): Ernst Toller, S. 47–57.

17 André Combes: Machinations intermédiales. Le théâtre politique weimarien d'Erwin Piscator. Intermediale »Theatermaschinen«. Das politische Theater der »Piscator-Bühnen«. Intermedial Machines. Erwin Piscator's Weimar Political Theatre. In: Cahiers d'Etudes germaniques 79 (2020): Théâtre, peinture et photographie à l'épreuve de l'intermédialité, S. 109–130.

18 Schönfeld: Ernst Toller und das Kino, S. 48.

19 In diesem Zusammenhang ist Tollers Engagement bei den politischen Massenfestspielen, organisiert von Gewerkschaften, SPD und USPD, zu erwähnen. Vgl. dazu Peter Langemeyer: Ernst Tollers Massenfestspiele als Komplement und Korrektiv seiner Dramen: unter besonderer Berücksichtigung des Szenariums »Krieg – Frieden«. In: Arnold, Langemeyer (Hrsg.): Ernst Toller, S. 23–34.

20 Ernst Toller: Die Auftraggeber fehlen [1929]. In: Ders.: Sämtliche Werke, Bd. IV,1: Publizistik und Reden I, S. 651 f., hier S. 652. – Hervorhebung im Text.

21 Toller: Das neue Drama Tollers, S. 464.

22 Vgl. Schönfeld: Ernst Toller und das Kino, S. 47–57.

23 Vgl. Kirsten Reimers: Vom Visionär zum Ankläger durch Aufklärung. Stilgeschichtliche Änderungen in den Dramen Ernst Tollers nach 1923. In: Arnold, Langemeyer (Hrsg.): Ernst Toller, S. 35–46, hier S. 35. – Reimers geht davon aus, dass Tollers Dramen seit 1920 mit Blick auf ihre Aufführung entstanden, »was sich in ihnen deutlich niederschlägt«.

24 Vgl. Toller: Berlin 1919, S. 3–11, hier S. 3 und S. 5.

25 Ebd., S. 7. – Auch in seinem Hörspiel *Indizien* kommt dem »Maschinensaal im Zeitungshaus« Bedeutung zu. Außerdem spielen die Zeitungen als kollektive gesellschaftliche Stimme eine Rolle, eine männliche Stimme trägt Meldungen und Kommentare aus Tageszeitungen vor, u. a. aus der *Mittagszeitung* und dem *Abendblatt* (Ernst Toller: Indizien. In: Ders.: Sämtliche Werke, Bd. V: Lyrik, Erzählungen, Hörspiele und Film. Hrsg. v. Martin Gerstenbräun u. a. Göttingen 2015, S. 221–250, hier S. 244).

26 Toller: Berlin 1919, S. 7 und S. 6.

27 Ernst Toller an Sergej Eisenstein, 3. 5. 1926. In: Ders.: Briefe 1915–1939. 2 Bde. Hrsg. v. Stefan Neuhaus, Gerhard Scholz und Irene Zanol. Göttingen 2018, hier Bd. 1, S. 516.

28 Ernst Toller: Berlin, letzte Ausgabe! [1930]. In: Ders.: Sämtliche Werke, Bd. V: Lyrik, Erzählungen, Hörspiele und Film, S. 197–219.

29 Ernst Toller: Hoppla, wir leben! Ein Vorspiel und 5 Akte [1927]. In: Ders.: Sämtliche Werke, Bd. II: Stücke 1919–1926. Hrsg. v. Bert Kasties u. a. Göttingen 2015, S. 13–162, hier S. 127: Die Radiostimme verkündet: »Radio. Achtung! Achtung! In der Hauptstadt hat nach letzten Meldungen Minister Kilman die Majorität.«

30 Ernst Toller: Der entfesselte Wotan [1923]. In: Ders.: Werke, Bd. I: Stücke: 1919–1923, S. 235–275, hier S. 252.

31 Ernst Toller: Film und Staat [1924]. In: Ders.: Sämtliche Werke, Bd. IV,1: Publizistik und Reden I (= Quer durch. Reisebilder und Reden), S. 457–458, hier S. 458. – Dabei betont Toller auch die Bedeutung des Films als »Lehr-, Aufklärungs-, Kampf-, Propagandazwecke[…]« (ebd.).

32 Schönfeld: Ernst Toller und das Kino, S. 47; vgl. dazu auch Gustav Landgren: »Den gesamten Zuschauerraum unter Film setzen«: Ernst Toller und die neuen Medien In: Weimarer Beiträge, Jg. 2013, Nr. 3, S. 362–380.

33 Vgl. z. B. Toller: Film und Staat, S. 457 f. – Vgl. hierzu auch Pilz: Masse – Medium – Mensch, S. 73 f.

34 Ernst Toller: [Beitrag zu] Wer schafft den deutschen Revolutionsfilm [1928]. In: Ders.: Sämtliche Werke, Bd. IV,1, S. 644–646.

35 In diesem Zusammenhang ist auf das große Interesse der Filmindustrie an Tollers Stücken bzw. an einer Verfilmung seiner Dramen zu verweisen (einschließlich des Angebots an Toller, die Regie zu übernehmen): Vgl. Ernst Toller an Paul Z., 4. 5. 1924. In: Ders.: Briefe 1915–1939, S. 437. – Es handelt sich um eine Anfrage der Iris Film-Gesellschaft. Das Drama sollte 1928 verfilmt werden: »Vorige Woche habe ich den ersten Filmvertrag geschlossen. Hinkemann wird verfilmt, ich schreibe das Drehbuch und versuche, das Schicksal Hinkemanns zu verbinden mit der deutschen Kriegs-, Revolutions- und Inflations-Chronik« (Ernst Toller an Ivor Montagu, 17. 12. 1928. In: Ders.: Ebd., S. 782). Auch sein »historisches Schauspiel« *Feuer aus den Kesseln* (1930; UA 1930) wollte Toller bereits 1928 als Filmprojekt realisieren. Ihm schwebte eine Aufführung vor, die zum einen auf »dokumentarische Echtheit« zielte, einzulösen über die filmische Präsentation historischer Ereignisse, und zum anderen »filmnah« sein, mit filmischen Mitteln wie Montage, Rückblende u. a. arbeiten sollte (*Gespräch mit Ernst Toller*. In: Ders.: Werke, Bd. III: Autobiographisches und Justizkritik. Hrsg. v. Stefan Neuhaus, Rolf Selbmann unter Mitarbeit von Martin Gerstenbräun u. a. Göttingen 2015, S. 489 f., hier S. 490).

36 Vgl. Sabina Becker: Experiment Weimar. Eine Kulturgeschichte Deutschlands 1918–1933. Darmstadt 2018, S. 19 ff., S. 44 f. und S. 51.

37 Alfred Döblin: Das Theater der kleinen Leute [1909]. In: Ders.: Kleine Schriften. Bd. 1: 1902–1921. Hrsg. v. Anthony W. Riley. Olten, Freiburg i. Br. 1985, S. 71–73.

38 Film und Gesellschaft in Deutschland. Dokumente und Materialien. Hrsg. v. Wilfried von Bredow, Rolf Zurek. Hamburg 1975, S. 17.

39 Vgl. Becker: Experiment Weimar, S. 276.

40 Dass Toller sich auf die Komödie einließ, u. a. mit *Der entfesselte Wotan* oder mit *Bourgeois bleibt Bourgeois* von 1928, das er zusammen mit Walter Hasenclever verfasste, dürfte auch mit der Idee einer Unterhaltungskultur zu tun haben. Insbesondere mit der »zweiteiligen musikalischen Komödie« *Bourgeois bleibt Bourgeois* versuchte er einen leichteren Ton anzuschlagen, der mit der von Friedrich Hollaender komponierten Bühnenmusik korrespondierte. Für dessen ›Tingel-Tangel-Revue‹ *Es war einmal …* verfasste Toller 1932 zudem die Szene *Des Kaisers neue Kleider*. Vgl. dazu Michael Pilz: Ernst Toller und das Kabarett. Bemerkungen zu Tollers Szene *Des Kaisers neue Kleider* und Friedrich Hollaenders Märchen-Revue *Es war einmal …* . von 1932. In: Jahrbuch zur Kultur und Literatur der Weimarer Republik, Bd. 15: 2011/12. München 2013, S. 13–29. – Holländer wiederum hatte die Musik zu Tollers expressionistischen Stücken geschrieben, u. a. zum *Hinkemann* von 1923.

41 Vgl. Konrad Dussel: Theater in der Krise. Der Topos und die ökonomische Realität in der Weimarer Republik. In: Lothar Ehrlich, Jürgen John (Hrsg.): Weimar 1930. Politik und Kultur im Vorfeld der NS-Diktatur. Köln 1998, S. 211–223.

[42] Toller: Hoppla, wir leben!, Zweiter Akt, Erste Szene, S. 115: »Grete. Wir haben Karten fürs Kino. // Fritz. Und heut abend gehen wir zum Boxkampf. Wollen wir mal boxen? // Karl Thomas. Nein, ich kann nicht boxen. // Fritz. Ach so. // Grete. Aber tanzen können Sie, nicht? Verstehen Sie Charleston oder Black Bottom?«

[43] Ebd., S. 136.

[44] Vgl. William R. Elwood: Ernst Toller's »Masse Mensch«. The individual versus the collective. In: Helmuth Hal Rennert (Hrsg.): Essays on twentieth-century German drama and theater. An American reception 1977–1999. New York 2004, S. 88–92.

[45] Ernst Toller: Masse – Mensch [1919]. In: Ders.: Sämtliche Werke, Bd. I: Stücke 1919–1923. Hrsg. v. Torsten Hoffmann, Peter Langemeyer und Thorsten Unger. Göttingen 2015, S. 65–106, hier S. 94.

[46] Vgl. Torsten Hoffmann: »Mensch in Masse befrein«: Masse und Individualität in Ernst Tollers Drama »Masse Mensch« und seinem Vortrag »Man and the masses« [sic!]. In: Stefan Keppler-Tasaki (Hrsg.): Masse und Medien bei Alfred Döblin. Bern, Berlin, Frankfurt/Main, New York, Oxford, Wien 2014, S. 151–166; Stefan Jonsson: Neither Masses nor Individuals. Representations of the Collective in Interwar German Culture. In: Kathleen Canning, Kerstin Brandt, Kristin McGuire (Hrsg.): Weimar Publics – Weimar Subjects. Rethinking the Political Culture of Germany in the 1920s. New York u. a. 2010, S. 279–301.

[47] Ernst Toller: Masse Mensch: ein Stück aus der sozialen Revolution des 20. Jahrhunderts. Potsdam: Kiepenheuer Verlag 1921; 2. Auflage unter dem Titel *Masse – Mensch* im Kiepenheuer Verlag in Potsdam 1922.

[48] Toller: Masse – Mensch (= Sämtliche Werke, Bd. I: Stücke 1919–1923), S. 80.

[49] Vgl. Ferdinand Tönnies: Gemeinschaft und Gesellschaft. Abhandlung des Communismus und des Socialismus als empirischer Culturformen. Leipzig 1887. – Die Schrift war in den 1920er Jahren mit verschiedenen Neuauflagen präsent, die Tönnies allesamt mit aktualisierenden Vorreden versah.

[50] Toller: Masse – Mensch, S. 92.

[51] Ebd., S. 85.

[52] Ebd., S. 88.

[53] Ebd., S. 74–79, S. 85–90. – Vgl. demgegenüber den Kommentar von Torsten Hoffmann, wo es heißt, Tollers Stück entwerfe im Anschluss an Gustave Le Bons Massentheorie »durchgängig das Bild einer politisch unmündigen, leicht manipulierbaren Masse« (Toller: Masse – Mensch, Nachwort, S. 356).

[54] Toller: Masse – Mensch, S. 356.

[55] Vgl. Piscator: Das politische Theater, S. 145 f.

[56] Toller: Masse – Mensch, S. 86 f.

57 Zu Tollers Engagement im proletarischen Theater vgl. Langemeyer: Ernst Tollers Massenfestspiele als Komplement und Korrektiv seiner Dramen, S. 23–34.

58 Toller: Sämtliche Werke, Bd. II: Stücke II: 1926–1939, Nachwort, S. 655. – Auch in Tollers *Maschinenstürmer* übernimmt der Chor eine wichtige Rolle, eine der ersten Rezensionen in der Wiener *Arbeiter-Zeitung* wies auf diese Bedeutung hin: »Daß hier ein Drama der Masse aufsteht und zu der Masse spricht. Hier spielt die Masse mit, in jedem Sinne. Wenn der Chor einer kleinen Privatbühne den Anforderungen des Werkes und der Regie trotz aller Mühe und Eifer kaum genügen kann, so zeigt dies eine Aufgabe für einen Sprech-Chor, der aus der Arbeiterschaft selbst auch in Wien erstehen soll für diese und andere Aufgaben« (Dr. D. J. Bach: Eine Tragödie der Revolution. In: Arbeiter-Zeitung, 6. 6. 1923, S. 9 f., hier S. 9; zitiert nach 1923 | Ernst Toller: Maschinenstürmer – litkult1920er.aau.at; letzter Zugriff 30. 9. 2024).

59 Langemeyer: Ernst Tollers Massenfestspiele, S. 27.

60 Vgl.: Das Totaltheater von Walter Gropius: Entwurf für die Piscatorbühne, 1926/27 = Le »Théâtre universel« de Walter Gropius: projet pour le théâtre de Piscator, 1926/27 = Walter Gropius' universal theatre : design for the Piscator stage 1926/27 (e-periodica.ch). Letzter Zugriff 30. 9. 2024.

61 Vgl. hierzu Sabina Becker: »Literatur muß man hören«. Alfred Döblins *Berlin Alexanderplatz. Die Geschichte vom Franz Biberkopf*. In: Alfred Döblin. Text + Kritik, 2018, H. 13/14. Hrsg. v. Sabine Kyora. München 2018, S. 123–140.

62 Ernst Toller: Zur Revolution der Bühne [1923/24]. In: Ders.: Sämtliche Werke, Bd. IV,1: Quer durch. Reisebilder und Reden, S. 456 f., hier S. 456.

63 Bach: Eine Tragödie der Revolution. Zu Ernst Tollers ›Maschinenstürmer‹, S. 9.

64 Ebd.

65 Toller: Masse – Mensch, S. 95.

66 Vgl. den Kommentar von Torsten Hoffmann im ersten Band der Werkausgabe von 2015.

67 Vgl. etwa Helmuth Kiesel: Geschichte der deutschsprachigen Literatur 1918 bis 1933. München 2017, S. 1088 (die Figuren seien, so Kiesel, »Vertreter von Prinzipien«).

68 Alfred Döblin: Regie in Berlin [1921]. In: Ders.: Kleine Schriften, Bd. 1: 1902–1921. Hrsg. v. Anthony W. Riley. Olten, Freiburg i. Br. 1985, S. 337–340, hier S. 340.

69 Vgl. hierzu: Liangmei Chen: Ernst Tollers »Masse Mensch« und die ästhetische Modernität. In: Literaturstraße. Chinesisch-dt. Jahrbuch für Sprache, Literatur und Kultur. Hrsg. v. Horst Thomé u. a., Jg. 9 (2008), S. 239–248.

70 Alfred Döblin: Bemerkungen zu »Berge Meere und Giganten« [1924]. In: Ders.: Aufsätze zur Literatur. Hrsg. v. Walter Muschg. Olten, Freiburg i. Br. 1963, S. 345–356, hier S. 352. – Mit Döblins Formulierung ist daran zu erin-

nern, dass die Diskussion um die Sinnhaftigkeit der Gestaltung individueller Schicksale ein wesentlicher Aspekt in der Debatte um eine neusachliche Ästhetik in den 1920er Jahren werden sollte. Vgl. Sabina Becker: Neue Sachlichkeit. 2 Bde. Köln, Weimar, Wien 2000, Bd. 1, S. 180–186, S. 242–256.

71 Mit Blick auf diese Besonderheit ist die noch immer vorgenommene Zuordnung des Stücks zur expressionistischen Dramatik zu relativieren. Vgl. Kiesel (*Geschichte der deutschsprachigen Literatur 1918–1933*, S. 1088), der es zum »idealistischen Expressionismus« zählt.

72 Carl von Ossietzky: Toller, Tod und Teufel, Volksbühne. In: Ders.: Sämtliche Werke. Bd. 1: 1911–1921. Hrsg. v. Matthias Bertram, Ute Maack und Christoph Schottes. Reinbek 1994, S. 556 f., hier S. 557.

73 Toller: Masse – Mensch, S. 70.

74 Quelle: Cecile Davies: Ernst Tollers Dramen als »Engagierte Literatur« betrachtet. In: Stefan Neuhaus u. a. (Hrsg.): Engagierte Literatur zwischen den Weltkriegen (= Schriften der Ernst Toller Gesellschaft, Bd. 4). Würzburg 1996, S. 268–274, hier S. 265 f.

75 So heißt es u. a. »Masse ist Führer! Masse ist Kraft!«; »Masse ist Rache am Unrecht der Jahrhunderte«; »Masse ist heilig«; »Masse ist nicht heilig. Gewalt schuf Masse. Besitzunrecht schuf Masse. Masse ist Trieb aus Not [...]« (Toller: Masse – Mensch, S. 84, S. 92 u. S. 102).

76 Döblin: Regie in Berlin [1921]. In: Ders.: Kleine Schriften, Bd. 1. Hrsg. v. Antony W. Riley. Olten, Freiburg i. Br. 1985, S. 337–342, hier S. 340.

77 Vgl. Hoffmann: »Mensch in Masse befrein«, S. 165.

78 Toller: Masse – Mensch, S. 102. – Zum Verhältnis Toller – Landauer vgl. Pilz: Masse – Mensch – Medium, S. 67.

79 Toller: Film und Staat, S. 458.

80 Vgl. dazu Landgren: »Den gesamten Zuschauerraum unter Film setzen«: Ernst Toller und die neuen Medien, S. 362–380. – Daneben wird das Sehen im Sinne von Erkennen und Erkenntnis eingesetzt (vgl. Kirstin Reimers: Das Bewältigen des Wirklichen. Untersuchungen zum dramatischen Schaffen Ernst Tollers zwischen den Weltkriegen. Würzburg 2000, S. 178).

81 Vgl. Rudolf Arnheim: Neuer Laokoon. Die Verkoppelung der künstlerischen Mittel, untersucht anläßlich des Sprechfilms [1938]. In: Ders.: Kritiken und Aufsätze zum Film. Hrsg. v. Helmut H. Diederichs. München, Wien 1977, S. 81–112.

82 Vgl. Anm. 8.

83 Rudolf Braune: Der amerikanische Film. Eine Verteidigungsrede für unsere Zeit. In: Junge Menschen (Melle), Jg. 6, Nr. 2, Feb. 1925, S. 46 f. – Der Artikel ist abgedruckt in diesem Band, Dokumententeil, S. 9–24.

84 Toller: Masse – Mensch, S. 69.

85 Ebd., S. 74.

86 Vgl. dazu Schönfeld: Ernst Toller und das Kino.

87 Toller: Masse – Mensch, S. 79 f.

88 Ebd., S. 90.

89 Ebd., S. 96 f.

90 Ebd., S. 90 f.

91 Monty Jacobs: Piscators Anfang [1927]. In: Vossische Zeitung, 5. 9. 1927, S. 2. Zit. nach Piscator: Das politische Theater, S. 157.

92 Jost Hermand, Frank Trommler: Die Kultur der Weimarer Republik. München 1978, S. 138.

93 Vgl. Reimers: Das Bewältigen des Wirklichen, S. 168–170.

94 Piscator: Das politische Theater, S. 146.

95 Ebd. – Allesamt sind Tollers Stücke der Nachkriegszeit durch die Struktur der lockeren Szenenfolge bestimmt, was ihre Nähe zur Form der politischen Theaterrevue begründet. Sie bestehen überwiegend aus Skizzen, die »grob den Handlungsverlauf andeuten und vereinzelt Hinweise auf die Inszenierung geben. […] Kunstcharakter besteht nicht im Werk, sondern im Ereignis, nicht im Text, sondern in der Aufführung« (Langemeyer: Ernst Tollers Massenfestspiele, S. 23). Entsprechend war Toller die Idee der Gleichwertigkeit von Text und Aufführung, von Drama und Inszenierung keineswegs fremd.

96 Toller: Hoppla, wir leben!, S. 86.

97 Ebd.

98 Herbert Ihering: »Hoppla, wir leben!« [1927]. In: Ders.: Theater in Aktion. Kritiken aus drei Jahrzehnten. 1919–1931. Hrsg. v. Edith Krull, Hugo Fetting. Berlin 1987, S. 282–285, hier S. 284.

99 Toller: Hoppla, wir leben!, S. 95.

100 Hans Feld: Bühne und Film. Eine neue Kunstgestaltung. In: Filmkurier, 5. 9. 1927.

101 Piscator: Das Politische Theater, S. 149 f.

102 Ebd., z. B. S. 155.

103 Vgl. Pilz: Masse – Mensch – Medium.

104 Ebd., S. 135.

105 Ebd.

106 Die im Drama eingefügte Zeichnung des Hotels in einem Querschnitt (ebd., S. 132) hebt die Bedeutung hervor, die Toller diesem Ort zuschrieb.

107 Toller: Hoppla, wir leben!, S. 127. – Hervorhebung im Original.

108 Ebd., S. 130.

109 Ebd., Filmisches Zwischenspiel, S. 94.

110 Ebd.

111 Ebd., S. 97.

112 Ebd., S. 118.

113 Ebd., S. 140.

114 Ebd., S. 145: »Zurück, oder ich schieße Sie über den Haufen! / (*Student rennt davon, springt in ein Auto, das lossaust*).«

115 Ebd., S. 126. – Überdies sind über den Rundfunk die weltweite mediale Vernetzung und Technifizierung der Kommunikation vergegenwärtigt (ebd., S. 135 f.), zumal Toller dieses technische Massenmedium mit anderen technischen Errungenschaften verbindet, etwa wenn der Telegrafist vom ersten Passagierflugzeug New York – Paris berichtet, es »funk[e]« Nachrichten: Diese werden auf der »Fernscheibe« übertragen, sie sind akustisch nachzuvollziehen, aber zugleich optisch erkennbar, sie sind als Bilder zu sehen. Telegrafie und Bildtelegrafie, die Übermittlung von Bildern durch elektrische Signale also, war noch in der Zwischenkriegszeit eine technische Besonderheit, auch sie steht für eine maschinelle und weltumspannende Kommunikation.

116 Ebd., S. 94.

117 Piscator: Das politische Theater, S. 150.

118 Toller: Hoppla, wir leben!, S. 95.

119 Piscator: Das politische Theater, S. 150 (Aussage Piscators).

120 Ebd., S. 150.

121 In diesem Zusammenhang ist auf die spezifische städtische Wahrnehmung von Karl Thomas zu verweisen, u. a. ebd., S. 112: »Karl Thomas. Die Gesichter in Straßen, Untergrundbahnen, schauerlich. Ich habe früher nie gesehen, wie wenig Menschen Gesichter haben. Fleischklumpen die meisten, von Angst und Dünkel aufgedunsen.«

122 Das Programm der Piscatorbühne, Nr. 1. Berlin, September 1927, Programm für Tollers »Hoppla, wir leben!«, Vorwort v. Erwin Piscator, S. 2.

123 Bertolt Brecht: Aus dem ABC des epischen Theaters [1927]. In: Ders.: Große kommentierte Frankfurter und Berliner Ausgabe. Bd. 21: Schriften 1 (1914–1933). Bearbeitet v. Werner Hecht. Frankfurt/Main u. a. 1992, S. 210–212, hier S. 211. – Allerdings hatte bereits Max Reinhardt vor dem Ersten Weltkrieg mit riesigen Chören auf der Bühne gearbeitet, etwa in seiner legendären Aufführung von *König Ödipus* aus dem Jahr 1910 in einem Berliner Zirkus.

124 Toller: Hoppla, wir leben!, S. 86.

125 Ebd., S. 87.

126 Ebd., S. 85.

[127] Ebd., S. 94.

[128] Piscator realisierte diese Regieanweisung in seiner Inszenierung über einen selbstgedrehten kurzen Film (vgl. Piscator: Das politische Theater, S. 150–152). – Zu Piscators Filmexperimenten vgl. auch Mildenberger: Die Anwendung von Film und Projektion als Mittel szenischer Gestaltung, S. 165–173.

[129] Toller: Hoppla, wir leben!, S. 87.

[130] Ebd., Filmisches Zwischenspiel, S. 111.

[131] Ebd., S. 87.

[132] Ebd., S. 94.

[133] Ebd., S. 86.

[134] Ebd.

[135] Ebd., S. 97.

[136] Ebd., S. 143 f. – Ähnlich verfährt Toller im fünften Akt, der im Gefängnis spielt: »Einen Moment sichtbar alle Zellen / Dunkel / Dann auf leuchtet / Zelle von Albert Kroll / [...] / (Die Zellen dunkel.) / Auf leuchtet / Zelle von Karl Thomas« (ebd., S. 159 u. S. 160).

[137] Ebd., S. 162.

Jürgen Hillesheim

Ideologiefernes Episches Theater
Vor hundert Jahren wurde Bertolt Brechts *Baal* uraufgeführt

Ein »unheimlich schillerndes Chamäleon« kurz in Leipzig

Vor hundert Jahren, am 8. Dezember 1923, wurde am Alten Stadttheater Leipzig Bertolt Brechts *Baal* uraufgeführt. Regie führte Alwin Kronacher, der seit 1921 Schauspieldirektor des Hauses war. Es spielten prominente Schauspieler wie Lothar Körner und Rudolf Fernau. Dessen Erinnerungen an die Premiere sind eine längst bekannte, jedoch – mutmaßlich auch aus ideologischen Gründen – bislang zu sehr vernachlässigte Quelle.

Wie so oft bei Premieren seiner Stücke und von Brecht auch erhofft: Es gab einen Skandal. Der Regisseur war nicht sicher, ob der junge Autor, wie ausgemacht, überhaupt zu den Proben erscheinen würde, reservierte für ihn aber vorsorglich ein Zimmer in Leipzigs feinem Hotel Fürstenhof. Immerhin hatte Brecht vor nicht allzu langer Zeit für seine frühen Dramen den Kleist-Preis bekommen. Er war eine bekannte Persönlichkeit und galt damals schon als äußerst extravagant und nicht unkompliziert. Er reiste tatsächlich an, zeitlich knapp, war wider Erwarten sehr höflich, fast zurückhaltend, bat aber nachdrücklich darum, sofort mit den Probearbeiten beginnen zu können. Fernau, fast gleichaltrig mit Brecht, beschreibt ihn:

> Es war ein etwas merkwürdiger Adjustus, in dem er sich darbot, fast hatte es den Anschein, als ob er in »Kostüm und Maske« zu einer Generalprobe erscheinen wollte. Unrasiert, mit einer abgeschabten Lederjacke, dazu eine arg zerbeulte, mißhandelte Cordhose, unter der respektlos novemberlich graue Unterhosen hervorlugten. In der Hand hielt er eine billige Sportmütze. Ein gewollt proletarischer Eindruck. In die wohl geformte Stirne des schmalen kurzgeschorenen Schädels hingen einige wirre Haarzotteln, und unter der etwas spitzen Nase formte sich ein schmallippiger, ironisch sich kräuselnder Mund. Dazu zwei dunkle, fixierende Vogelaugen. Man konnte sich so einen gewieften Jesuitenzögling vorstellen. [...] Überhaupt machte er den Eindruck eines vielschichtigen, sympathisch und unheimlich schillernden Chamäleons, das uns faszinierend verhexte.[1]

Brecht war mit der vorangegangenen Regiearbeit gar nicht zufrieden, auch nicht mit den Leistungen der Schauspieler. Diese bestellte er einzeln in sein opulentes Hotelzimmer zu Rollenarbeiten, die er intensiv und akribisch betrieb. Die Premiere nahte, Brecht nahm, gemäß seiner Arbeitsmethode

des ›work in progress‹, noch rasch Änderungen am Text vor, was die Schauspieler fast in den Wahnsinn trieb. Im Zuschauerraum saß die Crème de
la Crème der auf den jungen Autor neugierig gewordenen Berliner Litera-
tur- und Theaterelite. Denn die Hauptstadt war unbestritten das kulturelle
Zentrum der Weimarer Republik. Hier fokussierte sich alles, Städte wie
München und Leipzig waren da eher Nebenschauplätze; so bedeutsam es
für Brecht auch war, dass man sich hier bereit erklärt hatte, seinen *Baal* auf
die Bühne zu bringen.

Immer wieder wurde die Aufführung durch Ovationen sowie gellende
Buhrufe unterbrochen. Auch die anwesenden prominenten Kritiker, an
erster Stelle Brechts Gönner Herbert Jhering und Alfred Kerr, waren sich
uneins. Als der Autor selbst nach der Aufführung zögerlich die Bühne be-
trat, kam es unter den Zuschauern fast zu Schlägereien. Kaum zu glauben: Brecht war verängstigt, verschwand in den Kulissen und musste vom
Schauspieldirektor, also Kronacher höchstselbst, zurückgeholt werden. Der
Oberbürgermeister der Stadt Leipzig nahm den Aufruhr zum Anlass, weitere Aufführungen verbieten zu lassen. Öffentlichkeitswirksamer kann eine
Theaterpremiere kaum sein. Und Brecht selbst? Ward kaum noch gehört
und gesehen. Als man am nächsten Morgen im Hotel Fürstenhof zaghaft
nach ihm fragte, wurde mitgeteilt, dass er bereits vor Mitternacht abgereist
sei; wohin, wisse man nicht.[2]

Doch Brecht hatte mit seinem *Baal* als junger, genialer ›Theaterschreck‹
in Leipzig seine Visitenkarte abgegeben; man kannte ihn, ›fürchtete‹ ihn
seitdem. Gewiss war das von ihm nicht so intendiert, doch einige Jahre
später gab es, in derselben Stadt, aber an anderer Spielstätte, noch größere
Tumulte. Am 9. März 1930 wurde in der Oper Leipzig Kurt Weills und
Brechts *Aufstieg und Fall der Stadt Mahagonny* uraufgeführt; Komponist
und Autor waren aufgrund des spektakulären Erfolgs mit der *Dreigroschenoper* inzwischen Berühmtheiten. Nun wurde eine ebenso geniale, jedoch
zutiefst fatalistische, geradezu verstörende Variante der *Dreigroschenoper*
präsentiert. Man konnte die Premiere von *Mahagonny* kaum zu Ende bringen, da Nationalsozialisten die Zuschauer mit Erfolg dazu anstachelten,
lautstark zu stören und gegen das Werk zu protestieren. Es handelte sich
um einen der größten Theaterskandale der Weimarer Republik, allerdings
nicht um das erste Mal, dass Nationalsozialisten gegen Aufführungen eines
Theaterstücks Brechts ›vorgingen‹. Dies hatte gewissermaßen Tradition, war
bereits 1923 der Fall, bei einer Aufführung von *Im Dickicht der Städte* im
Münchner Residenztheater.

Dokumente literarischer Selbstverortung: Die beiden frühen Stücke »Baal«
und »Trommeln in der Nacht«

Baal, dessen früheste Fassung im Frühjahr 1918 entstand, ist, neben *Trommeln in der Nacht*, das zweite große »Augsburger« Drama Brechts. Beide könnten, auf den ersten Blick, unterschiedlicher kaum sein. In *Baal* wird ein Außenseiter, ein überpotenziertes Individuum vorgeführt, im Antirevolutionsstück *Trommeln in der Nacht* eines, das sich mit der Gesellschaft nicht nur arrangiert, sondern einer ihrer Repräsentanten wird, also scheinbar das genaue Gegenteil eines frei entscheidenden Einzelnen ist.

Das Gemeinsame beider Theaterstücke aber ist die Verweigerungshaltung gerade dieses Einzelnen, den weder Ideale der bürgerlichen Gesellschaft, noch solche totalitärer Ideologien scheren. Andreas Kragler, der Protagonist aus *Trommeln in der Nacht*, ist ein Kriegsheimkehrer, der an der Front nicht nur beinahe sein Leben verloren hätte, sondern auch seine Verlobte, die nun einen anderen hat; von dem ist sie auch noch schwanger. Doch Kragler geht seinen Weg, verweigert sich der Räterevolution – »Mein Fleisch soll im Rinnstein verwesen, daß eure Idee in den Himmel kommt? Seid ihr besoffen?«[3] – und wird lieber Geschäftsmann, Kapitalist als seine Haut, wie einstmals im Krieg, abermals zu Markte zu tragen. Er nimmt seine Verlobte, Tochter eines Fabrikbesitzers, zurück, samt ungeborenem Kind. Das erscheint, nach bürgerlichem Verständnis, schäbig, ehrlos, aber für Kragler ist die Welt in Ordnung. Denn er weiß: Ideologien sind weltfremde Hirngespinste. Nur »die Fleischbank, die allein ist leibhaftig.«[4] Die bekannteste Variante dieser im Werk über Jahrzehnte immer gleichbleibenden Einsicht legte Brecht dann später Mackie Messer aus der *Dreigroschenoper* in den Mund: »Erst kommt das Fressen, dann kommt die Moral.«[5] Gerade indem er sich dem Faktischen unterordnet und es sich damit konsequent und wohlüberlegt zunutze macht, gewinnt und bewahrt Kragler seine Individualität. Baal hingegen verweigert sein literarisches Talent dieser Gesellschaft, die zunächst noch bereit war, sich mit ihm zu schmücken und ihn zu finanzieren. Er zieht sich immer mehr zurück in die Natur, scheitert jedoch an seiner ›Lebensphilosophie‹ bzw. erträgt deren Konsequenzen. Diese ist wesentlich vom Denken Friedrich Nietzsches geprägt, gebrochen allerdings durch Anlehnungen an die Philosophie Arthur Schopenhauers und den Fatalismus Georg Büchners. Baal versteht sich als eine Art poetischer Übermensch, der die Zivilisation verlässt, um die Welt »schmatzend abzugrasen«.[6] Er ist eine Art Romantiker, hochmusikalisch, als Lyriker begabt, aber erfolglos. Baal säuft, verführt Frauen – nebenbei bemerkt: im Drama allesamt Nebenfiguren[7] – treibt sie in den Tod und bringt seinen einzigen Freund um. Der von Baal geradezu beschrieene »Genuss noch im Verrecken« bleibt ihm versagt. Er stirbt, so höhnen die Holzfäller, die bei ihm sind, als »völlig erledigte Angelegenheit«[8], elendiglich auf einem Bretterboden, verlacht und gedemütigt.[9] Es ist bezeichnend, dass Baal im Sterben gerade das zuerst verliert, was ihn als Dichter ausmacht, die Sprachfähigkeit, und Brecht damit »den Dichter tötet, bevor die übrigen Lebensfunktionen abgestorben sind«.[10] Dass es sich bei Baals Agonie um eine Rückkehr in die Natur im Sinne Nietzsches handele, mag ja sein[11], aber warum lässt der junge Autor seinen Protagonisten dann derart leiden und entwürdigen – von seinen Begleitern wie auch von der Natur?

Eine weitere Gemeinsamkeit beider frühen Stücke: Sie sind auch – und vielleicht sogar vor allem – als literarische Dokumente der Selbstreflexion, der Eigenverortung Brechts als Künstler im Kulturleben der frühen Weimarer Republik zu betrachten. Gewiss, man lernt es schon im Deutschunterricht: Eine gedichtete Figur und deren ›Erfinder‹, also der Autor, dürfen niemals gleichgesetzt werden. Bei Brecht aber sind autobiografische Überlegungen oder Anspielungen im Werk derart häufig, dass es geradezu fahrlässig wäre, diese zu ignorieren und sich damit den Zugang zu einer wichtigen Interpretationsebene zu verstellen.

Sollte Brecht, der junge Dichter, also profitieren von den Möglichkeiten und Vorteilen, die die neu entstehende Gesellschaft der Weimarer Republik ihm bietet, einer ihrer Repräsentanten zu werden; so wie Kragler als Geschäftsmann? Oder sollte er, wie Baal, ein vitalistischer Romantiker bleiben, der sich in der Soirée-Szene gegen den Expressionismus und die Gesellschaft wendet[12], die diesen, weil er gerade modern ist, verehrt? Sollte er zum Außenseiter werden, der sich eine von Gott befreite Welt, so gut er nur kann, »einverleibt«?[13] Schon Aaron Kuchle deutet *Baal* als »poetische Autobiographie«.[14] Der junge Brecht versuche mit seinem Stück, »sich als Individuum neu zu definieren«.[15] In der Realität ging es dann allerdings eher nach *Trommeln in der Nacht*: Brechts Lebensweg ließ ihn dann nämlich zu einem literarisch begabten wie lebenstüchtigen, geschäftlich erfolgreichen Kragler werden, kalkulierend, genau wissend, was er mit seinem Talent anstellt, wie er es verwertet in einer Gesellschaft, in deren Spitze er unter allen Umständen gelangen wollte. Auch dies wiederum ist, um den Bogen zu *Baal* zu schlagen, eine Art des »Abgrasens«[16], des »Einverleibens« der Welt und ihrer Potenziale in eigener Sache. Immer wieder folgten in Brechts Werk entsprechende Selbstverortungs- und Selbstvergewisserungsversuche, nicht zuletzt in poetischer Form. Der Lyrikzyklus *Aus dem Lesebuch eines Städtebewohners* mag hier nur als ein Beispiel unter vielen gelten.[17]

Der Reiz des Theaterstücks *Baal* liegt auch darin, dass Brecht weit davon entfernt ist, seinen Protagonisten als verachtenswerten Sonderling, ausschließlich als »bösen Buben«[18] vorzuführen; ganz im Gegenteil: Sympathische, sogar faszinierende Züge hat er. Sie resultieren aus seiner »asozialen«[19] Kompromisslosigkeit, aus der Bereitschaft, er selbst zu sein, koste es, was es wolle. Nicht ohne Grund wurde das Stück 1969 von Volker Schlöndorff verfilmt, mit Rainer Werner Fassbinder in der Titelrolle. Regisseur wie Hauptdarsteller konnten sich einer gewissen Magie, die von Brechts frühem Protagonisten ausgeht, nicht entziehen. Auch andere prominente »schräge Vögel« schlüpften in die Rolle des Baal; von Peter O'Toole (1963) bis David Bowie (1982).

Noch bedeutsamer aber ist, dass in *Baal* vieles, um nicht zu sagen: fast alles vorgebildet ist, das Brechts Kunst einzigartig machen sollte; dies zum Teil in bereits erstaunlich weitentwickelter Form.

Materialverwertung, Ambivalenz und moralische Anpassungsfähigkeit

So zeigt sich Brecht bereits als Meister der Vielschichtigkeit und als konsequenter Materialverwerter, der Anregungen aus der Bibel, der Philosophie, der Literaturgeschichte, aber auch aus seinem Augsburger Umfelds gewinnt, diese weiterdenkt und zu einem neuen Ganzen zusammenfügt: Das ist nachvollziehbar am Beispiel der Hauptfigur, die Züge der assyrischen Gottheit Baal trägt. Brecht nimmt damit aber auch ein beliebtes Motiv expressionistischer Literatur auf, der kundige Leser ist erinnert an Werke wie Georg Heyms Gedicht *Der Gott der Stadt*, in dem ein Baal vorkommt, an Paul Zechs Erzählung *Das Baalsopfer*, aber auch an den Roman *Ambros Maria Baal* des heute vergessenen Österreichers Andreas Thom. Fast ein Kuriosum ist, dass eine Spur auch in Augsburgs Vorstädte, konkret in den heutigen Stadtteil Pfersee, führt. Hier nämlich lebte in einem kleinen Haus ein heruntergekommener und versoffener Dichter namens Johann Baal, der in den Altstadtkneipen seine Lyrik vortrug – damit Brecht in gewisser Weise wiederum nicht unähnlich; nur dass jener Johann Baal, so wie auch Brechts gedichtete Figur, ein schlimmes Ende nehmen sollte: Er starb zwar nicht auf einem Bretterboden, wurde aber in eine psychiatrische Anstalt nach Bruckberg gebracht, wo sich seine Spur verliert.

Vom Eigennamen des Protagonisten abgesehen fließen in dessen Gestaltung eine Fülle von Anspielungen auf eine Reihe literarischer Gewährsmänner des jungen Brecht ein, Anspielungen auf Werk und Person der ›Vagabundendichter‹ François Villon, Arthur Rimbaud und Paul Verlaine, aber auch den apolitischen Dramatiker und Kabarettisten Frank Wedekind, den Brecht derart verehrte, dass er nach ihm seinen ersten Sohn »Frank« nannte. Auch die klassische Literatur- bzw. Musikgeschichte hinterlässt in *Baal* Spuren. Um nur dieses eine, eher überraschende Beispiel zu nennen: Es sind deutliche Entsprechungen zu Wilhelm Müllers und Franz Schuberts monumentalem Zyklus *Die Winterreise* nachweisbar.[20]

Baal ist überdies ein Zeugnis des vom jungen Brecht genüsslich gepflegten Kontradiktorischen: Um sich selbst als Dichter ins Gespräch zu bringen, schrieb er vielfach gegen literarische Werke oder ganze Stilrichtungen an. So ist *Baal*, besonders die früheste Fassung, explizit ein Gegenentwurf zu dem Grabbe-Drama *Der Anfang* des expressionistischen Dichters Hanns Johst. Dieser ist heute gleichfalls fast vergessen, war aber in den zwanziger Jahren hochangesehen. Schon immer von stramm nationalistischer Gesinnung, näherte Johst sich rasch der NS-Bewegung an, wurde Parteimitglied, war im ›Dritten Reich‹ einer der bekanntesten Dichter, Präsident der Reichsschrifttumskammer und zudem Freund Heinrich Himmlers, dem Johst den Rang eines SS-Gruppenführers zu verdanken hatte.[21]

Nicht nur gegen das expressionistische »Oh-Mensch-Pathos« in Inhalt und Sprache schrieb Brecht an. Johsts zartem und schönem Jüngling Grabbe stellt er provokant den bärbeißigen Baal entgegen; »so häßlich, daß man erschrickt.«[22] Im Gegensatz zu Johsts Grabbe-Figur, die realiter gleichfalls tragisch endete, aber literarischen Nachruhm erfuhr, bleibt Baals lyrisches Werk unbekannt und folgenlos.[23] Es stirbt mit ihm auf den Brettern als wäre es nie dagewesen, was das Herausfordernde des Stücks steigert; ebenso wie Brechts Idee, Baal auch als Gegenentwurf zu Goethes Torquato Tasso, einer der berühmtesten Dichterfiguren der klassischen Literatur überhaupt, zu konzipieren.[24] Auch diese überhöhte, idealistische Figur wird in der Kontrafaktur durch Baal »geerdet«, buchstäblich mit dessen Ende auf die Bretter der Hütte geholt, in der Baal und seine Dichtung, die in der Moderne jegliches Erhabene und Überzeitliche verloren hat, sterben.

Sein Ziel erreichte Brecht, er erregte Aufsehen und wurde eines Seminars des berühmten Münchener Theaterwissenschaftlers Artur Kutscher verwiesen, der Brecht aufgrund seiner Respektlosigkeit Johst gegenüber »Flagellant« und »Prolet« nannte.[25] Brecht übergab das Manuskript des *Baal* dann dennoch Kutscher, der auch ihm als »Apostel«[26] der zeitgenössischen Literatur galt, zur Beurteilung. Denn das Stück sollte ja Erfolg haben, auf die Bühne kommen, und eine Empfehlung Kutschers hätte da manche Türe öffnen können. Doch der verriss das Werk, wie eigentlich zu erwarten war. Brecht schreibt dazu: Der »Leichen-Kutscher [...] hat mir etwas über den *Baal* geschrieben. Zum Speien! Er ist der flachste Kumpan, der mir je vorgekommen ist.«[27]

Trotz aller Aufmerksamkeit, allem einkalkulierten Ärger: Weder einen Verlag, der sein erstes großes Stück drucken wollte, konnte Brecht zunächst finden, noch ein Theater, um es zur Aufführung zu bringen. Also überarbeitete er das Drama, sehr wohl wissend, dass es dadurch an Qualität verlieren würde: Baal, so Brecht dann selbst, »ist zu Papier geworden, verakademisiert, glatt, rasiert [...] Anstatt erdiger, unbedenklicher, frecher, einfältiger!«[28]

Bei der Bearbeitung half Brecht niemand anderer als Johst, mit dem er sich recht gut verstand trotz der herbeigeführten Kontroversen auf der Basis seines frühen Dramas. Brecht besuchte ihn in seinem feinen Haus in Oberallmannshausen am Starnberger See, knapp hundert Kilometer von Augsburg entfernt; und dies nicht nur einmal. Obwohl Brecht wusste, das Johst »ein Rechter« war, fragte er den älteren und wesentlichen bekannteren Schriftsteller um Rat; nicht zuletzt bezüglich *Baal*, dessen früheste Fassung er zum Teil nach Vorschlägen Johsts umarbeitete. Brecht schreibt ihm im September 1919:

> Lieber Hanns Johst,
> ich möchte noch einmal danken für den Tag bei Ihnen und Ihrer lieben Frau. Ich habe Sie sehr liebgewonnen und einen starken Klang heimgenommen.
> Nun wird *Baal* neu getippt [...]
> Hoffentlich kommen Sie bald nach Augsburg! Darauf freue ich mich richtig.[29]

Weil Brecht sich für seine Karriere als Dichter auch von Johst Vorteile erhoffte und ihn sich gewogen halten wollte, versuchte er, bei seiner Überarbeitung all das zu tilgen, womit er dessen Drama *Der Einsame* aufs Korn genommen hatte. Im Januar 1920 schreibt er Johst:

> Inzwischen habe ich mein Stück bearbeitet und z. B. alle Szenen mit der Mutter rausgeschmissen. Dadurch verscheuche ich das Gespenst des *Einsamen* ziemlich an die Peripherie. Ungeheuer gern würde ich mit Ihnen über Dramaturgisches reden und ich werde auch, sobald ich kann, nach Oberallmannshausen herauskommen.[30]

Brecht besuchte noch im Mai 1920 in Augsburg einen Vortrag Kutschers über Johst, und Anfang Juli desselben Jahres begegnete er in dessen Haus dem für ihn später so wichtigen Verleger Peter Suhrkamp.[31] Brecht wollte sogar seine Freundin Paula Banholzer, die von ihm ein uneheliches Kind hatte und nicht so recht wusste, wie es beruflich mit ihr weitergehen sollte, bei Johst als Haushaltsgehilfin unterbringen.[32] Um sie zu beeindrucken hatte Brecht Banholzer ausgerechnet in der frühesten Fassung des *Baal* literarisch »verewigt«: in Form eines Portraits ihrer Person[33] und eines Akrostichons.[34] Und nun sollte sie zu Johst, dem Schöpfer der Figur, die von Baal lächerlich gemacht wird, in den Haushalt. Das Mondäne, Repräsentative, das ein Haus am Starnberger See zweifellos hatte, gefiel Brecht außerordentlich. Ähnliches legte er sich, als er nach dem Erfolg mit der *Dreigroschenoper* noch bekannter als Johst war, selbst zu; in Utting, am nicht weit entfernten Ammersee.

Die Bearbeitung des *Baal* ist, werkgeschichtlich, das erste bedeutendere Beispiel für Brechts strategisches und berechnendes Vorgehen, wenn es darum ging, seine Karriere als Dichter voranzubringen, sich zu vermarkten und dabei persönliche Beziehungen zu nutzen. Er hatte Erfolg: Das Alte Theater in Leipzig nahm das vom Autor deutlich verharmloste Stück schließlich an.

Diese »Flexibilität«, wenn es um eigene Interessen ging, ist nach *Baal* durchgehend nachweisbar; sehr klar auch in Brechts Zeit in der DDR, als er seine und Paul Dessaus Oper *Die Verurteilung des Lukullus* bereitwillig überarbeitete, weil sie den Kulturfunktionären zu pazifistisch erschien. Hauptsache, das Werk wird aufgeführt, wozu es dann auch tatsächlich kam. Was schadet da das ein oder andere Zugeständnis an einen Staat, der Brecht, trotz aller Formalismus-Vorwürfe, doch immerhin ein eigenes Theaterensemble und dann sogar eine eigene Spielstätte, das Theater am Schiffbauerdamm, zur Verfügung gestellt hatte?

Das funktionierte bei Brechts ›Wanderungen zwischen den Welten‹ auch in umgekehrter Richtung. Weder in Österreich noch in Westdeutschland konnte er etwas werden. Nur notgedrungen ging er in die DDR, aber von Beginn an tat er alles, um auch in der Bundesrepublik wahrgenommen, inszeniert zu werden.[35] Wenn dabei Größen aus dem Theaterleben der NS-Zeit, die Brecht noch von früher kannte, helfen konnten, griff er gerne auf sie zurück. Mit der bewährten *Dreigroschenoper*, in der DDR zu dieser Zeit nicht ganz zu Unrecht als dekadent und unsozialistisch verpönt, wollte er im Westen Erfolg haben. Niemand anderen als den berühmten UFA-Star und Volksschauspieler Hans Albers wollte Brecht für die Hauptrolle des Mackie Messer gewinnen. Der zündenden Kulinarik des Werks sollte nichts im Weg stehen. Also schrieb Brecht Albers, er habe eigens eine neue Fassung geschrieben, »wo ich die Krüppel herausnahm, an denen man heut Anstoß nehmen könnte«.[36] Albers war einverstanden, und am 27. April 1949 war Premiere bei den Münchner Kammerspielen unter der Intendanz Hans Schweikarts. Der wiederum war wenige Jahre zuvor noch »förderndes SS-Mitglied«. In Besprechungen war zu lesen, dass diese Inszenierung der *Dreigroschenoper* wohl nicht dem »Geist des Originals«[37] entsprochen habe. Nur zwei Tage später, am 29. April, wurde vom Politbüro der SED, dem die Hintergründe dieser *Dreigroschenoper*-Inszenierung in München nicht bekannt waren, ein großzügiger Etat für Brechts Theaterensemble in Ost-Berlin gewährt.[38]

Geldgierige Bauern spielen Episches Theater – Baal und Brecht führen Regie!

Zu guter Letzt zum vielleicht bemerkenswertesten Aspekt: Wesentliche Elemente des Epischen Theaters, der berühmten Theatertheorie und -praxis Brechts, sind in *Baal*, ebenso wie in *Trommeln in der Nacht*[39], nicht nur schon nachweisbar, sondern bereits weit entwickelt; solche, die das Theater revolutionieren sollten: so z. B. kommentierende, die Handlung unterbrechende liedhafte Einschübe, der ›Spiel im Spiel‹-Charakter, Verfremdungseffekte, die gesellschaftliche Gesetzmäßigkeiten durchdringbar machen; allesamt Elemente, die das Stück vom traditionellen kulinarischen Theater wie auch von der expressionistischen Dramatik abgrenzen.

Um dies zu verdeutlichen sei ein konkretes Beispiel genauer beschrieben. In der sogenannten »Stierszene« lässt Baal nichts anderes als ›Theater im Theater‹ spielen; unfreiwillig allerdings, was seine Akteure betrifft: Er missbraucht nämlich Bauern, denen er erzählt, dass sein Bruder, den es gar nicht gibt, einen besonders kräftigen Stier erwerben möchte und bereit wäre, einen außerordentlich guten, sogar überhöhten Preis zu zahlen. Allerdings bestehe er, wenn er schon so großzügig sei, auf einer gewissen Auswahl. Die Bauern, ein gutes Geschäft witternd, sind sofort bereit, aus sieben Dörfern Tiere zusammenzutreiben und zur Schau zu stellen. Dass mit dem Geschäft vielleicht etwas nicht stimmen könnte, kommt ihnen nicht in den Sinn; zu groß ist ihre Geldgier.

Für den Zuschauer ist das wenig überraschend: Baals nicht existierender Bruder erscheint nicht zur Tierschau. Baal selbst allerdings hat sich eingefunden und beobachtet die Szene von Weitem. Bereits zuvor hat er sich auf diesen »starken Anblick«[40] der immer ratloser werdenden, wild gestikulierenden und miteinander diskutierenden Bauern gefreut. Diese Freude resultiert allerdings weniger aus Gehässigkeit als aus Abgeklärtheit, dem Spaß daran, eine bestimmte Situation herbeizuführen und dann genau analysieren zu können. Gesellschaftliches wird fokussiert: Denn Baal ist nicht angetan vom Auftrieb der schönen Tiere, sondern von den vorgeführten Bauern, den Reaktionen genarrter Geschäftsleute, die Einblick gewähren in die Marktmechanismen der Gesellschaft. Banales, aber Typisches, setzt Baal in Szene, um es so aus der Alltäglichkeit herauszulösen und transparent zu machen: die Diskussionen über das misslungene Geschäft, den Argwohn den Konkurrenten gegenüber, die Angst, von ihnen heimlich übervorteilt worden zu sein etc. Es sind historisch gewachsene Situationen, die Gesetzmäßigkeiten des Umgangs miteinander in einer merkantilisierten Welt an den Tag legen und diese erkennbar machen. Sie werden deutlich in der Interaktion der Bauern untereinander. Deshalb bestand »Baals Bruder« darauf, dass mehrere Bauern ihr Vieh zusammentreiben, obwohl ja auch ein einziger mit einer größeren Zahl von Stieren gereicht hätte. Die Möglichkeit, unter den Tieren eine Auswahl zu treffen, wäre auch so gegeben gewesen, doch darum ging es nicht. Brecht erreicht in der Durchdringung gesellschaftlicher Phänomene mittels des dem Zuschauer bewusst gemachten »Spiels im Spiel« eine neue Dimension des Theaters, die er später in seinen theoretischen Schriften genau beschrieb.

Denn die »Stierszene« ist, ihrer Funktion nach, nichts anderes als ein Vorläufer der berühmten »Straßenszene« aus dem *Messingkauf*, eine der beiden großen theoretischen Schriften zum Epischen Theater. Dies ist keineswegs eine Deutung, eine zum hier dargestellten Kontext passende, ihn stützende Interpretation, sondern Brecht selbst bezeichnet diese Szene aus *Baal* explizit als »Grundmodell«[41] der »Straßenszene«, die abermals durch ihre Indirektheit an Profil gewinnt. Es passiert etwas Schlimmes, jedoch Alltägliches, das sich überall ereignen kann: es geht um einen Unfall. Dieser wird von einem Menschen, der ihn mitangesehen, erlebt hat, für Andere, die möglicherweise nicht zugegen waren, dargestellt. Dies bezeichnet Brecht als »natürliches episches Theater«: Ein

> Augenzeuge eines Verkehrsunfalls demonstriert einer Menschenansammlung, wie das Unglück passierte. Die Umstehenden können den Vorgang nicht gesehen haben oder nur nicht seiner Meinung sein, ihn »anders sehen« – die Hauptsache ist, daß der Demonstrierende das Verhalten des Fahrers oder des Überfahrenen oder beider in einer solchen Weise vormacht, daß die Umstehenden sich über den Vorfall ein Urteil bilden.[42]

Dies ist, mit den Worten Brechts, nichts anderes als die »Grundform großen Theaters, Theaters eines wissenschaftlichen Zeitalters«[43]; nichts anderes als das, was er bereits in *Baal*, in der »Stierszene«, realisierte – ein knappes Jahrzehnt, bevor er sich ernsthafter mit der marxistischen Gesellschaftstheorie befasste und zwei Jahrzehnte, bevor er im Exil mit dem Schreiben am *Messingkauf* begann, der im Übrigen Fragment bleiben sollte. Alle von Brecht später genau dargestellten Elemente der Verfremdung, vom Gestus bis zum Historisieren, sind in der »Stierszene« bereits erkennbar. Die ratlosen Bauern werden vorgeführt innerhalb einer konkreten »historischen Situation«. Diejenigen, die mit Baal verhandelt hatten, müssen sich nun vor den anderen Bauern erklären, sich verteidigen wegen des nicht zustande gekommenen Geschäfts. Sie demonstrieren mit denselben darstellerischen Mitteln jenes ›natürlichen Theaters‹ die Absprache und Übereinkünfte mit Baal; so wie später der Zeuge den Unfall. Bereits der junge Brecht spielt also mit gesellschaftlichen Mechanismen. Zeitspezifisches wird isoliert, herausgehoben und dem analytischen Blick des Zuschauers ausgesetzt, der es nun als Zeitspezifisches erkennen und verändern kann; wenn man denn tatsächlich an die Möglichkeit einer solchen Veränderung glaubt. Doch selbst wenn nicht, handelt sich um eine neue Dimension eines höchst anspruchsvollen und ästhetischen Spiels auf der Theaterbühne.

Dieses artifizielle Spiel realisierte Brecht selbst während seiner Stippvisite in Leipzig bei der Premiere seines *Baal*. Zu dieser Zeit war er ja nicht nur bereits Träger des Kleist-Preises, sondern auch Dramaturg bei den Münchner Kammerspielen mit beachtlicher Regiererfahrung auch bei eigenen Stücken. Gewiss, er hatte es nicht zuletzt Alwin Kronacher zu verdanken, dass sein *Baal* in Leipzig überhaupt auf den Spielplan kommen und somit Premiere feiern konnte. Aber als Regisseur stand Kronacher mit seiner Nähe zum expressionistischen Drama Brecht denkbar fern. So nahm er Kronacher während seines kurzen Aufenthalts in Leipzig vor der Premiere noch das Heft aus der Hand, so gut es ging, und realisierte auf der Bühne Episches Theater.

Damit sind wir wieder beim Bericht Rudolf Fernaus angelangt, der dies, in einer Mischung aus Verwunderung und Faszination, minuziös beschreibt und dokumentiert. Fernau berichtet, dass Brecht sehr bewusst gegen die »expressionistische Extase«, die viele Bühnenfiguren »auf dem Gewissen habe«[44], inszenierte. »Verfremdet muß die Gestalt werden, damit sie glaubhaft wird«, zitiert Fernau Brecht: »Verfremdet! Die neue Sachlichkeit muß auf die Bretter, sagte er abschließend und erhob sich.«[45] Dann ging es los:

> Er demonstrierte sofort die Dogmen seines episch wissenschaftlichen Theaters und konturierte, mit gehemmt trippelnden Schritten und eng am Körper angepressten Armen, sämtliche Rollen. Jeder Satz ist so wichtig wie das ganz Stück, betonte er. Nicht lange, und er hatte seine zuerst misstrauische Umgebung um die Finger seiner schmalgliedrigen Hand gewickelt. Die Damen [...] ergaben sich willenlos der stillbohrenden Tyrannei seiner szenisch theoretischen Anordnungen.[46]

Nun ging es weiter mit minutiöser Arbeit an einzelnen Rollen des *Baal*:

> »Der Johannes«, sagte er, »hat einen schiefen Kollektantenblick und muß »dünn und beese« gespielt werden. Beim ersten Auftritt mußt du eilig hereinkommen, aber es muß eine langsame Eile sein.« [...] Die geistige Massage, der er unsere Rollen unterzog, gestaltete die Proben immer interessanter und erregender. Wenn er hinter seiner Stahl-

brille, mit gefalteten Händen, versenkt dasaß, und wie ein Jäger im Halbdämmer der
Bühne sein Wild beobachten verfolgte, bot er den Anblick eines geheimnisvollen Emis-
särs. Er ging sofort immer in die Auseinandersetzung, und wenn er mit pedantischer
Genauigkeit auf der Vollstreckung seines epischen Theaters bestand und jeden Satz mit
hochpeitschender Stimme und angewinkelten armen taktförmig unterstrich, dann glich
er dem Büchnerschen Todesengel St. Just, der vor dem Convent seine Dogmen fallbeil-
artig auf die erschauernden Rücken der Deputierten niedersaußen läßt.[47]

Fernau verwendet nicht nur immer wieder explizit den Begriff »episches
Theater«, sondern der Leser glaubt, Brechts Regiearbeit mit dem Berliner
Ensemble der fünfziger Jahre beizuwohnen oder einen der vielen Berichte
seiner Meisterschüler zu lesen; mit dem Unterschied, dass diese eine nicht
ganz so blumige Sprache wie Fernau bevorzugten. Dieser belässt es nicht
bei seinen Beobachtungen, sondern zitiert in seinen Erinnerungen überdies
einen Zeitungsbericht der Leipziger Volkszeitung, in dem Brecht, zeitnah
zur Premiere des *Baal*, Auskunft über seine Vorstellung eines wissenschaftlichen Theaters gibt. Auch wenn Schauspieler in seinen Stücken oft Erfolg
hätten, sei er mit ihnen meist nicht zufrieden, weil sie falsch spielten. Sie
sollten sich nicht mit »Zuhilfenahme der Suggestion [...] sich selber und
das Publikum in Trance«[48] versetzen, sondern ihr »Wissen über menschliche Beziehungen zeigen« und dies »bewußt darbietend, schildernd«,[49]
wobei weniger der Mensch als »die Vorgänge«[50] hervorzuheben seien.

Einige Monate nach der *Baal*-Premiere traf Fernau Brecht zufällig in Berlin in der
U-Bahn und wurde von ihm in dessen Atelierwohnung in der Spichernstraße mitgenommen. Wieder dozierte Brecht über sein Episches Theater, machte sich über die Af-
fekte des aristotelischen Theaters lustig und stellte abermals das Prozesshafte in den
Vordergrund: »Ich pfeif auf die Tragik [...] Tragisch ist allein der Vorgang und über
den sollen sich die Leute Gedanken machen [...] Emotionen sind Gefühlsdampf und
vernebeln das Denken.«[51]

Zum Abschied musste sich Fernau dann noch eine Handlungsmaxime mit
auf den Weg geben lassen: »Tue Brecht und scheue niemand.«[52]

Unbequem und unfertig bis zuletzt

Wie ging es, nach der Premiere, weiter mit *Baal*? Mit dem Aufsehen, das
Brecht in Leipzig erregt hatte, kam er tatsächlich ans Ziel. Am 14. Februar
1926, also noch lange vor den großen Erfolgen mit der *Dreigroschenoper*
und *Aufstieg und Fall der Stadt Mahagonny*, wurde das Stück in einer Fas-

sung mit dem Titel *Lebenslauf des Mannes Baal* von der Jungen Bühne Berlin aufgeführt, wieder mit prominenter Besetzung; Oskar Homolka spielte die Titelfigur.[53] Noch bedeutsamer aber war die Inszenierung des *Baal* in Wien auf der Studiobühne des Theaters in der Josefstadt, für die kein Geringerer als Hugo von Hofmannsthal ein Vorspiel geschrieben hatte. Premiere war nur fünf Wochen später, am 21. März 1926.[54]

In Augsburg allerdings kam *Baal* noch lange nicht auf die Bühne. Das lag nicht zuletzt an der Tatsache, dass das Stadttheater in der frühen Weimarer Republik über kein eigenes Theaterensemble verfügte; man konnte sich keines leisten. *Trommeln in der Nacht* hatte bei den Münchener Kammerspielen am 29. September 1922 Premiere. In Augsburg dann, als Gastspiel der Kammerspiele, jedoch mit anderer Besetzung, am 13. Dezember 1922. Dabei blieb es vorerst. Brecht allerdings verstand es, seine alten Augsburger Freunde für sich einzuspannen und diese, insofern sie Zugang zur Presse hatten, für sein Werk Reklame machen zu lassen, das heißt: zu provozieren. Nicht ausgeschlossen ist, dass Brecht selbst bei diesen Zeitungbeiträgen wenn nicht sogar »mitschrieb«, so doch zumindest »mitdachte«.[55] So schrieb Max Hohenester bezüglich des Augsburger Gastspiels der Kammerspiele: »Der Augsburger Bert Brecht ist wahrhaftig ein Dramatiker und er wird, wenn nicht alle Zeichen trügen, von vielen, ja vielleicht sogar von allen, die mit ihm des gleichen Weges wandern, durchs Ziel gehen.«[56] Anlässlich der zweiten, größeren Auflage des *Baal* erhob sich in der Augsburger Presse allerdings auch eine kritische Stimme:

> Zur Aufführung ist das Stück in der vorliegenden Fassung ungeeignet. Das ist nicht um gewisser zynischer Stellen willen gesagt; denn die erträgt, wer die Herkunft kennt. So bleibt die berechtigte Hoffnung, dass ein um ein wenig älterer Bertolt Brecht den Himmeln, die man hamstern kann, mißtraut und Schicksal und Erfüllung immer mehr im Erlebnis als im Triebe sieht.[57]

Zweifellos aber war auch in der Heimatstadt, um es mit Hohenester zu sagen, klar: »Auf alle Fälle ist Brecht kein Thema für literarische Sonntagsjäger mit einem Rucksack voller Voreingenommenheiten«[58], und wieder kann man sich des Eindrucks nicht erwehren, dass Brecht auch bei diesem streitbaren Beitrag im Hintergrund inspirierte oder gar die Feder führte.

Brecht ließ nicht von dem Stück, schrieb noch mehrere Fassungen, wurde aber Zeit seines Lebens mit diesem außergewöhnlichen Protagonisten, der in der DDR mit gutem Grund verpönt war, nicht fertig. In der Tradition sozialistischer Selbstkritik räumte Brecht ein, dass »dem Stück Weisheit fehle«,[59] aber das klingt eher halbherzig als nach ehrlich gemeinter Distanzierung von seinem frühen Werk. 1955, gegen Ende seines Lebens, überarbeitete Brecht nochmals zwei Szenen seines Dramas. Konkreter Anlass war eine Ausgabe seiner frühen Stücke, die der Suhrkamp Verlag 1953 vorbereitete.[60] In erster Linie geht es um die einführende Soirée-Szene, die für das Theaterstück in all seinen Fassungen höchst bedeutsam ist. Zunächst fällt auf, dass Brecht den autobiografischen Bezug aufrecht erhält: Baal gibt als seine Adresse »Klauckestraße 64«[61] an. Diese ist in der Augsburger Vorstadt, in der Brecht seine Jugend verbrachte. Zwar wohnte er in der Bleichstraße, in der auch jene berühmte Dichtermansarde, die »Dachkammer«[62] war, die Baal als seine eigene Adresse ausgibt. Doch die Klauckestraße befindet sich in unmittelbarer Nähe. In ihr wohnte überdies Brechts Freund Georg Pfanzelt, dem das Drama *Baal* einst gewidmet war.

Diese kleine Reminiszenz an die eigene Dichterpersönlichkeit und -identität stellt die folgenden vermeintlichen Zugeständnisse an den Kommunismus, an die DDR, von vornherein in Anführungszeichen. Brecht zeigt sich dem neuen deutschen Staat offensichtlich nahe, indem er eine euphorisierte junge Dame Gedichte aus der Zeitschrift *Revolution* rezitieren lässt. So scheint das erste der gelesenen Gedichte ganz im Zeichen des Klassenkampfes zu stehen. Markige Worte wie

> Die neue Welt
> Die Welt der Qual austilgend,
> Insel glückseliger Menschheit.
> Reden Manifeste.
> Gesänge von Tribünen.
> Der neue, der heilige Staat
> Sei gepredigt, dem Blut der Völker, Blut von ihrem Blut, eingeimpft.
> Paradies setzt ein.[63]

scheinen da keinerlei Zweifel zu lassen. Tatsächlich allerdings ist *Revolution* nicht der Titel eines kommunistischen Propagandablatts, sondern der einer literarischen Zeitschrift des Expressionismus, der in der DDR aufgrund der marxistischen Expressionismusdebatte umstritten war. Autor des zitierten Gedichts, das nicht aus der Zeitschrift *Revolution*, sondern aus der Anthologie *Kameraden der Menschheit. Dichtungen zur Weltrevolution* (1919) stammt, ist niemand anderer als der Stalinist Johannes R. Becher,[64] der einst, im Gegensatz zu Johst, dem linken Expressionismus zuzurechnen war. Brecht erweist dem als eitel geltenden Becher durch die Aufnahme eines seiner Gedichte in *Baal* seine Reverenz; mit gutem Grund. Denn Becher hatte er in dieser Zeit bereits viel zu verdanken und von ihm noch mehr zu erwarten. Anfang 1954 nämlich wurde Becher Kulturminister der DDR. Er berief Brecht in den künstlerischen Beirat seines Ministeriums, und am 19. März 1954 konnte dieser mit einer Inszenierung von Molieres *Don Juan* sein Theater am Schiffbauerdamm eröffnen.

Die Montage eines Gedichts Bechers in *Baal* war in dieser Zeit nicht Brechts einzige vermeintliche Ergebenheitsbekundung dem späteren Kulturminister gegenüber. 1952, Bechers herausragende Karriere in der DDR zeichnete sich bereits ab, wurde Brecht offiziell gebeten, eine Einleitung zu einer Sammlung von Gedichten für sogenannte »Junge Pioniere« zu verfassen. Dem kam er nach.[65] In dem Text analysiert er ein eigenes Gedicht, dann aber eben auch eines Bechers, das unter dessen Werken durch eine peinlich berührende Sentimentalität und Banalität besonders ins Auge sticht.[66] Becher wird es als Verbeugung des berühmten Kollegen ihm gegenüber gedeutet und sich gefreut haben. Tatsächlich aber führt Brecht dessen Mediokrität und künstlerische Belanglosigkeit eindrücklich vor und nimmt damit auch seinem eigenen Beitrag für die Interessen der Partei jegliche Ernsthaftigkeit.

Und das kommunistische »Paradies«, das Brecht in *Baal* durch Bechers schlechte lyrische Sprache besingen lässt? Dieses hatte Brecht in seiner Augsburger Zeit, auf die er durch den Hinweis auf die Dachkammer und die Klauckestraße explizit verweist und damit einen Deutungshorizont schafft, in einem seiner kommunismuskritischsten Gedichte, dem *Gesang des Soldaten der Roten Armee*, verbogen und respektlos auf »Eis« gereimt:

Und mit dem Leib, vom Regen hart
Und mit dem Herz, versehrt von Eis
Und mit den blutbefleckten Händen
So kommen wir grinsend in euer Paradeis.[67]

Jener »Soldat der roten Armee« raubt, mordet, indem er der »roten, unmenschlichen Fahne«[68] nachfolgt. Er bringt Höllen unter die Menschheit, deren schlimmste, frei nach Dante, jenes kommunistische »Paradies« ist, das am Ende steht. Das Gedicht entstand 1919, also genau in dem Jahr, in dem jene Anthologie mit Bechers Gedicht und seiner ganz anderen Sicht jenes »Paradieses« erschien und mitten in der intensiven Schaffensphase der frühen Fassungen des *Baal*. Doppeldeutigkeit also auch hier: Zweckorientierte und erfolgsversprechende Ehrerbietung Becher gegenüber auf der einen Seite; auf der anderen implizite, aber eindeutige Distanzierung vom Kommunismus. Diesen sieht Brecht, trotz aller Vorteile, die er ihm inzwischen zu verdanken hatte, nach wie vor als barbarische, totalitäre Ideologie, die die Rechte und Belange des Einzelnen mit Füßen tritt.

Bei der Überarbeitung dieser beiden *Baal*-Szenen blieb es dann. Es war wie bei *Trommeln in der Nacht* und dem revolutionskritischen Andreas

Kragler, von dem er sich gleichfalls aus strategischen Gründen mehrfach distanziert hatte: Brecht lavierte[69], taktierte, aber der »böse Baal, der asoziale«[70] blieb ein Dorn im Auge. Er war in der Welt, die für Brecht mit seinem Umzug nach Ost-Berlin nun einmal eine sozialistische war. In dieser wurde *Trommeln in der Nacht* Gewalt angetan, nämlich nach Brechts Tod im Umfeld des Berliner Ensembles überarbeitet, auf Parteilinie gebracht und als letzte, angeblich vom Autor selbst noch autorisierte Fassung verkauft; erfolglos. Es gab nur eine szenische Lesung in München, an der unter anderen der Schauspieler Ekkehard Schall, Schwiegersohn Brechts, beteiligt war.[71] Vielleicht dann doch besser, dass *Baal* am Ende unfertig, ›in progress‹, blieb?

Allerdings wurde das Stück noch 1987 vom Berliner Ensemble auf die Bühne gebracht, inszeniert von Alejandro Quintana, der später für kurze Zeit im Verdacht stand, für die Stasi gearbeitet zu haben. Das frühe Drama Brechts sollte nun endgültig ad absurdum geführt werden. Die Titelrolle spielte jener Ekkehard Schall, der abermals den braven DDR-Vasallen gab. Regisseur und Schauspieler gaben sich alle Mühe, Brechts Figur zu desavouieren, Schall spielte Baal so als glaube dieser seinen eigenen Worten nicht. Es war wie so oft im Theater der DDR, die sich in dieser Zeit rasant ihrem Untergang entgegenbewegte: Was »ideologisch nicht paßt, wird denunziert und ad absurdum geführt. Es ist traurig, das mitansehen zu müssen«.[72]

Doch auch Quintana und Brechts Schwiegersohn konnten *Baal* nicht zu einer »völlig erledigten Angelegenheit« machen. Denn diese Inszenierung zeugt erneut davon, wie sehr sich das Stück »hartnäckig gegen die marxistische Ideologie durchzusetzen vermochte«[73] und sie letztlich überlebte.

Anmerkungen

[1] Rudolf Fernau: Uraufführung von Bert Brecht *Baal* am 8. Dezember 1923 im alten Leipziger Stadttheater. Berlin 1971, S. 3–5.

[2] Vgl. ebd., S. 9.

[3] Bertolt Brecht: Große kommentierte Berliner und Frankfurter Ausgabe. Hrsg. v. Werner Hecht, Jan Knopf, Werner Mittenzwei und Klaus-Detlef Müller. Berlin, Weimar, Frankfurt/Main 1988–2000 (abgekürzt: GBA). Bd. 1, S. 228.

[4] Ebd.

[5] Ebd., S. 284.

[6] Vgl. GBA 1, S. 21.

[7] Vgl. Klaus H. Kiefer: »Erklären Sie mal das Gedicht!« Probleme mit *Baals Lied*. In: German Quarterly 67 (1994), S. 500–520, hier S. 505 f.

[8] GBA 1, S. 81, S. 137.

[9] Vgl. ebd., S. 80–82.

[10] Vgl. Gerhart Pickerodt: Goethes *Torquato Tasso* und Brechts *Baal*. Der Beruf des Dichters in der theatralischen Repräsentation. In: Ariane Martin, Nikola Roßbach (Hrsg.): Begegnungen: Bühne und Berufe in der Kulturgeschichte des Theaters. Marburg 2005, S. 159–170, hier S. 168.

[11] Vgl. Alessandra Basile: Lo spazio die cieli finiti di *Baal*: le poesie nel primo dramma di Bertolt Brecht. In: Quaderni di lingue e letteratura 33 (2008), S. 5–18, hier S. 18.

[12] Vgl. GBA 1, S. 23 f.

[13] Vgl. ebd., S. 19–21.

[14] Aaron Kuchle: *Der Tod im Wald*: Baum- und Waldsymbolik in Brechts *Baal*. In: New German Review 14 (1998), S. 29–41, hier S. 30.

[15] Ebd., S. 29.

[16] Vgl. GBA 1, S. 165.

[17] Vgl. GBA 11, S. 157 f.

[18] Vgl. Karl-Wilhelm Schmidt: Hooligans bei Brecht. Zum Beispiel *Baal*. Was heißt hier Erziehungsbedürftigkeit; was heißt hier Moral? In: Praxis Deutsch. Sonderheft Drama – Theater – Szenisches Spiel. Velber 2005, S. 63–68, hier S. 65.

[19] Vgl. Klaus-Detlef Müller: Bertolt Brecht. Epoche – Werk – Wirkung. München 1995, S. 95.

[20] Vgl. Jürgen Hillesheim: »Fremd bin ich eingezogen, fremd zieh' ich wieder aus …« Brechts *Baal* und die *Winterreise* von Wilhelm Müller und Franz Schubert. In: German Life and Letters 69, 2 (2016), S. 158–172, hier S. 162–170.

[21] Vgl. hierzu: Uwe Wittstock: Februar 33. Der Winter der Literatur. München 2021, S. 265 f.

[22] GBA 1, S. 153.

[23] Vgl. Kiefer: Probleme mit *Baals Lied*, S. 507.

[24] Vgl. Pickerodt: Goethes *Torquato Tasso* und Brechts *Baal*, S. 168 f.

[25] Vgl. Werner Frisch, Werner/Kurt Walter Obermeier: Brecht in Augsburg. Erinnerungen, Dokumente, Texte, Fotos. Berlin, Weimar 1986, S. 96.

[26] GBA 28, S. 37.

[27] Ebd., S. 66.

[28] GBA 26, S. 129.

[29] Ebd., S. 88.

[30] Ebd., S. 96.

[31] Vgl. ebd., S. 127.

[32] »Du würdest was lernen und es wäre auch nicht zu fad«, schreibt Brecht in diesem Zusammenhang Paula Banholzer am 28. Januar 1920 (GBA 28, S. 97).

[33] Brecht schreibt ihr im Mai 1918: »Ich habe übrigens nachts auf dem Fensterblech in ein paar Szenen eines Theaterstücks hinein einiges geschrieben; woraus Du vielleicht einmal gelegentlich sehen wirst, daß ich Dich sehr lieb habe.« Ebd., S. 55. Banholzer selbst bestätigt diese Reminiszenz; vgl. Paula Banholzer: »So viel wie eine Liebe«. Der unbekannte Brecht. München 1981, S. 118.

[34] Vgl. GBA 1, S. 27.

[35] Vgl. GBA 29, S. 511 f.

[36] Ebd., S. 481.

[37] Ebd., S. 541.

[38] Vgl. Werner Hecht: Brecht Chronik. 1898–1956. Frankfurt/Main 1997, S. 866.

[39] Vgl. dazu ausführlich: Jan Knopf: *Trommeln in der Nacht*. In: Walter Hinderer (Hrsg.): Brechts Dramen. Neue Interpretationen. Stuttgart 1984, S. 48–66, hier besonders S. 51 f., S. 61–63.

[40] GBA 1, S. 65.

[41] GBA 22, S. 370.

[42] Ebd., S. 371.

[43] Ebd.

[44] Vgl. Fernau: Uraufführung von Bert Brecht *Baal* am 8. Dezember 1923 im alten Leipziger Stadttheater, S. 6.

[45] Ebd.

[46] Ebd.

[47] Ebd., S. 4 f.

[48] Zitiert nach ebd., S. 7.

[49] Vgl. ebd., S. 6 f.

[50] Ebd., S. 7.

[51] Ebd., S. 12.

[52] Ebd.

[53] Vgl. Hecht: Brecht Chronik, S. 197.

[54] Vgl. Jürgen Hillesheim: *Baal*. In: Jan Knopf (Hrsg.): Brecht-Handbuch. Bd. 1: Stücke. Stuttgart, Weimar 2001, S. 69–86, hier S. 83.

55 Vgl. hierzu: Karoline Sprenger: »Ein Rucksack voller Voreingenommenheiten«? Die Anfänge der Brecht-Rezeption in Augsburg 1922/23. In: Literatur in Bayern 27 (2012), 107, S. 15–21, hier S. 17.

56 Max Hohenester: Gesamtgastspiel der Münchener Kammerspiele. *Trommeln in der Nacht*. In: Augsburger Neueste Nachrichten, 15. Dezember 1922.

57 Bertolt Brechts *Baal*. In: Der Erzähler. Literarische Beilage der Augsburger Neuesten Nachrichten, 13. März 1923.

58 Max Hohenester: Im Dickicht Brecht. In: Der Erzähler. Literarische Beilage der Augsburger Neuesten Nachrichten, 9. Juni 1923.

59 GBA 23, S. 242.

60 Vgl. dazu ausführlich: Hillesheim: *Baal*, S. 72 f.

61 GBA 1, S. 168.

62 Ebd.

63 Ebd., S. 169 f.

64 Vgl. hierzu ebd., S. 547 f.

65 Vgl. GBA 23, S. 213 f.

66 Vgl. hierzu: Karoline Sprenger: Von einem, der »seine Lehrer nicht fördern« konnte. Bertolt Brecht in Augsburg und in der Schule. In: Wirkendes Wort. Deutsche Sprache und Literatur in Forschung und Lehre 73 (2023), 1, S. 81–94, hier S. 88 f.

67 GBA 13, S. 49.

68 Ebd., S. 48.

69 Ein Begriff, den sich Brecht in den zwanziger Jahren selbst zum Lebensmotto erhob; vgl. GBA 26, S. 152.

70 GBA 10, S. 667.

71 Vgl. hierzu: »… vollens ganz zum Bolschewisten geworden …«? Die Räterepublik 1919 in der Wahrnehmung Bertolt Brechts. Ausstellungskatalog. Hrsg. v. Jürgen Hillesheim, Karl-Georg Pfändtner. Augsburg 2019, S. 146.

72 Michael Stone: Die alte Krankheit. Das Berliner Ensemble spielt Brechts *Baal*. In: Der Tagesspiegel, 20. Dezember 1987.

73 Axel Schnell: »Virtuose Revolutionäre« und »verkommene Götter«: Brechts *Baal* und die Menschwerdung des Widersachers. Bielefeld 1993, S. 23.

Thomas Storrer

Alfred Döblins Exil vor dem Exil 1918–1933

»Man kann Emigrant im eigenen Lande sein.«
Alfred Döblin, 1936

Im Exil stand Alfred Döblin für sich allein. Das schützende Dach einer großen Gemeinschaft mit geteilten Überzeugungen spannte sich nicht über ihn. Das gilt für die Zeit in Paris [1933–1940], wo seine Teilnahme an der jüdischen Freiland-Bewegung mit Streit und Missverständnissen endete, und besonders für die bitteren Jahre in Hollywood [1940–1945], wo der Autor von *Berlin Alexanderplatz* vereinsamte, verarmte und verstummte. Als er auf der Feier zu seinem 65. Geburtstag in Santa Monica, am 14. August 1943, doch einmal sprach, um seine staunenden Gäste von seiner Bekehrung zum katholischen Glauben in Kenntnis zu setzen, irritierte er damit alte Weggefährten, wie Bertolt Brecht, ohne neue zu gewinnen. In Deutschland, wohin es Erna und Alfred Döblin aus der »radikalen Nichtbeachtung«[1] in Amerika im November 1945 zurücktrieb, zerschlugen sich alle Hoffnungen, an den früheren literarischen Ruhm anzuknüpfen und das Publikum für die aus den überstandenen Katastrophen gezogenen Lehren einzunehmen. »Sie reden nicht mehr von der Schande der vergangenen Jahre, sie fühlen sie nicht mehr«[2], schrieb Döblin, über seine Landsleute bitter enttäuscht, im Oktober 1952 aus Mainz an Arnold Zweig nach Ostberlin. Ende April 1953 kehrte er, alt und krank, mit seiner Frau nach Paris zurück.

Ein »Unbehauster«[3] war Alfred Döblin aber schon zwischen 1918 und 1933, in den Jahren der Republik – trotz seiner lebenslangen Verbundenheit mit deren literarischer Kultur.[4] Mit der Entstehung des Weimarer Staates hatte die seit Luther tradierte deutsche Untertanenordnung für ihn nur eine zeitgemäße Wandlung vollzogen. Überwunden war sie nicht. Das zu bewerkstelligen wäre die Aufgabe der deutschen Revolution 1918/19 gewesen. Doch das Blut der ermordeten Revolutionäre haftete an der Republik, besonders an den Händen Friedrich Eberts und seines Reichswehrministers Gustav Noske, die Döblin dafür bis an sein Lebensende verachtete. Das Gespenst des Militarismus ging weiter um, die Klassenzimmer und Hörsäle dröhnten vom Geschrei der deutschnationalen und bald auch der völkischen Rechten. In der ›Sektion für Dichtkunst‹ in der ›Preußischen Akademie der Künste‹, der Döblin bis 1933 angehörte, erhob es sich ebenfalls.

Zuflucht bot sich nirgends. Die SPD hatte die Revolution verraten. Mit der Niederschlagung des Januaraufstandes 1919 und dem Mord an Rosa Luxemburg und Karl Liebknecht war das längst nicht vorbei, wie wir an zwei von Döblin kommentierten Episoden sehen werden. Die Kommunisten ließen die russische Revolution in Terror abgleiten. Mit dem deutschen Judentum identifizierte der Jude Alfred Döblin sich nicht. Er musste 1924 nach Polen ins Schtetl reisen, um sich zugehörig zu fühlen. So weit entfernt stand Alfred Döblin von den großen Strömungen, die den Einzelnen von der Verbannung in sich selbst entlasten, dass vom Exil vor dem Exil gesprochen werden kann. So sehr war er in der Heimat heimatlos geworden, dass die Flucht aus Nazideutschland am 28. Februar 1933 ihn anfangs beinahe erleichterte. Die ab 1930 von Adolf Hitler ausgehende Gefahr unterschätzte er, wie viele andere, bei weitem.

Plötzlicher Aufbruch

Dass nach dem Ende das Foto der auf das Tor von Auschwitz-Birkenau zulaufenden Bahngleise zur Ikone des Dritten Reiches werden würde, ahnte am 30. Januar 1933 niemand, auch dessen »Führer« nicht. Der Fortschritt von Emanzipation und Gleichberechtigung erschien trotz des wilden Hasses der Nazis auf die Juden als unumkehrbar. Der rechte Terror mit Attentaten [auf Eisner, Erzberger, Rathenau], Fememorden und Schießereien [›Altonaer Blutsonntag‹] und brutales Vorgehen von Regierungstruppen und Polizei hatten die Weimarer Republik seit ihrem Beginn zu einem gefährlichen Ort gemacht, ohne dass sie in die Diktatur umgeschlagen wäre. Und ließen sich die Erfahrungen von Gewalt und Verelendung im Weltkrieg und in der Weltwirtschaftskrise denn noch überbieten? So beruhigten sich damals viele.

Für einen so bedeutenden Gewährsmann wie den Historiker Arthur Rosenberg war das »breite Bündnis der von Hitler geführten und von der Reichswehr unterstützten früheren Rechtsparteien, dem Beamtenapparat, den Großkapitalisten, Agrarkapitalisten sowie den rassistischen Intellektuellen [...]« zwar »eine furchtbare Macht«, schrieb er noch 1935 im Londoner Exil. Aber im Vertrauen auf die gegen Hitler eingestellte Arbeiterschaft hielt er es »auf lange Sicht für unwahrscheinlich, daß eine Regierung, die den Einfluß der Massen vollkommen unterdrückt, überdauern kann«.[5] Auch Alfred Döblin konnte nicht wissen (und wollte es vielleicht auch nicht), wie tief die Zäsur sein würde, als er sich am Tag nach dem Reichstagsbrand entschied, Deutschland zu verlassen. »Es war ja nur ein Ausflug«, schrieb er, wieder auf deutschem Boden, 1946 in seinem Erinnerungstext *Abschied und Wiederkehr*,

> man läßt den Sturm vorübergehen. Zuletzt rief mich noch ein mir bekannter Arbeiter
> an: ich solle doch gehen, gleich, er wisse allerhand, und es sei ja nur für kurze Zeit,
> längstens drei, vier Monate, dann sei man mit den Nazis fertig. […] Ich lachte und war
> ruhig. Mit dem kleinen Koffer in der Hand zog ich ab, allein.[6]

Seiner Vorfreude, wenn er sie tatsächlich empfand und hier nicht seine Trauer im Rückblick überspielte[7], verlieh Döblin mit einem Vers aus Friedrich Schillers Ballade *Der Taucher* Ausdruck: »»Doch es war ihm zum Heil, es riß ihn nach oben.‹« Erna Döblin weinte vor Sorge, er dagegen war »hochgestimmt«. In Deutschland war alles »unerträglich« geworden, »nicht nur politisch, auch geistig«. Das Exil dagegen, »das Heraus aus der Sackgasse, dieser Sturz und das Sinken schienen mir ›zum Heil‹ zu sein. […] Ich war in einer einzigen gehobenen Stimmung [die auch auf das Buch, das ich das ganze Jahr über schrieb, übergriff].«[8]

Dieses Buch war der Roman *Babylonische Wandrung oder Hochmut kommt vor dem Fall*, noch in Berlin begonnen und abgeschlossen in Paris. Darin steigt ein kraftloser alter Gott vom Himmel herab und wird Mensch unter Menschen, um sich »zu erneuern und seine alten Sünden abzubüßen […]. Es war«, meinte Döblin 1946, »die Vorwegnahme des Exils«.[9] Schon 1936 hatte er beim Treffen des Schutzverbandes Deutscher Schriftsteller in Paris bei seinem Vortrag *Der historische Roman und wir*[10] geäußert:

> Wir hatten auch schon vor der Zeit unserer Auswanderung Emigration zu Hause. Man
> kann Emigrant im eigenen Lande sein. Und solche Emigranten waren nicht nur viele
> Schriftsteller in Deutschland, sondern ganze Volksteile, nämlich die, die in gewollter
> oder gemußter politischer Abstinenz lebten. Wir hatten in Deutschland sehr viel mys-
> tische, religiöse und märchenhafte Literatur, die Literatur der Verklärer, der Skeptiker,
> der Untätigen […]. Wir hatten wenig aktive Literatur, die der Parteilichkeit der Tätigen
> entstammte.[11]

Damit zielte er, wie er zwei Jahre später erklärte, auf eine Gruppe deutscher Schriftsteller »mit feudalistischen, agrarischen und großbürgerlichen Zeichen, die rückwärts blickt und zum Klassizismus hinneigt«.[12] Das waren für Döblin u. a. Erwin Guido Kolbenheyer, Wilhelm Schäfer und Emil Strauß von der »völkische[n] Kollegenfront«[13] in der Sektion für Dichtkunst in der Preußischen Akademie der Künste.

Bericht über eine Akademie

Die Geschichte der Sektion wurde umfassend dokumentiert und dargestellt.[14] Hier genügt es daran zu erinnern, dass sie am 19. März 1926 durch
Erlass des Preußischen Kulturministeriums der Preußischen Akademie der
Künste [bis dahin: Bildende Kunst und »Tonkunst«] angegliedert wurde
und kein Ruhmesblatt hervorbrachte. Die vielversprechende Kooperation mit der Berliner Universität verlief im Sand, ebenso das Vorhaben, ein
republikanisches Schulbuch mit modernen Texten für den Deutschunterricht herauszugeben. Und so groß man die Parole von der geistigen Freiheit
im Schilde führte, so kläglich endeten die Versuche, gegen die um sich
greifende Zensur Position zu beziehen.

Auf der Plenarsitzung im Oktober 1930 stellte René Schickele den Antrag, dass Mitglieder der Sektion den Sachverständigenausschüssen der Kul-
tusministerien der Länder für die Gestaltung von Schullesebüchern ange-
hören sollen und ein entsprechender Vorstoß unternommen wird. Es gehe
darum, die »Länder auf einen friedfertigen, völkerversöhnenden Ton abzu-
stimmen und [...] Abwehrmaßnahmen wenigstens gegen die schlimmsten
Auswüchse eines demagogischen Nationalismus zu erwägen, wie er noch in
den akademischen Kreisen zahlreicher Länder besteht.«[15]

Dem einstigen Herausgeber der *Weißen Blätter* antwortete Emil Strauß:
Vom »Antrag Schickeles an die Kultusminister aller Länder« verspreche er
sich »nichts als öltriefende Reden der Vertreter der noble France und der
noble Belgique«. Dagegen vermisste er »den komplementären Antrag an
die deutschen Kultusminister dafür zu sorgen, daß sich die sittliche und
geistige Höhe deutscher Schulbehörden nicht weiterhin durch Schmähung
deutscher Vergangenheit und deutscher Größe bloßstelle«.[16]

Die giftige Replik verdankt sich Strauß' Ärger über Schickeles Kritik
am »demagogischen Nationalismus«, die, wie er wusste, auch ihm galt. Mit
der »noble Belgique« und »noble France« erinnerte er an die harte Haltung
Clemenceaus gegenüber Deutschland und an die damals als verleumderisch
abgewehrten, inzwischen bestätigten Vorwürfe, deutsche Truppen hätten
in Belgien und Frankreich Massaker an der Zivilbevölkerung verübt.[17] Das
ironische Zitat der Losung aus dem Kommunistischen Manifest [»Kultusminister aller Länder«] unterstellt Schickele und seinen Anhängern, marxistisch [und jüdisch] zu sein. Der hier zu Tage getretenen Gesinnung verlieh
der in Nazideutschland hoch angesehene Strauß in seinem 1940 erschienenen Roman *Lebenstanz* Nachdruck. Dort kommentiert sein alter Ego,
der ins Schwäbische heimgekehrte Kolonist Otto Durban, die deutschen
Zustände im Jahr 1919:

Das am Kriegsanfang so einig erschienene Volk war in unzählige Parteien zerfallen, deren jede den in anderen Volksteilen gärenden Nöten [...] engherzig fremd blieb, die sogenannte Regierung lag vor den sogenannten Siegern auf den Knien und bettelte schamlos um Gnade und wußte nicht, daß das deutsche Volk nicht nur schließlich erlegen war, sondern auch die gewaltigste Kraftprobe abgelegt hatte, daß es zwar einen großen Verlust an wertvollsten Männern erlitten, aber in jedem zurückgekehrten tapferen Soldaten die Gewähr der Gegenwart und Zukunft hatte, daß der Volkskern gesund war, wenn auch seine Atome nicht nach einem und demselben ordnenden Gesetze kreisten.[18]

Für die Atome des »gesunden Volkskerns« hatte Durban ein Beispiel parat: Zwar sei er selbst »zu alt, um dem Frevel mit ein paar Pistolenschüssen ein Ende zu machen. Nun, es gibt ja noch Junge wie den Grafen Arco!«[19] Anton Graf Arco von Valley war der Mörder des Sozialisten und, bis zu seinem gewaltsamen Tod am 21. Februar 1919, kurzzeitigen bayerischen Ministerpräsidenten Kurt Eisner, den Döblin in seinem Revolutionsroman *November 1918* mit viel Sympathie bedenkt. Das Gericht erkannte Valley, der sein Opfer auf offener Straße mit zwei Kopfschüssen hingerichtet hatte, zu, nicht aus »niedriger Gesinnung, sondern der glühendsten Liebe zu seinem Volke und Vaterlande« gehandelt zu haben.[20] Nach vier Jahren privilegierter Haft in Landsberg wurde er begnadigt. Strauß, der 1930 der NSDAP und 1931 dem von Alfred Rosenberg gegründeten ›Kampfbund für deutsche Kultur‹ beigetreten war und in seiner Heimatstadt Pforzheim bis heute Namensgeber einer Straße ist[21], lässt Durban in Variation der Siebenzahl über die Zukunft sinnieren: »Nach Jena 1806 dauerte es bis 1813, sieben Jahre, bis zum neuen Ruck 1848 dauerte es fünfunddreißig Jahre, fünf mal sieben, bis 1870 wieder einundzwanzig oder drei mal sieben [...]. Wie lange werden wir uns jetzt gedulden müssen?«[22]

Die ›Selbsterniedrigung‹ Deutschlands vor den Alliierten durch eine illegitime Regierung und seine Auferstehung unter einem neuen Führer, dem der Stern der ›Befreiungskriege‹ 1813 und des Sieges von Sedan 1870 voranleuchtete, waren rechtsradikale Topoi der Zwischenkriegszeit. Ende 1930 entbrannte mit ihren Verfechtern in der ›Sektion für Dichtkunst‹ heftiger Streit, bei dem es vordergründig um Satzungsfragen ging. Schäfer, Strauß und Kolbenheyer verließen die Sektion schließlich aus Protest gegen den großstädtischen republikanischen Intellektualismus »Berlins«, um bei ihrer Gleichschaltung 1933 wieder einzuziehen.

Nach ihrem Abgang ergriff Alfred Döblin in der *Vossischen Zeitung* das Wort. In Anspielung auf Strauß' lebensreformerisch geprägte ländliche Lebensweise und seine volkstümlichen Stoffe kritisierte er, die Sektion sei eine Ansammlung weltfremder »Orphiker«, die ihren Auftrag nicht verstanden

hätten. Da der neue Staat, die Republik, »keine militärische und dynasti-
sche Legitimität« mehr besitze, sei seine »Verbindung mit der allgemeinen
heutigen Geistigkeit« umso wichtiger. Stattdessen mache sich in der Sektion »Provinzialismus« breit, »Heimatkunst, Kunst der Scholle, des sehr
platten Landes. [...] Bei einigen verband sich dies mit wohlbekannten aggressiven Tönen, das zweite Wort war ›deutsch‹, ›Volkstum‹; die geforderte
Definition des ›Deutschen‹, von anderen Urdeutschen gefordert, blieb aber
aus; die orphische Tiefe gab nicht mehr her«.

Die Sektion müsse bereit sein, den Geist des Staates, der sich »dieses
Organ« geschaffen habe, »bilden« zu helfen.[23] Auf Initiative Döblins nahm
die Sektion Schickeles Vorschlag wieder auf. Nach dem Sitzungsprotokoll
vom Januar 1931 sollte »sich unser Einfluß nicht bloß auf die deutschen
Lesebücher, sondern auch auf die Geschichtsbücher mit ihren noch vielfach
völkerverhetzenden Tendenzen erstrecken«.[24]

Daraus wurde nichts. 1936 erinnerte sich Döblin in der *Pariser Tageszeitung* an den vergeblichen Anlauf. Beim Blättern in der Lesebuchreihe
Lebensgut des Diesterweg Verlages fiel ihm auf, dass Eingangs- und Schluss-
bild den Mittelteil des Schlosses Sanssouci und einen friderizianischen Gre-
nadier zeigen: »Solche Bilder in Schulbüchern, fünf Jahre nach Einführung
der Republik, das läßt tief blicken [...]. Man bekommt eine beunruhigende
Antwort auf die Frage: Wie nimmt sich eine demokratische Republik ihrer
Jugend an?« Als Elternbeirat der Schule habe sich der Vater von vier Söh-
nen durch »zehn republikanische Jahre gequält«. Es sei ihm nicht gelungen,

> in die Aula ein schwarz-rot-goldenes Zeichen zu bringen, oder wenigstens ein schwarz-
> weiß-rotes zu entfernen, das da groß hing [...] an einem Kreuz für die kriegsgefallenen
> Lehrer. Sie mochten ihr Kreuz, auch mit der Schleife haben, in Gottes Namen, ich war
> kein Berserker, – aber in der ganzen Riesenaula für alle Feiern nur diese Farben?

Die Mehrheit habe das so gewollt, Lehrer, die auf Döblins Seite waren,
seien bald abgeschoben worden. Heinrich Heine, eine der »größten Figuren des deutschen Schrifttums«[25], fehlte im *Lebensgut*. Döblin kommt zum
Schluss:

> Das Eine ist sicher: Wer diese Schulbücher passiert hat, weiß und hat und ist etwas
> vom gestrigen Deutschland, vom Kaiserreich, Mittelalter und Arnim [sic!]. Die junge
> Republik, die Demokratie, die Arbeiterschaft, die neue Welt wird er nicht kennen, son-
> dern ablehnen. In der preußischen Akademie setzten wir einmal durch, die Schulbücher
> anzusehen. Wir schrieben unsere Meinung auf. Ich redete mit einem Minister. Das
> »Historische« wurde uns sofort weggenommen; das gehörte den Historikern. Und das
> Andere, davon hörten wir nichts mehr.[26]

Der auch von Döblin vertretene Anspruch, die »allgemeine heutige Geistigkeit« solle bei ihrem Einsatz für eine friedliche und menschliche Welt über dem Parteienstreit stehen, hinderte wie ihn viele andere Intellektuelle daran, politisch einzugreifen. In die Offensive geriet dagegen der Intellektuelle als Partisan, der, wie der Historiker Wolfram Pyta feststellt, »einem aktionistischen Politikstil zu breiter Anerkennung verhalf«[27], dem brave Bürgerlichkeit nichts entgegensetzen konnte [oder wollte].

Dieser neue Schwung erfasste unter Federführung Gottfried Benns auch die ›Sektion für Dichtkunst‹. Benn und Döblin schätzten einander, wenngleich Döblin Benns hermetisches Kunstverständnis fremd war. Über den *Morgue*-Zyklus bemerkte er: »Solche Zusammensetzung: Kosmos und Jauche aus stinkenden Kavernen gab es da in der Preußischen Akademie der Künste noch nicht.«[28] Dennoch setzte er gemeinsam mit Oskar Loerke Benns Zuwahl in die Sektion am 29. 1. 1932 durch. Das sollte er bereuen. Auf ihrer Sitzung am 13. März 1933 legte Benn den Mitgliedern der Sektion die von ihm formulierte Erklärung vor, wonach sie sich »unter Anerkennung der veränderten geschichtlichen Lage« verpflichten sollten, »politische Betätigung gegen die Regierung« zu unterlassen.[29] Der im Text unerwähnte Anlass war die Unterschrift der Akademiemitglieder Käthe Kollwitz und Heinrich Mann unter den *Dringenden Appell* des Internationalen sozialistischen Kampfbundes zur Reichstagswahl am 5. März 1933. Darin wurden SPD und KPD beschworen, ihre Feindschaft zu begraben und Listenverbindungen einzugehen, damit nicht »Trägheit der Natur und Feigheit des Herzens uns in der Barbarei versinken lassen!«[30]

Der für Kultur zuständige NS-Reichskommissar Rust drohte daraufhin dem Präsidenten Max von Schillings, einem bekannten Komponisten und Dirigenten, mit der Auflösung der Akademie. Heinrich Mann, immerhin der Vorsitzende der Sektion für Dichtkunst, ließ sich im Gespräch mit von Schillings und Loerke zum Austritt bewegen, ohne noch einmal vor das Plenum getreten zu sein. Das war, moniert Hildegard Brenner zu Recht, eine als »Ritual des ›persönlichen Opfers‹« getroffene »private Entscheidung«.[31] Den Protest Döblins und des Berliner Stadtbaurates Wagner gegen dieses satzungswidrige Vorgehen wusste Benn abzubiegen. Die zahlreich erfolgte Unterschrift unter sein »Revers« war der Kotau vor dem Naziregime.

Außer Döblin traten Thomas Mann, Ricarda Huch und der Pazifist und Weltreisende Alfons Paquet aus der Sektion aus. Jüdische und politisch missliebige Mitglieder, darunter Franz Werfel, Leonhard Frank und René Schickele, wurden ausgeschlossen und bekamen es in dürren Schreiben mitgeteilt.[32] ›Zuverlässige‹ rückten nach: Neben den genannten der zum glühenden Antisemiten gewandelte »Erneuerer«« der deutschen »»Volks-ballade«« Börries von Münchhausen, der Autor des Schlageter-Dramas und Freund Heinrich Himmlers, Hanns Johst, u. a. m. Döblin verzieh Benn dessen Vorgehen, an dem dieser sich nicht lange erfreuen sollte, niemals.

Doch bevor er seinen Austritt erklärte, schrieb er am 17. März 1933, schon aus Zürich, wo er untergekommen war, bis er nach Paris weiter-zog, an von Schillings: »Die geschichtliche Umwälzung, von der das Re-vers spricht, schließt […] ein starkes völkisches Element in sich ein.« Seine jüdische Abstammung habe in der Akademie bisher keine Rolle gespielt, schließlich sei deren Arbeit rein künstlerischer und nicht politischer Art gewesen. Aber: »Sollte nun das erwähnte völkische Element jetzt nach der Umwälzung eine wesentliche Rolle spielen«, so müsse sich das »notgedrun-gen auf Zuwahlen und auf das Verbleiben in der Akademie auswirken. Da ich hierüber im Unklaren bin, so bitte ich Sie, Herr Präsident, […] mich […] gütigst zu informieren«.[33]

Tags darauf, ohne die Antwort abzuwarten, schrieb Döblin von Schil-lings ein weiteres Mal: Er »bejahe die geforderte Loyalitätserklärung, […] sehe aber ein, daß er als Mann von jüdischer Abstammung unter den heu-tigen Verhältnissen eine zu schwere Belastung für die Akademie wäre«. Er stelle daher seinen Sitz in der Akademie zur Verfügung, was ihm bei dem Interesse, das er für »die Entwicklung unserer Abteilung« immer ge-zeigt habe, sehr schwerfalle.[34] Am 23. März schrieb er dem völkischen Lite-raturhistoriker Paul Fechter, den er flüchtig kannte, dass er »der Akademie« nicht mehr angehöre und wollte wissen, wie es »eigentlich jetzt um einen Mann wie mich in meinem alten Berlin« stehe.[35]

Werner Mittenzwei hat die Frage aufgeworfen, ob Döblin Benns Text unterschrieben hätte, wenn er danach »auch als Jude an der Akademie wei-ter geduldet worden wäre«.[36] Das politische Urteilsvermögen Döblins, der einmal der USPD nahegestanden hätte, habe sich eingetrübt. Klarer, soweit ist Mittenzwei zuzustimmen, sahen andere schon lange vor 1933. Jakob Wassermann erinnert sich in seinem 1921 erschienenen Bericht über *Mein Leben als Deutscher und Jude* an haarsträubende Schikanen seiner Vorgesetz-ten während seines Militärdienstes (1891/92). Indessen sei »weitaus quä-lender das Verhalten der Mannschaften gewesen«:

> Zum erstenmal begegnete ich jenem in den Volkskörper gedrungenen dumpfen, starren, fast sprachlosen Haß, von dem der Name Antisemitismus fast nichts aussagt, weil er weder die Art, noch die Quelle, noch die Tiefe, noch das Ziel zu erkennen gibt. […] Gier

und Neugier sind in ihm, Blutdurst, Angst verführt, verlockt zu werden, Lust am Geheimnis und Niedrigkeit der Selbsteinschätzung. Er ist in solcher Verquickung und Hintergründigkeit ein besonders deutsches Phänomen. Es ist ein deutscher Haß. Jeder redliche und sich achtende Jude muß, wenn ihn zuerst dieser Gifthauch anweht und er sich über dessen Beschaffenheit klar zu werden versucht, in nachhaltige Bestürzung geraten.[37]

1908, als Adolf Hitler als verhinderter Kunststudent in Wien sein Dasein fristete, ließ Arthur Schnitzler einen jüdischen Protagonisten seines Romans *Der Weg ins Freie* auf den Vorhalt, sein Beharren auf der Allgegenwart der »Judenfrage« sei »verfolgungswahnsinnig«, erwidern:

»Was Sie Verfolgungswahnsinn zu nennen belieben [...], das ist eben in Wahrheit nichts anderes als ein ununterbrochen waches, sehr intensives Wissen von einem Zustand, in dem wir Juden uns befinden, und viel eher als von Verfolgungswahnsinn könnte man von einem Wahn des Geborgenseins, des Inruhegelassenwerdens reden, von einem Sicherheitswahn, der vielleicht eine minder auffallende, aber für den Befallenen viel gefährlichere Krankheitsform darstellt«.[38]

Alfred Döblin formulierte ähnliche Einsichten, bezog sie aber nicht auf sich: »Aus der Geschichte müssen die Juden wissen, daß keine Leistung, keine Willfährigkeit und Ergebenheit schützt, sondern nur Kräfte, Macht und ihre kluge Anwendung.«[39] Die Zeilen stammen aus seinem Buch *Unser Dasein*, das noch im April 1933 bei S. Fischer in Deutschland erscheinen konnte. Döblin hatte Fechter ein Exemplar geschickt und ihm eine Widmung in Aussicht gestellt. Den Ernst der Lage hatte er, wie sich abermals zeigt, nicht erfasst. Über welche Kräfte glaubte er bei seinen Vorstößen bei Fechter und von Schillings noch zu verfügen? »Seine Unberührbarkeit machte seine von anderen manchmal kopfschüttelnd hervorgehobene Kindlichkeit aus«, stellt Döblins Biograph Wilfried Schöller fest.[40] Stärker als die akute Bedrohung beschäftigte Alfred Döblin die innere Verfassung und langfristige Entwicklung des Judentums.

Fremd unter Juden

Im November 1923 kam es in Berlin, nahe Döblins Wohnung in der Frankfurter Allee, zu den berüchtigten Scheunenviertelpogromen. Ziel waren die aus Osteuropa eingewanderten bzw. geflohenen Juden, die sich dort aufhielten.[41] »Der Vorfall war atembeklemmend«, erinnert sich Döblin. »Welche Gründe man auch angab, es war ein unzweifelhafter Ausbruch des alten, nun massiv geschürten Judenhasses.«[42]

Die Einsicht, dass der Angriff nicht nur den verhassten Fremden, sondern auch der deutschen Judenheit galt, war keineswegs verbreitet.[43] Die einflussreiche *C. V.-Zeitung, Organ des Central-Vereins deutscher Staatsbürger jüdischen Glaubens*, beharrte auf den »ganz eigenartigen und von uns unlösbaren Grundlagen unseres Daseins, Deutschtum und Judentum«, die »in allen schweren Zeiten Halt und Richtung gegeben« hätten. »Von diesem Wege dürfen wir uns auch in Zeiten ärgster Not nicht ablenken lassen. [...] Ein Judentum, das seine großen Richtlinien aus Tagesereignissen nimmt, wäre längst zusammengebrochen.«[44]

Die zionistische *Jüdische Rundschau* hielt dagegen, die »Juden sind in Deutschland ihres Leibes und Lebens nicht sicher [...]. Die Politik der Assimilation, [...] der systematischen Preisgabe und Zersetzung des Judentums« habe »völlig bankrottiert. Die Einheitsfront aller Juden in Deutschland ist das Gebot der Stunde. Werden die deutschen Juden das verstehen?«[45] Und *Der Israelit. Centralorgan für das orthodoxe Judentum*, betonte am 15. November [7. Kislew 5684] dass

> die traditionstreue Judenheit Deutschlands bei aller pflichtgemäßen Beteiligung an dem äußeren Kampf gegen den vielgestaltigen deutschen Antisemitismus das Hauptgewicht niemals auf diesen Kampf, sondern vielmehr [...] auf die innere Konzentration des jüdischen Geistes [...] gelegt hat, so sollte auch heute dies vor allem andern unsre Parole sein.[46]

Kurz darauf folgte Döblin der Einladung zu einem Treffen überwiegend jüdischer Intellektueller [in die Wohnung des SPD-Politikers und Schulfreundes Ernst Heilmann[47]]. In der Diskussion verwahrte er sich dagegen, »daß man uns eine jüdische außerdeutsche Heimat und Gemeinschaft andichten wolle; [...] schließlich sind wir hier, allein hier zu Hause, – Goethe, Kant, Nietzsche, Heine, Beethoven: dies, allein dies sind unsere Stiefväter«. Andererseits seien ihm »die Ostjuden, da in der Grenadierstraße, näher [...] als die Deutschen nebenan.«[48]

Alfred Döblin wurde weder Zionist, noch zog sich er auf jüdische Spiritualität zurück. Sich in eine »außerdeutsche Heimat« vertreiben zu lassen und die Pogrome zum »Tagesereignis« zu banalisieren, ließ er ebenfalls nicht zu. In der nachgelassenen Schrift *Deutsche Zustände – jüdische Antwort* [1924] erinnert sich der in schwierigen Verhältnissen aufgewachsene Döblin, wie er als Schüler von einem »reichen Onkel« [dem wohlhabenden Holzhändler Rudolf Freudenheim, Unterstützer der verarmten und vaterlosen Familie Döblin in Berlin] am »Roschhaschanafest« in die Synagoge in der Oranienburger Straße mitgenommen worden war, deren kostspielige Sitzplätze »Proleten« wie er sich nicht leisten konnten: »[U]nd da saßen sie

alle [...] aufs feinste angezogen und sahen, unten bei den Männern und
oben bei den Damen, so wohl genährt und so reich aus«, und er wurde
»von jenem Abscheu erfüllt«, den er »immer bei dem so dick zur Schau
getragenen Glück der Reichen empfand«. Danach habe der Onkel mit
ihm einen Bekannten aufgesucht, die Herren hätten Rotwein getrunken,
»dicke Schinkenbrote« verzehrt und Witze darüber gerissen, ihn selbst aber
»brachten solche Dinge nie zum Lachen«.[49]

Zu lachen hatte der Schüler Alfred Döblin auch unter seinen nicht-
jüdischen Kameraden nicht. »Daß *du* Christ und *du* Jude bist«, lernte der
Gymnasiast, »schwebte unausgesprochen über jeder noch so freundschaftlichen Beziehung, und das war nicht etwa die Feststellung eines Volksun-
terschieds, sondern die Feststellung: ›Ich bin ein richtiger Mensch, mit dir
stimmt etwas nicht, aber wir wollen nicht diskutieren‹.«[50]

Für »nicht richtig« erklärt zu werden war schlimm. Aber die Demü-
tigung des armen Verwandten und des Orientierung suchenden Jugend-
lichen durch den ostentativen Reichtum und spirituellen Unernst des On-
kels und, wie Döblin es wahrnahm, der ganzen Gemeinde wog schwerer.
Sie wird, anders als die Behandlung durch die Mitschüler, mit einer bestimmten Person und einem Schlüsselerlebnis verknüpft, das eine starke
Gefühlsreaktion hervorruft. Sein Unbehagen veranlasste Döblin, achtein-
halb Jahre vor seiner Emigration, im Herbst 1924 eine mehrwöchige Reise
in Polen zu unternehmen. Dort wollte er Menschen begegnen, die sich
ihrem Judentum noch nicht entfremdet hatten.

Die dritte Oktoberwoche verbrachte er im damals zu Polen gehörenden Vilnius[51], wo ihn sein Rundgang in die Gebetsstube des »Gaon von
Wilna«, Elijah Ben Salomon Salman, führte. Er erfuhr von Salmans Kampf
gegen die Anhänger des Chassidismus und dessen legendären Begründer
Baal Schem Tov. Beeindruckt schrieb Döblin in seinem Reisebericht:

> Welch imposantes Volk, das jüdische. Ich habe es nicht gekannt, glaubte, das, was ich
> in Deutschland sah, die betriebsamen Leute wären die Juden, die Händler, die in Fa-
> miliensinn schmoren und langsam verfetten, die flinken Intellektuellen, die zahllosen
> unsicheren unglücklichen feinen Menschen.[52]

Die verfettenden Händler lassen an den »Holzonkel« mit den Schinkenbro-
ten und seinen beleibten Anhang denken. Die Verfettung ist ein biblisches
Zeichen des Abfalls seines Volkes von Gott (Dtn 15: »Als aber Jeruschun
fett ward, wurde er übermütig. Er ist fett und dick und feist geworden
und hat den Gott verworfen, der ihn gemacht hat.«). Wie der Verfettung
zu entgehen sei, hat Döblins in Berlin einsetzendes und in Paris vertieftes

Denken über die Zukunft des Judentums bestimmt. Dabei ging es um dessen geistige Erneuerung und den Erwerb eigener Siedlungsräume nicht nur in Palästina, um der gefährlichen Lage als Minderheit unter feindseligen »Wirtsvölkern« zu entgehen.

Revolution und Konterrevolution in Deutschland

1920 schrieb Döblin in einer seiner als »Linke Poot« veröffentlichten Glossen, die europäischen Völker hätten sich »die Juden als Spucknapf konserviert«, und als solches würden sie »im Haushalt dieser Völker eine wichtige Rolle« spielen: Der Judenhass gehöre »zu den kulturhistorischen Dämonopathien, [...] in dieselbe seelische Dimension wie Gespensterfurcht, Hexenglauben«. Er begründe sich »je nach der Zeit, bald physiologisch, bald rassenbiologisch, bald moralistisch. [...] Wachgehalten werden die alten Instinkte durch die semitische Überlegenheit in Ökonomie und Intellekt«. Döblin bezieht sich auf die starke Stellung der Juden im Geschäftsleben und in den geistigen und künstlerischen Berufen. Da Juden die Laufbahn als hohe Verwaltungsbeamte, Militärs und Diplomaten versagt war,

> haben sich die Wirtsvölker schnurrigerweise diese Überlegenheit selbst zuzuschreiben: sie ist größtenteils ein Druck- und Verdrängungssymptom. Man kann die Probe aufs Exempel machen: zwei bis drei jüdische Generationen ohne Druck produzieren völlig unschädliche Sprößlinge, die denen der Wirtsvölker in nichts nachgeben. Ergo: man lasse die Juden im Westen reich werden und sie werden bald ausgerottet sein. Rassentheorien erscheinen mir problematisch; das sogenannte Blut verdünnt sich rasch, die Nasen überzeugen mich auch nicht. Natur, Landschaft und Klasse nivellieren.[53]

Döblins größte Sorge galt mehr als dem Rassenantisemitismus der Angepasstheit des jüdischen Bürgertums oder, wie er später [1928] formulierte, dem Aufgehen der Juden in »Verdienertum«[54], »stumpfe[r] Sättigung und resignierte[r] Zufriedenheit«.[55] Im »Verdienertum«, der modernen Industrie- und Handelsbourgeoise, erkannte er die zeitgemäße Herrin der seit Luther tradierten deutschen Untertanenordnung. Zwar habe Luther, indem er das Priestertum aller Gläubigen postulierte, den Menschen die »freie Verbindung zu Gott« ermöglicht, ihnen innerweltliche Freiheit aber versagt: Was nütze es, wenn der »Kniefall vor dem Priester abgeschafft und dafür das Strammstehen vor dem Offizier geheiligt« würde?[56] Welche Logik liege darin, jemanden »vor Gott mündig und frei zu machen, aber zugleich zu einem Sklaven vor dem Landesfürsten?«[57] So hätten die Landesfürsten, voran die Preußenkönige und die ihnen angeschlossene Herrenklasse [...] ihre Moral [...] auf die Menschen in ihrer Nähe und auf die Besitzenden übertragen. Was sie übertrugen, war Sachlichkeit, Herrschsucht und besonders Menschenverachtung. Die Industrie, der Handel, das Kapital nahm diese Haltungen an, sie schienen auch gut geeignet zur Erzielung von Gewinn. Menschen kannten sie nicht.[58]

Nicht nur durch Calvin, auch durch Luther sei »wahrhaftig der Boden für den Kapitalismus geebnet worden«, indem die Untertanen angehalten wurden, für wenig Lohn hart zu arbeiten und indem man »den Herren zu ihrer natürlichen Moral, nämlich zu regieren und zu unterdrücken, noch die religiöse Rechtfertigung lieferte«.[59] Daraus folgte für Döblin die Ablehnung feudaler Dynastien, des »anarchischen verantwortungslosen neuen Privatkapitalismus« und der »heutige[n] Staatenbildung überhaupt« mit ihren »elefantiasischen Riesenapparate[n]«.[60]

Deren Totenglocke schienen die Revolutionen in Russland und Deutschland 1917 und 1918/19 zu läuten. Im Februar und März 1917 hatten in Russland Streiks, Bauernaufstände und massenhafte Desertion die Romanows vom Thron gefegt. Soldaten verbrüderten sich mit streikenden Arbeitern, anstatt auf sie zu schießen, Arbeiter- und Soldaten- und Bauernräte entstanden im ganzen Land. In einem im August 1917 in der *Neuen Rundschau* erschienenen Artikel frohlockte Döblin darüber, wie in diesen »russischen Ideen‹ der lebendige Menschengeist sich Bahn brach« wie »in den alten Tagen des Bundschuh. [...] [U]nausweichliche Forderungen« träten nun auch in Deutschland »an die Regierung heran«: Auch sie müsse ständische Vorrechte und Klassenschranken aufheben.[61]

Die Osterbotschaft Wilhelms II. von 1917 hatte bei Döblin Hoffnung auf konstitutionelle Reformen geweckt. Nach dem Ende der Monarchie stellte er dann Forderungen, deren Erfüllung er dem Kaiser schwerlich hätte abringen können. Mit Berufung auf den von ihm immer wieder zustimmend erwähnten russischen Anarchisten Piotr Kropotkin schrieb er: »Ein kameradschaftlicher menschlich freier Zusammenschluß baut die natürliche Urzelle alles Zusammenlebens, die kleine Gemeinde.«[62] »Ordnung unter Menschen ist nicht möglich ohne Zwang‹ ist der Satz der Kasernenhöfe«, der Mensch folge »überall in der Welt auch ohne Zwang, denn er hat Vernunft [...]. Freilich Riesenreiche und unnatürliche [...] Gebilde wie zwangsweise rekrutierte Heere« ordne man nicht ohne Gewalt.[63]

Gegen Eroberer von außen sei man machtlos, aber »dem Eroberer innerhalb des Staates, dem monarchischen Unternehmer«, könne man »die Hand auf die Schulter legen«. Was immer Döblin mit dieser Geste vorgeschwebt hat, er sah als deren Folge den »Sozialismus«, wodurch »das Übel an der Wurzel gefaßt« werde und man »zum erstenmal in der Geschichte von einem wirklichen Fortschritt sprechen« könne.[64] »Planmäßig« habe die Gesellschaft den »unsinnigen, unsittlichen und verbohrten Begriff des Privateigentums zu beseitigen [...]. Jeder Besitz« habe sich zu verantworten »vor dem Forum der Gesellschaft«.[65] Das gehe am besten durch die Herrschaft von Räten: »Wenn die revolutionäre Bewegung der letzten Jahre etwas von wahrhaft demokratischem Charakter hervorgebracht« habe, so sei es der Rätegedanke. »Rascher als die Parteiführer« hätten die Massen ihn aufgegriffen.[66]

Die Übernahme der politischen Macht durch die Parteien in der repräsentativen Demokratie war dagegen für Döblin kein Fortschritt: Kaum dass die »kaiserlichen Fahnen vom Schloß heruntergeholt waren«, seien die Parteien an die Stelle der Junker »gesprungen« und hätten »das alte Getriebe bis ins Detail« nachgeahmt.[67] Wie die »Parteiführer« im Bunde mit der kaiserlichen Heeresleitung mit den Räten verfuhren, sollte Alfred Döblin tief verstören.

Der Standpunkt, Deutschland habe 1918/19 vor der Entscheidung zwischen liberaler repräsentativer Demokratie und ›Bolschewisierung‹ nach dem Vorbild ›Sowjetrusslands‹ gestanden, wurde während des Kalten Krieges in der Bundesrepublik prominent vertreten.[68] Inzwischen wurde erkannt, dass mit den Räten ein »beachtliches sozial- und linksdemokratisches Potential für eine entschlossene Reformpolitik zur Verfügung« gestanden hätte.[69] Dieses Potential zu nutzen wurde bald entschieden gefordert. Am 20. Dezember 1918 hatte der Reichskongress der Arbeiter- und Soldatenräte beschlossen, »mit der Sozialisierung aller hierzu reifen Industrien, insbesondere des Bergbaues, unverzüglich zu beginnen«.[70] Als die Regierung der Volksbeauftragten die Umsetzung verschleppte, traten im Ruhrgebiet 180.000 Bergarbeiter in den Streik, mehr als die Hälfte aller Belegschaften.[71] Der Essener Arbeiter- und Soldatenrat, um nur ein Beispiel zu nennen, bekräftigte am 14. Januar 1919 die Forderungen des Reichskongresses: Niemand solle sich mehr

> mühelos an der Arbeit anderer bereichern können, allen Arbeitenden sollen die Früchte ihrer Arbeit selbst zugute kommen. Der Anfang soll gemacht werden bei den Bergwerken, bei den Bodenschätzen, die noch mehr als alles andere von Rechts wegen dem ganzen Volke und nicht einzelnen Bevorzugten gehören.[72]

Und am 3. März 1919 beschloss die Vollversammlung der Arbeiter- und Soldatenräte Groß-Berlins die Ausrufung des Generalstreiks mit der Forderung, die Arbeiter- und Soldatenräte anzuerkennen, politische Gefangene freizulassen und anstelle der aufzulösenden Freikorps eine revolutionäre

Arbeiterwehr ins Leben zu rufen. Zuvor schon hatte der Reichskongress die »Zertrümmerung des Militarismus, die Abschaffung des Kadavergehorsams, Entfernung aller Rangabzeichen und Verbot des außerdienstlichen Waffentragens« verlangt.[73] Das von Döblin kritisierte »Strammstehen vor dem Offizier« und der »anarchische verantwortungslose Privatkapitalismus« wären mit der Verwirklichung dieser Forderungen an ihr Ende gekommen.

Hiergegen boten die am 13. Februar 1919 gebildete Regierung der »Weimarer Koalition« (aus SPD, katholischer Zentrumspartei und linksliberaler Deutscher Demokratischer Partei) mit dem Kanzler Scheidemann (SPD) und das folgende Kabinett Gustav Bauers (ebenfalls SPD) eben jene Kräfte des alten Militarismus auf, die zu entmachten die in den Räten und Streikkomitees organisierte Arbeiterbewegung angetreten war. Wegen des Streiks verhängte die preußische Regierung über die Hauptstadt den Belagerungszustand, Reichswehrminister Noske (SPD) ließ 30.000 Mann des Generalkommandos Lüttwitz einmarschieren und gegen republikanische Arbeiterwehren und Reste der Volksmarinedivision, die sich nach der Absage des Streiks nicht ergaben, äußerst brutal vorgehen. Es gab prominente Opfer wie den Herausgeber der *Roten Fahne* und Lebensgefährten Rosa Luxemburgs, Leo Jogiches, der von Kriminalbeamten durch Kopfschuss ermordet wurde, und unbekannte wie die zwölfjährige Schülerin Helene Slovek, die am Fenster der elterlichen Wohnung von der Kugel eines Soldaten ebenfalls in den Kopf getroffen wurde. Alfred Döblins Schwester Meta Goldenberg starb durch einen Granatsplitter, der sie beim Milchholen für ihre Kinder traf.[74]

Wut und Hemmungslosigkeit der Regierungstruppen wurden durch die Nachricht von den »Lichtenberger Morden«[75] verstärkt: »Spartakisten« hätten nach sich überschlagenden Meldungen bis zu 200 Polizisten wie Tiere abgeschlachtet. Gelegenheit zur Rache bot Gustav Noskes »Schießbefehl« vom 9. März. Die »zunehmende Grausamkeit und Bestialität der gegen uns kämpfenden Spartakisten« zwinge ihn zu befehlen, dass »jede Person, die im Kampf gegen die Regierungstruppen mit der Waffe in der Hand angetroffen wird, [...] sofort zu erschießen« sei.[76] Obwohl die Lichtenberger Geschichte schnell als Lüge entlarvt wurde, dauerte das »Töten im Schatten des Schießbefehls«[77] an. Aufsehen erregte die Ermordung von 29 Angehörigen der Volksmarinedivision am 11. März, die, als sie wegen ihrer Löhnung bei der Zahlstelle in der Französischen Straße erschienen, in den Innenhof des Gebäudes getrieben und erschossen wurden. Ein anwesender Unteroffizier sagte aus, dass acht Schützen sechs bis acht Minuten lang auf ihre Opfer gefeuert und danach aus nächster Nähe »aus Pistolen Fangschüsse« abgegeben hätten.[78] Als am 16. März 1919 in Berlin die Waffen schwiegen, waren über 1200 »Spartakisten« ums Leben gekommen. Die Regierungstruppen verzeichneten 75 Tote.

Für Mark Jones waren diese und weitere Aktionen als »Gründungsmassaker« der Weimarer Republik »Vorspiele und Weichenstellungen für den Nationalsozialismus«.[79] Die Opferzahl in der Französischen Straße wurde noch übertroffen, als am 13. Januar 1920 im Reichstag postierte Sicherheitspolizei mit Maschinengewehren auf die Teilnehmer einer Großdemonstration gegen das Betriebsrätegesetz schoss, das an diesem Tag in zweiter Lesung verhandelt wurde. Zwar wurde darin die Bildung von Betriebsräten erstmals überhaupt gesetzlich verankert. Doch war für sie nur ein defensives Mandat vorgesehen. Sie sollten zur »Unterstützung des Arbeitgebers in der Erfüllung der Betriebszwecke«[80] verpflichtet werden und ihre in der Revolution errungene gleichberechtigte oder gar hegemoniale Stellung gegenüber den Betriebsleitungen wieder einbüßen. Dagegen strömten um die Mittagszeit weit über 100.000 Menschen vor den Reichstag, in den Berliner Großbetrieben ruhte die Arbeit. Als Demonstranten Abgeordnete und Polizisten angriffen und versuchten, in den Reichstag einzudringen, feuerte die Sicherheitspolizei in die Menge, tötete 42 Menschen und verletzte über hundert.

Ob die Polizisten, wie sie behaupteten, zuvor Warnschüsse abgegeben oder gleich scharf geschossen haben und warum die Toten mehrere Meter in entgegengesetzter Laufrichtung von dem Gebäude entfernt lagen, das sie angeblich hatten erstürmen wollen, blieb ungeklärt. Reichskanzler Bauer legte die Schuld den Organisatoren der Kundgebung (USPD und KPD) zur Last. Diese hätten »um des Ehrgeizes von ein paar Führern willen namenlose und urteilslose Opfer vor den Reichstag getrieben, zu Gewalttätigkeiten aufgereizt und schließlich in den Tod gehetzt«. Die Sicherheitspolizei habe »mit vollem Recht und fast zu spät von der Waffe Gebrauch gemacht«.[81] Reichspräsident Ebert nutzte die Gelegenheit, den Ausnahmezustand über ganz Norddeutschland zu verhängen. Damit war das »Forum der Gesellschaft«, auf dem sich »jeder Privatbesitz« verantworten sollte, geräumt und den »monarchischen Unternehmern« das Zepter, wenn auch nicht in voller Länge, wieder in die Hand gedrückt worden. Als »Linke Poot« empörte sich Döblin im April 1920 in der *Neuen Rundschau* über das Vorgehen der Polizei, um sarkastisch fortzufahren: »Der Reichskanzler (Bauer) würgt von der schweren Blutschuld – nämlich der Zugveranstalter. Die hätten dies gewollt. Ja, sie hätten eine Bluthochzeit im Parlamentsgebäude vorgehabt. Dies ist ihm, dem Gotterleuchteten, im Moment sicher.«[82]

Die »grausigen, unerhörten, erschütternden Dinge der Eroberung Lichtenbergs durch die weißen Truppen« hatte Döblin miterlebt. In seinem autobiografischen Abriss *Erster Rückblick* [1928] erinnert sich der Fünf-zigjährige: »Granaten und Minenwerfer der Befreier [sic!]« hatten »ganze Häuser« demoliert, »wo viele in den Kellern saßen« und dann »schrecklich füsiliert wurden«. Man müsse »die Leichen [...] gesehen haben, die Män-ner mit den Mützen vor dem Gesicht, um zu wissen, was Klassenhaß und Rachegeist ist«. Da aber niemand aus dem großen Berlin den Bedrohten zu Hilfe geeilt sei, sondern nur weiter »lustig getanzt« und auf harmlosen De-monstrationen »Hoch und Nieder« geschrien wurde, werde man »wissen, welchen Widerwillen ich gegen diese erbärmliche ›Revolution‹ empfand«. Die Untätigkeit der »vielen Zehntausend Arbeiter«, die »alle still« geblieben seien, empörte ihn derart, dass er meinte, in Lichtenberg sei »ein gerechtes Gericht« gehalten worden. »Entweder sie wissen, was Revolution ist, und sie tun Revolution, oder ihnen gehören Ruten, weil sie damit spielen.«[83]

Enttäuschung und Abkehr

Döblin hat diese Haltung gegenüber den »Massen« in seinem ersten voll-ständig im Exil verfassten Roman *Pardon wird nicht gegeben* [1934] in lite-rarischer Rollenprosa bekräftigt. In einer Dialogpassage heißt es:

> »Ein trauriges Kapitel. Die lange Knechtschaft und Halbknechtschaft – die ist noch schlimmer als die ganze – hat sie verdorben, von den Gelehrten bis herunter zum Schuhputzer. [...] Das bißchen Freiheit, das sie sich verschafft haben, haben sie dazu benutzt, um ihre alten Herren nachzuahmen. [...] Was tun diese Massen [...] und ihre Führer und Parteien? Erheben sie sich mächtig, weil die Selbstsucht, Unfähigkeit und Armseligkeit der Regierenden zum Himmel schreit? Nein, sie führen ihr altes Gezänk fort, winseln und protestieren über Arbeitslosigkeit, schlechte Löhne, und im Grunde mögen Sie's nur haben wie gestern. Der Sklave fühlt sich wohl in seinem Stall. Dabei wie viel Kraft und Mut in einigen. Aber man drückt sie an die Wand«.[84]

Zeigt sich in diesen Äußerungen der Zorn des Exilanten auf eine Gesell-schaft, die seiner Ausplünderung und Vertreibung tatenlos und mitleidlos zusah? Zu denen, die »Kraft und Mut« besaßen, sich aufzulehnen, gehörten für Alfred Döblin im November 1918 Karl Liebknecht und Rosa Luxem-burg, doch sie wurden »an die Wand gedrückt« [bzw. gestellt]. Durch ihr Opfer hoben sie sich aus der Masse, aber es brachte keine Befreiung, son-dern wurde ein Stachel der Erinnerung an die Trägheit und Feigheit der vielen. Seine scharfe Kritik an der Republik von Weimar hat Döblin stets aufs Neue geäußert, u.a. in seinem Briefessay *Wissen und Verändern!* von 1931:

Wir sind bei der Nachkriegslage. Es hat sich nichts geändert! Die feudale Spitze ist nicht mehr da. [...] Im Moment, wo die Spitze fiel, setzte sich sichtbar der Bürger auf den Thron, aber es war unsichtbar der alte Herr. [...] Die Absprengung eines ›Bürgertums‹ von der Feudalität konnte nicht erfolgen, weil es da nichts zum Absprengen gab.[85]

Die Empörung über den Fortbestand der »Feudalität« im Gewande des »Verdienertums« gilt der väterlichen Autorität, die der Fürst oder sein Platzhalter im Staat verkörpern. Im sechsten Buch von *Unser Dasein* findet sich die Erzählung *Vater und Sohn*. Sie handelt von einem Sohn, der von seinem steinreichen Vater mit Härte, Geiz und Zurückweisung aufgezogen wird. In lebenslange Angst versetzt, richtet der Sohn sich dennoch ein, hat Familie, behauptet sich als Angestellter, fühlt sich aufgehoben in seiner Häuslichkeit, aber alles ohne wirkliche Freude. Dann kommt die Inflation, ein beruflicher Abstieg ist zu verkraften, der verzweifelte Versuch beruflicher Selbstständigkeit wird durch eine Intrige seiner Vorgesetzten vereitelt, und der Mann begeht Suizid, indem er in der Dunkelheit einem Zug auf den Gleisen gerade entgegengeht.

Das Interesse an diesem an theologischen Reminiszenzen reichen Text gilt hier der politischen Dimension des Vater-Sohn-Verhältnisses. In diesem Verhältnis vollzieht sich das Schicksal der deutschen Revolution. »Er«, der Sohn, »ist innerlich entstellt durch den Vater. Durch den Haß des Vaters sind Energien von ihm von ihrer natürlichen Richtung abgebogen, werden verbraucht für Furcht, Erwartungs-, Spannungs- und Abwehrgefühle«.[86] Als die Krise eintritt, ist sein Selbsterhaltungstrieb erloschen. »Sein Vater hat ihn gezeugt, der Vater erschlägt ihn, der tote Mann im Grabe holt ihn.«[87] Was war das Niedermachen der deutschen Revolution anderes als der Sieg des hasserfüllten Vaters über sein Geschöpf, wer sind die in zugestandener Dürftigkeit kauernden, zu keiner Tat sich aufraffenden Massen anderes als der unter dem Bann des Vaters hinlebende Sohn. Was wäre Befreiung, wenn nicht die Lösung dieses Banns, was wäre eine erfolgreiche Revolution, wenn nicht die Ablösung der patriarchalen Gewaltverhältnisse durch die vaterlose Gesellschaft.

In seiner Abhandlung *Zur Psychologie der Revolution* [1919] behauptet der Wiener Psychoanalytiker und Freud-Schüler Paul Federn genau das. Entstehe die »innere Kettung des Kindes an den Vater« aus seinem Verlangen, »von einem geliebten Wesen abzuhängen, dessen Größe, Macht und Wissen ihm absolute Sicherheit und Schutz gewähren«, so beruhe die Ehrfurcht vor den politischen und kirchlichen Autoritäten, und insbesondere vor dem Monarchen, auf der Übertragung dieses kindlichen Verlangens.[88] Doch hätten die unteren Gesellschaftsklassen rasch begriffen, dass auf die Liebe und Fürsorge ihrer Obrigkeit kein Verlass ist, weshalb schon in Friedenszeiten »die Gewaltmacht des Staates mittels Militär und Polizei den einzelnen gezwungen« habe, »oft gegen seine Überzeugung [...] die bestehende Ordnung einzuhalten«.[89] Damit war es vorbei, als durch den für die Donaumonarchie katastrophalen Verlauf des Krieges 1914–1918 der Kaiser und auch die sozialistischen Parteiführer mit ihrer Stillhaltepolitik so viel Vertrauen verspielt hatten, dass die Bewegung der Arbeiter- und Soldatenräte sich gegen sie erhob. So stark war der Drang nach »endgültiger Befreiung vom Vatertum geworden, daß eine neue Organisation automatisch entstehen mußte, die aus der [...] Bruderschaft Gleichgesinnter gebildet ist«. »Allen bisherigen Organisationen« habe das Vater-Sohn-Verhältnis »das ideelle Gerüste gegeben.« Die neue Organisation – die der Räte – wuchs aus der Basis empor, und »ihr unsichtbares psychologisches Verhältnis ist das der Brüder.«[90]

Bei allen Widerständen, mit denen die Räte kämpften, trugen sie doch nicht mehr an der Last von Macht und Schuld, die das Vaterverhältnis mit sich brachte. Darum wäre es eine »ungeheure Befreiung, wenn die jetzige Revolution, die eine Wiederholung uralter Revolten gegen den Vater ist, Erfolg hätte. [...] Denn der geheimste Grund der meisten Morde ist der unbewußte Todeswunsch, den das Kind gegen den Vater hegt.«[91] Der aus dessen Schatten heraustretenden Menschheit entspreche das gemeinsame Eigentum, das der patriarchalen Familie als Besitz- und Erbinstitut den Boden entziehe und schließlich zu ihrer Auflösung und anderen Formen des Zusammenlebens führen werde. Bis dorthin wäre Alfred Döblin Paul Federn wohl nicht gefolgt. Aber wie dieser hoffte auch er 1919 auf eine sozialistische Gesellschaft, aus der die patriarchalen Gespenster der Vergangenheit vertrieben waren.

Doch als die Weltwirtschaftskrise Deutschland erfasste und erneut politisch radikalisierte, schwanden ihm alle nach dem Scheitern der deutschen Revolution verbliebenen Hoffnungen dahin. In einem *Zirkular-Brief* an die Teilnehmer der »Donnerstagsabende«, einem Gesprächskreis über sein Buch *Wissen und Verändern!*, schrieb Döblin im Dezember 1931 [die ›Eiserne Front‹ zur Verteidigung der Republik hatte sich am 16.12. gegründet]:

Wir haben [...] nicht in eine leere Tagespolitik hineinzusteigen. [...] Wir leben in einer widerspenstigen verkrampften Zeit. Die Verworrenheit ist enorm groß und ebenso die Versteifung im Widerstand gegen gute menschliche Antriebe. Unter diesen Umständen gegen die Welt zu rennen und sie umwälzen zu wollen, heißt Kraft verschwenden. Man kann damit rechnen, daß gewisse schlechte Tagesdinge von selbst totlaufen.[92]

Auch in einem weiteren Schreiben kurz vor der Reichstagwahl im Juli 1932, bei der die NSDAP wiederum enorme Stimmengewinne erzielte, mahnte er zur Zurückhaltung.[93] Zwar hatte der Kreis entschieden, eine Erklärung gegen die nazistische Gefahr herauszugeben, doch Döblin, der die Abfassung übernommen hatte, nahm wegen der angeblichen Unvereinbarkeit der eingereichten Vorlagen davon Abstand. Der Publizist Heinz Gollong, Mitglied des Kreises, beschuldigte ihn, das Vorhaben zu torpedieren:

> Gewiß ist jeder Aufruf mangelhaft, wenn er nicht durch eine Arbeit und durch Taten ergänzt wird, die auf ihn folgen. Das aber hatten wir ja gerade vor. Zudem würde jeder Aufruf, der von Ihnen unterzeichnet ist, von vornherein mehr sagen als seine Worte es können.[94]

Döblin ließ sich nicht zureden. In *Unser Dasein* heißt es ganz am Ende: »Man muß sich von den blödsinnigen, verhetzenden und verwirrenden Massenideen abwenden, von der Allgemeininfektion durch Zustände, gefährliche Personen und Gruppen. Man gebe auf, dagegen anzukämpfen. Man zeige sich gesund.«[95] Das »Totlaufen« der »schlechten Tagesdinge« sollte sich lange hinziehen und auch von Alfred und Erna Döblin einen hohen Preis fordern.

Anmerkungen

[1] Wilfried F. Schoeller: Alfred Döblin. Eine Biographie. München 2011, S. 623.

[2] Alfred Döblin: Briefe. Hrsg. v. Walter Muschg. Olten, Freiburg i. Br. 1970, S. 456.

[3] Thomas Koebner: Unbehauste. Zur deutschen Literatur in der Weimarer Republik, im Exil und in der Nachkriegszeit. München 1992.

[4] Vgl. hierzu Sabina Becker: »es war ein bisschen Europa«. Alfred Döblin im ›Wartesaal‹ des amerikanischen Exils. In: Sabina Becker, Fabian Bauer (Hrsg.): Weimar im Exil. Die Kultur der Republik am Pazifik. München 2021, S. 159–181.

[5] Arthur Rosenberg: Epilogue zu: A History oft the German Republic, 1936 (deutsche Übersetzung). Abgedruckt in: Mario Keßler: Arthur Rosenberg. Ein Historiker im Zeitalter der Katastrophen (1889–1943). Köln, Weimar, Wien 2003, S. 268–274, hier S. 273 f.

[6] Alfred Döblin: Abschied und Wiederkehr [1946]. In: Ders.: Autobiographische Schriften und letzte Aufzeichnungen. Hrsg. v. Edgar Pässler. Olten 1978, S. 427–436, hier S. 429.

[7] Schoeller: Alfred Döblin, S. 402.

8 Döblin: Abschied und Wiederkehr, S. 431.

9 Ebd.

10 Gabriele Sander: Alfred Döblin. Stuttgart 2001, S. 287.

11 Alfred Döblin: Der historische Roman und wir [1936]. In: Ders.: Schriften zu Ästhetik, Poetik und Literatur. Hrsg. von Erich Kleinschmidt. Frankfurt/Main 2013, S. 292–316, hier S. 314.

12 Alfred Döblin: Die deutsche Literatur (im Ausland seit 1933) [1938]. In: Ebd., S. 317–365, hier S. 317.

13 Schoeller: Alfred Döblin, S. 374.

14 Hildegard Brenner: Ende einer bürgerlichen Kunst-Institution. Die politische Formierung der Preußischen Akademie der Künste ab 1933 [= Schriftenreihe der Vierteljahrshefte für Zeitgeschichte Nummer 24]. Stuttgart 1972; Inge Jens: Dichter zwischen rechts und links. Die Geschichte der Sektion für Dichtkunst an der Preußischen Akademie der Künste. Leipzig 1994; Werner Mittenzwei: Der Untergang einer Akademie oder Die Mentalität des ewigen Deutschen. Der Einfluß nationalkonservativer Dichter an der Preußischen Akademie der Künste 1918 bis 1947. Berlin 1992; Thomas Vordermayer: Bildungsbürgertum und völkische Ideologie. Konstitution und gesellschaftliche Tiefenwirkung eines Netzwerks völkischer Autoren (1919–1959). Berlin 2016; zuletzt: Anatol Regnier: Jeder schreibt für sich allein. Schriftsteller im Nationalsozialismus. München 2020.

15 Jens: Dichter zwischen rechts und links, S. 190.

16 Ebd.

17 John Horne, Alan Kramer: Deutsche Kriegsgräuel 1914. Die umstrittene Wahrheit. Hamburg 2004.

18 Emil Strauß: Lebenstanz. München 1940, S. 189 f.

19 Ebd., S. 107.

20 Zit. nach Volker Ullrich: Die Revolution von 1918/19. München 2009, S. 101.

21 *Pforzheimer Zeitung* vom 17.1.2018, https://www.pz-news.de/pforzheim_artikel,-Emil-Strauss-Strasse-Umgang-mit-Ehrenbuerger-aus-NS-Zeit-_arid,1208276.html, aufgerufen am 20.4.2023.

22 Strauß: Lebenstanz, S. 108.

23 Alfred Döblin: Bilanz der »Dichterakademie« in: *Vossische Zeitung* v. 25. Januar 1931, S. 21, http://zefys.staatsbibliothek-berlin.de/list/title/zdb/27112366/, aufgerufen am 20.9.2022.

24 Jens: Dichter zwischen rechts und links, S. 190.

25 Döblin: Bilanz der »Dichterakademie«, S. 21.

26 Alfred Döblin: Lektüre in alten Schulbüchern [1936]. In: Ders.: Schriften zur Politik und Gesellschaft. Mit einem Nachwort von Thorsten Hahn. Frankfurt/Main 2015, S. 342–347, hier S. 345 f.

27 Wolfram Pyta: Der Erste Weltkrieg und seine Folgen in Deutschland und Frankreich. Kulturelle Deutungen und politische Ordnungsvorstellungen 1914–1933. In: Burgfrieden und Union Sacrée. Historische Zeitschrift. Beiheft [Neue Folge] Bd. 54. Hrsg. v. Lothar Gall. München 2011, S. 1–32, hier S. 26.

28 Alfred Döblin: Journal 1952/53. In: Ders.: Autobiographische Schriften, S. 430–540, hier S. 478.

29 Protokoll abgedruckt bei Sebastian Graeb-Könneker: Literatur im Dritten Reich. Dokumente und Texte. Stuttgart 2001, S. 31–33, hier S. 32.

30 *Dringender Appell!* Abgedruckt bei Brenner: Ende einer bürgerlichen Kunst-Institution, Dok. 2, S. 29.

31 Brenner: Ende einer bürgerlichen Kunst-Institution, S. 15 f.

32 Jens: Dichter zwischen rechts und links, S. 255.

33 Alfred Döblin: Briefe, S. 175.

34 Brenner: Ende einer bürgerlichen Kunst-Institution, Dok. 34, S. 62.

35 Alfred Döblin: Briefe, S. 176 f.

36 Mittenzwei: Der Untergang einer Akademie oder Die Mentalität des ewigen Deutschen, S. 238.

37 Jakob Wassermann: Mein Weg als Deutscher und Jude. Eine Autobiographie [1921]. München 1994, S. 83 f.

38 Arthur Schnitzler: Der Weg ins Freie [1908] [= Gesammelte Werke. Das erzählerische Werk]. Frankfurt/Main 1961, S. 190.

39 Alfred Döblin: Unser Dasein [1933]. Mit einem Nachwort von Christina Althen, Thomas Keil. Frankfurt/Main 2015, S. 385.

40 Schoeller: Alfred Döblin. Eine Biographie, S. 403.

41 Michael Wildt: Volksgemeinschaft als Selbstermächtigung. Gewalt gegen Juden in der deutschen Provinz. Hamburg 2007, S. 69–101.

42 Alfred Döblin: Deutsche Zustände – jüdische Antwort [1924]. In: Ders.: Schriften zu Leben und Werk, S. 56–62, hier S. 60 f.

43 Julia Schneider: [Für]Sorge – die »Ostjudenfrage« in der deutsch-jüdischen Presse. In: Geflüchtet, unerwünscht, abgeschoben: Nils Steffen, Cord Arendes (Hrsg.): Osteuropäische Juden in der Republik Baden [1918–1923]. Heidelberg 2017.

44 *C. V.-Zeitung Organ des Central-Vereins deutscher Staatsbürger jüdischen Glaubens,* II. Jahrgang, Nr. 45/46 vom 23. November 1923, http://sammlungen.ub.uni-frankfurt.de/cm/periodical/titleinfo/2277458, aufgerufen am 12. 9. 2022.

45 *Jüdische Rundschau*, XXVIII. Jahrgang, Nr. 96, 9. XI. 1923, http://sammlungen. ub.unifrankfurt.de/cm/periodical/titleinfo/2652584, aufgerufen am 14. 9. 2022.

46 *Der Israelit. Ein Centralorgan für das orthodoxe Judentum.* 64. Jahrgang, Nr. 46 vom 15. November 1923/7. Kislew 5684, http://sammlungen.ub.uni-frankfurt. de/cm/periodical/titleinfo/2450279, aufgerufen am 14. 9. 2022.

47 Schoeller: Alfred Döblin. Eine Biographie, S. 274.

48 Döblin: Deutsche Zustände – jüdische Antwort, S. 61.

49 Ebd., S. 59.

50 Ebd., S. 60.

51 Marion Brandt: Nachwort. In: Alfred Döblin: Reise in Polen. Hrsg. v. Marion Brandt. Frankfurt/Main 2015, S. 271–285, hier S. 274.

52 Ebd., S. 101.

53 Alfred Döblin: Revue [1920]. In: Der Deutsche Maskenball von Linke Poot / Wissen und Verändern! Offene Briefe an einen jungen Menschen LP/WV. Hrsg. v. Walter Muschg. Weitergeführt von Ernst Graeber, Olten, Freiburg i. Br. 1972, S. 74–82, hier S. 77 f.

54 Alfred Döblin: Wissen und Verändern!, S. 127–288, hier S. 163.

55 Alfred Döblin: Nochmal: Wissen und Verändern [1931]. In: Ders.: Schriften zur Politik und Gesellschaft, S. 269–293, hier S. 288.

56 Döblin: Wissen und Verändern!, S. 161.

57 Ebd., S. 157 f.

58 Ebd., S. 164.

59 Ebd., S. 165.

60 Döblin: Nochmal: Wissen und Verändern, S. 277.

61 Alfred Döblin: Es ist Zeit! [1917]. In: Schriften zur Politik und Gesellschaft, S. 22–30, hier S. 26–28.

62 Alfred Döblin: Neue Zeitschriften [1919]. In: Ders.: Schriften zur Politik und Gesellschaft, S. 81–96, hier S. 91.

63 Döblin: Nochmal: Wissen und Verändern, S. 281.

64 Döblin: Die Vertreibung der Gespenster [1919]. In: Ders.: Schriften zur Politik und Gesellschaft, S. 69–80, hier S. 77.

65 Döblin: Die Vertreibung der Gespenster, S. 79.

66 Alfred Döblin: Republik [1920]. In: Ders.: Schriften zur Politik und Gesellschaft, S. 117–125, hier S. 121 f.

67 Ebd., S. 118.

68 Karl Dietrich Erdmann: Die Geschichte der Weimarer Republik als Problem der Wissenschaft. In: Vierteljahrshefte für Zeitgeschichte, H. 1 (Januar 1955), S. 1–19.

[69] Ursula Büttner: Weimar. Die überforderte Demokratie. Stuttgart 2008, S. 13.

[70] Wolfgang Niess: Die Revolution von 1918/19. Der wahre Beginn unserer Demokratie. Berlin 2017, S. 243.

[71] Ullrich: Die Revolution 1918/19, S. 85.

[72] Die deutsche Revolution 1918/19. Quellen und Dokumente. Hrsg. v. Jörg Berlin. Köln 1979, S. 263.

[73] Die Deutsche Revolution 1918–1919. Dokumente. Hrsg. v. Gerhard A. Ritter, Susanne Miller. Frankfurt/Main 1983, S. 145.

[74] Zu Meta Goldenberg vgl.: Schoeller: Alfred Döblin. Eine Biographie, S. 193–197, im Übrigen: Mark Jones: Am Anfang war Gewalt. Die deutsche Revolution 1918/19 und der Beginn der Weimarer Republik. Berlin 2017, S. 254–258; Ullrich: Die Revolution 1918/19, S. 88–91.

[75] *Vossische Zeitung* vom 13. März 1919, aufgerufen am 20. 9. 2022.

[76] Niess: Die Revolution von 1918/19, S. 367.

[77] Jones: Am Anfang war Gewalt, S. 259–263.

[78] *Vossische Zeitung* v. 5. Dezember 1919.

[79] Jones: Am Anfang war Gewalt, S. 253.

[80] Leo Schwarz: Geschichte der Rätebewegung. Tote im Haus. Massaker vor dem Reichstag: Vor 100 Jahren wurde die Massenbewegung gegen das Betriebsrätegesetz zerschlagen. In: junge welt, 11. 1. 2020.

[81] Axel Weipert: Vor den Toren der Macht. Die Demonstration am 13. Januar 1920 vor dem Reichstag. In: JahrBuch für Forschungen zur Geschichte der Arbeiterbewegung. Hrsg. v. Förderverein für Forschungen zur Geschichte der Arbeiterbewegung. Berlin 2012, S. 16–33, hier S. 25.

[82] Alfred Döblin: Der rechte Weg [1920]. In: Der Deutsche Maskenball von Linke Poot, S. 84–93, hier S. 86 f.

[83] Alle Zitate aus Alfred Döblin: Erster Rückblick [1928]. In: Ders.: Autobiographische Schriften, S. 17–94, hier S. 55–57.

[84] Alfred Döblin: Pardon wird nicht gegeben [1934]. Hrsg. v. Walter Muschg. Olten, Freiburg i. Br. 1960, S. 337 f.

[85] Döblin: Wissen und Verändern! Offene Briefe an einen jungen Menschen, S. 167.

[86] Ebd., S. 284.

[87] Ebd., S. 288.

[88] Paul Federn: Zur Psychologie der Revolution: Die Vaterlose Gesellschaft. Leipzig, Wien 1919.

[89] Federn: Zur Psychologie der Revolution, S. 8.

[90] Ebd., S. 16.

91 Ebd., S. 22.
92 Alfred Döblin: Zirkular-Brief [1931]. In: Ders.: Schriften zur Politik und Gesellschaft, S. 297 f.
93 Döblin: Briefe, S. 170 f.
94 Ebd., S. 557.
95 Döblin: Unser Dasein, S. 417.

Wolfgang Menzel, Michael Jansen

Oskar Loerke – Literaturvermittler in bewegten Zeiten

Werden in zehn Jahren, 2034, die Feuilletons den 150. Geburtstag von
Oskar Loerke (1884–1941) feiern? Wird es ein wissenschaftliches Loerke-
Symposion geben wie 1984 in Marbach am Neckar, eine Gedenkausstel-
lung wie 1964?

Die Erinnerung an Oskar Loerke und die Rezeption seines dichteri-
schen und essayistischen Werks verläuft wellenartig. Das ist nichts Ungewöhnliches. Auch bei anderen Persönlichkeiten der Literaturgeschichte
folgen auf Zeiten von Aufmerksamkeit, Popularität und Kanonisierung
Phasen des relativen Vergessens bis hin zur Dekanonisierung, worauf dann
eine Phase der Wiederentdeckung und vielleicht Rekanonisierung folgt, die
dann abflaut, um im nächsten runden Gedenkjahr wieder aufzuflackern.
Bemerkenswert an Oskar Loerke, dem Dichter, Literaturkritiker und Verlagslektor, ist zweierlei. Er war zu Lebzeiten nie einem breiten Publikum
bekannt, wurde als Dichter spät kanonisiert und behielt, auch in Phasen
zeitweisen, aber nie vollständigen Vergessens, seinen Platz in der Literaturgeschichte. Die zweite, überraschende Besonderheit ist, dass dem Berliner Literaturkritiker und Lektor Oskar Loerke im Zuge des starken For-
schungsinteresses an Politik und Kulturgeschichte der Weimarer Republik
sowie des gegenwärtigen großen Publikumsinteresses am Berlin der 1920er
und frühen 1930er Jahre (bezeichnend dafür der Erfolg der Filmserie *Babylon Berlin*) keine Aufmerksamkeit zuteilwird. Hat ihn die Wissenschaft
vergessen, an den Rand gedrängt? Nimmt eine populärkulturell ausgerich-
tete Forschung ihn nicht mehr wahr, weil er als bildungsbürgerlich und
konservativ gilt und kulturpolitisch als zu blass erscheint? Neben seinem
literarischen Werk, in dem das umfangreiche lyrische das vergleichsweise
schmale erzählerische Œuvre klar dominiert, verdient seine vielfältige Rolle
als Literaturvermittler in der Weimarer Republik, das heißt als Lektor, Kritiker, Essayist und Akademiesekretär, eine größere Beachtung.

Obwohl früh mit dem Kleist-Preis ausgezeichnet (1913) hatte Oskar
Loerke als Autor nie großen Erfolg. Er stand, wie schon die Jury des Kleist-
Preises feststellte, abseits literarischer Moden und Trends:

Von Oskar Loerke, der das dreißigste Lebensjahr noch nicht erreicht hat, liegt die Novelle
»Franz Pfinz« und der Roman »Der Turmbau« vor. Mit seinem Gedichtband »Wanderschaft«, der vor zwei Jahren bei S. Fischer erschien, hat sich der junge Dichter, der abseits

jeder literarischen Richtung steht, einen Platz in der ersten Reihe der modernen Lyriker gesichert. Eine starke Naturempfindung, ein sicheres Wertgefühl vereinigen sich bei ihm mit einer trotzig-kräftigen Sprache und einem entschieden musikalischen Gehalt.[1]

Diese Charakterisierung einschließlich der Verortung Loerkes als herausragender Vertreter der lyrischen Moderne sollte sich als zutreffend auch noch auf den späten Dichter erweisen und hat bis heute Bestand.[2]

Symptomatisch für das Abseitsstehen dieses Lyrikers, der als Person doch von Anfang an mitten im Literaturbetrieb stand, viele seiner Akteure persönlich kannte, der über Kontakte verfügte – heute würden wir sagen, »ein Netzwerk« hätte aufbauen können –, kurz einflussreich in der literarischen Welt war, ist die weitgehende Nichtbeachtung seines siebenbändigen lyrischen Hauptwerks. Das von ihm selbst so genannte *Siebenbuch* (1911 mit *Wanderschaft* begonnen und 1936 mit *Der Wald der Welt* abgeschlossen) blieb ein Geheimtipp für Kenner. Die Anerkennung, die Loerke, übrigens nicht ganz unberechtigt, auch noch Ende der 1930er Jahre erwartete, wurde ihm versagt, sein bedeutendes lyrisches Spätwerk mit noch einmal vier Bänden, erschienen 1938–1941 in Kleinstauflage, als Privatdruck für den Freundeskreis, gar nicht mehr wahrgenommen, einiges erst postum aus dem Nachlass veröffentlicht. Helmut Karasek, Wilhelm Lehmann und Peter Suhrkamp, der 1959 eine zweibändige Ausgabe Gedichte und Prosa herausbrachte, trugen maßgeblich dazu bei, dass Loerke nicht vergessen wurde und sein Werk in der literarischen Öffentlichkeit präsent blieb. Die literaturwissenschaftliche Forschung setzte sich in den 1960er und frühen 1970er Jahren vereinzelt mit Aspekten seines Werks auseinander. 1967 legte Wolf Peter Schnetz die erste Loerke-Biographie vor. Es gab zwei Marbacher Loerke-Symposien 1984 und 1987 und bereits 1964 zum 80. Geburtstag im Schiller-Nationalmuseum in Marbach a. N. eine Gedächtnisausstellung des Deutschen Literaturarchivs. Loerkes Tagebücher wurden als aufschlussreiches Zeitdokument entdeckt und, wie auch seine Gedichte, noch in den 1970er Jahren als Suhrkamp-Taschenbuch verbreitet. Dann wurde es still um ihn. Während der fast gleichaltrige, mit ihm befreundete Wilhelm Lehmann eine achtbändige Gesamtausgabe erhielt (bei Klett-Cotta 1982–2009) und 2004 die Wilhelm-Lehmann-Gesellschaft gegründet wurde, ließ die Loerke-Erinnerung auf sich warten. Im Jahr 2010 erschien die zweibändige Ausgabe seiner *Sämtlichen Gedichte* im Wallstein Verlag mit einem einleitenden Essay von Lutz Seiler.[3] Es gab auch die eine oder andere wissenschaftliche Publikation.[4] Zuletzt erschien 2020 von Dieter Heimböckel und Claus Zittel neu herausgegeben Loerkes »episches Hauptwerk« (so die Herausgeber), der Roman *Der Oger*, in der Reihe »Kometen der Moderne«

im C. W. Leske Verlag, kommentiert und mit einem ausführlichen, instruktiven Nachwort versehen.

Erst die Diskussion im Sommer 2021 um den Fortbestand des Ehrengrabs des Landes Berlin brachte den Namen Oskar Loerke unvermittelt wieder in die Feuilletons. Was war geschehen? Oskar Loerke war 1930 in ein zusammen mit seiner Lebensgefährtin und einem Freund geplantes und gebautes Haus in Frohnau, Kreuzritterstraße 8, gezogen, einem Ortsteil des Bezirkes Reinickendorf ganz im Norden Berlins. Dort lebte er bis zu seinem Tod 1941. Auf seinen Wunsch hin wurde er auf dem Frohnauer Friedhof in der Hainbuchenstraße einfach und ohne Grabstein begraben. Eines seiner letzten Gedichte *Gedenkzeit* legt die Motive offen:

> Auf meinem Grab halte nichts die Wacht,
> Kein Stein, kein Erz. Die zählen falsche Stunden.
> Denn ehern, steinern hab ich nie gedacht.
> Was ich empfand wie Hauch, ist ausempfunden.
>
> Von einer bitteren Orangenschale
> Ein wenig auf die Fingerkuppen reiben,
> Man mags, mein eingedenk.
> Wie man mich rief, kann man zu einem andern Male
> Verlöschlich auf die Schiefertafel schreiben:
> Für mich ein kleines Weihgeschenk.[5]

1978 war sein Grab dann, auf Betreiben Frohnauer Bürger, zum Ehrengrab des Landes Berlin geworden. Es erhielt einen schlichten Grabstein und wurde mehr als 40 Jahre lang im Auftrag der Stadt gepflegt. Eine Pressemitteilung der Senatskanzlei des Regierenden Bürgermeisters vom 6. Juli 2021 zu Ehrengrabstätten für namhafte und verdiente Persönlichkeiten brachte die Überraschung:

> [...] Außerdem wurde beschlossen, die Anerkennung als Ehrengrabstätte für folgende sieben Grabstätten nicht zu verlängern, da ein fortlebendes Andenken in der allgemeinen Öffentlichkeit nicht mehr erkennbar ist: [...] Oskar Loerke (1884–1941), Lyriker, Essayist und Literaturkritiker; die Grabstätte befindet sich auf dem Friedhof Frohnau im Bezirk Reinickendorf [...].

Zur verwaltungsmäßigen Einordnung: Nach der Antwort des Regierenden Bürgermeisters, Senatskanzlei, vom 2. August 2021 auf eine schriftliche Frage aus dem Abgeordnetenhaus zur Überarbeitung der Liste der Berliner Ehrengräber gab es zu der Zeit 680 Ehrengrabstätten.[6]

Die Kritik ließ nicht auf sich warten. Unter der Überschrift »Nicht der Ehre wert« veröffentlichte in der *Süddeutschen Zeitung* der Schriftsteller Lutz Seiler am 20. Juli 2021 einen »Offenen Brief« an den Regierenden Bürgermeister Michael Müller und die Bürgermeister und Bürgermeisterinnen der Bezirke.[7] Seiler geht es darin weniger um den Entzug des Ehrengrabes (an Loerke erinnern auch der Straßenname »Loerkesteig« und eine Gedenktafel an seinem ehemaligen Wohnhaus, eine Gruppe von Privatleuten, die die Kosten für die Grabpflege übernehmen, hätte sich schnell finden lassen), als vielmehr um die vorgetragene Begründung, dass ein »fortlebendes Andenken in der allgemeinen Öffentlichkeit nicht mehr erkennbar ist«. Mit persönlicher Betroffenheit legt er dar, warum das literarische Werk Loerkes groß und wertvoll und der Autor erinnerungswürdig ist. Das deutsche P.E.N.-Zentrum und die Wilhelm-Lehmann-Gesellschaft in Eckernförde schlossen sich der Kritik an. Kurz darauf wurde die Senatsentscheidung korrigiert, das Ehrengrab von Oskar Loerke bleibt bestehen.

Auch die literarische und wissenschaftliche Öffentlichkeit reagierte. Im November 2021 veranstaltete die Bayerische Akademie der Schönen Künste die Lesung »Heute nicht einmal Musik – Oskar Loerke (1884– 1941)«. Teilnehmer waren der Akademiepräsident Albert von Schirnding, der Schriftsteller Lutz Seiler und der Literaturwissenschaftler und Übersetzer Wolfgang Matz. Letzterer hatte in der »Frankfurter Anthologie« (*FAZ* 6. August 2021) vor dem Hintergrund der Diskussion um das Ehrengrab unter der Überschrift »Durchgerissene Idylle« Wilhelm Lehmanns Gedicht *Auf sommerlichen Friedhof (1944) – In memoriam Oskar Loerke* interpretiert.

Im Mai 2022 luden der Grundbesitzer-Verein der Gartenstadt Berlin-Frohnau[8] und die Wilhelm-Lehmann-Gesellschaft[9] zu einem literarischen Abend ein: »Was ist die Gegenwart eines Dichters? – Oskar Loerke (1884– 1941)«. Der Grundbesitzer-Verein, 1911 kurz nach Entstehung der Gartenstadt Frohnau 1910 gegründet, damals noch außerhalb Berlins, setzt sich nicht nur für Fragen von Haus und Grund ein, sondern auch für Bewahrung und Fortentwicklung der Gartenstadt. Der Schauspieler und Schriftsteller Hanns Zischler, der Literaturkritiker Lothar Müller und der Loerke-Herausgeber Wolfgang Menzel trugen Biographisches, Gedichte und Texte zu und von Oskar Loerke vor. Der Grundbesitzer-Verein veröffentlichte ab August 2022 in seiner Zeitschrift *Die Gartenstadt* und unterstützt von der Wilhelm-Lehmann-Gesellschaft eine kleine Werkreihe zu Oskar Loerke. Ein Jahr lang wurden jeden Monat literarische Texte Oskar Loerkes vorgestellt und kommentiert, die in engem Zusammenhang mit Frohnau und Berlin, seinem Verhältnis zur Natur, seinem Garten, der klassischen Musik sowie dem Miteinander von Nachbarn und Hausfreunden stehen.[10] 2022 hat der Suhrkamp Verlag die Tagebücher Oskar Loerkes, erstmals 1955 veröffentlicht, in der Ausgabe von 1986 neu aufgelegt.[11] Damit ist aber nur ein Teil des literarischen Werks vor dem Vergessen bewahrt. Insbesondere Loerkes kritisches und essayistisches Werk, vor allem in der Zeit der Weimarer Republik, verdient eine Wiederentdeckung und produktive Auseinandersetzung.

Die krisenbewegten Jahre zwischen dem Ende des Ersten Weltkriegs und dem Beginn der NS-Zeit wurden zu einer Glanzzeit der deutschsprachigen Literatur. Nach Krieg und Revolution blühte die Hoffnung auf eine moderne Gesellschaft auf. In der Weimarer Republik gab es große politische und soziale Veränderungen. Utopien jedweder Art prallten aufeinander. Der Mensch wurde neu gedacht. Die Veränderungen bewirkten eine Politisierung der Literatur, die die Auseinandersetzungen und die rasante Modernisierung der Lebensverhältnisse zeitnah abbilden und ideologisch-kämpferisch beeinflussen konnte.[12] Das Elend in den urbanen Unterschichten, Arbeitslosigkeit, Tod und Verfall, aber auch Utopien waren zentrale Themen der literarischen Strömung des Expressionismus. Die Zeitliteratur brachte eine Fülle hervorragender Autoren und neue literarische Formensprachen in Lyrik, Epik, Drama, Reportage und Essay hervor. Thomas Manns *Der Zauberberg* (1924), Hermann Hesses *Steppenwolf* (1927), Hugo von Hofmannsthals *Der Turm* (1928), Erich Maria Remarques Erfolgsroman *Im Westen nichts Neues* (1929) und Alfred Döblins *Berlin Alexanderplatz* (1929) entstanden, um nur einige wenige zu nennen. Ein wichtiger Vermittler moderner Literatur in dieser Zeit war der S. Fischer Verlag in Berlin.

Oskar Loerke war im »Weichenstellwerk«[13] der modernen Literatur in verschiedenen Funktionen in und außerhalb des S. Fischer Verlags tätig: als Lyriker und erzählender Schriftsteller, Essayist, enorm fleißiger Literaturkritiker und über zwanzig Jahre als Verlagslektor bei S. Fischer und Suhrkamp, von 1925 als Nachfolger Moritz Heimanns in der Position eines Cheflektors, seit 1926 Mitglied der Preußischen Akademie der Künste und von 1928 bis 1933 deren Sekretär der Sektion für Dichtkunst, bis ihn die Nationalsozialisten aus dem Amt drängten. Eher unauffällig im Hintergrund wirkend, prägte er durch seine Tätigkeit das literarische Leben in den bewegten Zeiten der Weimarer Republik nachhaltig. Gerade seine Tagebücher und die Besprechungen im *Berliner Börsen-Courier*[14] weisen ihn als einen unbestechlichen Kritiker und integren Augenzeugen der literarischen Entwicklung sowie der Zeitgeschichte in der Weimarer Republik und den Jahren der Diktatur aus.

Der Studienabbrecher Loerke – er verließ die Berliner Universität 1907 ohne Examen, nur mit einem Abgangszeugnis – fand über seinen Schul-

und Studienfreund Hans Kyser (1882–1940) schnell Zugang zu literarischen und Verlagskreisen. Kyser hatte ebenfalls literarische Ambitionen und galt als leichtlebige Bohemien-Natur, während der introvertierte Loerke eher der Typus des in sich gekehrten Lesers und stillen Zuhörers war. Beide veröffentlichten ungefähr zeitgleich ihre ersten Bücher. Moritz Heimann (1868–1925) erkannte früh Loerkes dichterische Begabung und förderte sie, machte Loerke zum Autor des S. Fischer Verlags und führte ihn 1909 in den Berliner Künstler- und Literatenstammtisch »Donnerstagsgesellschaft« ein. Diese »Vereinigung, kein Verein, ein Kreis befreundeter Dichter, Maler, Musiker und sonstiger Bewohner der künstlerisch-geistigen Welt«, wie sie sich 1915 in einem gedruckten Programm selbst vorstellte, war eine lose Verbindung von Künstlern, Intellektuellen, kunstsinnigen Unternehmern und Politikern, die Moritz Heimann um sich scharte. Hier traf Loerke mit Künstlern und Autoren zusammen, die zu Wegbereitern und Wegbegleitern wurden, darunter der Typograph, Buchgestalter und Maler Emil Rudolf Weiß (1875–1942), der den Einband zu Loerkes Erzählung *Vineta* (1907) gestaltet hatte und 1917 die Künstlerin Renée Sintenis heiratete, weiterhin der Maler und Radierer Emil Orlik (1870–1932) und der junge Wilhelm Lehmann (1882–1968). Mit den Berlinern Weiß-Sintenis und Orlik traf sich Loerke regelmäßig, besuchte Konzerte und Theateraufführungen. Die ebenfalls lebenslange Freundschaft zu Wilhelm Lehmann, der als Lehrer in der Provinz arbeitete und nur gelegentlich nach Berlin kam, bestand überwiegend in einem intensiven brieflichen Austausch.

Als Oskar Loerke 1917 als Lektor in den S. Fischer Verlag eintrat, war dies für den Verlag ein Glücksfall. Loerke war umfassend gebildet und verfügte über ein ausgeprägtes Sprachbewusstsein, ohne einem literarischen Konservatismus verhaftet zu sein.[15] Als Verlagsautor, genauer Beobachter und intimer Kenner des literarischen Lebens – er war beispielsweise bereits bei der Gründung der Kleist-Stiftung 1912 durch Richard Dehmel dabei[16] – verkehrte er mit den Autoren des Verlags auf Augenhöhe, war aber aufgrund seines Naturells bereit und fähig, sich unterzuordnen. Dabei war er weder naiv noch konfliktscheu. Was genau er im Verlag bewirkte und durchsetzte, wo und wie er Einfluss ausübte, in welchem Verhältnis Erfolge und Niederlagen stehen, ist allenfalls in Umrissen zu erahnen und könnte Gegenstand künftiger Forschung sein. Die Aufzählung der vom Lektor Oskar Loerke in den Jahren 1925 bis 1933 (mit-)betreuten Publikationen erstreckt sich in der Bibliographie »100 Jahre S. Fischer Verlag« über 74 Seiten.[17] Neben Neuerscheinungen, vor allem Romanen, gehören die Reihen »Fischer illustrierte Bücher« und »Fischers Romanbibliothek«, die Pantheon-Ausgaben (Einleitung und Anmerkungen von Loerke) und

Schulausgaben dazu. Als fest angestellter Verlagslektor hatte Loerke mit der verlegerischen Betreuung der Autoren eine wichtige Scharnier-Funktion sowohl für den Verleger/Verlag wie für die Autoren selbst.[18] Darunter waren nicht wenige Großautoren: Mit Gerhart Hauptmann und Thomas Mann betreute er zwei Literaturnobelpreisträger.

An der Beziehung zu Gerhart Hauptmann ist bemerkenswert, dass sie lange vor Loerkes Lektoratstätigkeit, gewissermaßen literarisch kollegial, begann, schnell zu einer Freundschaft wurde, neben der die Arbeitsbeziehung Lektor – Autor bestand (und bestehen musste) und bei allem Dank und Respekt Hauptmanns Loerke gegenüber immer eine asymmetrische Beziehung blieb. Der 27-jährige Nachwuchsautor Loerke war Hauptmann im Oktober 1911 auf einem Empfang des S. Fischer Verlags erstmals begegnet und wurde von ihm zwei Jahre später nach Agnetendorf in Schlesien eingeladen. Es entstand eine freundschaftliche, herzliche Verbindung, die auf Loerkes Seite von fast grenzenloser Verehrung und Hingabe bestimmt war.[19] Sie blieb auch bestehen, als Loerke 1922 im Verlag für die große Hauptmann-Gesamtausgabe zuständig war. Konfrontiert wurde er dabei nicht nur mit den wenig durchgearbeiteten Manuskripten des verehrten Meisters, in denen er »Hunderte von stilistischen Nachlässigkeiten auszubürsten hatte«[20], er wurde auch in die Spannungen zwischen Hauptmann und seinem Verleger hineingezogen. Am zweifellos extremen Beispiel seiner Unterordnung in diesem asymmetrischen Freundschaftsverhältnis mit einem gesellschaftlich (und vor allem auch hinsichtlich seiner finanziellen Möglichkeiten) weit über ihm Stehenden zeigt sich ein wichtiger Wesenszug Loerkes: Er akzeptierte bestehende Hierarchien und die ihm durch andere gesetzten Grenzen, lehnte sich allenfalls im Stillen, in privaten Briefen, Tagebucheinträgen und in seiner Lyrik dagegen auf. Das Verhältnis zum Verleger Samuel Fischer, zu dessen Schwiegersohn Gottfried Bermann-Fischer, der ab 1928 den Verlag leitete, und zu Peter Suhrkamp, der 1935 den in Deutschland verbliebenen Verlagsteil kaufte und als »Suhrkamp Verlag vorm. S. Fischer« weiterführte, war auf Seiten Loerkes von unbedingter Loyalität und Selbstlosigkeit geprägt und keinesfalls spannungsfrei. Loerke litt darunter, dass er von den Schriftstellerkollegen meist nur in seiner untergeordneten beruflichen Stellung als Lektor und als Sekretär der Akademie wahrgenommen wurde und nicht als ebenbürtiger Autor. Eine Ausnahme ist Alfred Döblin, mit dem ihn nicht nur die Arbeitsbeziehung als Lektor und in der Akademie verband, wo beide gemeinsame Ziele verfolgten und vor und hinter den Kulissen literaturpolitisch am gleichen Strang zogen, sondern vor allem Übereinstimmungen in der Naturauffassung und im Literarischen. Loerke hatte in der *Neuen Rundschau* und im *Berliner Börsen-*

Courier die Romane Döblins seit 1916 enthusiastisch gefeiert und 1928 über Döblin einen seiner schönsten Essays geschrieben mit dem schlichten Titel *Das bisherige Werk Alfred Döblins*. Er ist das Nachwort zu einer Sammlung autobiographischer Texte Alfred Döblins, die S. Fischer zum 50. Geburtstag seines Autors herausbrachte.[21]

Zahlreiche Tagebucheinträge, Notizen und Briefe Loerkes lassen erkennen, wie sehr der oft kränkelnde, jedoch unermüdliche Literaturbearbeiter Loerke unter der Last der Verlagsarbeit, »seinem Brotberuf«, gelitten hat, dem unlösbaren Konflikt zwischen dem Bedürfnis nach eigener literarischer Produktion und dem ungeheuren Arbeitspensum, das er für den Verlag leistete. In seinem Nachruf auf Loerke 1941 erkennt Gerhart Hauptmann das Opfer an, das Loerke ihm und anderen Kollegen unter dem Zwang des Broterwerbs gebracht hat:

> Loerke hat viel im Dienste anderer gelebt. Ich meine nicht nur im Sinne, wie jeder tätige Mensch es tut, sondern in dem, der um anderer Strebenden willen und auch anderer Meister sich selbst und sein wesentlichstes und liebstes Wirken zurückstellt. Er verdient in dieser Beziehung die Bewunderung aller und unauslöschliche Dankbarkeit. Er trat für das ihm würdig Scheinende mit der ganzen Kraft seiner Seele ein und gab zahllose, köstliche Lebensstunden dahin, um dafür zu zeugen und zu wirken.[22]

Oskar Loerkes Einfluss auf Literatur und Kulturpolitik vor, während und nach der Weimarer Republik wird immer noch unterschätzt. Ein deutlicher Hinweis auf eine Einordnung, die diesem Literaturvermittler in bewegten Zeiten gerecht werden könnte, kommt von Hermann Hesse:

> Es gab keinen jungen Autor, der nicht von ihm gewusst, ihn geachtet oder gefürchtet hätte. Tausende von Manuskripten und Büchern hat er gelesen, unzählige Autoren ermuntert, belehrt, erzogen, propagiert, nahezu die ganze deutsche Literatur seiner Zeit hat er persönlich und intim gekannt ... [23]

* * *

Der vorliegende Beitrag versteht sich auch als Aufruf, Bedeutung und Wirkung einer Persönlichkeit wie Oskar Loerke für die deutsche Literatur und das kulturelle Leben in der Weimarer Republik herauszuarbeiten und neu in einen größeren Zusammenhang zu stellen.

Anmerkungen

[1] *Berliner Tageblatt*, 10. Nov. 1913. Zitiert nach: Helmut Sembdner (Hrsg.): Der Kleist-Preis 1912–1932. Eine Dokumentation. Heilbronn: Kleist-Archiv Sembdner 2015, S. 54 (Neudruck der 1968 im Erich Schmidt Verlag, Berlin als Jahrbuch der Heinrich-von-Kleist-Gesellschaft 1967 erschienenen Dokumentation).

[2] Seine Sonderstellung in der expressionistischen Bewegung hat Gerhard Neumann herausgearbeitet, siehe: Wolfgang Rothe (Hrsg.): Expressionismus als Literatur. Gesammelte Studien. Bern, München 1969, S. 295–308. Die Zuordnung Loerkes zur »naturmagischen Schule« ist ebenso problematisch wie zu einem primär politisch aufgefassten Etikett »Innere Emigration«.

[3] Uwe Pörksen, Wolfgang Menzel (Hrsg.): Oskar Loerke – Sämtliche Gedichte in zwei Bänden. Mit einem Essay von Lutz Seiler. Göttingen 2010.

[4] Beispielsweise von Peter Sprengel, der 2006 den Briefwechsel Loerkes mit Gerhart und Margarete Hauptmann herausgegeben hatte (Aisthesis Verlag Bielefeld); vgl. auch seine Studie: Der große und der kleine Trinker: Gerhart Hauptmann – Oskar Loerke. Hierarchie und Gemeinsamkeit im Rausch. In: Markus Bernauer, Mirko Gemmel (Hrsg.): Realitätsflucht und Erkenntnissucht. Alkohol und Literatur. Berlin 2014, S. 116–136. Siehe auch den Aufsatz von Jörg Thunecke »›Die Jahre des Unheils‹: Der innere Emigrant Oskar Loerke in seinen Tagebüchern und nachgelassenen Gedichten«. In: Marcin Golaszewski, Magadalena Kardach, Leonore Krenzlin (Hrsg.): Zwischen innerer Emigration und Exil. Deutschsprachige Schriftsteller 1933–1945. Berlin, Boston 2016, S. 65–82.

[5] Oskar Loerke: Gedenkzeit. In: Ders.: Sämtliche Gedichte, Bd. 2, S. 919.

[6] Abgeordnetenhaus Berlin Drucksache 18/28 213. Die Bezirksämter erhalten die erforderlichen Mittel für die Unterhaltung der Ehrengrabstätten im Rahmen der Globalzuweisung. Für 2021 lag der Zuweisungspreis bei 70,47 € monatlich bzw. 845,64 € im Jahr.

[7] Abgedruckt in der *Dokumentation des Grundbesitzer-Vereins der Gartenstadt Berlin-Frohnau*, Mai 2022, S. 3–5, www.hausundgrund.de/verein/berlin-frohnau/sites/default/files/downloads/20220512-loerke-dokuwebsite_1.pdf [Stand: 12. 1. 2024].

[8] Siehe Website www.hausundgrund.de/verein/berlin-frohnau/ [Stand: 12. 1. 2024].

[9] Siehe Website www.wilhelm-lehmann-gesellschaft.de/ [Stand: 12. 1. 2024].

[10] Zu finden unter www.hausundgrund.de/verein/berlin-frohnau/die-gartenstadt/oskar-loerke-1884-1941 [Stand: 12. 1. 2024].

[11] Hermann Kasack (Hrsg.): Oskar Loerke. Tagebücher 1903–1939, Frankfurt/Main 1986, ²2022 (suhrkamp taschenbuch 1242).

[12] Siehe hierzu Helmuth Kiesel: Geschichte der deutschsprachigen Literatur von 1918 bis 1933. München 2017, S. 62–102 (zu den Grundlinien der gesellschaftlichen und literarischen Entwicklung).

[13] Diese Metapher verwendet Alfred Döblin, als er 1923 den Kleist-Preis Wilhelm Lehmann und Robert Musil zuerkennt: »Beide, Musil und Lehmann, sind wirkliche Könner und, wenn auch nicht lärmend, am Weichenstellwerk ihrer Zeit tätig« (Sembdner [Hrsg.]: Der Kleist-Preis 1912–1932. Eine Dokumentation, S. 83).

[14] Oskar Loerke: Der Bücherkarren: Besprechungen im Berliner Börsen-Courier 1920–1928. Unter Mitarbeit v. Reinhard Tgahrt hrsg. v. Hermann Kasack. Heidelberg 1965.

[15] Reiner Stach: 100 Jahre S. Fischer Verlag 1886–1986. Kleine Verlagsgeschichte. Frankfurt/Main 1986, S. 82.

[16] Oskar Loerke: Wiederbegegnung mit Richard Dehmel (*Die neue Rundschau*, 1933). Zitiert nach Sembdner (Hrsg.): Der Kleist-Preis 1912–1932. Eine Dokumentation, S. 46.

[17] 100 Jahre S. Fischer-Verlag 1886–1986. Eine Bibliographie, bearbeitet von Knut Beck, Frankfurt/Main 1986, S. 218–292.

[18] Reinhard Wittmann: Geschichte des deutschen Buchhandels, München [4]1991, S. 307.

[19] Vgl. dazu Peter Sprengel (Hrsg.): Briefwechsel Gerhart und Margarete Hauptmann – Oskar Loerke. Bielefeld 2006.

[20] Peter Sprengel: Der große und der kleine Trinker: Gerhart Hauptmann – Oskar Loerke. Hierarchie und Gemeinsamkeit im Rausch. In: Markus Bernauer, Mirko Gemmel (Hrsg.): Realitätsflucht und Erkenntnissucht. Alkohol und Literatur. Berlin 2014, S. 116–136, hier S. 125.

[21] Alfred Döblin: Im Buch – Zu Haus – Auf der Straße. Vorgestellt von Alfred Döblin und Oskar Loerke. Berlin 1928. Neuausgabe mit einer Nachbemerkung v. Jochen Meyer, Marbach am Neckar: Deutsche Schillergesellschaft 1998 (= Marbacher Bibliothek 2).

[22] Gerhart Hauptmann: Abschied von Oskar Loerke. In: Ders.: Sämtliche Werke. Hrsg. v. Hans-Egon Hass. Bd. 6: Erzählungen. Theoretische Prosa. Centenar-Ausgabe. Berlin 1996 (Sonderausgabe), S. 891.

[23] Hermann Hesse: An einen Leser, dem ich zuweilen neue Bücher empfehle, Dezember 1958. Zitiert nach: Oskar Loerke 1884–1964. Gedächtnisausstellung im Schiller-Nationalmuseum, Katalog. Marbach a. N. 1964, S. 31 f.

Milosh Lieth

Stadt, Dschungel, Großstadtdschungel

Eitopomar als Kolonialphantasie in Norbert Jacques' *Dr. Mabuse, der Spieler* und Fritz Langs/Thea von Harbous filmischer Adaption

I.

In Jean-Luc Godards Film *Le Mépris* (1963) kommt es bereits früh zu einem programmatischen Streit. Der Regisseur Fritz Lang, der sich hier selbst spielt, soll für den US-Produzenten und Hollywoodmagnaten Jeremy Prokosch (Jack Palance) Homers *Odyssee* verfilmen. Ein irrwitziges Unterfangen angesichts der Tatsache, dass Prokosch griechische und römische Antike nicht auseinanderhalten kann. Beim erstmaligen Screening einiger Szenen kommt es fast folgerichtig zum Eklat: Obwohl von einer nackten Sirene sehr angetan, erlebt Prokosch einen Wutanfall, wirft mit Filmrollen um sich und verdächtigt Lang, ihn zu betrügen – was auf der Leinwand zu sehen sei, entspreche nicht dem Skript, das der ihm vorgelegt hatte.

> LANG: Would you like to rewrite it, Jerry?
> PROKOSCH: You cheated me, Fritz. That's not what is in that script.
> LANG: It is! […]
> PROKOSCH: Get me that script, Francesca. […] Yes, it's in the script. But that's not what you have on that screen.
> LANG: Surely. Because in the script it is written. And on the screen, it's pictures. Motion picture it's called.
> PAUL: Il dit que ce n'est pas la même chose quand c'est filmé que quand c'est écrit.[1]

Mit seinem Kommentar überführt Paul die Diskussion in ein übergeordnetes Problemfeld: offensichtlich verhandelt Godard hier die prinzipielle Frage nach der Übersetzbarkeit von Schrift- in Filmsprache. *Le Mépris* diskutiert sie auf mindestens drei Ebenen: *erstens* intradiegetisch, als Frage nach der Translation des Skripts in den Film; *zweitens* reflektiert er als ein Film, der auf einer literarischen Vorlage – Alberto Moravias *Il disprezzo* – basiert, die fragliche Kompatibilität der Medien Roman und Film; *drittens* reiht Godard *Le Mépris* damit in eine lange Tradition ästhetischer Theorien ein, die ganz grundsätzlich das Verhältnis verschiedener künstlerischer Medien zueinander untersucht haben (so ließe sich etwa die Position Langs mutatis mutandis auf Lessings *Laokoon*-Schrift zurückführen). In einem

Interview hat Godard später, aber durchaus im Einklang mit dieser Szene, sich seinerseits positioniert, indem er die Überzeugung äußerte, dass nämlich »im großen Kampf zwischen den Augen und der Sprache [...] der Blick die größere analytische Kraft« offenbare.[2]

Fritz Lang sollte an einer solchen Szene nicht nur schauspielerisch Gefallen gefunden haben. Tatsächlich dürfte sie ihn auch aus der Perspektive seiner eigenen Tätigkeit als Regisseur interessiert haben, der wiederholt Romane für die Kinoleinwand adaptierte. Zu den frühesten Beispielen wird man den *Dr. Mabuse*-Zweiteiler – *Der große Spieler – Ein Bild unserer Zeit* sowie *Inferno – Ein Spiel von Menschen unserer Zeit* (beide 1922) – zählen dürfen, basierend auf Norbert Jacques' Roman *Dr. Mabuse, der Spieler* (1920) und einem Drehbuch von Thea von Harbou. Immer wieder ist darauf aufmerksam gemacht worden, dass zwischen dem Roman Jacques' und den beiden Filmen Langs/Harbous teils erhebliche Differenzen bestehen: nicht nur, weil die jeweiligen Enden stark differieren, sondern auch, weil man motivische und formale Schwerpunktverlagerungen ausgemacht hat. So hat etwa Erik Butler zu zeigen versucht, dass Lang den Roman Jacques' vom Staub seiner traditionellen Erzählweise befreit und den Stoff in avantgardistischen Formen neu interpretiert habe: »Whereas Jacques' novel looks back to literary and cultural tradition, Lang's version of the story embraces the modern.«[3] Ganz ähnlich hat auch Tobias Lachmann geurteilt, wenn er das Surplus des Films darin erkannt zu haben glaubte, dass dieser »aufgrund seiner durch Mittel wie Überblendungen oder schnelle Schnitte hervorgerufene[n] Unmittelbarkeit eine [...] Synchronizität« zu erzeugen vermochte, wo Jacques' Roman den – offenbar defizitär gedachten – Gesetzen der Literatur, nämlich »Linearität und [...] Sukzession«, verpflichtet sei.[4]

Vielleicht am häufigsten und einhelligsten ist aber darauf hingewiesen worden, dass Lang/Harbou den »Strang der Mabuse-Handlung [...] verschmäht hatten«, in dem Mabuse von Eitopomar phantasiert:[5] dieses von ihm angestrebte Reich im brasilianischen ›Urwald‹, zwecks dessen Finanzierung er die Weimarer Nachkriegsgesellschaft gleichermaßen schröpft wie terrorisiert. Und tatsächlich, auf der Ebene explizierter Handlung findet sich Eitopomar bei Lang/Harbou mit keiner Szene erwähnt. Übernimmt man allerdings eine solche Perspektive, stellt sich zwangsläufig die Frage, was Mabuse in Langs Version handlungslogisch motiviert, ist doch, wie Sven Safarow zu Recht festgestellt hat, Eitopomar in Jacques' Roman »Movens wie Telos« zugleich.[6] Und man wird sich zusätzlich und ganz grundsätzlich zu fragen haben, weshalb sich Lang/Harbou *gegen* eine Integration des Motivs entschieden haben sollten. Eine Aversion gegen Themen und Stoffkreise kolonialer Exotik wird man dafür kaum ins Feld führen können: Langs zweiteiliger Abenteuerfilm *Die Spinnen* (1919/1920) spielt zu großen Teilen in einer Inka-Stadt in Mexiko; und Thea von Harbous Roman *Das indische Grabmal* (1921), im Erscheinungsjahr von Joe May prominent verfilmt, kann als konzentrierte Auseinandersetzung mit kolonialen Phantasmen gelten.[7]

Vielleicht wird man aber auch an Langs Position in *Le Mépris* denken müssen: war Eitopomar womöglich, so wie Jacques das Motiv in seinem Roman behandelt hat, nicht in die von Lang/Harbou anvisierte Filmsprache zu übersetzen? Man muss sich deutlich vor Augen führen, dass das brasilianische Eitopomar auch in Jacques' Roman an keiner Stelle *Handlungsort* ist: Es ist (Kolonial-)Phantasie, eine bloße Vorstellung und als solche genuin *unsichtbar*. Und so musste sich Lang mit einem Problem konfrontiert sehen, dass die Gattung des Stummfilms insgesamt kennzeichnet, nämlich der Schwierigkeit, »das Unsichtbare sichtbar [zu] machen.«[8] Im Gegensatz zum oben skizzierten Urteil von der filmischen ›Verschmähung‹ des Eitopomar-Motivs, dem sich auch Safarow angeschlossen hat[9], wird im Folgenden nicht apodiktisch von seiner bloßen Abwesenheit ausgegangen. Ohnehin liegt solchen Urteilen ein normatives Postulat der ›Werktreue‹ zugrunde, das aus intermedialer Perspektive nicht haltbar scheint.[10] Darüber hinaus allerdings wird die Validität dieser Aussagen selbst zur Debatte stehen müssen. Und zwar ausgehend von der Frage, ob die intermediale Übersetzungsleistung Langs/Harbous statt seiner Tilgung nicht vielmehr eine Neukonfiguration dieses Motivs initiiert habe, die ihre hermeneutischen Valenzen erst im rückblickenden Vergleich mit Jacques' Roman gewinnt.

Zu den Gründen, weshalb sich dieser Frage bislang kaum angenommen wurde, wird man auch die mangelnde analytische Durchdringung des Eitopomar-Motivs in Jacques' Roman selbst zählen dürfen. Üblicherweise hat man sich, wie etwa Scholdt, auf den Hinweis beschränkt, Jacques selbst sei ein abenteuerlicher Brasilien-Aficionado gewesen (was richtig ist), als ein solcher auch durchaus nicht atypisch für seine Zeit (ebenfalls richtig), und man müsse also Mabuses Kolonialphantasien für eine übertriebene Hypostase der »Tropenschwärmerei«[11] ihres sozial mehr oder weniger repräsentativen Autors ansehen. Der hiesige Beitrag plädiert vielmehr dafür, dass das Eitopomar-Motiv den Roman Jacques' in einer sehr viel umfangreicheren Weise organisiert, als bislang angenommen: indem damit nämlich ein weites semantisches Feld abgerufen wird, das Mabuse als eine Art enteuropäisierten ›Wilden‹, seinen Gegenspieler, den Staatsanwalt von Wenk, im scharfen Kontrast als Vertreter der ›Zivilisierten‹ vorstellt – und damit an eine lange topische Tradition anknüpft.[12] Erst unter dieser Optik betrachtet, so die These, wird das Eitopomar-Motiv im Kontext kolonialrevisionistischer Bestrebungen in der Weimarer Republik lesbar (Kap. III).

Somit ist schließlich zu fragen, *ob* und, wenn ja, *wie* das Eitopomar-Motiv Eingang in die Bildsprache von Lang/Harbou gefunden hat. Es wird sich zeigen, dass in Langs Film der Raum der heimatlichen Stadt, dessen literarischer Agent der ›zivilisierte‹ Wenk war, und der Raum des Dschungels, wie ihn Mabuse als Resonanzkörper des eigenen, ›wilden‹ Inneren imaginiert hat – dass also diese scheinbar opponierenden Räume filmisch zu einem disharmonischen Ganzen amalgamiert worden sind: zum charakteristischen Raum des *Großstadtdschungels*, in dem sich eine im Roman bereits präfigurierte Analyse der Weimarer Moderne in neuer Akzentuierung artikuliert.

II.

Von Anfang an erscheint Mabuse in Jacques' Roman als Vereinigungsfigur einer hysterischen Nachkriegszeit, die in ihrer Nervosität, Spielsucht und ihren Anomien ein Produkt des Ersten Weltkriegs und insbesondere der ›Schmach‹ des Versailler Vertrags sei: »Das Auslaufen des Krieges in den keineswegs abspannenden Zustand, den die Bedingungen von Versailles dem deutschen Volk brachten, hatte die Phantasie nicht beruhigt, sondern hielt sie angestachelt.«[13] Bereits früh zeichnet sich ab, dass es präzise diese ›angestachelte Phantasie‹ ist, derer Mabuse sich zur Verfolgung seiner Ziele bedient.[14] Lange bevor sein Name erstmals genannt wird, scheint er bereits die nervöse Imagination einer aus den Fugen geratenen Nachkriegsgesellschaft zu dirigieren. Es ist dabei von besonderem Interesse, dass er – in scheinbarem Widerspruch zu seiner urtümlichen Beheimatung *in* dieser Gesellschaft – anfangs nur als »der Gast« (14), »de[r] Unbekannte[]« (15) oder »de[r] Fremde[]« (16) in die Narration eintritt. Der Erzähler reproduziert hier die Perspektive seiner Figuren, die Mabuses Anwesenheit als einen unheilvollen Einbruch des Fremden in das Eigene erleben. In diesem Punkt berührt sich der Roman nicht nur mit einer Gattungspoetik phantastischen Horrors, sondern auch subkutan mit einer im 19. Jahrhundert häufig aktualisierten »Invasionsangst«, die in interkulturellen Kontexten die Angst vor dem »Einbruch des Anderen in Europa« bezeichnen konnte.[15] Bald schon ist es aber Hull, der, im Laufe seiner Vernehmung durch von Wenk, erstmals halbbewusst ausspricht, wie sehr man sich in dieser ›Invasionsangst‹ getäuscht hat:

»Ganz offen gesagt, ich hatte eine Weile Angst, Herr Staatsanwalt. Es schien mir etwas Unheimliches bei der Sache zu sein. Schließlich habe ich mein vermutliches Vergessen, daß ich selber jenen Herrn mitgebracht hätte, auf einen schlechten Spaß meiner Freunde geschoben.« (24)

Freud hat das ›Unheimliche‹ bekanntlich als das heimlich Heimische gedeutet:[16] und so setzt sich auch unter den Figuren allmählich die Erkenntnis durch, dass dieses Fremde, das augenscheinlich den ›Volkskörper‹ in-
fiziert zu haben schien, in Wahrheit ein wucherndes Krebsgeschwür im
eigenen, gesellschaftlichen Inneren ist. Die erstmalige Nennung des Namens Mabuses ist denn auch besonders raffiniert in Szene gesetzt:

> Der Chauffeur fuhr mit dem betäubten Staatsanwalt von Wenk in der Nacht nach
> Schleißheim. Dort lud er ihn auf eine Bank und fuhr nach München zurück. Er fuhr zur
> Xenienstraße und hielt vor einer alleinstehenden Villa. Auf einem Schild war zu lesen:
> Dr. Mabuse
> Psycho-analytische Behandlung. (56)

Lotman hat darauf aufmerksam gemacht, dass die Integration des kulturell
Fremden in den Raum der eigenen Kultur üblicherweise mit einem Akt
der Benennung einhergehe.[17] In Jacques' Roman allerdings offenbart sich
der zunächst für einen Fremden angesehene Mensch im Gegenteil als jemand, der innerhalb der Gesellschaft nicht nur längst einen Namen besitzt,
sondern der als approbierter Arzt und Villenbesitzer (in München!) sogar
über eine beträchtliche Menge symbolischen wie ökonomischen Kapitals
verfügt.

Ist Mabuse also auch kein Fremder, so *scheint* er doch immer wieder auf
eine unheimliche Weise bekannt und fremd zugleich. Als »einer der vielen
expropriierten und depossedierten Nomaden der Zwischenkriegszeit«[18] ist
er in dieser Gesellschaft im Grunde nur gegen seinen Willen und proviso-
risch beheimatet:

> Von dieser selben Stadt aus hatte er begonnen, als der Krieg ihn aus dem eigenen und
> selbstherrlichen Reich seiner Pflanzung auf der Salomonen-Insel nach Europa zurück-
> geworfen hatte und er sich hier mit der sprengenden Macht seines Willens nicht besser
> zurechtfand als damals, da er, nach dem Examen, die Südsee gegen eine Arztkarriere in
> einer süddeutschen Stadt eingetauscht hatte. (72)

Hier wird erstmals deutlich, dass es das Korsett europäischer ›Zivilisation‹
ist, gegen das die »sprengende[] Macht seines [Mabuses] Willens« oppo-
niert. Im Laufe des Romans wird Jacques das unter postkolonialen Auspi-
zien häufig problematisierte, asymmetrische Begriffspaar ›wild‹ – ›zivilisiert‹
in den konfligierenden und sich gleichzeitig ergänzenden Figuren Mabuse
und von Wenk zuspitzen. Immer wieder ist die Rede von der »tobenden
Wildheit« (183) Mabuses, man nennt ihn »Raubtier« (38) und »Bestie,
die Blut roch« (156). Am deutlichsten kommt die Gräfin Told, mit merk-

bar sexuellen Obertönen, auf Mabuses ›Wildheit‹ zu sprechen: »›Ich liebe ihn nicht!‹ ereiferte sich die Gräfin [...]. ›Aber er ist doch alles! Er ist ein Mensch. Aber er ist doch eine Welt für sich. Er liegt da in solch einer Stadt von kleinen Menschen, kleinen begehrlichen Häusern und Gassen und ist ein Dschungel und ein Urwald. Mir ist, als habe er Tiger und Schlangen in sich [...].‹« (131)

Den Roman durchzieht eine rhetorische Doppelstruktur, die Mabuse *einerseits* zur fleischgewordenen Perversion der Weimarer Zwischenkriegszeit und damit zu einer genuin modernen Erscheinung erklärt, *andererseits* aber ununterbrochen an dessen ›Primitivierung‹ und ›Barbarisierung‹ arbeitet: seien es nun die zahlreichen Zoomorphismen – so gilt der »Tiger« etwa bei Rudyard Kipling als Inbegriff »sadistische[r] Grausamkeit« in exotischen Räumen[19] – oder auch seine häufig registrierte Bestiennatur (ein Begriff, der zeitgenössisch bspw. zur Diffamierung der afro-französischen Truppen im besetzten Rheinland verwendet wurde).[20] Und seine besondere Bedrohlichkeit (wie Anziehungskraft!) scheint gerade daraus zu resultieren, dass er *als* ›Wilder‹ mitten im Raum der bürgerlichen Zivilisation (»einer Stadt von kleinen Menschen, kleinen begehrlichen Häusern und Gassen«) lokalisiert ist. Es ist denn auch kein Zufall, dass Mabuse, dessen (pseudo-) nietzscheanisches »Übermenschenformat« häufig konstatiert worden ist[21], im nur scheinbaren Gegensatz zu einer solchen Apostrophierung intradiegetisch als Untermensch bzw. gar »Ungeheuer« (205) perzipiert wird, lässt sich doch eine historische Linie von der (antiken) ›Barbarisierung‹ der Anderen zur allmählichen Aberkennung ihrer Menschlichkeit verfolgen.[22]

Das besondere Bedrohungspotential, das Mabuses ›Wildheit‹ zugeschrieben wird, speist sich nicht zuletzt daraus, dass sie keine ›ethnometrische‹ Entsprechung in seinem Äußeren findet. Erstmals als »alte[r] vornehme[r] Herr« (13) eingeführt und später als Verkleidungskünstler in Szene gesetzt, ist seine ganze Gestalt und Physiognomik eine nur defizitäre Verkörperung des eigenen, ›wilden‹ Inneren. Die Bedrohlichkeit dieses Maskenspiels generiert sich insofern auch aus dem – in den kriminalistischen Diskursen der Weimarer Republik nachlebenden – Konzept der ›Kriminalanthropologie‹ Cesare Lombrosos und dessen »Vorstellung einer pathologischen Physiognomie bestimmter Straftäter«[23], die Mabuses Maskerade und ›Ethnometrie‹ konsequent unterwandert. Mabuse selbst übernimmt sogar die rassisch-biologistische Konnotation einer solchen Theorie von Devianz, wenn er – womöglich lamarckistisch inspiriert – von der mangelnden ›Reinheit‹ seines ›Bluts‹ spricht: »[...] Ich habe irgendwoher durch meine Abstammung einen Schuß ins Blut bekommen, der mir ein Leben in der staatlichen Ordnung einer Gemeinschaft unmöglich macht, in der

Kräfte über meinen Kräften stehen [...].‹« (184) Dieses eigene, ›unreine‹ Blut (dessen genealogischen Ursprünge reichlich im Vagen bleiben) allerdings ist ihm nicht anzusehen: Als ›Wilder‹ ist er nicht nur im Raum der Zivilisation verortet, sondern er verbirgt sich zugleich in der Camouflage einer ethnisch ›normalen‹ Optik.

Es ist dementsprechend nur folgerichtig, dass der Staatsanwalt von Wenk, Mabuses Gegenspieler, als Agent sowohl der ›Zivilisation‹ wie auch der ›Heimat‹ auftritt. Deutlich nimmt er diese Konturen an, als er die Nachricht von Hulls Tod mit Bestürzung entgegennimmt und sich anschließend zu einer effizienteren Affektkontrolle ermahnt:

> Ich hätte nicht zittern sollen, als die Nachricht mich traf. Ich muß es so weit bringen, daß ich meinen eigenen Tod ohne zurückzuschrecken hinnehmen könnte. Ich muß mich weiter erziehen. Ich muß alle Liebhaberei zum Lebensziel erstarken lassen. Dann erst kann ich meinen Plänen gewachsen sein. (94)

Norbert Elias hat die Konvertierung von Fremd- in Selbstzwänge – »[i]ch muß mich weiter erziehen« – bekanntlich zum Gradmesser des ›Zivilisationsprozesses‹ erklärt und in diesem Sinne deutlich zwischen ›Zivilisierten‹ und ›Primitiven‹ (bzw. ›Wilden‹) unterschieden: »Die Selbstzwangsapparatur, der Bewußtseins- und Affekthaushalt ›zivilisierter‹ Menschen, sie unterscheiden sich *als Ganzes* in ihrem Aufbau klar und deutlich von denen der sogenannten ›Primitiven‹ [...]«.[24] In diesem Sinne tritt Wenk von Anfang an als ›Zivilisierter‹ im diametralen Kontrast zur ›Wildheit‹ Mabuses in Erscheinung.

Mabuse ist also der ›Wilde‹ im Raum der Heimat und Zivilisation und als solcher auch das kriminelle Subjekt, der *homo delinquens*, par excellence.[25] Als von Wenk ihm auf die Spur zu kommen beginnt, fühlt er sich »wie ein gefangenes Tier zwischen seiner Rachwut und Herrschaftssucht und dem Widerstand dessen, was draußen gegen seine Ziele lag«. (162) Unmissverständlich ist Mabuses ›Wildheit‹ eine Chiffre für seine Triebhaftigkeit und Wenk, als Verkörperung des ›Widerstands‹, zwingt ihn mehr und mehr, sich in ihrer Auslebung einzuschränken.[26] Natürlich kann es hier nicht darum gehen, psychoanalytisch eine Krankheitsgeschichte Mabuses zu entwerfen – aber seine Tätigkeit *als* Psychoanalytiker macht es doch plausibel, mit einem solchen Vokabular an den Text heranzutreten. Es geht hier auch nur um eine Historisierung derjenigen Begriffe, die der Text selbst vorgibt: Gerade wenn man daran denkt, dass Freud die Inhalte des Unbewussten als die »psychische Urbevölkerung« beschrieben hat[27], dass er – in vorausgesetzter Verschränkung von Onto- und Phylogenese – die »Psy-

chologie der Naturvölker, wie die Völkerkunde sie lehrt, mit der Psychologie
der Neurotiker« (und der Kinder) verglichen hat[28] – so geht man nicht zu
weit, im Konflikt zwischen Mabuse und Wenk zugleich den Widerstreit
von ›Wildem‹ und ›Zivilisierten‹ wie von ›Lust‹- und ›Realitätsprinzip‹ zu
erkennen. In ihren Eigenschaften als ›wilder Mann‹ bzw. als Agent der ›Zivilisation‹ figurieren Wenk und Mabuse zugleich manichäische Konflikte der
Seele, wie die Freudianische Psychoanalyse sie beschrieben hat.

Es scheint unter dieser Optik betrachtet auch kein Zufall, dass sich
Mabuses doppeltes Begehren – nämlich das *sexuelle*, bezogen auf die Gräfin
Told und das *koloniale*, auf Eitopomar gemünzt – im identischen Bildvoka-
bular artikuliert.[29] Besonders deutlich wird das in Kapitel 13: Der Roman,
den narratologisch eine variable interne Fokalisierung kennzeichnet, übernimmt hier ganz die Perspektive der Gräfin Told, die, gekidnappt von Mabuse, in dessen Münchner Villa erwacht, die ihr augenblicklich »dunkel
und fremd« (156) erscheint. Hier erinnert sie sich an ihre Hypnotisierung:
»Nur hart, wie mit einem Schlag, stand ein Augenblick da, in dem die
grauen Augen jenes Dr. Mabuse, der ihr von Tigern und Schlangen erzählt
hatte, sich über sie senkten, grauenerregender als Krallen einer Bestie, die
Blut roch ...« (ebd.) Von den Konnotationen der Begriffe ›Tiger‹ und ›Bestie‹ war bereits die Rede. Zugleich klingt an dieser Stelle die suggestiv ero-
tische Wirkung von der ›wilden‹ Männlichkeit ihres Entführers durch, die
die Gräfin – wie bereits weiter oben aufgeführt – an einen »Dschungel und
ein[en] Urwald« (131) erinnert. Ohnehin ›reimte‹ sich »Gesetzlosigkeit«
auf »Triebhaftigkeit«, wenn es um eine charakterisierende Typologie des
barbarischen ›Wilden‹ ging.[30] Unmissverständlich nimmt Mabuse auch im
weiteren Gesprächsverlauf mit der Gräfin die inzwischen bekannten exo-
tisch-zoomorphen Züge an:

> Sie antwortete nach einer Weile: ›Sie können mich in München nicht als ihre Gefan-
> gene halten!‹
> Mabuse mit einem drohenden Ton: ›Woher wissen Sie, daß Sie in München sind?‹
> ›Haben Sie mich verschleppt?‹ rief die Gräfin.
> ›Ich bin kein Gorilla!‹
> ›Wer sind Sie? Wie heißen Sie?‹
> ›Wie Sie mich nennen werden!‹
> ›Dann werde ich Sie Gorilla nennen!‹ wollte sie böse sagen. (158)

Dieser Dialog, der auf den knapp zehn Jahre später erschienenen Filmklas-
siker *King Kong und die weiße Frau* (1933) vorauszuweisen scheint, kann
in Wahrheit aus einer langen Bildtradition schöpfen. Zunächst wird man
an E. A. Poes Detektivgeschichte *The Murders in the Rue Morgue* (1841)

denken dürfen, in der ein Affe, hier ein Orang-Utan, sich schlussendlich als der Mörder zweier Pariser Frauen herausstellt.[31] Darüber hinaus finden sich Frauen verschleppende Gorillas im 19. Jahrhundert bereits unter den Skulpturen Emmanuel Frémiets und zur Jahrhundertwende auch als Panoptiken in verschiedenen Museen. Das Motiv erfreute sich gleichfalls im exotistischen Abenteuerroman der Jahrhundertwende einer großen Beliebtheit und darf in das europäische Vorstellungsinventar insbesondere vom Landesinneren des afrikanischen Kontinents gerechnet werden.[32] Insofern hat man es hier *auch* mit einer besonders drastischen Verbildlichung ›wilden‹ Begehrens zu tun, wie es Richard von Krafft-Ebing Ende des 19. Jahrhunderts in seiner *Psychopathia sexualis* (1886) entworfen hatte:

> Auf primitiver Stufe erscheint die Befriedigung sexueller Bedürfnisse der Menschen wie die der Tiere. [...] Auf dieser Stufe sehen wir [...] heute noch wilde Völker, wie z. B. die Australier, Polynesier, Malaien der Philippinen. Das Weib ist Gemeingut der Männer, temporäre Beute des Mächtigsten, Stärksten.[33]

Dass die Gräfin sich als »Beute« (157) Mabuses fühlt, mag als zusätzlicher Beleg gelten, dass Norbert Jacques hier an psychopathologische und -analytische Denkfiguren des ›Wilden‹ anknüpft, in denen sich Sexualität und Primitivität aufs Engste verschränkten. Als Substitut des Gorillas tritt im Gespräch mit der Gräfin diese ›Wildheit‹ Mabuses in ihrer doppelten – kolonialen und sexuellen – Dimension deutlich ans Licht. Es ist denn auch nur konsequent, dass er die Gräfin auserkoren hat, an seiner Seite über Eitopomar zu herrschen:

> »Ich begehre Sie. Das ist mehr als Liebe – für mich! Sie sind hier, weil es gegen mein Begehren keinen Widerstand gibt. Sie können eine Königin werden, jenseits der Ozeane, in meinem Reich. Eine Königin über Urwälder, wilde Tiere, zahme und wilde Menschen, Täler, Felsen und Fernen. Wer kann Ihnen mehr geben?« (159)

Wenn die Analyse also bislang Mabuse und von Wenk als Figurationen der Begriffsopposition ›wild‹ – ›zivilisiert‹ zu beschreiben erlaubt hat, so scheint dadurch in Aussicht gestellt, Eitopomar als das quasinatürliche Habitat Mabuses fokussieren zu können. Gerät man allerdings auf diesem Wege nicht in einen Widerspruch? Ist es nicht im Gegenteil gerade der ›Zivilisierte‹ und *nicht* der ›Wilde‹, der Kolonialphantasien artikuliert? Aber genau darin besteht eben die Pointe der Figur Mabuses: sie macht präzise darauf aufmerksam, dass ›Wildheit‹ nicht einigen ›Nationalcharakteren‹ essentialistisch zugeschrieben werden darf, sondern dass sie als ›Naturtrieb‹ potentiell aus einem jeden Menschen ausbrechen kann – wobei sich der pejorative Unterton des Begriffs ›wild‹ gewissermaßen ins eigene Innere verlängert. Gegen diese ›Verwilderung‹ gefeit ist nur, wer, wie Wenk, die Widerstandskraft einer internalisierten Affektökonomie aufbringen kann.

III.

Durchaus anschlussfähig an die bisherige Analyse hat Torsten Hahn unter Rekurs auf Foucault darauf aufmerksam gemacht, dass die Konstellation Mabuse – Wenk als »die Inszenierung des dramatischen Kontrastes zweier Machttypen« angelegt sei, »nämlich des vormodernen Herrschens und des modernen Regierens, dessen Objekt die zu optimierende Bevölkerung« sei.[34] Hahns Hinweis ist zum einen deswegen von Interesse, weil er auf der Ambivalenz der Figur Wenks insistiert, der in seinem Begehren, alles »Schlechte[] aus unserer Heimat zu entfernen« (137) unter umgekehrten Vorzeichen ebenso faschistoide Züge offenbart wie Mabuse selbst. Andererseits ist damit bereits ein wesentlicher Anstoß zur Präzisierung der Kolonialphantasie Mabuses gegeben.

Mit dem formalen Ende deutscher Kolonialherrschaft im Jahre 1919 – eine unmittelbare Konsequenz des Versailler Vertrags – transformierte sich zugleich der deutsche Kolonialdiskurs. In der Mantelnote der Siegermächte war die Enteignung der Kolonien mit »Deutschlands mangelnder Kolonisationsfähigkeit und seiner moralischen Schuld« begründet worden.[35] Als sogenannte ›Kolonialschuldlüge‹ ähnlich der Dolchstoßlegende und Kriegsschuldlüge unmittelbar instrumentalisiert, suchten die Agitatoren der deutschen Kolonialbewegung mit breiter Rückendeckung im Reichstag den »Mythos der wohlwollenden deutschen Herrschaft« aufrechtzuerhalten[36] – mit dem (freilich nie eingelösten) Ziel, die Restitution der deutschen ›Schutzgebiete‹ zu erwirken. In diesem Bestreben erlebte eine Rhetorik der ›Kulturmission‹ ihre zweifelhafte Renaissance, die man unstreitig ins Genre der Lippenbekenntnisse wird rechnen dürfen. Stefan Hermes hat nachgewiesen, dass dieses »in der Weimarer Zeit wiederbelebte[] kulturmissionarische[] Denken[]« unmittelbaren Einfluss auf die Transformation der Kolonialliteratur nach 1919 hatte: insofern es nämlich nicht länger opportun gewesen sei, Gnadenlosigkeit und Gewalt als erfolgreich praktizierte Herrschaftsinstrumentarien in den Kolonien auszustellen.[37]

Wenn Mabuse allerdings von Eitopomar spricht, ist der Sound unüberhörbar ein ganz anderer: »Aber in Eitopomar wird es noch anders sein! Wenn er über den gestürzten Urwald ritte und die Waldmenschen, die Botokuden und wie sie alle heißen, unter seine Peitsche nähme und das kleine

Europa hinter ihm versunken läge!« (59) Mabuse spricht einem solchen verklausulierten Kolonialrevisionismus, wie Hermes ihn beschrieben hat, Hohn. Die metaphorische Peitsche als *das* »Symbol und Instrument der Sklaverei«[38], die Mabuse seinen zukünftigen Untertanen bringen möchte, lässt an der Eindeutigkeit seiner angestrebten Herrschaftspraxis in Eitopomar keine Zweifel. Er ist also auf eine höchst ambivalente Weise in den Kolonialrevisionismus der Weimarer Republik eingebettet: in den Zielen mit diesem durchaus vereint, unterscheidet er sich durch die hemmungslose Offenheit, mit der er diese auch ausspricht, deutlich von dessen Dispositiven nach 1919.

Eine solche Kontextualisierung ist auch deswegen von Bedeutung, weil die häufig allzu leichtfertige Zurückführung des Eitopomar-Motivs auf die Globetrotterexistenz ihres Autors – dessen beliebtestes Reiseziel zugegebenermaßen Brasilien gewesen ist – den Blick auf die Valenzen der Kolonialphantasien Mabuses eher verstellt als präzisiert hat. John Zilcosky, der Nobert Jacques' 1911 erschienenes Reisebuch *Heisse Städte. Eine Reise nach Brasilien* eingehender untersucht hat, ist im scharfen Kontrast zu einer solchen autorzentrierten Lesart des *Dr. Mabuse* zu dem Ergebnis gekommen, die Pointe von Jacques' Reisebericht bestehe nicht etwa in der Exotisierung Brasiliens, sondern in der Desillusionierung des europäischen Reisenden angesichts einer zunehmend rasanten Globalisierung: »The heart of the Brazilian darkness, it seems, is German«, kommentierte Zilcosky.[39] Von einem solchen Bewusstsein kann bei Mabuse keine Rede sein: »Sein Fürstentum Eitopomar wartete mit Urwäldern, schwarzen Tigern, Klapperschlangen, in denen der Tod in einer Sekunde verabreichbar war, mit Gebirgen und Wasserfällen, mit wilden Stämmen auf ihn, um ihn von Europa zu befreien ... zu erlösen.« (224)

Während Jacques im Herzen Brasiliens Siedlungen deutscher Auswanderer mit deutschen Städtenamen – Neu-Berlin, Neu-Hamburg, Neu-Bremen – antrifft[40], phantasiert Mabuse gerade von seiner ›Erlösung‹ vom europäischen Kontinent und seiner als depraviert eingestuften Zivilisation. Verabschiedet man sich allerdings (und zu Recht) von der oben skizzierten, autorzentrierten Lesart des Eitopomar-Motivs, so rückt unwillkürlich die Frage ins Blickfeld, weshalb Mabuses Phantasie das südamerikanische Brasilien zum Gegenstand hat. Seine ursprüngliche Wahlheimat, das nördliche Gebiet der Salomoneninseln, war seit 1886 Teil der sogenannten ›deutschen Südsee‹; bereits 1914 – das expliziert der Roman allerdings nicht – kapitulierte die deutsche Besatzung angesichts der herannahenden australisch-französischen Flotte. Mabuse flüchtete nach Deutschland zurück, wo er sich unter anderem als Suggestions- und Hypnosekünstler verdingte. Allerdings soll diese Bühnenexistenz ebenso wie seine Rolle als Haupt einer weitverzweigten Verbrecherorganisation nur ein Übergangsstadium zwecks Finanzierung sein, will er doch in Eitopomar zu Ende bringen, was er einstmals auf den Salomonen begonnen hatte:

> In Eitopomar, wo der Traum sich erfüllen wird, der ihn seit seiner Knabenzeit beschlich … und der sich einst zu erfüllen begonnen hatte drüben auf der einsamen, großen Insel, die in die Freiheit der Meere gespannt lag wie eine wollüstige Schaukel, deren Seile aus Wellenbändern bestanden. Da hatte er Menschen besessen, da war die Natur sein gewesen, da siegte er mit seinen Segeln über das Meer, mit seinen Muskeln und seinem Blut über die Menschen, mit seinem Willen über die Natur, die Palmen seiner Pflanzungen überwuchsen ihn mit Reichtum, wachsendes Gold, er konnte es verachten, weil er es nicht nötig hatte, da er so, so frei war, König und Gott … (59)

Mit dem südamerikanischen Kontinent im Allgemeinen und Brasilien im Besonderen hat er seine Phantasien allerdings auf ein Gebiet gemünzt, das im frühen 20. Jahrhundert weitestgehend unbescholten von europäischer und insbesondere deutscher Kolonisierung und – im Falle von Brasilien – seit 1899 republikanisch verfasst war. In Übereinstimmung mit Jacques' oben gestreiften Beobachtungen aus *Heisse Städte* stieg zu Beginn des 20. Jahrhunderts die Zahl der in Brasilien lebenden deutschen Auswanderer zunehmend an; der französische Konsul in São Paulo sprach 1907 in einer Depesche an den französischen Außenminister gar von ganzen Siedlungen, die »wahren Kleinstädten« in Deutschland glichen.[41] Schon Wilhelm Raabes Erzählung *Zum wilden Mann*, erstmals erschienen 1874, zeugte von einer veränderten Wahrnehmung Brasiliens, das hier nicht mehr, wie in Konquistadorenzeit, als Heimat der ›Kannibalen‹ verschrien war, sondern als ein für den gründerzeitlichen Geschäftssinn zu erschließender Absatzmarkt erscheinen konnte.[42]

Im scheinbaren Widerspruch dazu hat Hinnerk Onken mit seinerseits überzeugenden Argumenten nachgewiesen, dass – trotz dieser im Grunde desillusionierenden Tatbestände – das koloniale Phantasma ›Südamerika‹, wie es sich im Zeitalter der Konquistadoren auszuprägen begonnen hatte, noch in der Weimarer Republik perpetuiert worden sei: demnach habe ein zentrales Element dieser Vorstellungspraxis im »search for alternative ways of living« bestanden:[43] »The discomfort with the perceived decadence of German culture and its softening effects on the individual – in particular on the German man – resulted in the projection of hopes and desires onto the American subcontinent.«[44] Europaverdruss und die Projektion männlich konnotierter Wünsche und Sehnsüchte auf den südamerikanischen Kontinent – dies ist nicht Onkens Analyse des *Dr. Mabuse*, sondern des breitengesellschaftlichen Lateinamerikabilds der Weimarer Republik. Demnach zählten zu den wichtigsten Ingredienzien dieser Imago neben »the notion of personal freedom« auch die Aussicht auf »unlimited sexual opportunities«.[45] Man kann solche Wünsche unschwer als eine Sehnsucht nach der eigenen ›Verwilderung‹ dechiffrieren – allerdings unter den Vorzeichen des Stereotyps vom ›edlen Wilden‹ und nicht derjenigen seines barbarischen Pendants. Beide Figuren – der ›edle‹ wie der ›barbarische Wilde‹ – sind jedoch, darauf hat Urs Bitterli mit Nachdruck hingewiesen, aufs Engste verwandt:

> Eine große Zahl der lobenden Attribute, welche das Bild des ›edlen Wilden‹ bestimmten sollten, gehen unmittelbar aus dem hervor, was man zuzeiten als Wesensmerkmal des Barbarentums zu erkennen glaubte. Einfachheit und Anspruchslosigkeit stehen in diesem Sinne komplementär zur Primitivität; Unschuld und Unvoreingenommenheit treten an die Stelle kindischer Vernunft und Dumpfheit; Faulheit wird durch ruhiges Behagen, Gesetzlosigkeit durch natürliche Daseinsharmonie, Triebhaftigkeit durch unbesorgte Lebensfreude ersetzt.[46]

Und wie das vorangegangene Kapitel gezeigt hat, imaginiert Mabuse Eitopomar gerade als den Ort, der ihn seine ›Wildheit‹ frei auszuleben erlaubt: »Aber drüben in der Zukunft in Eitopomar gab es niemanden, der seinem Willen vorgesetzt war.« (60) Die, wenn man so will, Freiheit zur Verwilderung, spielt, für Mabuses Sehnsüchte im Besonderen wie für jene der Auswanderer in Weimarer Zeiten im Allgemeinen, die zentrale Rolle im imaginären Entwurf Südamerikas. Was sich in Mabuses Kolonialphantasie ausspricht, ist also nicht etwa die singuläre Vision eines monadischen Übermenschen, sondern, in freilich überlebensgroßer Zeichnung und ohne die Weichzeichner einer euphemistischen Rhetorik, ein gesellschaftliches, primär ›männlich‹ geprägtes Phantasma. In gewissem Sinne verkörpert Mabuse also nicht so sehr die Negation der zeitgenössischen Ordnung als vielmehr ihre Radikalisierung.

So gesehen ist Eitopomar auch als pervertierte Utopie zu verstehen. Günter Scholdt hat in seinem Nachwort zum *Mabuse*-Roman den Namen ›Eitopomar‹ als »Eu-topos-mare, schöner Ort am Meer (bzw. in Übersee)« aufgeschlüsselt.[47] Die etymologische Verwandtschaft zum Begriff der Utopie (Ou-topos, Nicht-Ort) ist offensichtlich. Und nicht nur stand die Genese des utopischen Genres in einem unmittelbaren Zusammenhang »mit der Erschließung der überseeischen Welt und dem weiteren Verlauf der Kolonialgeschichte«; Versatzstücke eines utopisch inspirierten Denkens sind auch ganz konkret immer wieder in koloniale Siedlungsprojekte in ›Übersee‹ eingegangen.[48] Die Paradoxie von Mabuses Utopie besteht freilich darin, dass sie ihrem Profil nach – totalitäre Herrschaft, Enthemmung,

Versklavung – dem exakten Gegenteil der üblicherweise im gemeinsinn-
orientierten Genre der Utopie vorgestellten Ziele entspricht.

IV.

Es ist eingangs darauf hingewiesen worden, dass es zu den primären Herausforderungen des Stummfilms zählte, dem Unsichtbaren technisch
oder erzählerisch zur Sichtbarkeit zu verhelfen. Für Eitopomar, das in
Jacques' Roman ausschließlich ins Reich der Phantasien gerechnet wird,
gilt das dementsprechend in besonders hohem Maße. Hesse u. a. haben
diese Schwierigkeit des Stummfilms wie folgt zusammengefasst: »Eine
weitere, ebenso unsichtbare Parallelwelt ist die des Imaginären: der Gedanken, Träume und Vorstellungen. Das entstehende Kino der Narration
steht vor der Aufgabe, diese figuralen Innenwelten in Bilder zu fassen.«[49]
Eine frühe Lösung stellten die sogenannten Mehrfachbilder dar, realisiert
als Doppelbelichtung oder Split-Screen bzw. ›Inset Scene‹, ehe Griffith die
Parallelmontage etabliert und damit nachdrücklich die mediale Verpflich-
tung auf das lineare Erzählen relativiert hatte.[50] In diesem Sinne greift auch
Fritz Lang in *Inferno, ein Spiel vom Menschen unserer Zeit* (dem zweiten
Mabuse-Teil) auf die Parallelmontage zurück, etwa wenn der Graf Told im
Gespräch mit Wenk aus seiner Erinnerung erzählt: als Mabuse ihn nämlich zur Falschspielerei verführte, ihn damit gesellschaftlich ächtete und
im Anschluss seine Frau, die Gräfin Told, entführte.[51] In der Parallelmontage wird die Erinnerung anschaulich. Lang verfügte also durchaus über
die technischen und erzählerischen Mittel, Imaginäres sichtbar werden zu
lassen – dessen ungeachtet wendete er das Verfahren an keiner Stelle an,
um Mabuses Eitopomar-Phantasien darzustellen. Man wird um die Feststellung gar nicht herumkommen: Eitopomar, wie es Mabuse in Jacques'
Roman imaginiert, als Utopie und Sehnsuchtsort, ist in Langs/Harbous
Adaption schlichtweg nicht existent.

Allerdings war es eine der Pointen der Romananalyse, dass Eitopomar
nicht etwa isoliertes Motiv der Handlung, sondern Trigger eines semantischen Feldes war, das entlang der Achse ›wild‹ (Mabuse) – ›zivilisiert‹ (Wenk)
horizontiert worden ist. Während Wenk als Agent der Heimat dem bürgerlichen München räumlich zugeordnet war, fand Mabuse seinen korrespondie-
renden Raum im ›wilden‹ Eitopomar. Es ist nun häufig darauf hingewiesen
worden, dass Lang/Harbou die Handlung des Films verlegt haben: und zwar
von München in eine nicht näher bezeichnete Großstadt, die die Forschung
allerdings einhellig mit Berlin identifiziert hat.[52] Diese Verlegung, so die

nachfolgend entwickelte These, ging mit einer Umcodierung des semioti-
schen Raums der Großstadt einher, in dem sich zentrale Versatzstücke des
Eitopomar-Motivs gewissermaßen sublimiert wiederfinden lassen.

Der große Spieler – ein Bild unserer Zeit beginnt mit einer rasanten Sequenz: in einem Schnellzug wird ein Mann überrumpelt, in dessen Tasche
sich ein ›Contrat commercial‹ befindet. Diese Tasche wird aus dem Fenster
des über eine Eisenbahnbrücke fahrenden Zugs geworfen und landet auf
der Rückbank eines Automobils, gesteuert von einem Handlanger Mabuses. Mabuse, der die Aktion am Fernsprecherapparat koordinierte, zeigt
sich zufrieden.

Schnellzug, Automobil, Telefon – von Anfang an verortet Lang die
Handlung seines Films programmatisch in einer technifizierten und motori-
sierten Moderne. Als aber Georg, ein weiterer Komplize Mabuses, der an der
Straftat beteiligt gewesen ist, nach getaner Arbeit einen Mitwissenden trifft,
ist auf einer Schrifttafel folgende Äußerung zu lesen: »Ich mache das nicht
mehr mit – dieses 200 km-Tempo! Das ist moderne Menschenfresserei!«[53]

Der Kannibalismusvorwurf, der im Laufe der beiden großen ›Entdec-
kungszeitaltern‹ mit ihren Repräsentanten Kolumbus bzw. James Cook
immer wieder gegen die verschiedensten Völker erhoben worden ist, hat
sich womöglich nirgendwo so langlebig ins kulturelle Gedächtnis eingeschrieben wie in Brasilien, wo Jacques' Roman Eitopomar lokalisiert hatte.
Die Berichte Hans Stadens, Jean de Lérys und André Thevets aus dem
16. Jahrhundert nährten den Glauben, dass es unter den brasilianischen
›Wilden‹ – gemeint waren vor allem die Tupinambá und Ouetaca – eine
große Zahl kannibalischer Völker gäbe.[54] Wenngleich sich auch die Lo-
kalisierung des Kannibalismus mit den Weltumsegelungen Cooks bevorzugt nach Neuseeland verschob, überdauerte das Bild des kannibalischen
Brasilianers doch die Jahrhunderte – so sehr, dass Ende der 1920er Jahre
Anthropophagie zu einem Leitmotiv der brasilianischen Avantgarde wurde;
eine Art Selbstermächtigungsgeste aus dem Geist der Fremdzuschreibung.[55]
Thea von Harbou münzt den Vorwurf mit genannter Schrifttafel allerdings
nicht auf die überseeischen ›Wilden‹, sondern – scheinbar paradox – auf
die Beschleunigungserfahrung der eigenen, deutschen Gegenwart. Der Ge-
schwindigkeitstheoretiker Paul Virilio hat die Dynamisierungserfahrun-
gen zu Beginn des 20. Jahrhunderts, symptomatisch mit der Erfindung des
Motors und des Kinematographen verbandelt, in einen Zusammenhang
mit dem in der Moderne häufig konstatierten ›Verschwinden des Subjekts‹
gebracht: »Zusehends beginnt alles sich zu bewegen, das Sehen löst sich
allmählich auf und bald auch die Materie und die Körper.«[56] In präzise
diesem Punkt trifft diese Erfahrung sich auch mit der kannibalischen Prak-

tik, die das Subjekt gleichfalls (ver-)tilgt.[57] So gesehen erscheint ›Wildheit‹ bei Lang/Harbou weder als das Kennzeichen ›primitiver Naturvölker‹ und auch nicht, wie in Jacques' Roman, als psychische Disposition Mabuses, sondern als eine Signatur der Moderne ersten Ranges – sie erscheint sprichwörtlich ›wild geworden‹. Ganz ähnlich übrigens findet sich das Motiv in Thea von Harbous 1925 erschienenem Roman *Metropolis* (und seiner Adaption durch Lang) behandelt, wo u. a. von »menschenfressenden Gott-Maschinen« die Rede ist.[58] Der technische Fortschritt, die Durchrationalisierung der Welt, führt auf direktem Wege in einen neuen Atavismus.

Als eine Signatur der Moderne erscheint das ›Wilde‹ und ›Primitive‹ in *Dr. Mabuse, der Spieler* insbesondere im Bereich des Tanzes und der Kunst. Ist im Roman zwar die Rede von Cara Carozzas angeblich halbmexikanischer Abstammung, deckt Wenk bald auf, dass sie mit bürgerlichen Namen insgeheim »Maria Strümpfli, geb. Effert« (113) heißt und in Brünn geboren ist. Ihre Tänze indes finden sich im Roman nicht näher beschrieben; erst Lang/Harbou konkretisieren sie zu den in den 1910er/20er Jahren populären und in den Avantgarden vielfach aufgegriffenen Grotesktänzen: »In Berlin der 20er Jahre gilt aber beispielsweise auch ein ›Niggertanz‹ als grotesk, was in diesem Fall das Fremde, Wilde, Anormale bezeichnet, weswegen solch eine Groteske auch gern von deutschen Tänzern in Verkleidungen aufgeführt wird.«[59] Als ein solcher erscheint auch derjenige Cara Carozzas aus Abb. 1. Das Bühnenbild mit seinen verästelten, fleischigen

Abb. 1: Filmstill aus Dr. Mabuse, der Spieler I: Der große Spieler – ein Bild der Zeit.

Blättern und den einander anblickenden Figuren trägt überdeutlich Kennzeichen der ›primitivistischen‹ Moderne. Beide Skulpturen weisen auch auf die Engführung des Kolonialen und des Sexuellen aus Jacques' Roman zurück; der phallische Charakter ihrer Nasen und der imposant aufragende Hahnenkamm sind überdeutliche Marker einer ›wilden‹, ›männlichen‹ Potenz. Anders als in Jacques' Roman, der Wenks Anstrengung vorführt, das ›Wilde‹ aus der ›Heimat‹ zu entfernen, darf sich in Lang/Harbours Version das ›Wilde‹ inmitten der guten Gesellschaft produzieren – und wird mit frenetischem Applaus bejubelt.

Aber auch in weiteren Hinsichten haben Lang/Harbou in dieser Szene Veränderungen gegenüber der Romanvorlage vorgenommen. Tanzt Cara Carozza bei Jacques in einem Club mit dem Namen »Bonbonniere« (24), trägt er im Film den Namen ›Folies Bergères‹.[60] 1869 eröffnet, war das Varietétheater *Folies-Bergères*, auf das Lang/Harbou mit dieser Szene Bezug nehmen, zwischen den Jahren 1890 und 1930 in Paris überaus populär. In seinen *Croquis Parisienne* (*Pariser Skizzen*, 1880) hat Joris-Karl Huysmans ein detailliertes Porträt des Folies-Bergères aus dessen Frühphase vorgelegt, in der das Varieté als Ort einer dichotomischen Vereinigung ›antipodischer‹ Kulturen und Räume erscheint:

> So treffen sich die unterschiedlichsten Orte und Dinge dennoch in einer Übereinstimmung, die auf den ersten Blick bizarr zu sein scheint. An einem Ort, an dem man ist, werden die Freuden eines anderen heraufbeschworen, an dem man nicht ist. Das stellt die Welt auf den Kopf, schlägt zwei Fliegen mit einer Klappe.[61]

Und wie man in Huysmans' Miniatur des Folies-Bergères »Inder mit Kartentricks«[62] und »ägyptische Tänzerinnen«[63] bestaunen kann, sich »an einen algerischen oder türkischen Bazar«[64] erinnert fühlt und überhaupt alles einer »wilden Karikatur«[65] gleicht, so findet sich auch in Lang/Harbous Varieté die ethnische ›Reinheit‹ der urbanen Gesellschaft irritiert: im ›Folies Bergères‹ bedient ein schwarzer Junge in Turban, später erledigt er einen Botengang für Mabuse.

Eine vergleichbare ›exotische‹ Atmosphäre wie in Lang/Harbous Folies Bergères herrscht auch in vielen anderen der im Film porträtierten Vergnügungspaläste, so etwa in »Schramm's Palais« (Abb. 2).

Wie im Bühnenbild des Folies Bergère finden sich auch hier die Wände mit den fleischigen Blättern des Dschungels ornamentiert. Vor dem Hintergrund der Romanhandlung ließe sich in diesem Sinne von einer semantischen Verschiebung der mit dem Eitopomar-Motiv aufgerufenen Diskurse sprechen: das ›Wilde‹ als individuelles Attribut Mabuses bzw. räumliche

Abb. 2: Filmstill aus Dr. Mabuse, der Spieler I: Der große Spieler – ein Bild der Zeit.

Qualität des brasilianischen Urwalds diffundiert in die Breite der Weimarer Gesellschaft und nimmt zeit- und sozialdiagnostische Bedeutung an. Wenn Hans Richard Brittnacher die »Emergenz von Glücksspiel und Hochstapelei, von Halbwelt und Ganoven« in Jacques' Roman als eine für ›Übergangsgesellschaften‹ charakteristische »Erfahrung der Anomie« beschrieben hat[66], dann findet bei Lang/Harbou dieser Zustand der vorübergehenden Gesetzlosigkeit seinen sinnfälligen Ausdruck in der ›Wildheit‹ (i. S. einer prälogischen Verfasstheit) ihrer gesellschaftlichen Räume. Natürlich knüpfen Lang/Harbou in diesem Sinne an Themen an, die bereits im Roman präfiguriert sind. Allerdings assoziiert der Roman die expressionistischen Formen ausschließlich mit der Figur des Grafen Told, dessen dekadenter, nervöser Fin-de-Siècle-Existenz sie korrespondieren:

Gleich an der großen Hallenwand hatte ein Pinsel Menschenakte zu verdehnten Prismen und springenden Kurven, zu Maschinenteilen und Ochsenvierteln zerfleischt. Farbenklatsche standen da aneinander und versuchten, den Eintretenden zu zwingen, an die Wut des Temperaments zu glauben, das sie verfertigt hatte. (82)

Im Film spitzen Lang/Harbou diese Beschreibung expressionistischer Bild-
lichkeit auf deren primitivistische Konnotationen zu und entgrenzen sie von
ihrer ausschließlichen Fixierung an die Figur des Grafen Told, der nur noch
den dekadenten Extremfall einer gesamtgesellschaftlichen Tendenz vorstellt.
Sie finden nun ihre Anwendung insbesondere auf die Räume des Spiels, der
großstädtischen Vergnügungssucht und Demimonde – auf die exemplari-
schen Orte des Großstadtdschungels eben. Wenn der Mabuse des Films also
tatsächlich nicht von Eitopomar phantasiert, dann gerade deswegen, weil
das urbane Berlin (bzw. die namenlose Metropole) wesentliche Eigenschaften des im Roman imaginierten brasilianischen Urwalds in sich vereint:
Motorisierung und Beschleunigung als Kannibalismus, Varieté und Glücks-
spielhallen als dschungelhafte Räume. Die Dichotomie von ›Wildem‹ und
›Zivilisierten‹ ist in den urbanen Räumen der Moderne aufgehoben.

Darüber hinaus stellt sich freilich die Frage nach dem filmischen Status
von Mabuses ›Wildheit‹. Die Äquivalenzbeziehung zwischen Mabuse und
Eitopomar, wie Jacques sie gestaltet hatte, verlängert sich in gewissen Grenzen in den Film hinein:

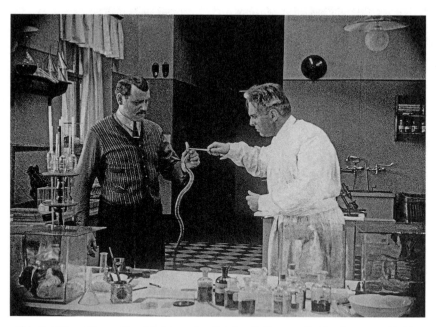

*Abb. 3: Filmstill aus Dr. Mabuse, der Spieler I: Der große Spieler – ein Bild
der Zeit.*

Die Schlange, die in Jacques' Roman neben dem Tiger immer wieder Mabuse zugeordnet worden ist, figuriert auch – unter freilich veränderten Vorzeichen – bei Lang/Harbou als sein tierisches Attribut, wenn er sich in Abb. 3 ihres Giftes bedient. Aus dem Bereich der assoziierten Vorstellungen, aus jener »Parallelwelt [...] des Imaginären«, von der Hahn u. a. gesprochen haben, wird sie so in ihr kinematographisches Bild übersetzt. Und die Gräfin Told trägt, als sie bereits im Bann Mabuses steht, ein Schlangenkostüm (Abb. 4).

Im Roman, das hat die Analyse gezeigt, werden Mabuses suggestive und hypnotische Fähigkeiten immer wieder in den Zusammenhang kolonialer Bildersprache gebracht. Auch in diesem Sinne adaptieren Lang/ Harbou literarische Motive, variieren sie allerdings, etwa wenn Mabuses finale Massensuggestion von den »Tricks der indischen Fakire« abgeleitet wird: »Meine Damen und Herren! Ich möchte Ihnen jetzt einen Fall von typischer Massensuggestion vorführen, wie sie ähnlich den Tricks der indischen Fakire zugrundeliegt.«

Abb. 4: Filmstill aus Dr. Mabuse, der Spieler I: Der große Spieler *– ein Bild der Zeit.*

Abb. 5: Filmstill aus Dr. Mabuse, der Spieler II: Inferno, ein Spiel vom Menschen unserer Zeit.

Während sich in Jacques' Roman die Aufführung Mabuses darin erschöpft, dass er die Seriennummern von Tausendmarkscheinen errät und endlich Wenk hypnotisiert, ist darin von einer solchen indischen Karawane (Abb. 5) mit keinem Wort die Rede. Wie schon in May/Harbous *Das indische Grabmal*, in dem die Exotik Indiens sich schlussendlich als der Fiebertraum eines Europäers erweist[67], stellt sich auch hier die kollektive Fantasie als von kolonialen Bildern kontaminiert dar. Man erinnere sich allerdings daran, dass schon der Mabuse des Romans die Gräfin Told unter Einflüsterung exotischer Motive hypnotisierte – waren es hier allerdings Erzählungen aus dem brasilianischen Dschungel, sind es bei Lang/Harbou Motive mit deutlich orientalistischer Ausrichtung.

V.

Wie also ist dieser veränderte semiotische Umgang zu bewerten, mit dem Lang/Harbou das Eitopomar-Motiv des Romans im Film ausgestalten? James Monaco hat u. a. den sprach- bzw. literaturwissenschaftlichen Begriff der Metonymie für die Filmwissenschaften fruchtbar gemacht, um analytisch fassen zu können, wie die denotativen Bilder des Films zu ihrer konnotativen Bedeutung kommen.[68] In diesem Sinne ließe sich von einer metonymischen Verschiebung des Eitopomar-Motivs sprechen: Was im Roman noch die Qualität eines Denotats besitzt, die Kolonialphantasien Mabuses und der in diesem Kontext aufgerufenen Bedeutungsfelder, ›sublimiert‹ der Film zur konnotativen Metonymie. In diesem Sinne verweisen die Schlangen (in Mabuses Giftlabor, im Kleid der Gräfin Told), die dschungelhaften Elemente in den Räumen der großstädtischen Vergnügungssucht, die ›indische‹ Karawane allesamt auf die doppelte Bedeutung des ›Wilden‹ in Jacques' Roman zurück: auf die Mabuses und die Eitopomars. Allerdings handelt es sich dabei nicht einfach um eine Übernahme im Maßstab 1 : 1, sondern dieser Prozess impliziert zugleich eine Bedeutungsverschiebung: das ›Wilde‹ ist nicht länger Qualität des überseeischen Kontinents, auch nicht die psychopathologische Beschreibung des devianten Einzelnen, sondern – wenn man so will – makrosoziologische Analysekategorie der eigenen, modernen Gesellschaft. Der pejorative Tenor des Begriffs bleibt damit freilich aufrechterhalten, sein Anwendungsbereich findet sich dagegen ausgeweitet. Gewissermaßen hat sich Mabuses perverse Utopie bereits im Diesseits der Weimarer Republik erfüllt.

In diesem Sinne scheint mit Langs/Harbous *Dr. Mabuse, der Spieler* in den jungen Jahren der Weimarer Republik schon angedeutet, was Alfred Döblin nach deren Zusammenbruch im dritten Teil seiner *Amazonas*-Trilogie (mit dem bezeichnenden Titel *Der neue Urwald*) Posten zu Klinkert sagen lässt:

> Von deinen Leuten, die hier herumsaßen, wird eine ungeheure Propaganda getrieben; sieh dir einmal an, welche, du würdest dich erholen, wenn du sie siehst. Es ist unvorstellbares Affentheater: die Jungen marschieren in den ältesten vermotteltsten Kostümen, und du mußt nicht glauben, daß sie dumm sind: nein, die alten Kostüme sind zugkräftig. Keine Pariser Mode kommt gegen diese Bärenfelle aus den Museen auf. Der Urwald ist die große Mode, Heinrich.[69]

Und dieser ›neue Urwald‹, dieser Großstadtdschungel gebiert Ungeheuer, die man sich hinter den dunklen Biegungen des Amazonas nicht einmal zu träumen trauen würde.

Anmerkungen

1   Jean-Luc Godard: Le Mépris. Frankreich 1963, 00:18:10–00:19:06.

2   Ders.: »Es kommt mir obszön vor«. Warum Jean-Luc Godard den Technikwahn des Kapitalismus für unanständig hält. Ein Gespräch über Geld, Europa, seinen Hund und sein neues Werk »Film Socialisme«. In: Die Zeit (2011), Nr. 41, S. 51 f., hier S. 52.

3   Erik Butler: Dr. Mabuse. Terror and Deception of the Image. In: The German Quarterly 78 (2005), Nr. 4, S. 481–495, hier S. 484.

4   Tobias Lachmann: Organisiertes Verbrechen. Kriminelle Kollektive bei Norbert Jacques, Thea von Harbou und Joseph Roth. In: Susanne Düwell, Christof Hamann (Hrsg.): Verbrechen als »Bild der Zeit«. Kriminalitätsdiskurse der Weimarer Republik in Literatur, Film und Publizistik. Berlin 2021, S. 107–142, hier S. 116.

5   Günther Scholdt: Mabuse, ein deutscher Mythos. In: Norbert Jacques: Dr. Mabuse, der Spieler. Reinbek bei Hamburg 1996, S. 359–382, hier S. 367.

6   Sven Safarow: Dr. Mabuse und seine Zeit. Eine deutsche Chronologie. Frankfurt/Main 2016, S. 77.

7   Wolfgang Struck: Die Eroberung der Phantasie. Kolonialismus, Literatur und Film zwischen deutschem Kaiserreich und Weimarer Republik. Göttingen 2010, S. 249–255.

8   Christoph Hesse, Oliver Keuzer, Roman Mauer, Gregory Mohr: Filmstile. Wiesbaden 2016, S. 57.

9   Safarow: Dr. Mabuse und seine Zeit, S. 77.

10   Michael Staiger: Literaturverfilmungen im Deutschunterricht. München 2010, S. 81.

11   Scholdt: Mabuse, ein deutscher Mythos, S. 368.

12   Vgl. das Standardwerk von Urs Bitterli: Die ›Wilden‹ und die ›Zivilisierten‹. Grundzüge einer Geistes- und Kulturgeschichte der europäisch-überseeischen Begegnung. München 1991.

13   Nobert Jacques: Dr. Mabuse, der Spieler. Reinbek bei Hamburg 1996, S. 25.

14   Vgl. Hans Richard Brittnacher: Spieler, Schwindler und Hochstapler. Über Nobert Jacques' *Dr. Mabuse*. In: Louis Gerrekens, Achim Küpper (Hrsg.): Hasard. Der Spieler in der deutschsprachigen Literaturgeschichte. Würzburg 2012, S. 203–220, hier S. 210.

15   Manfred C. Frank: Kulturelle Einflussangst. Inszenierungen der Grenze in der Reiseliteratur des 19. Jahrhunderts. Bielefeld 2006, S. 16.

16   Sigmund Freud: Das Unheimliche. Ditzingen 2020.

[17] Jurij M. Lotman: Kultur und Explosion. Aus dem Russischen v. Dorothea Trottenberg. Berlin 2010, S. 169.

[18] Brittnacher: Spieler, Schwindler und Hochstapler, S. 209.

[19] Jürgen Osterhammel: Menschenfresser und Bettvorleger. Der Tiger in der kolonialen Welt. In: Clemens Wischermann (Hrsg.): Von Katzen und Menschen. Sozialgeschichte auf leisen Sohlen. Konstanz 2007, S. 89–107, hier S. 91.

[20] Eva Bischoff: Kannibale-Werden. Eine postkoloniale Geschichte deutscher Männlichkeit um 1900. Bielefeld 2011, S. 227.

[21] Brittnacher: Spieler, Schwindler und Hochstapler, S. 213.

[22] Reinhard Koselleck: Feindbegriffe. In: Ders.: Begriffsgeschichten. Studien zur Semantik und Pragmatik der politischen und sozialen Sprache. Frankfurt/Main 2010, S. 274–284, hier S. 279.

[23] Jonas Menne: »Lombroso redivivus?« Biowissenschaften, Kriminologie und Kriminalpolitik von 1876 bis in die Gegenwart. Tübingen 2017, S. 21.

[24] Norbert Elias: Über den Prozeß der Zivilisation. Soziogenetische und psychogenetische Untersuchungen, Bd. 2. Frankfurt/Main [33]2017, S. 389 f.

[25] Zur Vorgeschichte des Zusammenhangs von (Ethno-)Anthropologie und Devianz siehe Michaela Holdenried: Häßlichkeit und Devianz. Monster, Mythen, Menschenkunde um 1800. In: Alexandra Böhm, Monika Sproll (Hrsg.): Fremde Figuren. Alterisierung in Kunst, Wissenschaft und Anthropologie um 1800. Würzburg 2008, S. 213–228.

[26] Freud hat bekanntlich den ›Widerstand‹ als verantwortlich für den pathogenen Vorgang der Verdrängung interpretiert, siehe: Sigmund Freud: Vorlesungen zur Einführung in die Psychoanalyse. Frankfurt/Main [13]2004, S. 282.

[27] Zit. nach Ludger Lütkehaus: Einleitung. In: Ders. (Hrsg.) »Dieses wahre innere Afrika«. Texte zur Entdeckung des Unbewußten vor Freud. Frankfurt/Main 1989, S. 7–45, hier S. 8.

[28] Sigmund Freud: Toten und Tabu. Einige Übereinstimmungen im Seelenleben der Wilden und der Neurotiker. Frankfurt/Main 1995, S. 47.

[29] Auf die sexuelle Dimension von Mabuses ›Eitopomar‹-Phantasie ist bereits einmal aufmerksam gemacht worden von Torsten Hahn: »Alles war krank«, S. 95.

[30] Bitterli: Die ›Wilden‹ und die ›Zivilisierten‹, S. 373.

[31] Edgar Allan Poe: Der Doppelmord in der Rue Morgue. In: Ders.: Unheimliche Geschichten. Hrsg. v. Charles Baudelaire, aus dem amerikanischen Englisch v. Andreas Nohl. München 2017, S. 9–56.

[32] Marek Zgórniak: Fremiet's *Gorillas*. Why Do They Carry Off Women? In: Artibus et Historia 27 (2006), S. 219–237, hier S. 227.

[33] Richard von Krafft-Ebing: Psychopathia sexualis. München 1984, S. 2.

34 Hahn: »Alles war krank«, S. 96.

35 Susanne Heyn: Kolonial bewegte Jugend. Beziehungsgeschichten zwischen Deutschland und Südwestafrika zur Zeit der Weimarer Republik. Bielefeld 2018, S. 47.

36 Sebastian Conrad: Deutsche Kolonialgeschichte. München [4]2019, S. 117.

37 Stefan Hermes: ›Leere Räume‹ – ›Treue Neger‹. Der literarische Kolonialrevanchismus in der Weimarer Republik und im ›Dritten Reich‹. In: Ders., Ortrud Gutjahr (Hrsg.): Maskeraden des (Post-)Kolonialismus. Verschattete Repräsentation der ›Anderen‹ in der deutschsprachigen Literatur und im Film. Würzburg 2011, S. 241–270, hier S. 244.

38 Iris Därmann: Zur Genealogie der alten Grausamkeit und der kolonialen Gewaltlust. Nietzsche, Foucault, Sade. In: KulturPoetik 22 (2022), Nr. 1, S. 99–122, hier S. 111.

39 John Zilcosky: Uncannny Encounters. Adventure Literature, Psychoanalysis, and Ethnographic Exhibitions. In: Monika Schmitz-Emans (Hrsg.): Literature and Science. Würzburg 2008, S. 139–158, hier S. 140.

40 Ebd., S. 139.

41 Zit. nach: Luiz Alberto Moniz-Bandeira: Wachstumsmarkt Brasilien. Der deutsche Wirtschafts- und Handelsbeitrag in Geschichte und Gegenwart. Wiesbaden [2]2013, S. 11.

42 Wilhelm Raabe: Zum wilden Mann. In: Ders.: Krähenfelder Geschichten. Hrsg. v. Hans-Jürgen Schrader. Frankfurt/Main 1985, S. 11–108.

43 Hinnerk Onken: »Südamerika. Ein Zukunftsland der Menschheit«. Colonial Imagination and Photographs from South America in Weimar Germany. In: Florian Krobb, Elaine Martin (Hrsg.): Weimar Colonialism. Discourses and Legacies of Post-Imperialism in Germany after 1918. Bielefeld 2014, S. 145–166, hier S. 159.

44 Ebd.

45 Ebd., S. 161 f.

46 Bitterli: Die ›Wilden‹ und die ›Zivilisierten‹, S. 373.

47 Scholdt: Mabuse, ein deutscher Mythos, S. 368.

48 Vgl. Bitterli: Die ›Wilden‹ und die ›Zivilisierten‹, S. 392–401.

49 Hesse u. a.: Filmstile, S. 57.

50 Ebd., S. 58.

51 Fritz Lang: Dr. Mabuse, der Spieler II: Inferno, ein Spiel vom Menschen unserer Zeit. Deutschland 1922, 09:50.

52 Vgl. Safarow: Dr. Mabuse und seine Zeit, S. 84.

[53] Fritz Lang: Dr. Mabuse, der Spieler. Der große Spieler – ein Bild unserer Zeit. Deutschland 1922, 00:11:25.

[54] Iris Gareis: Von »grimmigen Menschenfressern« und »Edlen Wilden«. Kannibalismus in frühen Reiseberichten aus Amerika zwischen Alteritätsdiskurs und Kulturkritik. In: Robert Rebitsch, Friedrich Pöhl, Sebastian Fink (Hrsg.): Die Konstruktion des Kannibalen zwischen Fiktion und Realität. Wiesbaden 2017, S. 127–154.

[55] Melanie Strasser: Kannibalogie. Zu einer Philosophie der Einverleibung. Wien 2021, S. 25–49.

[56] Paul Virilio: Ästhetik des Verschwindens. Aus dem Französischen v. Marianne Karbe, Gustav Roßler. Berlin 1986, S. 56.

[57] Zum Zusammenhang von Kannibalismus und Subjektbildung s. Strasser: Kannibalogie, S. 97–102.

[58] Thea von Harbou: Metropolis. Frankfurt/Main, Berlin, Wien 1984, S. 26.

[59] So Frank Manuel Peter in seinem Buch über die Tänzerin Valeska Gert, zit. nach: Joachim Schultz: Grotesktänzer, Exzentrics und andere burleske Gestalten auf der Bühne, in: Eva Erdmann (Hrsg.): Der komische Körper. Szenen – Figuren – Formen. Bielefeld 2003, S. 137–142, hier S. 140.

[60] Fritz Lang: Dr. Mabuse, der Spieler. Der große Spieler, 00:26:29.

[61] Joris-Karl Huysmans: Die Foliès-Bergères 1879. In: Ders.: Pariser Skizzen. Hrsg. v. Ulla Momm, aus dem Französischen v. Cornelia Hasting. Bremen 1989, S. 7–25, hier S. 16 f.

[62] Ebd., S. 10.

[63] Ebd., S. 17.

[64] Ebd., S. 25.

[65] Ebd., S. 21.

[66] Brittnacher: Spieler, Schwindler und Hochstapler, S. 204.

[67] Struck: Die Eroberung der Phantasie, S. 252.

[68] Vgl. James Monaco: Film verstehen. Kunst, Technik, Sprache, Geschichte und Theorie des Films und der Neuen Medien. Aus dem Englischen v. Hans-Michael Bock. Reinbek bei Hamburg 2009, S. 172–182.

[69] Alfred Döblin: Amazonas. Frankfurt/Main 2014, S. 749 f.

Bernhard Rusch

Max Warburg und das Bankhaus M. M. Warburg & Co in der Weimarer Republik

I.

Als Juden im Rahmen der Emanzipation Nachnamen annehmen mussten, entschied sich die in Hamburg lebende Familie Warburg dafür, den ihres nord-rheinwestfälischen Herkunftsorts festzulegen. Der Ursprung des Bankhauses ›M. M. Warburg & Co‹ ergab sich aus der Weiterentwicklung der Tätigkeit als Pfand- und Geldleiher, eines Berufs, der nebenbei bemerkt keineswegs zwingend etwas mit Reichtum zu tun hatte. Die Mehrzahl der Pfandleiher lebte in ähnlich prekären Verhältnissen wie ihre Kundschaft. Es war ein Berufszweig, den Juden trotz langjähriger Entrechtung in Deutschland ausüben konnten, der zudem – wie andere kaufmännische Berufe – ohne größeren Kapitaleinsatz aufgebaut werden konnte. In gewissen Branchen – wie im Vieh- oder Textilhandel – waren jüdische Geschäftsleute sogar so stark vertreten, dass sie in diesem Umfeld als scheinbar beherrschend wahrgenommen wurden.[1]

Vielleicht führte insbesondere letzterer Umstand dazu, dass sich das Vorurteil entwickelte, dass Juden nicht nur vor allem im Handel und mit Geldgeschäften beschäftigt seien, sondern dass diese Tätigkeit, diskriminierend mit Wörtern wie ›Schacher‹ und ›Wucher‹ ergänzt[2], ihrer ›Veranlagung‹ entspräche. Wie tief dieses Vorurteil auch in einem nicht unbedingt antisemitischen wissenschaftlichen Umfeld wirken konnte, zeigte beispielsweise Anke Scholz in einem Aufsatz über mittelalterliche Schatzfunde aus dem 13./14. Jahrhundert, die bei ihrer Entdeckung im 19. Jahrhundert fast schon reflexartig als Horte jüdischer Pfandleiher interpretiert wurden.[3] Ein populär-literarisches Beispiel für die Verbreitung der Vorurteile findet sich in Wilhelm Buschs *Frommer Helene* von 1872: »Und der Jud mit krummer Ferse, / Krummer Nas’ und krummer Hos’ / Schlängelt sich zur hohen Börse / Tiefverderbt und seelenlos.«[4]

Die gesetzliche Gleichstellung der Juden erfolgte in Hamburg 1861 bzw. mit der Reichsgründung im Jahr 1871. Max Warburg, 1867 geboren, gehört somit zur ersten Generation von Juden, die trotz des weiter bestehenden, teilweise recht massiven, Antisemitismus als Deutsche aufwachsen und leben konnten. Diese Zeitspanne vor dem Ersten Weltkrieg nennt Avraham Barkai wohl zutreffend »[i]n der langen Geschichte der Juden in Deutschland [...] die glücklichste Zeit«.[5]

Während für seinen Vater ein erfülltes Leben »ausschließlich innerhalb der jüdischen Tradition denkbar«[6] war, lockerte Max Warburg die Bindungen zur Religion und zum väterlichen Unternehmen, trug sich kurz sogar mit dem Gedanken, eine Offizierslaufbahn einzuschlagen. Tatsächlich wurde er aber 1893 nach diversen Ausbildungsstationen in Paris, London, Frankfurt und Amsterdam zum Teilhaber der *M. M. Warburg & Co.* Gleichzeitig wurde aus einem lebenslustigen Frauenheld ein seriöser Bankier. Die eher provinzielle Privatbank seiner Vorfahren entwickelte er, zunächst mit seinem Bruder Paul, äußerst erfolgreich weiter, wie der Anstieg der Bilanzsumme von knapp 18 Millionen Mark auf gut 127 Millionen bis zum Ersten Weltkrieg belegt.[7] Basis des Wachstums waren insbesondere Auslandsgeschäfte wie die Platzierung von Reichsschatzbriefen mit einem Wert 80 Millionen Mark in den USA oder die von japanischen Staatsanleihen in Deutschland. Ein nicht nur geschäftlicher Erfolg, sondern auch Zeichen gesellschaftlicher Anerkennung war die Aufnahme in das sogenannte Reichsanleihe-Konsortium.[8]

II.

Sehr aktiv engagierte sich das Haus Warburg vor dem Ersten Weltkrieg in den Kolonialbestrebungen des Deutschen Reichs[9], wie Max Warburg festhielt: »Ich darf wohl sagen, dass kein Bankhaus in Deutschland sich so zielbewußt für die Betätigung Deutschlands in den Kolonien interessiert hat wie das unsrige.«[10] Dieses Engagement trieb in einem zunehmend politischen, über kaufmännische Abwägung von Chancen und Risiken hinausgehenden Umfeld vor allem der vom Kolonialamt kommende, als Syndikus eingestellte Wilhelm Regendanz, der 1911 den eigentlich unbegründeten Hilferuf deutscher Firmen in Marokko organisierte, der als Vorwand für die Entsendung des Kanonenboots *Panther* diente und damit zur sogenannten zweiten Marokko-Krise führte.[11] Außerdem bemühte er sich aktiv um die mehrheitliche Übernahme der Anteile der *Nyassa Company*, der der nördliche Teil Mozambiques gehörte, durch ein deutsches Bankenkonsortium[12] im Jahr 1914.[13] Die Anteile wurden jedoch von den Briten mit Kriegsausbruch beschlagnahmt.

Alfred Vagts vermutet in der Identifizierung des Bankhauses mit dem deutschen Imperialismus vor allem idealistische Beweggründe patriotischer[14] und liberaler Natur, aber auch solche im Interesse der »Wohlfahrt der ganzen jüdischen Nation«.[15] Ebenso sieht er einen Grund des Engagements des deutschen Judentums im Imperialismus darin, dass es sich England zum Vorbild nahm, »weil sich die Beteiligung der englischen Juden am Imperialismus wie eine vorbildliche ›success story‹ las«.[16] Vagts meinte damit den gesellschaftlichen Aufstieg von Juden im Vereinigten Königreich bis hin zum Premierminister Disraeli. Auf jeden Fall ging es jüdischen Bankiers wie Max Warburg nicht um die später von Antisemiten unterstellte Ausbeutung der jeweiligen Heimatländer, »vielmehr wurde das deutsche Weltmachtstreben von ihnen nur allzu eifrig unterstützt«[17], wie Ron Chernow in seiner Warburg-Biografie schreibt.

Nun war Kolonialismus nichts Ungewöhnliches, sogar der US-amerikanische Präsident Woodrow Wilson sprach in seiner berühmten 14-Punkte-Rede vom Januar 1918, in der es mehrfach um das Selbstbestimmungsrecht der (europäischen) Völker ging, in Bezug auf koloniale Ansprüche, dass neben den Interessen der Bevölkerungen »die berechtigten Ansprüche der Regierung, deren Rechtstitel zu entscheiden ist«[18], zu berücksichtigen wären. Ungewöhnlich war eher, dass ein besonnen und gewinnorientiert agierendes Bankhaus koloniale Abenteuer nicht nur begleitete, sondern sogar vorantrieb. Max Warburg verstand Kolonien als Möglichkeit, um den in Deutschland entstehenden Bevölkerungsüberschuss aufzunehmen bzw. zu ernähren, Erwägungen über Wirtschaftlichkeit bei Erwerb und Erschließung scheinen daher bei ihm in den Hintergrund getreten zu sein. Von der Notwendigkeit des Kolonialbesitzes überzeugt erwartete er 1919 in den Friedensverhandlungen »grundsätzlich die Rückgabe aller Kolonien«.[19] Dass es dazu nicht kam, beklagt er noch 1922: »Mit juristischen Kunstgriffen hat er [der Vertrag von Versailles; B. R.] die brutale Wegnahme unserer Kolonien beschönigt.«[20]

Dieses Festhalten an Kolonien bzw. die Einstellung, »neuerliche Kolonialprojekte wenigstens nicht *a limine* abzulehnen«[21] (so war das Haus Warburg 1921/22 an den von Regendanz wiederaufgenommenen Bemühungen um das Nyassaland eingebunden), begründet Alfred Vagts für Max Warburg mit einem unliquidierten »Residuum Wilhelminismus, der nachfolgenden Generationen schwer begreiflich.«[22]

Wilhelm II. war keineswegs frei von Antisemitismus, unterdrückte den aber in seiner offiziellen Funktion weitestgehend. Latent war der Antisemitismus im Deutschen Kaiserreich trotzdem vorhanden[23], manifest jedoch nur sporadisch, wie beispielsweise bei Pogromen, die 1900 durch einen angeblichen jüdischen Ritualmord in der Nähe von Danzig ausgelöst wurden, oder 1916 im Rahmen der sogenannten ›Judenzählung‹ im Heer, mit der festgestellt werden sollte, ob Juden entsprechend ihres Bevölkerungsanteils Kriegsdienst leisteten.[24]

Max Warburgs Teilhaber Carl Melchior sagte in den 1920er Jahren nach Vagts' Erinnerung: »der Kaiser sei der Schlimmste nicht gewesen, nicht für die Juden [...]«.[25] Es bleibt dabei völlig unerheblich, ob er mit den vom Zionisten und späteren israelischen Präsidenten Chaim Weizmann verächtlich ›Kaiserjuden‹ genannten Geschäftsleuten nur verkehrte, weil sie in seinem Weltbild gar keine Juden waren, oder ob er tatsächlich tolerant war. Wesentlich war, dass in einer Phase allgemeinen Aufschwungs und industrieller Entwicklung religiös-rassistische Vorurteile in den Hintergrund treten konnten. Beide Aspekte sorgten dafür, dass einem jüdischen Bankier wie Max Warburg im Kaiserreich vielfältige geschäftliche und gesellschaftliche Möglichkeiten offenstanden.

III.

Wie brüchig das Fundament der »deutsch-jüdischen Symbiose«[26] war, konnte Max Warburg mit Ende des Ersten Weltkriegs feststellen. Die rechtsgerichtete Propaganda konstruierte die sogenannte ›Dolchstoßlegende‹, nach der der fehlende Rückhalt in der Heimat allein verantwortlich gewesen sei für die Niederlage Deutschlands. Die Schuld wurde zunächst den Sozialisten, aber bald auch ›den Juden‹ gegeben. Allerdings waren Arbeiterstreiks in Deutschland wohl eher Folge als Ursache einer katastrophalen Kriegsführung der Obersten Heeresleitung und der letzte Auslöser zur Revolution, der Versuch, die Kriegsmarine in ein von vorneherein aussichtsloses Gefecht zu schicken, kam fast einer Einladung zum Widerstand gleich.

Mit ›den Juden‹ hatte das nichts zu tun, sie waren als Gruppe ohnedies nicht aktiv. Es wurden nur Sündenböcke gesucht. Wie perfide das vor sich ging, konnte man an einem der prominentesten Verbreiter der Dolchstoßlegende, General Erich Ludendorff, sehen. Er hatte von der politischen Führung des Deutschen Reiches am 29. September 1918 einen Waffenstillstand binnen 24 Stunden gefordert. In den damit verbundenen Gesprächen versuchte aber zusammen mit dem Reichskanzler Max von Baden – der Jude – Max Warburg Ludendorff zu überzeugen, die Waffen vorerst nicht niederzulegen, um eine bessere Basis für Friedensverhandlungen zu haben.[27] Und auch ein anderer einflussreicher Jude, der Politiker und Industrielle Walther Rathenau, forderte aus ähnlichen Überlegungen heraus im Oktober 1918 eine Fortführung des Kriegs. In einem dazu verfassten Aufruf schrieb er Sätze, die von jedem nationalistischen Dolchstoßlegendenverbreiter genauso hätten übernommen werden können: »Das Land ist ungebrochen, seine Mittel unerschöpft, seine Menschen unermüdet. Wir sind gewichen, aber nicht geschlagen.«[28] Es war aber Ludendorff, der gegen diese ›jüdischen Stimmen‹ auf einem Waffenstillstand beharrte – und sich später über die Folgen beschwerte.

Die Suche nach einem Schuldigen für die Misere ließ einen tief verwurzelten Antisemitismus wieder ans Tageslicht kommen. Es wurde die Zugehörigkeit der Juden zur deutschen Nation geleugnet, wie auch das Beispiel Hugo Balls[29] zeigt, der 1918 mit Bezug auf Rathenau und die Waffenstillstandsverhandlungen schrieb: »Man schickt anationale Israeliten vor, um eine möglichst vorteilhafte Liquidation zu erreichen. [...] Das ist falsch. Der Boden einer israelitischen Republik ist das gelobte Land, nicht aber Deutschland.«[30] Verteidiger Balls, der sich nebenbei bemerkt nicht als Antisemit verstand, haben zurecht darauf hingewiesen, dass diese Position auch von Zionisten vertreten wurde. Nur half das Menschen wie Max Warburg nichts, die ihre Zukunft nicht in einem in Palästina zu gründenden Staat sahen. Er wollte als Deutscher in Deutschland leben und sich, wie schon vor und während des Krieges, für deutsche Interessen einsetzen.

IV.

Max Warburgs Stellung war im Kaiserreich eine herausgehobene, wozu auch persönliche Kontakte zum Kaiser (die es während des Kriegs nebenbei bemerkt nicht mehr gab) gehörten, keine Voraussetzung, sondern eine Ausprägung dieser Stellung. Insofern wurde er in der Übergangszeit von Kaiserreich zu Republik weiterhin nicht nur zu Gesprächen auf höchster Ebene wie dem erwähnten mit Ludendorff hinzugezogen, sondern bekam auch Angebote für Ämter im Rahmen der Neugestaltung Deutschlands. Dass er diese ablehnte, klingt wie eine angeblich schon 1897 von seinem Vater gegebene Empfehlung, nicht in den Hamburger Senat einzutreten, denn »das sei nichts für Juden«.[31] In seinen Erinnerungen formuliert er die Ablehnung, Finanzminister zu werden, damit, dass »[...] die Deutschen [...] nie und nimmer einen jüdischen Finanzminister hinnehmen würden«.[32]

Ebenso lehnte er eine Berufung in die Hauptdelegation für die Friedensverhandlungen in Versailles ab, schlug stattdessen seinen Teilhaber Carl Melchior vor, dem er in der Folge zuarbeitete. Die Unterordnung unter einen im eigenen Unternehmen niedriger Gestellten war bemerkenswert, man könnte natürlich auch vermuten, dass er sich hinter dem ebenfalls jüdischen Melchior versteckte. Trotzdem bleiben Energie und Idealismus erstaunlich, die Max Warburg aufbrachte, bei aller angenommenen und tatsächlichen Diskriminierung die Interessen Deutschlands weiter zu vertreten. Dass die beiden zu einer Zielscheibe nationalistischer Diffamierungen wurden, war insofern absurd, als sie im Grunde dieselben Positionen vertraten wie die, von denen sie angegriffen wurden, vielleicht mit dem kleinen, aber entscheidenden Unterschied, dass sie als Geschäftsleute wussten, dass man bei allen Differenzen am Ende zu einem Kompromiss mit seinem Verhandlungspartner kommen müsse.

Beispielhaft für sein Eintreten für deutsche Interessen kann man hier »einige Bemerkungen«[33] Warburgs (immerhin auf sechzehn Seiten) heranziehen, in einem Brief an den Staatssekretär Eugen Schiffer vom Januar 1919, zu einem Gutachten zum Thema »Wie können wir den Gegnern Kriegsschäden ersetzen?« des Staatssekretärs Carl Bergmann, damals Vertreter des Deutschen Reichs bei der Reparationskommission in Paris. Es ging ihm zunächst um die Bestimmung und Einschränkung der Forderungen, was im Kontext der Friedensverhandlungen für ihn beispielsweise bedeutete,

> dass jeder Schadensersatz, der über die von Wilson zugestandenen Wiederherstellung des Schadens, der der Zivilbevölkerung der alliierten Regierungen und ihrem Besitz durch den Angriff Deutschlands [...] zugefügt worden ist, hinausgeht, unter allen Umständen abzulehnen ist.[34]

Außerdem wies er auf die eingeschränkte Zahlungsfähigkeit Deutschlands aufgrund der hohen Verschuldung hin:

> Wir müssen uns darüber klar sein, dass unsere schon bestehende ungeheure Verschuldung im Inlande und im neutralen Auslande gegenüber uns nicht gestattet, noch eine Schadensersatzpflicht von 30 Milliarden Mark zu übernehmen.[35]

Mit letztendlich im Vertrag festgelegten 132 Milliarden Mark liegen die tatsächlichen Zahlungsverpflichtungen weit jenseits des seiner (und anderer) Meinung nach von Deutschland in überschaubarer Zeit Leistbarem. Dass er außerdem glaubte, die Forderung »durch erhebliche Gegenforderungen oder durch andere Objekte [...] verringern«[36] zu können, spricht für einen sachlichen Blick, verkennt aber den politischen Aspekt der Verhandlungen, wie man u. a. daran sieht, dass er als Kompensation die »Verpfändung der einen oder anderen Kolonie«[37] vorschlägt. Denn ein Recht auf Kolonien wurde dem Reich ohnedies abgesprochen. Aber auch, dass er bei erzwungener Abtretung deutscher Gebiete (gegen die er grundsätzlich war) wie Elsass-Lothringen oder der Kolonien eine Übernahme anteiliger Schulden des Reichs forderte, ist bemerkenswert: »Bei Abtretung von deutschem Gebiet (auch Kolonien) muss das übernehmende Land die Schulden pro rata (incl. Kriegsanleihe) ebenfalls übernehmen [...].«[38] Vorwerfen kann man Max Warburg dabei höchstens eine gewisse politische Naivität, die davon ausging, dass Deutschland gleichberechtigter Verhandlungspartner sei, nicht aber, dass er sich nicht redlich um die Interessenvertretung Deutschlands bemüht hätte. Deutschnationale Gruppen sahen die Schuld für das Ergebnis der Friedensverhandlungen trotzdem bei einer ominösen weltweiten – jüdischen – Verschwörung:

> Sie [die deutschvölkischen Propagandisten; B. R.] warfen ihnen die verwandtschaftlichen und geschäftlichen Verbindungen zu den New Yorker Mitgliedern der Warburg-Familie [...] vor und versuchten den bestimmten Eindruck zu erwecken, als ob deutsche Belange zugunsten jüdischer Geschäfts- und Bankinteressen verraten würden.[39]

Ganz im Gegenteil nutzte aber Max Warburg 1922 die Verbindungen seines in New York lebenden Bruders Paul zur Vermittlung von Gesprächen mit Regierungsvertretern der USA, in denen versucht wurde, Erleichterungen bei den Reparationsforderungen zu erreichen.[40] Antisemiten ließen sich jedoch von Tatsachen selten beeindrucken. Welch faktenfreier Unfug im Zusammenhang mit dem Hause Warburg auch später noch erfunden wurde, zeigt folgendes Beispiel aus den 1930er und 1940er Jahren: 1936 erschien in den Niederlanden ein Buch, in dem angeblich das Geständnis eines – erfundenen – Sidney Warburgs wiedergegeben wurde, in dem der sich dazu bekannte, den Aufstieg Hitlers finanziert zu haben. Diese Geschichte griff der Schweizer Journalist René Sonderegger 1948 auf und behauptete ergänzend, dass Sidney in Wirklichkeit James Warburg (ein Sohn von Paul Warburg) gewesen sei und dessen Onkel Max Warburg 1938 dem damaligen amerikanischen Botschafter gesagt habe, »wie meisterhaft er die Deutschen getäuscht und ihrem vorbereiteten Schicksal entgegengeführt habe«.[41]

V.

Der spätere Schriftsteller Ernst von Salomon, Mitglied der ›Organisation Consul‹, 1922 beteiligt am Mord Walther Rathenaus, gibt in seinen Büchern Einblicke in seine damalige Gefühlslage bzw. in das, was er davon preisgeben wollte. Unglaubwürdig erscheint, dass er im Zusammenhang mit der Tat keinerlei antisemitische Gründe anführt, irritierend, wie er den starken Eindruck schildert, den Rathenau selber bei einem Vortrag und den dessen Buch *Von kommenden Dingen* auf ihn machte.[42] Außerdem stellt von Salomon das Handeln der Gruppe in einen von tagesaktueller Politik freien Kontext:

Die Beratungen der Parlamente, die Verordnungen der Minister, die Konferenzen der Mächte konnten trotz des lautesten Geplätschers ihre Kreise nicht bis zu uns gelangen. Denn wir standen unter der Oberfläche, und nichts vermochte, was von oben kam, die Gewässer bis zum Grunde aufzuwühlen.[43]

Es ist eine literarisch schön verpackte Form der Selbstgerechtigkeit, ohne auf die eigentlichen Gründe einzugehen. Mitleid mit dem Opfer kommt nicht zur Sprache, auch in dem Nachkriegswerk *Der Fragebogen* nicht. Aus einem Mord wird eine Art Anekdote aus der Jugendzeit, eine – hat es den Anschein – verzeihliche Jugendsünde.

Jedoch hätte die Organisation, wäre sie nicht zerschlagen worden, noch weitere Morde begangen, ganz konkret stand wohl Max Warburg auf der Liste. Er sollte bei einem Vortrag zur Eröffnung des sogenannten *Übersee-Clubs* am 27. Juni 1922 ermordet werden. Dass Hamburg, wie Alfred Vagts schreibt, »in diesen Weimarischen Jahren der am meisten republikanische Staat, Stadt-Staat, in der Republik«[44] war, in dem »der ›Überbrückungskredit‹ eines gewissen Anti-Antisemitismus«[45] waltete, belegt ein Brief des Hamburger Senats an Max Warburg, in dem es u. a. heißt: »Er [der Senat; BR] weiss sich mit der ganzen hamburgischen Bevölkerung in dem Gefühl der Genugtuung einig, dass es gelungen ist, das fluchwürdige Vorhaben rechtzeitig zu entdecken und zu verhindern.«[46]

Aber selbst in Hamburg wurde in einer Tageszeitung der Deutschen Volkspartei »gegen die Auflösung der ›Verbände der Helden‹ protestiert«.[47] Und auch, wie dem an der Ermordung Rathenaus für fünf Jahre inhaftierten von Salomon 1926 vom Gefängnisdirektor eine Entlassung in Aussicht gestellt wurde, zeigt, dass es für Morde von rechts offensichtlich breiteres Verständnis gab:[48] »eine nationale Regierung sei ans Ruder gelangt, und es sei eine weitgehende Amnestie in Vorbereitung.«[49]

Max Warburg hingegen vermied in den nächsten Jahren öffentliche Auftritte, wechselte öfters seinen Aufenthaltsort und bekam teilweise sogar Polizeischutz. Dass der ihn begleitende Polizeioffizier, wie sich später herausstellte, ein Spitzel der Nationalsozialisten war[50], hätte ihm leicht zum Verhängnis werden können. Es belegt aber auch, wie real die Gefahr für Juden in herausgehobener Stellung in den ersten Jahren der Weimarer Republik war, selbst in einer vielleicht noch vergleichsweise republikanisch orientierten Stadt wie Hamburg.

Ein Nebeneffekt des Anschlagsversuchs war übrigens, dass, wie Max Warburg auf ein Glückwunschschreiben der deutsch-israelitischen Gemeinde in Hamburg (»[...] glaubt auch der Vorstand der Gemeinde und das deutsche Judentum auch fernerhin, jederzeit und überall, auf Sie, sehr geehrter Herr Warburg, rechnen zu können.«[51]) antwortete, ihn »die wegen [s]eines Judentums erfolgten Angriffe [...] diesem nur näher bringen.«[52] Man sieht Michael Daxners Behauptung »Der Antisemitismus macht den Juden«[53] im sich bis dahin vor allem als Deutschen verstehenden Max Warburg bestätigt.

VI.

Als eine die wirtschaftlichen Verhältnisse zu Beginn der Weimarer Republik charakterisierende Geschäftsaktivität kann man die 1920 von Max Warburg zusammen mit Paul von Mendelssohn-Bartholdy vom Berliner Bankhaus Mendelssohn & Co gegründete ›Deutsche Warentreuhand A.G.‹ bezeichnen. Ziel der Gesellschaft war es, deutschen Unternehmen den Zugang zu ausländischen Krediten durch Sicherungsübereignung von Waren oder Inventar zu ermöglichen.[54] Diese zusätzlichen, realen Sicherheiten waren erforderlich, da einerseits der Staat nur noch in geringem Umfang für Kreditausfälle garantieren konnte, andererseits das Vertrauen in die Kreditwürdigkeit deutscher Unternehmen durch die instabile politische Lage stark gesunken war. Die Gesellschaft entwickelte sich stabil, erwirtschaftete aber nur ein relativ geringes Ergebnis mit seit 1924 meist unter 100.000 Mark.[55]

Auch die Warburg-Bank litt unter den wirtschaftlichen Rahmenbedingungen, nicht zuletzt durch Bestimmungen des Friedensvertrags und die Inflation, die einen Großteil des traditionellen Kreditgeschäfts mit dem und im Ausland unmöglich machten. Erst 1929 erreichte die Bilanz der Bank, nominal, wieder das Niveau von 1914. Behauptungen, die versuchten, jüdische Bankiers grundsätzlich als Inflationsgewinnler zu verunglimpfen, sind bezogen auf die Warburg-Bank schlichtweg falsch, so auch das, was der Antisemit Theodor Fritsch in seinem *Handbuch zur Judenfrage* schreibt[56]: »Neckarsulmer[57] nennt eine ganze Reihe jüdischer Bankhäuser, die durch die Inflation aus mittleren Bankhäusern zu Großbanken geworden sind, darunter das Bankhaus Warburg in Hamburg.«[58]

Tatsächlich war ›M. M. Warburg & Co‹ auch im Jahr 1929 keine Großbank. Ihre Bilanzsumme entsprach nur etwa 0,6 % der Bilanzsummen aller Banken in Deutschland, bezogen auf die der Privatbanken immerhin etwa 11 %[59], und wird im Rückblick auf dem sechsten Platz der deutschen Privatbanken eingeordnet.[60] Oder wenn man einen absoluten Vergleich heranzieht: Während die ›Deutsche Bank‹ 1929 eine Bilanzsumme von 5,533 Milliarden Mark auswies,[61] lag die von Warburg bei 382 Millionen.

Wegen zweier Flugblätter von Fritsch reichten 1924 Max Warburg und Carl Melchior eine Verleumdungsklage gegen ihn ein. Warburg wies im Prozess darauf hin, dass seine Bank durch die Inflation mindestens acht Zehntel ihres Kapitals eingebüßt habe.[62] Nach mehrfachen Revisionsanträgen wurde Fritsch 1927 lediglich zu einer Zahlung von 1.000,– Reichsmark verurteilt.[63] Man könnte sagen, dass hetzerische antisemitische Lügen in der Weimarer Republik recht günstig waren. Wie die nationalsozialistische Propaganda die Tatsachen verdrehte, kann man im Vorwort zur 49. Auflage von Theodor Fritschs *Handbuch* im Jahr 1944 nachlesen:

> In einer Zeit, die durch Rathenau, Ballin, Warburg und andere Geldjuden bestimmt wurde, mußte er [Fritsch; B. R.] jeden Tag mit der Tatsache rechnen, ins Gefängnis geschickt zu werden – wenn er Wahrheiten über das jüdische Gebaren in Wirtschaft, Politik, Kultur und Religion veröffentlichte.[64]

Tatsächlich unterschied sich aber das Verhalten jüdischer Geschäftsleute nicht von dem der nicht-jüdischen. Aus einer Tradition kommend, in der Einzelunternehmer sich in gewissem Umfang noch von religiösen Vorstellungen und familiären Verbindungen leiten ließen, glichen sie sich, um im Wettbewerb überleben zu können, spätestens in der Weimarer Republik an.[65] »Alle Unternehmer, so ließe sich zugespitzt formulieren, waren gleichermaßen betriebswirtschaftlich-rationalen Handlungsmaximen und Sachzwängen unterworfen, immer wichtiger wurde eine Professionalisierung auf der Basis formalisierter Wissensaneignung und objektivierter Ausleseverfahren«[66], formuliert es beispielsweise Martin Münzel. Max Warburg brachte es in einem Statement zu Fritsch' Anwürfen noch knapper auf den Punkt: »Es gibt aber keine jüdische und keine christliche Finanz.«[67]

VII.

Die im Finanzwesen, dessen Einfluss im Übrigen wohl auch generell überschätzt wurde[68], bestimmende Rolle, die ihr Antisemiten zuwiesen, konnten die jüdischen Privatbankiers mit ihrem Nischengeschäft nicht wahrnehmen. Und auch bei den zwanzig größten als Aktiengesellschaften organisierten Banken war der Anteil der Vorstandsmitglieder jüdischer Herkunft im Jahr 1931 zwar mit etwa 20 % gemessen am Bevölkerungsanteil von etwa 1 % deutlich überproportional, aber dennoch eine Minderheit. Und im Versicherungswesen, der zweiten Säule des Finanzsektors, gab es bei den zwanzig größten Unternehmen interessanterweise überhaupt keine jüdischen Vorstandsmitglieder.[69]

Eine im Vergleich zum Geschäftsvolumen relativ große, aber keineswegs übermächtige Bedeutung hatten Privatbankiers (nicht nur die jüdischen) lediglich über eine recht hohe Zahl an Aufsichtsratsmandaten. Die Gründe waren das persönliche Netzwerk der selbständigen Unternehmer, aber auch ihre »Marginalisierung im Kreditgeschäft«, also in gewisser Weise ihre geringe Bedeutung im Finanzmarkt, die es ihnen ermöglichte, »da selber nicht durch eigene geschäftliche Interessen Großgläubiger gebunden, im Falle von Konflikten als Schlichter dienen [zu] können«.[70] Max Warburg war bis 1932 in immerhin 20 Aufsichtsräten vertreten, u. a. auch bei der ›I.G. Farben‹. Außerdem war er Mitglied des Generalrats der ›Deutschen Reichsbank‹ (einer Art Kontroll- oder Beratungsorgan der von privaten Anteilseignern gehaltenen Reichsbank) während seines Bestehens von 1924–1933. Dieser setzte sich, ebenfalls Ergebnis der Friedensverhandlungen, aus je sieben deutschen und ausländischen Vertretern zusammen.[71] Antisemitische Verschwörungstheorien konnten sich darin bestätigt sehen, dass 1930 fünf der sieben deutschen Vertreter jüdisch waren, neben Max Warburg auch sein Teilhaber Carl Melchior. Letzterer wurde als möglicher Reichsbankpräsident gehandelt, aber wegen »den erwarteten antisemitischen Angriffen gegen einen Reichsbankpräsidenten Melchior« stimmten alle für den bürgerlichen Politiker und ehemaligen, parteilosen, Reichskanzler Hans Luther.[72]

Statt Weltverschwörung kann man hier gegen Ende der Weimarer Republik wieder dieselbe tiefgreifende Verunsicherung erkennen, die Max Warburg schon 1919 Ämter ablehnen ließ. Mittlerweile mündete sie fast schon in eine Art freiwilliger Täter-Opfer-Umkehr, zumindest wenn man dem glaubt, was Alfred Vagts vom Hörensagen über Max Warburg berichtet: »M. W. sieht die Wurzel des Antisemitismus darin, dass zu viele Juden sich zu weit vorgedraengt haetten wie ihre Nasen und weiter als diese erlaubt …« Er fügt aber hinzu, dies sei »ein bisschen zu primitiv fuer einen prominenten Bankier«.[73]

An anderer Stelle beklagt Vagts aber auch die mangelnde Unterstützung der SPD in ihrem Kampf gegen die Nationalsozialisten im Allgemeinen und den Antisemitismus im Besonderen durch die Hamburger »Bankokratie«. Kommentieren lässt er das durchaus zutreffend von einem anderen jüdischen Geschäftsmann: »Die stärkste Hilfe kam vom Inhaber des Hutgeschäfts Hammerschlag, der wohl von den Warburgs zu sagen pflegte: ›Die kennen ihre Feinde nicht‹.«[74] Andererseits muss man den Warburgs zugestehen, dass sie politisch überhaupt keinen Bezug zur damaligen Arbeiterpartei SPD hatten. Der gemeinsame Feind ermöglichte erst später, als er die Macht übernommen hatte, Koalitionen von bis dahin eher feindselig

gegeneinander gestimmten Gesellschaftsschichten. In den zwanziger Jahren
waren die Warburgs noch als kapitalistische ›Klassenfeinde‹ Angriffen von
Links, insbesondere von kommunistischer Seite, ausgesetzt. So wurden sie
beispielsweise 1927 in der *Hamburger Volkszeitung* als Hintermänner einer
»Offensive gegen Lohnerhöhung und Arbeitszeitverkürzung«[75] in allen Unternehmen, bei denen sie Aufsichtsratsmandate hatten, bezeichnet. Trauri-
gerweise fügten sich derartige Unterstellungen problemlos in die rassistisch
ergänzten Erzählungen der Antisemiten ein.

VIII.

Politisch stand Max Warburg Gustav Stresemann und seiner konservativen
DVP nahe. Eine Art politische Standortbestimmung stellt seine Rede zur
Eröffnung des ›Übersee-Clubs‹ dar, die er allerdings aufgrund der oben ge-
schilderten Begleitumstände nicht persönlich halten konnte. Es ist die Rede
eines deutschnationalen Kaufmanns, der gewohnt war, im internationalen
Umfeld Geschäfte abzuwickeln, und das wieder tun wollte. Es geht um
Freihandel, den Blick über Deutschland hinaus. Im Verweis auf die »Trä-
ger unserer Politik [...] vordem Träger unserer alten Binnenwirtschaft mit
überwiegend landwirtschaftlicher Betätigung«[76] könnte man eine leichte
Kritik an der Macht preußischer Junker mit ihrem stark eingeschränkten
Weltbild sehen. Ansonsten spricht er sich für eine Kooperation zwischen
Politik und Wirtschaft aus, gegen den »Nur-Politiker« und die »Nur-Kauf-
leute«. Denn: »Der Kaufmann übersah die Wolken, die sich in der Politik
zusammenballten, und der Politiker übersah wirtschaftliche Fragen, deren
vitale Bedeutung ihm vielfach erst im Kriege überraschend zum Bewusstsein kam.«
     Positiv mit implizitem Eigenlob stellt er das Zusammenspiel von Wirt-
schaft und Politik lediglich in der Kolonialpolitik heraus. Denn dort »gelang [...] die rechtzeitige Zusammenfügung, doch in anderen Fällen blieben verhängnisvolle Spannungen zwischen dem Einsatz wirtschaftlicher
Energie und dem politischen Gesamtprogramm.« Als typischer ›national
gesinnter‹ Deutscher spricht er vom »Diktat von Versailles«, beklagt die
Gebietsverluste des Deutschen Reichs als »Unrecht« und nennt die angebli-
che Kriegsschuld Deutschlands ein »Märchen«. In diesem Zusammenhang
versteigt er sich sogar zu der Aussage, dass an »dem alten System der Groß-
staaten, ohne moralische Hemmungen Machtpolitik mit allen Mitteln zu
betreiben [...] wir Deutsche aber weniger schuld als viele andere Nationen«
hätten.

Aus heutiger Sicht etwas erträglicher werden die nationalistischen (oder patriotischen) Aussagen dadurch, dass sie eingebettet sind in die Idee eines Staatensystems, in dem die Länder friedlich und gleichberechtigt handeln. Es ist kein kriegerisches Programm. So möchte Max Warburg »den gleichen Stand der Wehrhaftigkeit« der Staaten nicht durch Aufrüstung Deutschlands, sondern durch gleichmäßige Abrüstung aller herstellen. Damit stellte er sich damals jedoch gegen all diejenigen, die ihr Heil in Deutschlands anzustrebender militärischer Übermacht suchten. Max Warburg hingegen förderte das 1923 von Albrecht Mendelsohn-Bartholdy begründete ›Institut für Auswärtige Politik‹, das der Friedensforschung dienen sollte.[77] Bereits ab 1919, während seiner ersten Jahre in Hamburg, »lebte Albrecht Mendelssohn Bartholdy auf dem Warburgschen Kösterberg-Anwesen in Blankenese, wo ihm und seiner Familie das Haus des in den USA lebenden Paul Warburg zur Verfügung gestellt wurde.«[78] Er stand in engem Austausch mit Max Warburg über die Ausrichtung des zu gründenden Instituts in Richtung einer Kriegsursachenforschung. Allerdings hoffte man auch hier, »die Kriegsschuldthese [Deutschlands; BR] widerlegen zu können«.[79]

IX.

»Aus der Distanz ist zu beobachten, daß viele Künstler, deren Nimbus dem der zwanziger Jahre gleichgesetzt wird, in jener Dekade den Zenit bereits überschritten hatten, jedenfalls gegen deren Ende; Kandinsky, wohl auch Picasso, Schönberg, selbst Klee«[80], stellt Theodor W. Adorno in seinem Aufsatz *Jene zwanziger Jahre* fest. Und führt am Beispiel Schönbergs aus, wie »die freigesetzte Spontanität und Ungebundenheit des kompositorischen Subjekts [...] von einem Ordnungsbedürfnis gezügelt worden«[81] sei.

In gewisser Weise kann man diese Feststellungen zur Kunst auf Max Warburg übertragen: Er hatte seinen Zenit überschritten und versuchte an die Erfolge der Vorkriegszeit anzuknüpfen. Im Unterschied zur Kunst, wo man mit dem Weiterführen, Ausarbeiten und Systematisieren des bereits früher Gefundenen dieser Kunst zu einer breiteren Wirkung verhalf (man denke beispielsweise an das Bauhaus, in gewisser Weise auch an den Surrealismus als Weiterführung einiger dadaistischer Ansätze), nützt im Wirtschaftsleben das in der Vergangenheit Erreichte nichts, man muss sich an die deutlich geänderten Rahmenbedingungen anpassen. Hier meint Martin Münzel sogar als Grund für den allgemeinen Niedergang jüdischen Unternehmertums in der Weimarer Republik eben die fehlende Anpassungsfähigkeit und das Festhalten an traditionellen Geschäftspraktiken ausmachen zu können: »Ungeachtet ökonomischer Strukturveränderungen hätten sich viele jüdische Unternehmer der Weimarer Republik von eher konservativen wirtschaftlichen Einstellungen leiten und rückwärtsgerichteten Geschäftsstrategien beeinflussen lassen.«[82]

Man könnte die von Wilhelm Pinder formulierte Theorie der »›Ungleichzeitigkeit‹ des Gleichzeitigen«[83] auf Max Warburg anwenden, als eines Mannes, der nach Überzeugungen und Erfahrungen seiner, der vorangegangenen, Generation handelte und dachte und somit eigentlich nicht mehr in die Zeit passte. Das betraf wirtschaftliches Handeln wie politische Einschätzungen. Aber wie Pinder am Beispiel Max Liebermanns darstellte, kann man durchaus auch mit eigentlich veraltetem Stil noch erfolgreich und gefragt sein. So konnte Max Warburg seine herausgehobene Stellung in der Weimarer Republik immerhin in beratender Tätigkeit aufrechterhalten mit diversen Aufsichtsratsmandaten, der weiter bestehenden Mitgliedschaft im Reichsanleihe-Konsortium oder mit Vorträgen bei Fachtagungen.

Vielleicht sollte an dieser Stelle aber auch ergänzt werden, dass das hohe Ansehen des Hauses Warburg vermutlich stärker als von Max Warburg von seinem Teilhaber Carl Melchior profitierte, der nicht nur wie oben erwähnt in der Hauptdelegation bei den Friedensvertragsverhandlungen in Versailles war und dem man die Aufgabe des Reichsbankpräsidenten zutraute, sondern der auch bei den weiteren Verhandlungen (u. a. zum ›Dawes Plan‹ 1924 und zum ›Young Plan‹ 1929[84]) zu Reparationsfragen hinzugezogen und »als der einzige deutsche Vertreter in das Finanzkomitee des Völkerbunds gewählt« wurde.[85] Max Warburg hingegen fand es auch 1927 in einem Vortrag bei einem Industrie- und Handelstag noch wichtig, den Vertrag von Versailles als einen »grausamen, jeder wirtschaftlichen Vernunft Hohn sprechenden Vertrag« zu bezeichnen. Bei gleicher Gelegenheit wies er auch auf die – seiner Meinung nach essenzielle – mit den Kolonien verlorene Möglichkeit »überseeische[r] Siedlungs- und Pflanzungspolitik« hin. Er sah zwar außerdem den von seinem Mit-Teilhaber mitverhandelten Dawes-Plan durchaus positiv und formulierte auch konstruktive Ansätze mit seinen Anliegen wie den Abbau von Schutzzöllen, angemessene Steuern oder die Entflechtung von Staats- und Privatwirtschaft. All das klang aber eher nach dem Wunsch einer Wiederherstellung des Vergangenen als nach einem modernen Konzept.

Er war noch in einer feudalen Welt verhaftet, in der nicht angestellte Manager, sondern ›Ehrenmänner‹ miteinander Geschäfte abschlossen. Entsprechend charakterisierte er den Kredit moralisch: »Was im Privatleben das persönliche Ansehen, die Ehre ist, ist im Geschäftsleben der Kredit.«[86] Deswegen meinte er auch, dass das »Vertrauen zur Leitung [. . .] entscheidender als der innere Reichtum [eines Unternehmens; B. R.]« sei. Da die Zeit, die Max Warburg geprägt hatte, noch nicht so lange vergangen war, dürften ihm viele bei seiner Sehnsucht nach dieser zugestimmt haben. Vor allem aber erklärte er Zusammenhänge verständlich und nachvollziehbar, vielleicht gelegentlich fast zu banal für ein Fachpublikum, so wie er 1920 auf volkswirtschaftliches Grundwissen verwies: »Das Ausland darf aber nicht gleich nervös werden, wenn wir anfangen, unseren Export wieder mehr zu heben. Denn das müssen wir, wenn wir daran denken wollen, unsere Schulden zu bezahlen.«[87]

Insgesamt war er überzeugt, dass der Aufschwung in Deutschland gelingen müsse. Nur so lässt sich auch erklären, dass er wohl das Zwischenhoch der sogenannten ›goldenen‹ zwanziger Jahre, dieser kurzen Phase von allgemeinem Wohlstand und kultureller Blüte, finanziert mit ungedeckten Krediten aus dem Ausland, völlig falsch einschätzte und sich zu einer großen Kreditvergabe an den Karstadt-Konzern in Erwartung dessen Wachstums aufgrund steigenden Konsums verleiten ließ. Im Rückblick behauptete er, nach der Inflation »von der Spekulation zur Kalkulation« zurückgekehrt zu sein.[88] Jedoch hätte er, auch wenn er die Weltwirtschaftskrise nicht unbedingt vorhersehen konnte, doch die Risiken so kalkulieren müssen, dass, als ihre Folgen in Deutschland zu spüren waren, das Haus Warburg im Jahr 1931 nicht am Rande der Zahlungsunfähigkeit gestanden hätte, die nur durch massive Finanzspritzen seiner in New York lebenden Brüder verhindert werden konnte.

Es steckt eine gewisse traurige Ironie darin, dass Max Warburg damit das gängige antisemitische Vorurteil, ›die Juden‹ hätten einen Geschäftssinn zu Lasten anderer, persönlich unfreiwillig entkräftete.

X.

Über die Ostjuden schreibt der aus Galizien stammende Schriftsteller Joseph Roth: »Den Mangel an einer eigenen ›Scholle‹ in Europa ersetzten sie durch ein Streben nach der palästinensischen Heimat. Sie waren immer Menschen im Exil gewesen.«[89] Diese als allgemein unterstellte Grundstimmung mündete im Zionismus, der nichts mit dem Lebensgefühl assimilierter deutscher Juden gemein hatte. Denn die meinten die »Scholle« in Deutschland gefunden zu haben und bedauerten deren Verlust zutiefst, wie – um ein beliebiges Beispiel zu nehmen – Oskar Maria Graf in seiner Autobiografie auf dem Flug in die USA, seine jüdische Frau Miriam adressierend, darstellt: »Wer weinte auf einmal hemmungslos über die verlorene

Heimat? Du, die deutsche Jüdin, während ich, der ›arische‹ Deutsche, völlig heimweh- und empfindungslos dasaß, einzig und allein von dir erschüttert.«[90]

Anders als bei Kulturschaffenden sind Gefühlslagen von Wirtschaftsführern selten überliefert. Das liegt daran, dass zu viel öffentliche Selbstreflexion durchaus geschäftsschädigend sein kann, Briefwechsel von Geschäftsleuten deutlich weniger interessieren, aber auch an fehlenden literarischen Fähigkeiten der Protagonisten, wie es Chernow Max Warburg beim Verfassen seiner Autobiografie bescheinigt: »Letzten Endes brachte er es nicht fertig, in sein eigenes Bewußtsein einzudringen und eine moralische Bilanz seines Lebens zu erstellen.«[91] Allein das lange Herauszögern der endgültigen Emigration belegt jedoch, wie schwer es Max Warburg fiel, Deutschland zu verlassen.

Er verkannte, dass im politisch nationalistischen Umfeld sich Antisemitismus in den zwanziger Jahren derart ideologisch übersteigerte, dass er für Juden unabhängig von Einstellung und Stellung keinen geschützten Raum mehr lassen sollte. Diese Fehleinschätzung zeigt sich beispielsweise in einem Brief an den ehemaligen Minister Georg Gothein am 21. August 1932. Max Warburg schreibt zwar: »Wohl wenige empfinden die Nazi-Bewegung so scharf wie ich.« Aber trotzdem stehe er ihr »ohne ein Gefühl der Bitterkeit gegenüber.« Er sehe sie lediglich »als eine natürliche Folge einer wahnsinnigen Politik der Feinde Deutschlands.« Abschließend bringt er sogar noch seine Freude zum Ausdruck, »dass sich im deutschen Volke [...] noch so starke Kräfte zu dieser Bewegung zusammengeschlossen haben.«[92]

Möglicherweise war diese Einschätzung eine Kombination aus Wunschdenken und einem seit 1930 insbesondere in Hamburg gemäßigt auftretenden Hitler, der dem Leiter der HAPAG, Wilhelm Cuno, versicherte, dass »die Nationalsozialisten [...] keineswegs auf die Verfolgung der Juden aus[seien]«.[93] Auch Vagts berichtet von einem Auftritt Hitlers vor Wirtschafts-Vertretern in Hamburg, bei dem viele »von der Suada hingerissen gewesen« seien, zumindest »solange sie dauerte«.[94] Noch 1929 hatte Max Warburg den Großmufti, der Araber in Palästina zu Pogromen gegen Juden aufhetzte, mit Hitler verglichen.[95] Sein Bruder Aby, mit dem er engen Austausch pflegte, nannte im selben Jahr München eine Stadt, in der »der bis zur Tollheit gepflegte Antisemitismus« herrschte. Daher war er der Meinung, »dass solange die Saubayern die Hitlerei hätscheln, kein Norddeutscher, ganz abgesehen von seiner Konfession, das Recht hat sich und sein Geld nach Bayern zu tragen.«[96]

Carl Melchior scheint bei der Beurteilung der politischen Situation 1932 realistischer gewesen zu sein. Er sprach von Rechtsextremisten, also auch den Nationalsozialisten, als »Männern [...], die, jedenfalls soweit man aus den Zeitungen ersehen kann, Morde im gewöhnlichen Sinne des Strafgesetzbuches begangen haben und daher auch durch ein ordentliches Gericht zum Tode hätten verurteilt werden müssen«.[97] In seiner patriotischen Einstellung ließ Max Warburg sich allerdings trotz der seit 1933 dann realen Diskriminierung und Verfolgung deutscher Juden nie beirren, wie seine Abschiedsworte an die Mitarbeitenden der Bank noch im Mai 1938 bekräftigen: »Wir wünschen Ihrer Arbeit Erfolg, zum Segen der Hansestadt Hamburgs und zum Segen Deutschlands.«[98]

XI.

Dass Max Warburg überhaupt bis 1938 in Deutschland relativ unbehelligt leben konnte, verdankte er – neben seinem Wohlstand – dem Reichsbankpräsidenten Schacht, der meinte, auf seine (und die anderer jüdischer Bankiers) Expertise nicht verzichten zu können. Eine Entwicklung der ›M. M. Warburg & Co‹ zu alter Größe und Bedeutung war aber allein wegen der strengen Devisenbestimmungen der Nationalsozialisten nicht möglich. Die Bank wurde in diesen Jahren Anlaufstelle für in Deutschland verbliebene Juden. Einen Schwerpunkt legte Max Warburg auch auf die Umsetzung des sogenannten Ha'avara-Abkommens, das deutschen Juden die Ausreise nach Palästina und einen beschränkten Geldtransfer über die ›Palästina-Treuhandstelle zur Beratung deutscher Juden GmbH‹, an der Warburg beteiligt war, ermöglichte. Dass er dabei mit den Nationalsozialisten verhandelte, nahmen ihm extremistische Zionisten übel, die jede Form der Kollaboration ablehnten.[99] Ebenfalls aus Deutschland gebracht wurden die Bestände der ›Kulturwissenschaftlichen Bibliothek Warburg‹ seines Bruders Aby, der 1929 verstorben war. Mit ihren etwa 60.000 – teils seltenen – Bänden stellte sie ein jahreslanges Investment der ›M. M. Warburg & Co‹ dar: Angeblich hatte der ältere Aby seinem Bruder Max schon als Jugendlicher die Leitung der Bank angeboten, wenn er ihm dafür alle Bücher kaufe, die er wolle. Dieser Wunsch hatte sich durch Abys vielfältige und tiefgehende Forscherleidenschaft als ziemlich kostspielig erwiesen.

Insofern war die Unterstützung des Bruders, die neben den Büchern auch die standesgemäße Lebensführung, ausgedehnte Forschungsreisen und einen Bibliotheksneubau einschloss, keineswegs selbstverständlich. Aby sah die Investitionen aber als durchaus werthaltig an, wie er schon 1900 in einem Brief an seinen Bruder schrieb: »Ich würde mich nicht einen Moment besinnen, meine Bibliothek dem Geschäft, der Firma geradezu, auf's

Conto zu setzen.« Und: »Wenn ich nicht vorher abkratze, dann ist mein Buch noch nicht das schlechteste gewesen, was die Firma fertig gebracht hat.«[100]

Ob Max das Ergebnis, eine wissenschaftlich anerkannte neue kunsthistorische Methode in der Bildanalyse, entsprechend hochschätzte oder das Ganze als Spleen reicher Leute betrachtete, ist nicht überliefert. Wahrscheinlicher ist ersteres, da er durchaus einen Bezug zur Wissenschaft hatte. So bemühte er sich intensiv, in Hamburg eine Universität zu etablieren[101], und verstand es als »Wahrung der deutschen Tradition«, »die Anerkennung der Wissenschaft [... zu] betonen«.[102] Oder, wie es in einem Artikel zu seinem 60. Geburtstag hieß: »Erwerben ist ihm nicht Selbstzweck, sondern Mittel zum Zweck. Förderung der Kultur ist letzthin der große Gedanke der so erfolgreichen Tätigkeit Warburgs [...].«[103]

XII.

Was Max Warburg betrifft, kann man völlig unabhängig von politischen oder geschäftlichen Themen insbesondere als tragisch bezeichnen, dass seine persönliche Position als assimilierter, deutschnationaler Jude nicht zu halten war, nicht wegen Fehlverhaltens, sondern weil Antisemiten allen Juden einseitig den Kampf angesagt hatten, auch denen, die eigentlich Verbündete waren.[104] Unterstützt wurde diese Hetze, später Verfolgung und Vernichtung allerdings – und auch das sollte man nicht vergessen – von einer weitverbreiteten gesellschaftlichen Grundstimmung, in der beispielsweise Egon Friedell in seiner *Kulturgeschichte der Neuzeit* vom »Ausbruch des Satansreichs« fabulieren konnte, die er Nietzsche zitierend auf »eine jüdische Unterwanderung der Werte«[105] zurückführte.

Da manche Zionisten, wie Chaim Weizmann, der pikanterweise ein Verhältnis mit Warburgs Tochter Lola hatte, die Assimilation ebenfalls scharf verurteilten, bekam er auch von jüdischer Seite Ablehnung zu spüren[106], selbst wenn er sich für die Rettung von Juden einsetzte.[107] Bei allem Mitgefühl sollte man aber nicht vergessen, dass Max Warburg nie von materiellen oder existentiellen Nöten geplagt wurde, sich sogar durchgehend einen gehobenen und kostspieligen Lebenswandel leisten konnte. Bei Problemen konnte er sich, wie erwähnt, auf seine Familie verlassen, die ihm – wie allen anderen Familienangehörigen – später auch half, unbeschadet aus Deutschland zu kommen. Seine Existenz war, im Gegensatz zu vielen anderen europäischen Juden, nie gefährdet, sein Lebenswerk allerdings gescheitert.

Was letztendlich bleibt, ist sein Investment in die ›Kulturwissenschaftliche Bibliothek Warburg‹ seines Bruders, die mit den aus Deutschland gebrachten Büchern und Dokumenten als ›Warburg Institute‹ in London weiterbesteht und in deren ehemaligen Räumlichkeiten in Hamburg, im ›Warburg Haus‹, wieder ein Ort interdisziplinärer Forschung geschaffen wurde. Die Bank gibt es auch noch, nach dem Fast-Kollaps, einer Art Arisierung 1938 und diversen Streitereien zwischen der Familie und den Gesellschaftern nach dem Krieg, seit 1991 wieder unter dem Namen ›M. M. Warburg & Co.‹.[108] Eine gesellschaftsrechtliche Kontinuität besteht, von den Geschäftsinhalten und der Bedeutung her hat die Bank heute – und das ist absolut wertfrei zu verstehen – nur wenig mit dem zu tun, was Max Warburg einst aufgebaut hatte.

Anmerkungen

[1] Vgl. Avram Barkai: Hoffnung und Untergang. Studien zur deutsch-jüdischen Geschichte des 19. und 20. Jahrhunderts. Hamburg 1998, S. 107; Oskar Maria Graf erwähnt, dass er im ländlichen Oberbayern als Juden nur Viehhändler oder Reisevertreter kannte Vgl.: Graf: Reden und Aufsätze aus dem Exil. München 1989, S. 134.

[2] Vgl. Barkai: Hoffnung und Untergang, S. 66.

[3] Anke K. Scholz: Pest – Pogrome – Pfandleiherhorte. Ein standardisiertes Deutungsschema für spätmittelalterliche Schatzfunde. Mitteilungen der Deutschen Gesellschaft für Archäologie des Mittelalters und der Neuzeit, Bd. 25 (2013) Heidelberg https://journals.ub.uni-heidelberg.de/index.php/mitt-dgamn/article/view/17096/10910 (zuletzt aufgerufen am 5. 10. 2023).

[4] Wilhelm Busch: Sämtliche Bildergeschichten. Bayreuth 1980, S. 448.

[5] Barkai: Hoffnung und Untergang, S. 95.

[6] Ron Chernow: Die Warburgs: Odyssee einer Familie. München 1996, S. 90.

[7] Vgl. Eduard Rosenbaum: M. M. Warburg & Co. In: The Leo Baeck Institute Year Book, Vol. 7, Issue 1 (1962), S. 121–149, hier S. 139.

[8] Es setzte sich aus etwa 50 Banken zusammen, die deutsche Anleihen auf den Markt brachten.

[9] Die Rolle des Hauses Warburg wird, wie überhaupt die der Banken, in den Darstellungen zur Kolonialgeschichte oftmals unterschlagen. Als beliebige Beispiele mögen hier zwei Publikationen dienen, die sich sogar explizit auf Hamburg beziehen: Dietmar Pieper: Zucker, Schnaps und Nilpferdpeitsche. Wie hanseatische Kaufleute Deutschland zur Kolonialherrschaft trieben. München 2023 (in diesem populärwissenschaftlichen Werk taucht der Name Warburg

überhaupt nicht auf) und: Heiko Möhle (Hrsg.): Branntwein, Bibeln und Bananen. Der deutsche Kolonialismus in Afrika – eine Spurensuche in Hamburg. Hamburg 1999 (hier wird aus einer links-anarchistischen Sicht ein Schwerpunkt auf die Kontinuität des Kolonialgedankenguts über die NSDAP bis in die Bundesrepublik dargestellt. Vermutlich hätte allein deswegen ein jüdisches Bankhaus in seiner Stellung zwischen ›Täter‹ und ›Opfer‹ nicht in die Argumentationslogik des insgesamt durchaus lesenswerten Buchs gepasst. So taucht der Name Warburg nur sehr am Rande auf S. 107 auf, als Mitglied der Hamburgischen Wissenschaftlichen Stiftung, die wiederum eine Südsee-Expedition in den Jahren 1908 bis 1910 finanzierte).

[10] Max Warburg: Aufzeichnungen. Zitiert nach Karen Michels: »Es muß besser werden!« Aby und Max Warburg im Dialog über Hamburgs geistige Zahlungsfähigkeit. Hamburg 2020, S. 53.

[11] Vgl. Peter Grupp: Die deutsche Kolonialgesellschaft in der Agadirkrise 1911. In: Francia. Forschungen zur westeuropäischen Geschichte. Hrsg. v. Deutschen Historischen Institut Paris, Bd. 7 (1979), S. 285–307, hier S. 295.

[12] Der Anteil der Warburg Bank lag bei 16,66 %, vgl. Eduard Rosenbaum, A. J. Sherman: Das Bankhaus M. M. Warburg & Co. 1798–1938. Hamburg 1976, S. 138.

[13] Barry Neil-Tomlinson: The Nyassa Chartered Company: 1891–1929. In: The Journal of African History, 1977, Vol. 18, No. 1 (1977), S. 109–128, hier S. 120.

[14] Als Beleg für die Unterstützung imperialistischer Bestrebungen durch Juden auch im Inneren (womit Warburg nichts zu tun hatte) mag folgende Einschätzung Ernst Tollers im Verhältnis zu den Polen in Posen dienen: »Die Juden fühlten sich als Pioniere deutscher Kultur.« In: Ders.: Eine Jugend in Deutschland. Reinbek 1990, S. 11.

[15] Alfred Vagts: Bilanzen und Balanzen. Frankfurt/Main 1979, S. 94.

[16] Ebd., S. 95.

[17] Chernow: Die Warburgs, S. 152.

[18] https://de.wikipedia.org/wiki/14-Punkte-Programm (zuletzt aufgerufen am 2. 10. 2023).

[19] Bundesarchiv, Signatur R 2/2550, Titel: Finanzielle Verpflichtungen des Deutschen Reichs. Schriftwechsel mit der Finanzkommission bei der Friedensverhandlungsdelegation, Blatt 59.

[20] Max Warburg: Gesellschaft für wirtschaftlichen Wiederaufbau Deutschlands und Auslandskunde. Rede zur Eröffnung des Übersee Clubs am 27. 6. 1922, nach: https://www.ueberseeclub.de/resources/Server/pdf-Dateien/MaxWarburg. pdf (zuletzt aufgerufen am 20. 9. 2023), o. S.

[21] Vagts: Bilanzen und Balancen, S. 91.

[22] Ebd.

23 So schreibt Max Warburgs älterer Bruder Aby 1886 beispielsweise als Student aus Bonn: »[…] der Antisemitismus scheint hier nicht mehr als überhaupt unter jungen Menschen Boden zu haben […]« (Aby Warburg: Briefe. Hrsg. v. Michael Diers, Steffen Haug in Zusammenarbeit mit Thomas Helbig. Berlin, Boston 2021, S. 40).

24 Vgl. Uwe Lohalm: Völkischer Radikalismus. Hamburg 1970, S. 73.

25 Alfred Vagts: Hüben und Drüben. Neumünster 2010, S. 175.

26 Der Begriff ging wohl auf Martin Bubers Aufsatz *Das Ende der deutsch-jüdischen Symbiose* von 1939 zurück, Gershom Sholem bezeichnete sie als »zurückprojizierten Wunschtraum«, dem wiederum widerspricht Manfred Voigts in seinem Buch (Tübingen 2006), in dem es u. a. darum geht, dass sowohl Juden wie Deutsche auf der Suche nach einer nationalen Identität waren und im Bildungsbürgertum zueinander fanden.

27 Vgl. Chernow: Die Warburgs, S. 253 f.

28 Walther Rathenau: Ein dunkler Tag. In: Vossische Zeitung, Nr. 512 (7.10.18) A, S. 1.

29 Ball hatte erst 1916 u. a. mit zwei Juden die avantgardistische Kunstbewegung Dada begründet und war seit Ende 1917 mit dem jüdischen Philosophen Ernst Bloch befreundet. Als jemand, der keine grundsätzlichen Probleme mit Juden hatte, ist er ein Beispiel dafür, wie selbstverständlich manche Vorurteile waren. Vgl. dazu auch meine Untersuchung »Hugo Ball und der Antisemitismus«. In: Hugo-Ball-Almanach. Studien und Texte zu Dada, N. F. 17, München 2024, S. 16–34.

30 Hugo Ball: Der Künstler und die Zeitkrankheit. Frankfurt/Main 1988, S. 231; aber auch Oswald Spengler unterscheidet ganz selbstverständlich zwischen der Nation »der heutigen Juden« von der ihrer »abendländischen Wirtsvölker […]«. In: Ders.: Der Untergang des Abendlandes. München 2021, S. 932.

31 Michels: »Es muß besser werden!«, S. 33, in einem Vortrag von Max Warburg aus dem Jahr 1929 zur Erinnerung an Aby Warburg, möglicherweise auch ein indirekter Kommentar zu seinen erfolglosen Versuchen, in den 1920er Jahren in die Hamburger Bürgerschaft gewählt zu werden.

32 Michels: »Es muß besser werden!«, S. 72.

33 Bundesarchiv, Signatur R 2/2550, Blatt 53.

34 Ebd., Blatt 54.

35 Ebd., Blatt 58.

36 Ebd.

37 Ebd., Blatt 61.

38 Ebd., Blatt 62.

39 Uwe Lohalm: Völkischer Radikalismus. Hamburg 1970, S. 186.

[40] Vgl. Chernow: Die Warburgs, S. 293, und Rosenbaum, Sherman: Das Bankhaus M. M. Warburg & Co., S. 162.

[41] Vgl.: Hermann Lutz: Fälschungen zur Auslandsfinanzierung Hitlers. In: Vierteljahreshefte für Zeitgeschichte, Jg. 2 (1954), H. 4, S. 386–396, hier S. 393 f.

[42] Wie dicht Faszination und Ablehnung Rathenaus beieinander lagen, zeigt auch der oben erwähnte Hugo Ball, der Rathenaus Schrift *Zur Kritik der Zeit* als erstes Buch in seinen Tagebuchexzerpten *Die Flucht aus der Zeit* erwähnt (Ball: Die Flucht aus der Zeit, Luzern [Stocker] 1946, S. 3); er äußerte sich in bisher unveröffentlichten Tagebuchnotizen aber im Gegensatz zu von Salomon schockiert über die Ermordung Rathenaus.

[43] Ernst von Salomon: Die Geächteten. Reinbek 1986, S. 189.

[44] Vagts: Hüben und drüben, S. 173.

[45] Ebd., S. 177.

[46] J. Jacobson: Max M. Warburg. In: Yearbook Leo Baeck Institute, 1963, Vol. 8 (1), S. 266 f., hier S. 266; ursprünglich z. B. *Hamburgischer Correspondent*, Nr. 302 vom 1. Juli 1922 und *Frankfurter Zeitung*, Nr. 483 vom 1. Juli 1922.

[47] Ursula Büttner: Politische Gerechtigkeit und sozialer Geist. Hamburg zur Zeit der Weimarer Republik. Hamburg 1985, S. 133.

[48] Dazu, wie nachsichtig hier die Gerichte im Gegensatz zu linksmotivierten Verbrechen urteilten, siehe auch: Emil Julius Gumbel: Vier Jahre politischer Mord. Berlin (Verlag der Neuen Gesellschaft) 1922 (Reprint: Heidelberg 1980), u. a. S. 81: Von 1919 bis 1922 gab es 22 Morde von Linksstehenden, 354 von Rechtsstehenden ausgeführt, ungesühnt blieb in der ersten Kategorie ein Mord, in der zweiten 326.

[49] Salomon: Die Geächteten, S. 306.

[50] Vgl. Chernow: Die Warburgs, S. 292 f.

[51] Jacobson: Max M. Warburg, S. 266 f.

[52] Ebd., S. 267. Dass dieser Anschlagsversuch eindeutig antisemitisch wahrgenommen wurde, relativiert auch die Glaubwürdigkeit Ernst von Salomons in diesem Punkt.

[53] Michael Daxner: Der Antisemitismus macht den Juden. Hamburg 2007.

[54] Aus der damit verbundenen Bewertungstätigkeit entwickelte sich Wirtschaftsprüfung als eigenständiger Geschäftszweig der Gesellschaft, der bis heute, inzwischen unter BDO firmierend, erfolgreich fortgeführt wird.

[55] Vgl. Geschäftsberichte der Deutschen Waren-Treuhand-Aktiengesellschaft. Hamburg, Berlin 1924–1930.

[56] Die *Vossische Zeitung* schrieb im Zusammenhang mit dem Prozess über Fritsch: »Er hat sich in Wirtschaftsdingen ein Maß von Unkenntnis zugelegt, das von uns allen nicht erreicht wird« (Die Plädoyers im Warburg-Prozeß, *Vossische Zeitung*, Nr. 1 vom 20. Januar 1926).

[57] Über dessen hier wohl gemeintes Buch *Der alte und der neue Reichtum* schreibt Anton Fleck 1925 in einer Sammelrezension: »[…] Neckarsulmer, dessen Schrift nicht das Niveau erreicht, das in formeller und sachlicher Hinsicht noch ernst genommen werden kann: Handels Journalistik, wie sie nicht sein soll!« (*Weltwirtschaftliches Archiv*, 22. Bd. [1925], S. 117–121, hier S. 118).

[58] Theodor Fritsch: Handbuch der Judenfrage. Die wichtigsten Tatsachen zur Beurteilung des jüdischen Volkes. Leipzig 1944, S. 187.

[59] Zahlen aus: Harald Wixforth, Dieter Ziegler: Deutsche Privatbanken und Privatbankiers im 20. Jahrhundert. In: Geschichte und Gesellschaft, Apr. – Jun., 1997, 23. Jg., H. 2, Unternehmergeschichte (Apr. – Jun., 1997), S. 205–235, hier S. 209; vgl. auch die Homepage Warburg-Bank.

[60] Vgl. Wixforth, Ziegler: Deutsche Privatbanken und Privatbankiers im 20. Jahrhundert, S. 220. Die Rangfolge ergab sich aus den Zahlstellennennungen, was natürlich je nach Geschäftsausrichtung der Bank nur bedingt richtig ist, sicher aber als Indiz akzeptabel.

[61] Vgl. Geschäftsbericht der Deutschen Bank von 1929, https://www.bankge schichte.de/files/documents/facts-figures/deutsche-bank/Geschaeftsbericht_ 1929.pdf?language_id=3 (zuletzt aufgerufen am 13. 10. 2023).

[62] Chernow: Die Warburgs, S. 339.

[63] Michels: »Es muß besser werden!«, S. 187.

[64] Fritsch: Handbuch der Judenfrage, S. 2.

[65] M. M. Warburg & Co war mit dem ersten Teilhaber ohne familiäre Beziehungen, Carl Melchior, schon 1917 einen Schritt weiter: vgl. Eckart Kleßmann: M. M. Warburg & Co. 1798–1998. Hamburg 2013, S. 56.

[66] Martin Münzel: Tradition – Integration – Transfer? Zur Geschichte deutschjüdischer Unternehmer in Zwischenkriegszeit und Emigration. In: Elke-Vera Kotowski (Hrsg.): Das Kulturerbe deutschsprachiger Juden. Eine Spurensuche in den Ursprungs-, Transit- und Emigrationsländern. Berlin 2015, S. 168–184, hier S. 176.

[67] Zitiert nach: Der heimliche Kaiser. Max Warburg als Kläger. In: Vossische Zeitung, 27, 16. 1. 1926.

[68] Als beliebiges Beispiel kann man auf die Bedenken des Wirtschaftswissenschaftlers Johannes Scheffler verweisen, dass die Banken eine »erhebliche Macht in der Wirtschaft oder über sie« anstreben und dass sie sich zu einem »Staat im Staate« entwickeln würden (*Die heutigen Aufgaben unserer Privatbanken*. In: Jahrbücher für Nationalökonomie und Statistik / Journal of Economics and Statistics, dritte Folge, Vol. 69 [124], Nr. 3/4 [1926], S. 333–338, hier S. 337).

[69] Betrachtete Unternehmen und Anteil der Vorstandsmitglieder in: Martin Münzel: Die jüdischen Mitglieder der deutschen Wirtschaftselite 1927–1955. Verdrängung – Emigration – Rückkehr. Paderborn 2006, S. 423 u. S. 441.

[70] Wixforth, Ziegler: Deutsche Privatbanken und Privatbankiers im 20. Jahrhundert, S. 224.

[71] Vgl. Deutsches Bankengesetz vom 24. August 1924, § 14.

[72] Christopher Kopper: Hjalmar Schacht: Aufstieg und Fall von Hitlers mächtigstem Bankier. München 2010, S. 175.

[73] Archiv des Leo Baeck Instituts, Warburg Family Collection, AR-A.412 / 1154, Auszug aus den Tagebuechern von Alfred Vagts 3. 1. 1934–6. 10. 1934.

[74] Alfred Vagts: Erinnerungen. Unveröffentlichtes Manuskript [o. J.]. Archiv des Hamburger Instituts für Sozialforschung, Abteilung Studentenbewegung. Kap. »Freundschaften und Bekanntschaften«, S. 15.

[75] Die ungekrönte Finanzdynastie Warburg. In: Hamburger Volkszeitung, Nr. 276 vom 3. Dezember 1927.

[76] Dieses und die folgenden neun Zitate aus der Rede zur Eröffnung des Übersee Clubs.

[77] Die Zielsetzung wird in einem britischen Artikel des ähnlich gelagerten ›Royal Institute of International Affairs‹ beschrieben: »[…] some attempt must be made towards drawing up principles governing a permanent and effective foreign policy of the future calculated to serve the cause of peace« (zitiert nach: Muriel K. Grindrod: The Institut für Auswärtige Politik, Poststrasse 19, Hamburg. In: International Affairs [Royal Institute of International Affairs 1931–1939], Vol. 10, No. 2 [Mar., 1931], S. 223–229, hier S. 225). Ansonsten scheint die Wirkung des Instituts, wenn man die geringe Rezeption als Maßstab nimmt, überschaubar geblieben zu sein. Finanziert wurde es anfangs nach Vagts (*Bilanzen und Balancen*, S. 264) von Paul Warburg.

[78] Rainer Nicolaysen: Albrecht Mendelssohn Bartholdy (1874–1936) Jurist – Friedensforscher – Künstler. In: Rabels Zeitschrift für ausländisches und internationales Privatrecht / The Rabel Journal of Comparative and International Private Law, Januar 2011, Bd. 75, H. 1 (Januar 2011), S. 1–31, hier S. 21.

[79] Ebd., S. 22.

[80] Theodor W. Adorno: Jene Zwanziger Jahre. In: Ders.: Eingriffe. Neun kritische Modelle. Frankfurt/Main 2003, S. 59–68, hier S. 66.

[81] Ebd.

[82] Münzel: Tradition, S. 170 f.

[83] Wilhelm Pinder: Das Problem der Generation in der Kunstgeschichte Europas. Leipzig 1928, S. 1.

[84] Als Beispiel dafür, dass die Ablehnung der mühsam erreichten Verhandlungsziele auch nach dem Zweiten Weltkrieg andauerte, sei Golo Manns die an der Verhandlung Beteiligten, damit auch Melchior, abwertendes Zitat angeführt: »[…] es scheint, daß die großen Financiers und gelehrten Fachleute, die ihn

[den Young-Plan; BR] ausarbeiteten, das tatsächlich ernst nahmen.« In: Golo Mann: Deutsche Geschichte des 19. und 20. Jahrhunderts. Frankfurt/Main 1999, S. 752.

85 Rosenbaum, Sherman: Das Bankhaus M. M. Warburg & Co., S. 172.

86 Max M. Warburg. Der Kredit im Geschäfts= und Staats=Leben (Referat gehalten auf dem Deutschen Industrie- und Handelstag in Hamburg am 22. Juni 1927), Hamburgisches Welt-Wirtschafts-Archiv, 18136 0034 W46.

87 Max M. Warburg: Die notwendigen Vorbedingungen zur Gesundung der deutschen Währung (Vortrag, gehalten auf dem V. Allgemeinen Bankiertag am 20. Oktober 1920). Zitiert nach: Bundesarchiv, Signatur N247/99, Blatt 8 (S. 11).

88 Rosenbaum, Sherman: Das Bankhaus M. M. Warburg & Co., S. 168.

89 Joseph Roth: Juden auf Wanderschaft. Köln 1985, S. 17.

90 Oskar Maria Graf: Gelächter von Außen. München 2009, S. 210.

91 Chernow: Die Warburgs, S. 620.

92 Bundesarchiv, Georg Gothein, Politischer und privater Schriftwechsel, Signatur: N 1006/33, Bandnummer: 1, Titel: Buchstabe W, Blatt 134. Bemerkenswert sind die Sätze, nicht nur, weil Warburg Jude war, sondern auch weil sein Adressat jüdische Vorfahren hatte und Vorsitzender des *Vereins zur Abwehr des Antisemitismus* war.

93 Chernow: Die Warburgs, S. 400.

94 Vagts: Hüben und drüben, S. 177.

95 Vgl. Sonja Wentling: A Non-Zionist on Eretz Israel. Observations and Suggestions by Max Warburg in a Letter to his brother Felix. In: American Jewish Archives, 1999, Vol. 51 (1), S. 93–108, hier S. 95.

96 Aby Warburg: Briefe, S. 748.

97 Ebd., S. 196.

98 Chernow: Die Warburgs, S. 564.

99 Vgl. David Jünger: Verzerrte Erinnerung. In: Geschichte und Gesellschaft, Juli – September 2021, 47. Jg., H. 3, Erfassung, Ordnung, Ausgrenzung (Juli – September 2021), S. 412–437, hier S. 418 f.

100 Aby Warburg: Briefe, S. 218.

101 Der Wirtschaftswissenschaftler und Zionist Georg Halpern behauptete 1956, dass er Max Warburg schon bei der Gründung der Universität gefragt habe, warum er sich finanziell und organisatorisch so um sie bemühe, »denn er wuerde sicherlich erleben, dass man juedischen Studenten verbieten wuerde, an der Hamburger Universitaet zu studieren.« Dem widersprach Warburg angeblich vehement. In: Archiv des Leo Baeck Institutes, Interview mit Dr. Georg Halpern, Jerusalem, S. 6.

102 Rede zur Eröffnung des Übersee Clubs.

103 Max M. Warburg begeht am 5. Juni seinen 60. Geburtstag. In: Hamburgischer Correspondent, Nr. 257 vom 4. Juni 1927.

104 Theodor W. Adornos Aussage »Antisemitismus ist das Gerücht über die Juden« (in: Gesammelte Schriften in 20 Bänden. Bd. 4: Minima Moralia. Reflexionen aus dem beschädigten Leben. Frankfurt/Main 2022, S. 125) bringt diese grundsätzliche Ablehnung unabhängig vom konkreten Einzelfall treffend auf den Punkt. Diese Unlogik war von der anderen Seite sogar Heinrich Himmler bewusst, der 1943 in einer seiner berüchtigten Reden mit Blick auf die seiner Meinung nach durchaus antisemitische deutsche Bevölkerung vor der Würdigung der Einzelfälle als Hemmnis bei der »Ausrottung des jüdischen Volkes« warnte: »Und dann kommen sie alle an, die braven 80 Millionen Deutschen, und jeder hat seinen anständigen Juden.« In: Rede des Reichsführers SS bei der SS-Gruppenführertagung in Posen am 4. Oktober 1943. Nach: https://www.1000dokumente.de/pdf/dok_0008_pos_de.pdf (zuletzt aufgerufen am 15. 1. 2023).

105 Egon Friedell: Kulturgeschichte der Neuzeit. Bd. 2, München 1987, S. 1518.

106 Chaim Weizmanns Abneigung gegen assimilierte Juden ist beispielsweise in einem Brief vom 20. 6. 1937 an Orde und Lorna Wingate dokumentiert: »S[alzberger]. belongs to the type of an ›assimilated‹ Jew. He thinks himself an American and his connection with Jewry is a loose ›religious‹ bond. His ›religion‹ is a poor imitation of Protestantism.«, zitiert nach Faksimile und Transkription: https://www.shapell.org/manuscript/weizmann-wingate-partition-plan-american-jews/ (zuletzt aufgerufen am 10. 10. 2023).

107 Man vermutet sogar, dass der erste Verhandlungsführer des Ha'avara Abkommens aufseiten der Jewish Agency, Chaim Arlosoroff, 1933 in Tel Aviv von Revisionisten-Zionisten ermordet wurde (vgl.: Jünger: Verzerrte Erinnerung, S. 418). Jedoch dürfte aus heutiger Sicht der Erfolg des Abkommens Max Warburg recht geben: »20 % der deutschen Juden konnten sich direkt oder indirekt ihre Zukunft durch das H[aavara-Abkommen]. sichern.« (Wolfgang Benz [Hg.]: Lexikon des Holocaust, München 2002, S. 95).

108 Vgl. Kleßmann: M. M. Warburg & Co, S. 187.

Wilfried Heise

»Wie von einem gnadenlosen Dämon besessen«

Die Verführung des Bösen in Christian Krachts Roman *Die Toten*

Gott ist widerlegt, der Teufel nicht.
Friedrich Nietzsche[1]

Der Roman *Die Toten*[2] von Christian Kracht, erschienen 2016 und im selben Jahr mit dem Schweizer Buchpreis sowie dem Hermann-Hesse-Literaturpreis ausgezeichnet, führt uns zu Beginn der 1930er Jahre nach Tokio und Berlin, in die Schweiz, sogar bis nach Hollywood. Ein konziser Handlungsbogen, in dem »ein sonderbar anheimelndes, morgendliches, zitterndes Europa« (84) erscheint, schickt uns in eine Zeit des Umbruchs, der Unsicherheit und der geheimen Machenschaften, aber auch in Gefährdungen der menschlichen Existenz, wo die Grenzen zwischen Leben und Tod, Wahrheit und Täuschung auf subtile Weise verschwimmen. In Form von Macht, Gewalt und Besessenheit wird uns das Böse auf dieser Reise begleiten und uns fälschlicherweise lehren, dass nur die Abkehr von der Moral zählbaren Erfolg verspricht.[3]

Das Böse und seine Funktion

Das Böse ist in der Welt. Wir begegnen ihm in politischen und kriegerischen Auseinandersetzungen, als Forschungsgegenstand in Religion und Wissenschaft, in Filmen, Computerspielen und – nicht zuletzt – in der Literatur. Es verursacht Rausch, Taumel und Erregung, wo es in der menschlichen Natur verwurzelt ist, sei es durch egoistische Neigungen, den Drang nach Macht oder die Fähigkeit zur Gewalt, und lässt als ästhetisches Reizmittel den langweiligen Alltag verblassen.

Dem Schönen, Guten und Wahren abhold, präsentiert sich das Böse »als das Unheilvolle, Verderbenbringende, Zerstörerische, das Verdorbene, vor allem das sittlich Verwerfliche«, weiterhin steht es abwertend »für die Stigmatisierung des Krankhaften, des Untüchtigen, Schwachen, des Unangenehmen, des Unzweckmäßigen.«[4] Zur Mehrdeutigkeit des Begriffs »lässt sich unterscheiden zwischen dem Schlechten als dem Schädlichen, dem Bösen, als der Absicht zu schaden, sowie dem Übel als objektivem Schaden, der nicht zwingend aus böser Absicht resultieren muss. Das französische ›mal‹ und das englische ›evil‹ umfassen alle drei Bedeutungen«.[5]

Das Böse kann als Mangel am Guten, als ursprünglicher Defekt interpretiert werden, auch als okkulte Macht und insofern als ein unergründbares Phänomen, das sich rational nicht erklären lässt (*Privationstheorie des Bösen*). Andererseits gilt das Böse als Gegenspieler des Guten, sofern man dem Bösen ein eigenständiges Sein zubilligt, das die gute Ordnung pervertiert und zerstört (*Perversionstheorie des Bösen*).[6] Das Strafrecht wiederum fragt, wie Gesellschaften versuchen, das Böse zu verhindern und – nach dem Eintrittsfall – zu bewältigen.[7] Die seit dem frühen 19. Jahrhundert sich etablierenden Sozialwissenschaften versuchen das Böse als Abweichung von der Norm zu erklären, zurückzuführen auf Degeneration, Entartung und Perversion:

> Der ›böse Mensch‹ ist demzufolge ein Ausnahmefall, genauer: ein Krankheitsfall, und es ist lediglich eine Frage des Standpunktes, welchen Umständen man diese ›Fehlentwicklung‹ zuschreibt, ob einer schlechten Erbanlage oder den gegebenen gesellschaftlichen/ sozialen Verhältnissen bzw. Milieubedingungen.[8]

Geht es den Sozialwissenschaften also um eine Erklärung des menschlich Abgründigen und Verwerflichen im nicht-theologischen Sinne, »so kann man von einer Tendenz zur Pathologisierung des ›Bösen‹ in eben diesen Humanwissenschaften sprechen«.[9]

Im Christentum wird die Frage nach dem Ursprung des Bösen und der Rolle des Teufels in der Welt im dritten Kapitel der *Genesis* gestellt und beantwortet: Sie beruht auf der freiwilligen Entfremdung des Menschen von Gott. Dieser gestattete dem Teufel, Adam und Eva zu versuchen, damit sie eine Wahl treffen konnten. Als Engel zählte auch Luzifer ursprünglich zur göttlichen Schöpfung und war somit Teil des Guten. Erst durch seine eigene Wahl, sich vom Guten abzuwenden, wurde er böse. Auch Adam und Eva entschieden sich dafür, Gott nicht zu gehorchen. Sie sündigten, indem sie von der Frucht des Baumes der Erkenntnis aßen. Dieser Akt des Ungehorsams gegenüber Gott brachte die Sünde und das Böse in die Welt und auch in ihr eigenes Leben. Als Strafen auf den Sündenfall folgte die Mühsal der Arbeit und die Vertreibung aus dem Paradies. Dennoch lehrt das Christentum, dass der Mensch einen freien Willen hat und die Wahl zwischen Gut und Böse treffen kann. Aber die Hoffnung auf Errettung besteht, seitdem Jesus auf die Welt kam, um durch sein Opfer am Kreuz die Menschheit von der Sünde und dem Bösen zu erlösen.

Ist das Böse also ein »radikaler, elementarer Urimpuls« im Menschen, wie uns Edgar Allan Poes Erzählung *Der Dämon der Perversität* (1845)[10] glauben machen will, dessen Einflüsterungen wir ohne nachvollziehbaren Grund folgen, »das Falsche um des Falschen willen«[11] zu tun, ohne dass eine weitere Absicht erkennbar ist? Liegt es in der Natur des Bösen selbst, seiner unwiderstehlichen Anziehungskraft zu verfallen? Ist es ein Gefühl unbeschränkter Freiheit, gesellschaftliche Regeln zu brechen, moralische Grenzen zu überschreiten und verwerfliche Taten zu begehen? Die schlichte Antwort in Poes Erzählung: »Wir lassen uns ausschließlich dazu bewegen, weil wir wissen, dass wir es *nicht* tun sollten.«[12] Darüber hinaus oder dahinter verberge sich kein erkennbares Prinzip. Gleichermaßen bedrohlich wie verführerisch entzieht das Böse sich der rationalen Vernunft. Auch ohne seine leibliche Gestalt, so ließe sich mit Blick auf die Gegenwart sagen, hat der Teufel seine Macht nicht verloren.

Dunkelheit und Schattenlichter

Im Roman *Die Toten* führt uns das Böse in dunkle Abgründe und verbreitet einen verführerischen Glanz. Schon der Buchumschlag mit dem Bild *Nächtlicher Regen auf der Shin-Ōhashi-Brücke* (1926) des japanischen Holzschnittkünstlers Kawase Hasui (1883–1957) lässt erahnen, was uns in diesem Roman erwartet. Das Bild zeigt die Nachtszene auf einer Brücke in Tokio, die im silbrigen Licht der Straßenlaternen im Regen glänzt. Die Szenerie ist eingehüllt von einer gespenstischen Dunkelheit, die nur von den diffusen Lichtern der Stadt durchbrochen wird. So ist die Brücke ein Schauplatz, an dem sich düstere Geschichten und Schicksale entspinnen können. Diese Atmosphäre erinnert an die klassischen Szenen des *Film noir* zu Beginn der 1940er Jahre in Hollywood, in denen das Licht und der Schatten eine eigene Rolle spielen. Die Figuren sind gezeichnet von ihrer Vergangenheit, von moralischer Ambivalenz und von undurchsichtigen Motiven. Sie bewegen sich wie Schachfiguren in einem Spiel, in dem jeder Zug unvorhersehbare Folgen hat, und sind gefangen in einem Netz aus Intrigen und unerwarteten Wendungen: »Die Filme entwerfen ein Universum der Verdamnis, das durchdrungen ist von einer Aura der Vergeblichkeit.«[13] Es ist eine Welt der Rätsel, der Dunkelheit und der ungelösten Geheimnisse, in die auch die Protagonisten von Krachts Roman – gezeichnet von ihren persönlichen Dämonen und moralischen Abgründen – verstrickt sind.

Die Nacht ist die Zeit der Entwurzelten, der Getriebenen und Ruhelosen, der Schlafwandler und Schattenwesen. Geplagt vom Ärger ihres Alltags, ziehen sie hinaus in die Dunkelheit, um doch noch zu erreichen, was die Verhältnisse im Hellen ihnen verweigern.[14]

Aufbau, Plot und Figurenkonstellation

In *Die Toten* vermengt Kracht in 46 Kapiteln Fakten und Fiktion zu einer
alternativen Geschichtserzählung, in der bekannte historische Figuren wie
der Filmtheoretiker Siegfried Kracauer, die Filmkritikerin Lotte Eisner und
der Regisseur Fritz Lang auf dem Weg ins Exil, der Schauspieler Heinz
Rühmann, »ein blondes quirliges Männchen« (108), aber auch Alfred Hugenberg, der 1927 die vor dem Bankrott stehende *Universum Film AG*
(Ufa) aufgekauft hatte, und Ernst »Putzi« Hanfstaengl, seit 1931 als Aus-
landspressechef der NSDAP im Amt, lebendig werden. Sie bilden das zeitgeschichtliche Panorama für eine in Auflösung begriffene Weimarer Republik im Machtwechsel zur NS-Diktatur. Berlin ist das aufgewühlte Zentrum,
ein brodelnder Kessel, wo »Lastwagen, mit johlenden jungen Menschen
beladen, die von einer politischen Prügelei zur nächsten jagen, [...] über
rote Ampeln [sausen]« (117 f.).
    Das Erkenntnisinteresse an dem radikalisierten politischen Klima jener
Zeit beschränkt sich im Roman allerdings nur auf Einzelfalldarstellungen
und bleibt eher plakativ. So verprügelt Siegfried Kracauer bei einer nächtli-
chen Fahrt durch Berlin einen »Taxischofför« (118), der sich als Judenhasser
entpuppt, und verursacht dadurch einen Auffahrunfall. Den herbeigeeilten
»Schutzmännern« werden von Lotte Eisner als Schweigegeld »Dollarscheine
in die Hand gedrückt« (119), damit sie verschwinden. Gerade an Kracauer
hätte gezeigt werden können, wie kritische Intellektuelle Anfang der 1930er
Jahre politischen Repressionen ausgesetzt waren. Kracauer musste als Feuil-
letonchef der *Frankfurter Zeitung* nach Berlin weichen, um dem Rechts-
ruck der Zeitung nach der Übernahme großer Teile des Verlages durch die
IG Farben 1929/30 kurzfristig zu entgehen. Selbst in Berlin geriet er bald
in Bedrängnis, und einige seiner Artikel blieben ungedruckt:

> Auch gab es Versuche, ihn der Ufa als Berater zur Verfügung zu stellen, womit einer
> der stärksten Kritiker der Produktionen und der Großkinos des Filmkonzerns mundtot
> gemacht worden wäre. Aus nicht bekannten Gründen konnte dies jedoch abgewendet
> werden, auch wenn man ihm einen beruflichen Wechsel nahelegte.[15]

Unmittelbar nach dem Reichstagsbrand im Februar 1933 floh Kracauer
nach Frankreich, wo er die nächsten Jahre verbrachte, bis er 1941 in die
USA emigrierte. Will man den Roman als »literarische Medienreflexion«[16]
lesen, so »wirft der Text Schlaglichter auf den diskursiven Resonanzraum
eines medienhistorischen wie politischen Umbruchs, [...] in dem die ver-
führerische Magie kinematografischer Illusionierung auf der Bildfläche

erscheint.«[17] Dabei knüpfen *Die Toten* an das filmische Verfahren ihres Vorgängers *Imperium* (2012) an, dessen Ende den Romananfang als Szene einer Hollywoodverfilmung wiederholt. Der hier im Schlusskapitel inszenierte Suizid findet also seinen Widerpart schon in der Eingangssequenz, bildmächtig aufgetürmt und schockierend zugleich.

So beginnt die Handlung mit einem *seppuku*, einer rituellen Form des Suizids, der es japanischen Samurai erlaubte, ihre Ehre aus einer Niederlage im Kampf oder anderen schwerwiegenden Fehltritten wiederherzustellen, um ihre Familien vor Schande zu bewahren. Der *seppuku*-Akt war öffentlich und beinhaltete, dass der Samurai seinen eigenen Bauch mit einem Dolch durchtrennte, oft unter Anleitung eines *kaishakunin*, eines Sekundanten, der die Aufgabe hatte, den Selbstmordenden zu enthaupten, um sein Leiden zu verkürzen. Bei Kracht ist es ein junger Offizier, der »diese oder jene Verfehlung begangen« hatte (11) und der sich nun selbst bestrafen will:

> Gleich nachdem die hellgeschliffene Spitze des Dolchs die Bauchbinde und die darunterliegende feine weiße Bauchbilde angeritzt hatte, [...] glitt die Klinge schon durchs weiche Gewebe in die Eingeweide des Mannes hinein – und eine Blutfontäne spritzte seitwärts zur unendlich zart getuschten *kakejuku*, zur Bildrolle hin [...], die dort in erlesener Einfachheit im Alkoven hing. (12)

Die luzide Darstellung des Schreckens wird von einer Kamera im Nebenraum gefilmt, wo man durch ein Loch in der Wand, »dessen Ränder man mit Tuchstreifen wattiert hatte, damit das Surren des Apparats nicht die empfindliche Szenerie störe« (11 f.), den Todeskampf aufgezeichnet hatte. Noch nach dem Exitus läuft die Kamera weiter, eine existentielle Verbindung von Leben und Tod, als habe sie das Ende nicht mitbekommen: »Als der Film entwickelt war, trug man eine in öliges Zellophan versiegelte Kopie vorsichtig durch den Regen. [M]an hatte sich bemüht, die Kopie korrekt und zeitig abzuliefern« (13). Angesichts der exzessiven Gewalt am eigenen Körper wird der Suizid geradezu als schöne Kunst betrachtet: »*Die Toten* markieren in Sachen Gewalt und Drastik, der Art und Weise, wie der Tod der Figuren genüsslich zelebriert wird, sicher den bisher bösesten von Krachts Romanen.«[18]

Den »Kontrast zwischen der japanischen Kultur der Schweigsamkeit und der rationalen, logozentrischen Kultur des Westens«[19] verkörpern die beiden Protagonisten Emil Nägeli[20], ein fiktiver Schweizer Filmregisseur, und der japanische Ministerialbeamte Masahiko Amakasu, deren verstörende Lebensläufe im ersten Teil retrospektiv als Parallelmontage erzählt werden. Amakasu will zwischen Tokio und Berlin eine »*zelluloidene Achse*«

(30) formen, um »mit den exzellenten Objektiven von Carl Zeiss und dem allem überlegenen Agfa-Filmverfahren« dem »allmächtig erscheinenden US-amerikanischen Kulturimperialismus entgegenzuarbeiten« (28 f.), wofür er einen erfolgreichen deutschen Filmregisseur sucht, um dem japanischen Kino »eine verbotene, geheimnisvolle, hölderlinische Zone« (30) zu erschließen. Der Brief, den er als Urheber des tödlichen *seppuku* der Eingangsszene an die Ufa und an Hugenberg schreibt, gerät ihm zum »Meisterwerk der Manipulation« (28).

In Tokio hält sich derweil der Schauspieler Charlie Chaplin auf und entgeht durch Zufall dem tödlichen Anschlag junger Offiziere auf Premierminister Tsuyoshi Inukai am 15. Mai 1932, der auch ihm gegolten haben soll. Anstatt mit Inukai zu speisen, hatte Chaplin am selben Abend »im Halbdunkel des Nō-Theaters« (103) eine Vorstellung besucht[21], eine sorgfältig choreografierte Kombination aus Tanz, Musik und Gesang, die tiefe Einblicke in die japanische Kultur gewährt, wie uns sein japanischer Assistent wissen lässt,

> das Essentielle am Nō-Theater sei das Konzept des *jo-ha-kiū*, welches besagt, das Tempo der Ereignisse solle im ersten Akt, dem *jo*, langsam und verheißungsvoll beginnen, sich dann im nächsten Akt, dem *ha*, beschleunigen, um am Ende, im *kiū*, kurzerhand und möglichst zügig zum Höhepunkt zu kommen. (104)

Die Pointe daran: Die Figur erklärt den Aufbau des Romans selbst, der nach einem mäandrierenden ersten Teil, einem die Handlung vorantreibenden mittleren Teil schließlich mit einer schnellen Auflösung im dritten Teil endet. Alle drei Teile sind im Roman mit den jeweiligen Ideogrammen betitelt.

Eine Reise ins Ungewisse

Nägeli fliegt zunächst nach Berlin, um Hugenbergs filmische Weltmachtfantasien, »man müsse den Erdball überziehen mit deutschen Filmen«, schließlich sei Film nichts anderes als »Schießpulver für die Augen« (114) in einem Filmprojekt zu realisieren, das Hollywood als Feindbild ausmacht. Keine Komödie mit Heinz Rühmann soll es werden, wie zunächst geplant, sondern ein asiatischer Gruselfilm, »eine Allegorie [...] des kommenden Grauens« (120), wie Lotte Eisner es nennt.

In Tokio angekommen, dem Ziel seiner Reise, will er mittels einer eigenen Filmsprache »etwas erschaffen, das sowohl in höchstem Maße künstlich ist, als sich auch auf sich selbst bezieht« (153). Darin kann man Parallelen zwischen der intra- und extradiegetischen Ebene erkennen: So gleicht das Verfahren der Filmproduktion, über das die Figur quasi metanarrativ nachdenkt, dem Schreibverfahren des Autors in diesem Roman.[22] Nägelis Film spiegelt den Roman also wider, wie eine Kinoleinwand das auf sie fallende Licht reflektiert. Auf die metafiktional-selbstreflexive Verknüpfung von Film und Roman wird von Nägeli selbst hingewiesen, wenn er »eine Rohfassung seines Films [zeigt], den er so genannt hat wie dieses Buch« (206).

Zu einer dramatischen Zuspitzung der Handlung kommt es, da Ida von Üxküll, Nägelis Verlobte, sich auf eine sexuelle Affäre mit Amakasu eingelassen hat. Als Nägeli beide in flagranti überrascht und zum Voyeur wird, der »das monströse Phantasma von Masahiko und Ida, die sich nackt auf dem Bett räkeln« (177), heimlich beobachtet, filmt er versteckt deren Liebesspiel, »bis die Filmkartusche voll ist mit dieser kruden Melange aus Slapstick und Tragödie.« (178) Panikartig reist er danach durch Japan, zunehmend verwirrt, und dreht unterwegs mit einer Handkamera banale Alltagsepisoden.

Im Schlussteil nimmt der Roman eine komisch-groteske Wendung. Auf der Überfahrt nach Amerika geraten Charlie Chaplin und Amakasu aneinander, wobei der Schauspieler den Japaner zwingt, sich ins Meer zu stürzen: Schon vorweg hatte Chaplin seine Tat damit gerechtfertigt, dass »die Japaner Faschisten seien, es bereite ihnen als Volk augenscheinlich Freude, andere zu erniedrigen und zu demütigen« (191). Auch der flüchtige Nägeli wird sein Ziel nicht erreichen und aus Japan keinen Gruselfilm mitbringen, stattdessen einen einschläfernden Stummfilm, schwarz-weiß gedreht, mit verwackelten Naturaufnahmen. Derweil muss Ida von Üxküll ihren von Chaplin geweckten Traum einer Hollywood-Karriere begraben und tingelt zuletzt »von einem Vorsprechen zum nächsten« (208). Am Ende stürzt sie sich voller Verzweiflung vom »H« des Hollywood-Schriftzeichens. Übrig bleiben ein paar Fotos »von ihrem roh zerfleischten Gesicht« (212), die ein Sensationsreporter an ein Skandalblatt verkauft. Ihr Abgesang wird mit einem Vers aus Hölderlins *Hyperion* untermalt, »sie sei wie ein Feuer gewesen, das im Kiesel schläft« (212).[23]

Mächtigster Mann des deutschen Kinos

Der Drahtzieher für »die Geisteskrankheit und den Größenwahn der Deutschen« (113) ist Alfred Hugenberg, dem Kracht im Roman das 27. Kapitel gewidmet hat. Schon Hugenbergs erstes Auftreten rückt ihn in die Nähe eines amerikanischen Gangsters der Prohibition, bei dessen Begleitern »aus den aufgeknöpften Jacketts [...] man Pistolenknäufe hervorlugen [sieht]«

(111). Beim Aufeinandertreffen mit Nägeli dagegen wirkt er unfreiwillig komisch: »Lippen werden gestülpt, Bürstenhaare gekratzt, Monokel ins Auge geklemmt und wieder herausgedreht« (130). So beschreibt Kracht einen Mann, »der seine politischen und wirtschaftlichen Erfolge einer wirkungsvollen Mischung aus zutiefst konservativer Gesinnung und modernem machttechnokratischen Instinkt, demokratiefeindlichen Grundüberzeugungen und Gespür für die Phänomene der Massenzivilisation verdankte«.[24] Ab 1928 war Hugenberg Vorsitzender der rechts-konservativen Deutschnationalen Volkspartei (DNVP) und seit Januar 1933 bis zu seinem unfreiwilligen Rücktritt im Juni Reichswirtschafts- und Landwirtschaftsminister im ersten Kabinett Hitlers.[25] Das karikierende Zerrbild eines lustvoll mit Geldscheinen herumwerfenden Tycoons »in seiner erbärmlichen, vulgären Maßlosigkeit« (128), der »lächelt wie das garstige Schwein das er ist« (134), dem Nägeli für sein Projekt schlussendlich achthunderttausend Dollar entlocken kann, erklärt allerdings nicht die historischen Hintergründe für Hugenbergs Machtstellung durch den Zukauf der Ufa, der damals größten deutschen Filmgesellschaft. Im Jahr 1927 stand die Ufa, zehn Jahre nach ihrer Gründung zum Zwecke der Kriegspropaganda durch kaiserliche Militärs, national eingestellten Bankiers und Industriellen, vor dem finanziellen Ruin. Verluste in zweistelliger Millionenhöhe waren aufgelaufen, und die Deutsche Bank als Hauptaktionärin suchte einen Käufer.[26] Aus zeitgenössischer Quelle erfahren wir:

An sich war das Angebot nicht sonderlich verlockend, denn die Ufa stand vor der Katastrophe. Ihre Verluste betrugen etwa 50 Mill. M. bei einem Aktienkapital von 45 Mill. M. Außerdem aber war sie mit schwer übersehbaren Verpflichtungen belastet, die insbesondere aus langfristigen, ungünstigen Autorenverträgen, Materiallieferungsverträgen, Pachtverträgen bestanden. Die Übernahme war also riskant.[27]

Nach Ende der Hyperinflation im November 1923, die zwar eine kostengünstige Filmproduktion gefördert, aber auch für verschwenderische Ausgaben bei den Budgets gesorgt hatte, verkehrten sich die einstigen Wettbewerbsvorteile ins Gegenteil: Die geldwertstabile Rentenmark (wertgleich mit der späteren Reichsmark) schwächte die Erträge aus dem Auslandsgeschäft, ein Kooperationsertrag mit *Paramount* und *Metro-Goldwyn-Mayer* (Parufamet-Vertrag), die sich als Ausgleich für eine Kreditzusage von vier Millionen Dollar Abspielrechte für ihre Filme in den Ufa-Kinos gesichert hatten, brachte das Unternehmen in eine prekäre Schieflage. Hinzu kam das finanzielle Fiasko aus der Produktion des Monumentalfilms *Metropolis* von Fritz Lang, für den der Regisseur siebzehn Monate Drehzeit benötigt hatte und dessen Produktionskosten von geplanten knapp zwei Millionen auf rund fünf Millionen Reichsmark gestiegen waren – »die Aussichten, dass der Film diese Summe, selbst bei einem überdurchschnittlichen Auslandsgeschäft, wieder einspielen würde, waren gering«.[28]

Die Sanierung der Ufa »gestaltete sich zu einem umfangreichen finanztechnischen Manöver, das Hugenberg alle Trümpfe in die Hand spielte«.[29] Nach massiven Anstrengungen der Anteilseigner, insbesondere der Deutschen Bank als Hauptgläubigerin, mehreren Kapitaltransaktionen und der abschließenden Übernahme der Aktienmehrheit durch ein Konsortium, sicherte sich der Hugenberg-Konzern im März 1927 schließlich einen 75-igen Anteil an der Ufa und damit die Kontrolle über Aufsichtsrat und Verwaltung: »Hugenberg regierte damit nicht nur über die Produktion von Filmen [...], sondern auch über etwa 75 Filmtheater in Deutschland.«[30] So konnte er weithin politischen Einfluss durch die Medien ausüben.

Vergleichbare Absichten mochte Amakasu verfolgen, wenn er im Roman verkündet, mit Hugenberg eine »*zelluloide Achse*« zwischen Tokio und Berlin schmieden zu wollen, um »sich mit Deutschland zu verbünden, mit dem einzigen Land, dessen Kulturboden man achten könne wie den eigenen« (30). Tatsächlich schlossen das nationalsozialistische Deutschland und das japanische Kaiserreich mit dem *Antikominternpakt* vom November 1936 ein Bündnis, um die kommunistische Internationale (Komintern) zu bekämpfen, dem das faschistische Italien im September 1940 beitrat. Damit entstand mit dem *Dreimächtepakt* die Achse Berlin-Rom-Tokio.[31] Im Roman ist dieser »Bündnisplan« zum Scheitern verurteilt: Nägeli wird in Japan keinen Film zu Propagandazwecken drehen, die Geldmittel von Hugenberg werden nicht fließen, und Amakasu wird im Meer ertränkt. Die expansiven Pläne der Ufa allerdings werden konkret Gestalt annehmen.

Ein filmreifes Leben

In Krachts Roman ist Amakasu eine fiktionalisierte historische Figur, wohl ein hochstehender Mitarbeiter des japanischen Außenministeriums.[32] Um seiner real-historischen Existenz auf die Spur zu kommen, müssen wir uns nach China in die Mandschurei begeben. Seit dem sogenannten Mukden-Zwischenfall vom 18. September 1931, eine von der japanischen Kwantung-Armee verübte Sabotage an der Südmandschurischen Eisenbahn, für die fälschlicherweise China verantwortlich gemacht wurde, hatten japanische Truppen die Mandschurei besetzt. Diese Inszenierung genügte, um im Februar 1932 den Marionettenstaat *Mandschukuo* zu gründen.[33] Als

Staatsoberhaupt wurde Pu Yi, der letzten Kaiser der Qing-Dynastie, eingesetzt. Das japanische Kaiserreich empfahl sich damit als pro-faschistischer
Bündnispartner: »Nach 1936 wurde Mandschukuo [...] zum unentbehr-
lichen Bestandteil der Achse.«[34]
Der Zwischenfall vom 18. September war auch Tagesgespräch in der
deutschen Presse:

> Linke und liberale Zeitungen schlugen sich auf die Seite Chinas, rechte Blätter un-
> terstützten Japan. Der Konflikt fand sogar in den Straßen Berlins seine Fortsetzung,
> wo sozialistische Gewerkschaften prochinesische Aktionen organisierten und dabei mit
> rechten Kräften aneinandergerieten.[35]

Die internationale Gemeinschaft verurteilte indes die japanische Okkupa-
tion. Dennoch waren die Sanktionen begrenzt und wenig wirksam, was
Japan dazu ermutigte, seine aggressiven Expansionen in China und anderen Teilen Ostasiens fortzusetzen. Schließlich zog sich Japan 1933 aus dem
Völkerbund zurück, nachdem dieser das japanische Vorgehen in der Mandschurei verurteilt hatte.

Zur Absicherung der japanischen Besatzungsmacht begannen die Be-
hörden eine innovative Filmwirtschaft in Mandschukuo aufzubauen. Mit
dieser Strategie wurde »die gesamte Planung filmkultureller Aktivitäten intensiver [als im kolonialen Taiwan und Korea] in die innenpolitische und
militärische Infrastrukturentwicklung in Mandschukuo eingebunden«.[36]
Dafür wurde im August 1937 die ›Manchurian Motion Picture Coope-
ration‹ (kurz Man'ei) gegründet, zu deren Aktivitäten nicht nur die Filmproduktion, der Vertrieb und die Vorführung von Filmen gehörten, sondern auch die Ausbildung von technischen Fachkräften, der Aufbau von
Filmschulen und die Förderung der filmtechnischen Entwicklung.[37] Um
diese filmische ›Neuordnung‹ zu schaffen und den internationalen Vertrieb
mandschurischer Filmproduktionen zu forcieren, war eine Führungsper-
sönlichkeit gefragt, die »als Kristallisationsfigur filmpolitischer und film-
historischer Konvergenzen«[38] agieren konnte. Dafür kam Amakasu infrage,
den allerdings eine dunkle Vergangenheit verfolgte.

In Erwartung eines anarchistischen Umsturzes nach dem großen Kanto-
Erdbeben vom 1. September 1923 hatten Amakasu und andere Militärpoli-
zisten den führenden japanischen Anarchisten Osugi Sakae, dessen Ehefrau
und sechsjährigen Neffen entführt, gefoltert und schließlich ermordet. Als
bekannt wurde, dass die Entführer die Leichen in einen Brunnenschacht
geworfen hatten, kamen erschütternde Einzelheiten ans Licht und auf die
Titelseiten der Zeitungen.[39] Zu einer zehnjährigen Haftstrafe verurteilt,

wurde Amakasu schon nach drei Jahren entlassen und auf Kosten der kaiserlich japanischen Armee zu Studienzwecken nach Frankreich entsandt. 1930 kehrte er kurzzeitig nach Japan zurück, bevor er nach Mandschukuo ging, wo er für den Schutz von Kaiser Pu Yi verantwortlich war. Sein Aufstieg setzte sich fort, als ihm 1939 die Leitung der Man'ei übertragen wurde. Hier regierte er mit harter Hand und war gewillt, das Produktionssystem des Studios nach dem Stand der Ufa zu reformieren, um sowohl mit Hollywood als auch mit der japanischen Filmindustrie konkurrieren zu können.[40]

Bereits 1936 hatte Amakasu die Produktionsstätten der Ufa in Babelsberg besucht, um sich über die neuesten deutschen Filmkameras und Produktionstechniken zu informieren. Von Anfang an hatte er auf der Unabhängigkeit der mandschurischen Filmindustrie von japanischen Direktiven bestanden, was ihn bewogen haben mag, entgegen seiner politischen Überzeugung auch liberale Filmemacher sowie kritische Drehbuchautoren und Regisseure zu beschäftigen:

> Angereichert durch die Anleihen der technisch-organisatorischen Verwaltungsstrukturen des US-amerikanischen Studiosystems machte er die Propagandamaschinerie Man'ei [...] zu einer durchschlagskräftigen und auch finanziell erfolgreichen Organisation. So reichte der lange Arm der Ufa auch bis ins östlichste Ostasien.[41]

Vom Dämonischen zum destruktiven Charakter

Die historischen Gräueltaten von Amakasu hinterlassen in Krachts Roman keine Spuren. Stattdessen wird Amakasu selbst vom Täter zum Opfer und im Kontext kontrafaktischen Erzählens von Charlie Chaplin ins Meer geworfen. Damit geht ein Leben zu Ende, das von Kindheit an Gewaltfantasien und -exzessen ausgesetzt war. Vom jungen Amakasu heißt es, er habe sich »eine beträchtliche Sammlung an gewalttätigen Bilderheftchen [zugelegt], deren Besitz ihm unter Androhung heftiger Prügelstrafen verboten war« (44). An anderer Stelle wird berichtet, wie ihn Schulkameraden »mehrere Wochen lang jeden Morgen [...] an einen Kleiderhaken gehängt hatten« (46). Sein Vater, ein emeritierter Germanistik-Professor, hatte ihn zwar nur einmal geschlagen, »wenn auch mit der Rückseite der geballten Faus ins Gesicht« (51). Im Internat, in das ihn seine Eltern früh gesteckt hatten, wird er von den anderen Kindern gemieden, »als sei er unheilbar krank, als führe er einen abstoßenden Schatten mit sich umher« (66). Das hochbegabte, aber in die Einsamkeit verstoßene Kind, das »mit nicht ganz neun Jahren sieben Sprachen beherrschte [...] und Heine auf Deutsch las, schien dem

Vater wie von einem gnadenlosen Dämon besessen, der das Kind zu immer grotesker werdendem Wissendurst zwang« (48). Der Dämon[42] wird sich dafür rächen, dass er erkannt ist: »Nur der Prophet, der ihn besiegt, kann ihn ohne Schaden nennen«[43], schreibt der Theologe und Religionsphilosoph Paul Tillich 1926 über das Dämonische, dem wir weiter folgen wollen.

Der Dämon lebt in der Vermittlerrolle zwischen Gott und den Menschen und kann vielerlei Gestalten – Teufel, Hexen, Magier – annehmen. Die von ihm Verführten sind ihm hilflos ausgeliefert in dem Glauben, unter der Gewalt dunkler Mächte zu stehen. Dabei ist er keine vormoderne Erscheinung, sondern tagesaktuell präsent: »Wer sich in der Moderne für die latente Anwesenheit überwunden geglaubter, verdrängter, vergessener oder auch erst noch heraufziehender Mächte interessiert, kann auf dämonische Dienste kaum verzichten.«[44] Für Tillich ist das Dämonische eine überpersonale Macht, die stärker ist als der gute individuelle Wille. Gleichzeitig erkennt er darin den ambivalenten Charakter, der dem Dämonischen eignet: bis zu einem gewissen Grad schöpferisch, aber letztlich doch zerstörerisch zu sein. Diese Zwiespältigkeit überträgt sich auf die »geistige Persönlichkeit« als den »Ort des Dämonischen« und »das vornehmste Objekt der dämonischen Zerstörung«[45], die im Zustand der Besessenheit von der Persönlichkeit Besitz ergreift: »Besessenheit aber ist Zerspaltung des Persönlichen. Die Freiheit, die Selbstmächtigkeit des Persönlichen ist begründet in ihrer Einheit, in dem synthetischen Charakter des Bewußtseins. Die Besessenheit ist der Angriff auf die Einheit und Freiheit, auf das Zentrum des Persönlichen.«[46] Der »seelische Ort«, an dem die Besessenheit hervorbricht, ist für Tillich das Unbewusste mit dem Machtwillen einerseits und der Libido andererseits als »die beiden polaren und doch verbundenen Kräfte.«[47] Können diese beiden Kräfte anfangs durchaus schöpferisch wirken, sind also per se nicht dämonisch, so muss erst »ihr ekstatisches, geistgetragenes, geistzwingendes und geistzerstörendes Hervorbrechen«[48] hinzukommen, um die dämonischen Kräfte zu entfesseln: »Es ist der Abgrundcharakter, das unbedingt Übermächtige, die Besessenheit, das auch die soziale Dämonie charakterisiert.«[49]

Hier korrespondiert das Dämonische bei Tillich mit Walter Benjamins Überlegungen zum destruktiven Charakter: »Der destruktive Charakter«, schreibt er in seinem gleichnamigen Essay aus dem Jahr 1931, »kennt nur eine Parole: Platz schaffen; nur eine Tätigkeit: räumen.«[50] Ihm kommt die Einsicht, »wie ungeheuer sich die Welt vereinfacht, wenn sie auf ihre Zerstörungswürdigkeit geprüft wird.«[51] Doch ausschließlich zerstörerisch zu sein, wäre am Ende kontraproduktiv. Statt nur zu sprengen und in Trümmer zu legen, muss der destruktive Charakter durch sie hindurch neue Wege finden: »Das Bestehende legt er in Trümmer, nicht um der Trüm-

mer, sondern um des Weges willen, der sich durch sie hindurchzieht.«[52]
Sein Feind ist der sogenannte »Etui-Mensch«[53], der in seinem Inneren wie
in einem mit Samt ausgeschlagenen Gehäuse lebt, in dem es unmöglich
ist, keine Spuren zu hinterlassen. Demgegenüber verwischt der destruktive
Charakter – ganz das Brecht'sche Diktum aufgreifend – die Spuren seiner Zerstörung.[54] Er sucht die Öffentlichkeit, ist aber immun gegen deren
Klatsch und Gerede, was er als oberflächlich und »kleinbürgerlichste aller
Phänomene« empfindet.[55] Im Gegensatz dazu will er ausdrücklich missver-
standen werden, es kann ihm nichts anhaben. Sein bevorzugter Ort ist der
Kreuzweg, ein Ort der Veränderung, wo er in Ungewissheit verharrt, stets
auf dem Sprung, denn »[k]ein Augenblick kann wissen, was der nächste
bringt.«[56] Selbst dort führt ihn sein Weg nicht in den Abgrund, weil er
weiß, »daß der Selbstmord die Mühe nicht lohnt.«[57]

Einer nach dem andern wurden sie alle zu Schatten[58]

Amakasu wird, wenn auch ungewollt, keine Spuren hinterlassen. Deshalb
verschwindet er spurlos. Mit dem Wissen, dass der Selbstmord nicht lohnt,
treibt er im Ozean dahin, ohne die Ausweglosigkeit seiner Lage zu akzeptie-
ren. Einer Fata Morgana gleich suggeriert er sich ein fernes Gestade herbei,
an dessen Ufer er angespült würde, wo die Wellen »sanft und kraftlos leise
tobend über ihn hinwegschäumen.« (195) Seinen ausweglosen Untergang
koloriert »in atemlosem Blau das endlose Geschenk des Himmels.« (Ebd.)
  Nägeli wiederum gleicht dem »Etui-Menschen« im Benjamin'schen
Sinne. Sein »Gehäuse« ist die Filmkamera, hinter der er sich versteckt, um
Spuren in der Welt zu hinterlassen. Der Film, den er dreht, hat allerdings
nichts Abgründiges. Seine Reise in die Welt des Bösen, an den Ort der Verführung, endet am »Guckloch in das Schlafzimmer« (177) und wird gefilmt
»in bester *Peeping-tom*-Tradition.«[59] Statt mit Ungeheuern zu kämpfen,
zieht er es vor, die Flucht zu ergreifen »Wer mit Ungeheuern kämpft, mag
zusehn, dass er nicht dabei zum Ungeheuer wird. Und wenn du lange in
einen Abgrund blickst, blickt der Abgrund auch in dich hinein.«[60] In Nägelis Antlitz spiegelt kein Abgrund sich wider, dafür gibt er sich fruchtlosen
Reflexionen über Gewalt und Leidenschaft hin, schließlich »tritt [er] noch
einmal energisch (aber fantasielos) gegen eine Stehlampe und verläßt kur-
zerhand die Villa« (179).
  Letztendlich glaubt er dem Gerücht, Amakasu und Ida seien nach Amerika gereist und hätten dort geheiratet: »Sie sei wohl Schauspielerin geworden und habe ein gutes Auskommen.« (208) Dabei hatte er noch in jun-

gen Jahren von seiner speziellen Gabe geträumt »jemanden nur einmal im Leben verfluchen zu können, jener Fluch ginge dann aber auch hundertprozentig in Erfüllung.« (56) Sein Fluch trifft Ida und Amakasu, denen er einen raschen und qualvollen Tod wünscht. Ob dieser ›dämonische Wunsch‹ sich tatsächlich erfüllt, lässt der Text offen. Er liefert dafür keine innerfiktionale Begründung. An seinem moralischen Anspruch, »die Pein der Welt und ihre Grausamkeit [...] in etwas anderes, etwas Gutes [zu] verwandeln« (155), ist Nägeli jedoch gescheitert. Er lebt weiter ohne Hass oder emotionale Aufwallung und sucht seine Bequemlichkeit im Filmschaffen. »Einige überliefern die Dinge«, schreibt Benjamin, »indem sie sie unantastbar machen und konservieren, andere die Situationen, indem sie sie handlich machen und liquidieren.«[61] Nägeli konserviert seine Vergangenheit – einen einschläfernden Schwarz-Weiß-Film, den er für sein Meisterwerk hält – und macht sie unantastbar durch seine Rückkehr in die bürgerliche Existenz: Man hat ihm in der Zwischenzeit eine Gastprofessur in Bern angeboten und ihn gebeten, an der ETH in Zürich eine Vortragsreihe über die Zukunft des Schweizer Kinos zu halten, was ihn sogar bewegt, »sich über diese neuen, bürgerlichen, fast sogar freundschaftlichen Zuwendungen seiner Heimat zu freuen« (206).

Sein Widerpart Amakasu entpuppt sich als intriganter Verführer mit dem Willen zur Macht, der auf Nietzsches Spuren wandelt: »Unsere Triebe sind reduzirbar auf *den Willen zur Macht*. Der Wille zur Macht ist das letzte Factum, zu dem wir hinunterkommen.«[62] Doch die Macht zu wollen, fährt Nietzsche fort, »ist nicht ›begehren‹, streben, verlangen: davon hebt es sich ab durch den *Affekt des Commando's*«, wobei Kommando und Vollzug nicht zu trennen sind, »daß *Etwas befohlen wird*, gehört zum Wollen [...].«[63] Macht ist somit ein unersättliches Verlangen und »vollzieht sich in Überwältigungsprozessen«[64], deren sich Amakasu bedient: Böses zu tun mit dem Willen zur Macht, ist seine zweite Natur, wenn er im Internat einen verhassten Mitschüler in den Wald lockt und ihn dort verschwinden lässt oder wenn er plant, seine Schule anzuzünden, die danach tatsächlich brennt. Ein lohnendes Opfer findet sein Treiben, wenn er Ida von Üxküll zum Beischlaf verführt. Ihn erregt die platinblond gefärbte Ida in Flieeruniform, die versucht, »in Japan noch Deutscher auszusehen« (160). Damit reiht er sich ein in die Tradition eines Don Juan, nach dessen »geschickten, sanften Händen« (172) es Ida gelüstet:

> Sein Begehren richtet sich [...] ganz ungebrochen auf den Körper und nur auf den Körper der Frau; um des weiblichen Körpers habhaft zu werden, lügt und heuchelt er, verstellt und maskiert er sich [...]. Was er jedoch jeder Frau unverhüllt und unmittelbar zeigt, ist sein momentanes Verlangen, und eben dies macht seine erotische Wirkung aus.[65]

Jede Frau, die er unmittelbar begehrt, will er in kürzester Zeit besitzen: »Er hat jedoch kein Bewusstsein von seinem Handeln, und so ist er konsequent auch vor dem himmlischen Strafgericht zur Reue nicht fähig und bereit.«[66]

Mit angeborener Verschlagenheit, taktischem Geschick und gedanklicher Raffinesse, das Verhalten anderer zum eigenen Vorteil auszunutzen, ist es Amakasu gelungen, sein Intrigenspiel zu inszenieren. Sein vorschnelles Ableben beendet jäh diese Karriere. Nun tritt er jene Höllenfahrt an, die Nietzsche im vierten Buch der *Morgenröthe* der Figur des Don Juan zugeschrieben hat:

> Der Don Juan der Erkenntniss […] Ihm fehlt die Liebe zu den Dingen, welche er erkennt, aber er hat Geist, Kitzel und Genuss an Jagd und Intriguen der Erkenntniss – bis an die höchsten und fernsten Sterne der Erkenntniss hinauf! – bis ihm zuletzt nichts mehr zu erjagen übrig bleibt, […] gleich dem Trinker, der am Ende Absinth und Scheidewasser trinkt. So gelüstet es ihn am Ende nach der Hölle, – es die letzte Erkenntnis, die ihn ve r f ü h r t. Vielleicht, dass auch sie ihn enttäuscht, wie alles Erkannte.[67]

So läuft auch die letzte Erkenntnis ins Leere und bleibt ohne erkennbares Ziel. Selbst in der Hölle ist kein absolutes Wissen zu erlangen. Ob der Verdammte daraus jemals als Wiedergeborener zurückkehren wird, müssen wir hier offenlassen. Der Roman befriedet uns mit einem Bild poetischer Transzendenz, dass es des Menschen Schicksal sei, allein und einsam zu bleiben: »Die Toten sind unendlich einsame Geschöpfe, es gibt keinen Zusammenhang unter ihnen, sie werden alleine geboren, sterben und werden auch alleine wiedergeboren« (167).

Anmerkungen

1 Friedrich Nietzsche: Nachgelassene Fragmente 1884–1885. In: Ders.: Sämtliche Werke. Kritische Studienausgabe in 15 Bänden (= KSA). Hrsg. v. Georgio Colli, Mazzino Montinari. München 1980. Bd. 11, S. 626.

2 Christian Kracht: Die Toten. Köln 2016 (Im Folgenden mit Seitenzahl im Haupttext zitiert).

3 So liest Philipp Theison in der *Neuen Zürcher Zeitung* vom 10. 9. 2016 den Roman als ›Allegorie der Allegorie‹: Kracht wolle erzählen, wie man vom Grauen erzählt. Seine Botschaft laute: Schaut einfach hin. Die Schlächter sind schon da, das Foltern hat längst begonnen, es ist in der Welt. Man muss ihr nur den Ton abdrehen, das Gerede verstummen lassen – und dann sieht man es.« Vgl. Philipp Theisohn: Der das Böse sieht. Christian Krachts Roman ›Die Toten‹ wagt das

Äußerste – und ist in einem radikalen Sinn politisch. In: Neue Zürcher Zeitung, 10. September 2016, S. 28 f., hier S. 29.

[4] Arnim Regenbogen, Uwe Meyer (Hrsg.): Wörterbuch der philosophischen Begriffe. Hamburg 1998, S. 114.

[5] Urs Marti: Böse, das. In: Stefan Gosepath, Wilfried Hirsch, Beate Rössler (Hrsg.): Handbuch der Politischen Philosophie und Sozialphilosophie. 2 Bde. Berlin 2008, Bd. 1, S. 154–158, hier S. 154.

[6] Vgl. Jörg Noller: Gründe des Bösen. Ein Essay im Anschluss an Kant, de Sade und Arendt. Basel 2019. – Der Verfasser führt näher aus: »Die Tradition der Privationstheorie besagt, dass das moralisch Böse keine *eigenen* Gründe hat. Es stammt aus dem Nichts, ist ein bloßer Mangel am Guten, ein Defekt. Und diese nichtige Herkunft bedeutet, dass sich für seine Existenz auch keine rationalen Gründe angeben lassen. Dagegen steht die Perversionstheorie des Bösen. Sie besagt, dass das Gute nicht aus einem Defekt stammt, sondern eine eigene Realität aufweist. Und wenn es eine eigene Realität hat, dann gibt es auch Gründe dafür, die sich weiter verständlich machen lassen müssen« (ebd., S. 14).

[7] Vgl. Dieter Dölling: Über das Böse aus kriminologischer und strafrechtlicher Sicht. In: Manfred Heinrich, Christian Jäger, Hans Achenbach (Hrsg.): Strafrecht als Scientia Universalis. Festschrift für Claus Roxin zum 80. Geburtstag. 2 Bde. Berlin 2011, Bd. 2, S. 1901–1911. – Zum Begriff des Bösen als Bestandteil des gesellschaftlichen Diskurses über Kriminalität bemerkt der Verfasser: »Die Rolle des Bösen ist immer besetzt, allerdings wechseln die Täter, die diese Rolle ausfüllen. Neuere Beispiele sind ›der Terrorist‹, ›der Kinderschänder‹ und ›der jugendliche Gewalttäter‹. Anscheinend kommt die gesellschaftliche Auseinandersetzung nicht ohne den Bösen aus« (ebd., S. 1907).

[8] Norbert Kapferer: Die Pathologisierung des Bösen. Über die problematische Umsetzung eines moralisch-theologischen Begriffs in den Sozialwissenschaften. In: Alexander Schuller, Wolfert von Rahden (Hrsg.): Die andere Kraft. Zur Renaissance des Bösen. Berlin 1993, S. 95–115, hier S. 96.

[9] Ebd., S. 97.

[10] Edgar Allan Poe: Der Dämon der Perversität. In: Neue unheimliche Geschichten. Hrsg. v. Charles Baudelaire, neu übersetzt v. Andreas Nohl. München 2020, S. 9–19, hier S. 13.

[11] Ebd.

[12] Ebd., S. 16.

[13] Norbert Grob (Hrsg.): Filmgenres: Film noir. Stuttgart 2012. Einleitung, S. 9.

[14] Ebd., S. 29.

[15] Viola Rühse: Film und Kino als Spiegel. Siegfried Kracauers Filmschriften aus Deutschland und Frankreich. Berlin 2022, S. 158. – Die Monografie berücksichtigt den neuesten Stand der Kracauer-Forschung und setzt sich in einem

eigenen Kapitel mit den sozialen Funktionen der Berliner Lichtspielhäuser in dieser Zeit auseinander.

16 Susanne Komfort-Hein: Harakiri, Hitler und Hollywood: »Die Toten«. In: Christoph Kleinschmidt (Hrsg.): Christian Kracht. München 2017, S. 67–74, hier S. 70.

17 Ebd.

18 Marvin Baudisch: *Von allen Romanen schätz ich doch am meisten die interessanten. Ästhetik des Vorbehalts und Poetik des Interessanten in Christian Krachts Die Toten.* In: Susanne Komfort-Hein, Heinz Drügh (Hrsg.): Christian Krachts Ästhetik, Berlin 2019, S. 149–164, hier S. 152.

19 Azusa Takata: »Lob des Schattens«. Christian Krachts *Die Toten* als ›japanische Ästhetik‹. In: Komfort-Hein, Drügh (Hrsg.): Christian Krachts Ästhetik, S. 170. – Tanaka weist anhand von Tanizakis Essay *Lob des Schattens* (1933) nach, dass der Kontrast zwischen japanischer und westlicher Kultur in Krachts Roman im Kontrast zwischen Stummfilm und Farb- bzw. Tonfilm reinszeniert wird. In seinem Essay erkundet Tanizaki die kulturelle Bedeutung von Schatten und Dunkelheit in der traditionellen japanischen Ästhetik und betont die Vorliebe der traditionellen Japaner für subtile, indirekte Beleuchtung, natürliche Materialien und Schatten, die im Westen oft als rückständig angesehen werden.

20 Der Name erinnert an den Protagonisten Nagel aus Knut Hamsuns »Mysterien« (1892), den Nägeli vergebens aufsucht, um dessen Roman zu verfilmen. Nägeli hat die Angewohnheit, an seinen Fingernägeln zu kauen, was darauf hinweist, den Namen als schweizerische Verkleinerungsform für ›Nagel‹ zu lesen.

21 Der Theaterbesuch Chaplins ist eine literarische Erfindung. Tatsächlich hatte er mit dem Sohn des Premierministers ein Sumo-Ringen in Ryogoku besucht. So war er dem Attentat der japanischen Nationalisten entgangen.

22 Krachts Schreibverfahren nennen Moritz Baßler und Heinz Drügh eine »Hybridästhetik, die nicht auf organisch-natürliche, sondern auf verdrehte und nachhaltig seltsame Weise Verbindungen schafft.« Daher klängen Begriffe wie *weird* (›seltsam‹) oder *quirky* (›schrullig‹) weniger patinös als ›ulkig‹ oder ›drollig‹, die der Erzähler im Roman selbst verwendet. Vgl. Moritz Baßler, Heinz Drügh: Eine Frage des Modus. Zu Christian Krachts gegenwärtiger Ästhetik. In: Christoph Kleinschmidt (Hrsg.): Christian Kracht. München 2017, S. 8–19, hier S. 15.

23 Vgl. Friedrich Hölderlin: Hyperion oder der Eremit in Griechenland [1797/ 1799]. Hrsg. v. Jochen Schmidt. Frankfurt/Main 2008, S. 61: »Wir sind, wie Feuer, das im dürren Aste oder im Kiesel schläft, und ringen und suchen in jedem Moment das Ende der engen Gefangenschaft.«

24 Klaus Kreimeier: Die Ufa-Story. Geschichte eines Filmkonzerns. München 1992, S. 191.

25 Zum politischen Aufstieg Hugenbergs, der Entstehung seines Presseimperiums und der Geschichte seines Medienkonzerns vgl. Friedrich-Wilhelm Henning: Hugenberg als politischer Medienunternehmer. In: Günther Schulz (Hrsg.): Geschäft mit Wort und Meinung. Medienunternehmer seit dem 18. Jahrhundert. München 1999, S. 101–127. – Schon ab Herbst 1933 verlor Hugenberg, von den Nationalsozialisten politisch entmachtet, Teile seines Medienimperiums; auch die Ufa mit ihren 27 Filmstudios wurde 1937 verstaatlicht und verkam endgültig zu einem NS-Propagandainstrument. Hugenberg flüchtete in die politische Abstinenz und wurde nach Ende des Zweiten Weltkriegs in mehreren Entnazifizierungsverfahren juristisch entlastet.

26 Die wirtschaftlichen Zusammenhänge zwischen der Kostenexplosion in der Filmproduktion der Ufa und der daraus folgenden Unternehmenskrise erklärt Nina Isi Blase: Inflationskino nach der Währungsreform: Die Krise der Ufa (1924–1927). Eine institutionenökonomisch gestützte Untersuchung der Filmproduktion. In: Akkumulation. Informationen des Arbeitskreises für kritische Unternehmens- und Industriegeschichte 30 (2010), S. 1–10.

27 Ludwig Bernhard: Der »Hugenberg-Konzern«. Psychologie und Technik einer Großorganisation der Presse. Berlin 1928, S. 92.

28 Kreimeier: Die Ufa-Story, S. 184. – Der Film hatte am 10. Januar 1927 in Berlin Premiere, wurde aufgrund des zu geringen Publikumsinteresses später nachgearbeitet und kam im Herbst in einer verkürzten Version wieder in die Kinos.

29 Ebd., S. 192.

30 Henning: Hugenberg als politischer Medienunternehmer, S. 114.

31 Zur aktuellen Forschung über die Geschichte des Bündnisses zwischen dem nationalsozialistischen Deutschland, dem faschistischen Italien und dem japanischen Kaiserreich vgl. Daniel Hedinger: Die Achse. Berlin-Rom-Tokio 1919–1946. München 2021. – In seiner Monografie untersucht Hedinger die Geschichte dieser »Achse«, wobei er drei Phasen unterscheidet: ›Gravitation‹ (1932–1935), ›Kooperation‹ (1936–1939) und ›Eskalation‹ (1940–1942), die einen Prozess wechselseitiger Radikalisierung in Gang gesetzt hätten. Das Ziel sei eine faschistische Neuordnung, die radikal mit allem Bestehenden brechen sollte. In der Frühphase der politisch-ideologischen Annäherung (1932–1935) seien nicht die Hauptstädte Berlin, Rom und Tokio die Gravitationszentren gewesen, sondern vielmehr die Peripherien der Achse, in denen die Bündnispartner ideologisch motivierte Expansionskriege – beispielhaft die japanische Besetzung der Mandschurei – führten. Ab Mitte der 1930er-Jahre hätte ein »imperialer Nexus« (S. 171) Deutschland, Italien und Japan den Weg geebnet, doch erst der Faschismus in den drei Staaten, jeweils von lokalen Bedingungen und globalen Einflüssen geprägt, hätte dem Bündnis »Funktionalität und Kohärenz« (S. 416) verliehen.

32 Amakasu ist auch eine Hauptfigur in Bertoluccis Film *Der letzte Kaiser* (1987). Zum Unterschied zwischen Film und Roman vgl. Oliver Jahraus: Amakasu,

für Film zuständig. Stil und Medienreflexion in Christian Krachts *Die Toten* (2016) mit einem Seitenblick auf Bertoluccis *Der letzte Kaiser* (1987), https://www.medienobservationen.de/2016/jahraus-amakasu-kracht-die-toten (Zugriff am 13. 11. 2023), S. 1–10, hier S. 5: »Bertoluccis Film gibt einen Hinweis auf die totalitär funktionalisierbare Macht des Films, bettet diesen aber in eine Erzählung ein, die verfilmt wird. Krachts Roman gibt denselben Hinweis, doch das Filmprojekt, das dabei erzählt wird, wird nicht realisiert: Daraus entsteht die Geschichte des Romans, der sein mediales Eigenrecht gegenüber dem Film im Stil behauptet und ausstellt.« Auf Bezüge des fiktionalisierten Amakasu zu Yukio Mishimas autobiografischer Erzählung *Geständnis einer Maske* sowie auf Jun'ichirō Tanizakis *Essay Lob der Meisterschaft* verweist Christine Riniker: ›Die Ironie verdampft ungehört‹. Implizite Poetik in Christian Krachts *Die Toten* (2016). In: Matthias N. Lorenz, Christine Riniker (Hrsg.): Christian Kracht revisited. Berlin 2018, S. 71–119, hier S. 94 ff.

[33] Der britische Historiker Richard Overy spricht in seiner jüngsten Abhandlung von einer »Travestie der Wahrheit. Denn in Wirklichkeit hatte eine Gruppe japanischer Ingenieure aus der Kwantung-Armee, die in der Mandschurei stationiert war, um die wirtschaftlichen Interessen des japanischen Kaiserreichs in dieser Region zu schützen, den Sprengstoff am frühen Morgen des 18. September 1931 an den Gleisen platziert. Es war ein fadenscheiniger Vorwand, um ein militärisches Expansionsprogramm in China in Gang zu setzen, das erst 1945 endete.« Vgl. Richard Overy: Weltenbrand. Der große imperiale Krieg, 1931–1945, Berlin 2023, S. 63.

[34] Hedinger: Die Achse, S. 156.

[35] Ebd., S. 153.

[36] Karl Sierek: Der lange Arm der Ufa. Filmische Bilderwanderung zwischen Deutschland, Japan und China 1923–1949. Wiesbaden 2018, S. 398.

[37] Im Roman verweist Amakasu auf ein geheimes Treffen der *Motion Picture Producers and Distributors Association* mit einem amerikanischen Generalkonsul, der forderte, den japanischen Markt für amerikanische Filme zu öffnen. Da es japanischen Filmen »an narrativer Zeitlosigkeit, an Exportfähigkeit, an allgemeingültig zu verstehen – dem *Handwerk*« (30) fehlte, sah Amakasu darin den willkommenen Anlass für eine Zusammenarbeit mit der Ufa.

[38] Sierek: Der lange Arm der Ufa, S. 400.

[39] Diese Darstellung folgt den Angaben von Michael Baskett: The Attractive Empire. Transnational Film Culture in Imperial Japan. Honolulu (University of Hawai'i Press) 2008, S. 29 f. Baskett nennt Amakasu »a ferocious character« (ebd.), während die amerikanische Historikerin Louise Young ihn gar als »the sadistic military police officer Amakasu Masahiko« bezeichnet. Vgl. Louise Young: Japan's Total Empire. Manchuria and the Culture of Wartime Imperialism. Berkeley (University of California Press) 1998, S. 16.

40 Vgl. Baskett: The Attractive Empire, S. 31: »Manei was a dream factory that at its peak boasted a film culture rivaling its competition in Japan and Hollywood, although on asignificantly smaller in case.«

41 Sierek: Der lange Arm der Ufa, S. 403.

42 Zur Begriffsgeschichte des Dämonischen vgl. Lars Friedrich, Eva Geulen und Kirk Wetters: Dämonen, Dämonologien und Dämonisches: Machtkämpfe, Verteilungsstrategien. In: Dies. (Hrsg.): Das Dämonische. Schicksale einer Kategorie der Zweideutigkeit nach Goethe. Paderborn 2014, S. 9–23. – Der interdisziplinär angelegte Sammelband untersucht die Schwellenbereiche dämonischer Figuren, die weder der göttlichen noch der menschlichen Sphäre eindeutig zuzuordnen sind, in theologisch-philosophischen und kulturhistorischen Kontexten.

43 Paul Tillich: Das Dämonische. Ein Beitrag zur Sinndeutung der Geschichte (1926). In: Ders.: Ausgewählte Texte. Hrsg. v. Christian Danz, Werner Schüßler, Erdmann Sturm. Berlin 2008, S. 139–163, hier S. 139. – Den Begriff des Dämonischen bei Tillich im weiteren Umfeld untersucht der Forschungsband von Christian Danz und Werner Schüßler (Hrsg.): Das Dämonische. Kontextuelle Studien zu einer Schlüsselkategorie Paul Tillichs (= Tillich Research Vol. 15). Berlin 2018. – Zur Hinführung zum Thema vgl. die Einleitung der Hrsg. »Die Wirklichkeit des Dämonischen«, S. 1–10.

44 Friedrich, Geulen, Wetters: Das Dämonische, S. 17 f.

45 Tillich: Das Dämonische, S. 144.

46 Ebd., S. 145.

47 Ebd., S. 146.

48 Ebd., S. 147.

49 Ebd.

50 Walter Benjamin: Der destruktive Charakter [1931] In: Ders.: Gesammelte Schriften. Bd. IV/1. Hrsg. v. Tillman Rexroth. Frankfurt/Main 1972, S. 396–398, hier S. 396.

51 Ebd., S. 397.

52 Ebd., S. 398.

53 Ebd., S. 397.

54 In seiner Gedichtsammlung *Aus dem Lesebuch für Städtebewohner* (1926/27) geht es Brecht um neue Großstadterfahrungen angesichts einer zunehmend aggressiven und destruktiven Umwelt. Schon im ersten Gedicht, auf das Benjamin hier rekurriert, »gilt es die ›kleinste Größe‹ zu erreichen und das heißt: ›Verwisch die Spuren!‹ [...] in Bezug auf frühere Beziehungen und Herkunft – das Mitgebrachte, die mitreisenden Freunde wie die Eltern, werden abgelegt –, auf leibliche und sprachliche Präsenz und sogar über den Tod hinaus.« Vgl. Flo-

rian Vaßen: Aus dem Lesebuch für Städtebewohner. In: Jan Knopf, Joachim Lucchesi (Hrsg.): Brecht-Handbuch in fünf Bänden. Bd. 2: Gedichte. Stuttgart 2001, S. 178–190, hier S. 187.

55 Benjamin: Der destruktive Charakter, S. 397.

56 Ebd., S. 398.

57 Ebd.

58 James Joyce: Die Toten. In: Ders.: Dubliner. Neu übersetzt v. Friedhelm Rathjen. München 2019, S. 390.

59 Baßler, Drügh: Eine Frage des Modus. Zu Christian Krachts gegenwärtiger Ästhetik, S. 15.

60 Friedrich Nietzsche: Jenseits von Gut und Böse. In: KSA, Bd. 5, S. 98.

61 Benjamin: Der destruktive Charakter, S. 398.

62 Nietzsche: Nachgelassene Fragmente 1884–1885, S. 661.

63 Friedrich Nietzsche: Nachgelassene Fragmente 1887–1889. In: KSA, Bd. 13, S. 54.

64 Wolfgang-Müller Lauter: Über Werden und Wille zur Macht. Nietzsche-Interpretationen I. Berlin 1999, S. 26 f.

65 Susanne Scharnowski: Grausame Liebschaften. Zum literarischen Typus des Verführers. In. Alexander Schuller, Wolfert von Rahden (Hrsg.): Die andere Kraft. Zur Renaissance des Bösen. Berlin 1993, S. 251–275, hier S. 252 f.

66 Ebd., S. 253.

67 Friedrich Nietzsche: Morgenröthe. In: KSA, Bd. 3, S. 232.

REZENSIONEN

Mechtild Duppel-Takayama, Rolf Parr, Thomas Schwarz (Hrsg.): Exotismen in der Kritik. Paderborn: Brill Fink, 2023, 416 S., ISBN 978-3-7705-6775-1, € 88,60.

> »Alles, was uns an anderen irritiert, kann uns zu
> einem tieferen Verständnis von uns selbst führen.«
> Carl Gustav Jung

Der Band

Der als »Ausgangsbasis« für ein Exotismus-Handbuch gedachte Band ist aus zahlreichen Treffen der deutsch-japanischen Forschungsgruppe »Kulturkontakte« hervorgegangen. Er untergliedert sich in die drei Teile »Konzeptualisierungen«, »Exotismen« und »Neoexotismen«. Diesen Teilen vorangestellt ist ein knappes »Vorwort« der Herausgeber und ein als Einleitung zu verstehender begriffsgeschichtlicher Beitrag des Mitherausgebers Thomas Schwarz zum Lemma »Exotismus«. Am Schluss des Bandes wird kurz auf die fünf Beiträgerinnen und dreizehn Beiträger aus fünf Ländern hingewiesen. Ein Personen-, ein Sach- und / oder ein Titelregister der diskutierten Primärwerke gibt es leider nicht.

Das »Vorwort«

Das »Vorwort« erläutert anhand von Max Pechsteins *Monsunstimmung auf Palau* (1914), dem Titelbild des Bandes, die »Problematik« des »Habitus« (IX) Exotismus und damit das Spannungsfeld, in dem die Beiträge des Bandes verortet sind. Während Exotismus aus postkolonialer Sicht untrennbar mit »Kolonialismus« verbunden sei, frage die »frankofone[] Debatte [...], ob es auch einen Exotismus gibt, der über den Kolonialismus hinausweist« (ebd.). Kirchners »Paradiesbild« (X), das den gewalttätigen Kolonialismus vor Ort komplett ausblende, partizipiere »am Paradox des ›nostalgischen Imperialismus‹, der die Folgen der von ihm eingeleiteten Transformation bedauert« (XI).

Exotismus: Begriffsgeschichte

Thomas Schwarz geht – beginnend mit dem späteren 18. Jahrhundert, deutlich frühere Belege (»exotisch«, Egbert Hopp, 1655; »fremdsüchtig«, Moscherosch, 1640) bleiben unberücksichtigt – »begriffsgeschichtliche[n] Konstellationen« (1) und Entwicklungen nach. Es fragt sich in diesem Zusammenhang allerdings, ob beispielsweise Goethes »»Schätzung des Ausländischen«« (ebd.) als Exotismus und die sich ja vor allem gegen das Nachbarland Frankreich richtende Kritik eines Johann Gottlieb Fichte oder Friedrich Ludwig Jahn an der »»Ausländerei«« (3) und »»Fremdsucht«« (ebd.) als Anti-Exotismus gelesen werden sollten, wie Schwarz dies tut. Skizziert werden »[d]ie Aufwertung des Exotismus unter französischem Einfluss« (3), Nietzsche und Nietzscheanismus, Debatten in Literatur und Malerei, postkoloniale Perspektiven auf Exotismen wie Orientalismus, Afrikanismus, Pazifikismus und Ozeanismus sowie ethnographische und ethnopoetische Konzeptionen. Exotismus-Kritiker, so Schwarz, stehen in der Gefahr, »eine unfreiwillige Allianz mit den Feinden der ›Ausländerei‹« (17) einzugehen. Apologeten des Exotismus hingegen legt er nahe, »die dem Konzept inhärenten Widersprüche abzuwägen und auf Aporien zu befragen« (18).

»Konzeptualisierungen«

Dieser Teil überzeugt Detailkritik (bspw. Nietzsche betreffend) zum Trotz durch Perspektivenvielfalt, Materialreichtum und ein durchgehend hohes Reflexionsniveau.

Johannes Waßmer geht es in seinem Aufsatz im Kern um »die Frage nach der Konstruktion von Identität« (35) und um den Beitrag des Exotismus dazu. Es wird ein kühner Bogen von Nietzsches zurückgewiesener Exotismuskritik über Victor Segalens ebenfalls abgelehnter Bejahung des Exotismus bis hin zu Emmanuel Lévinas' Konzept der Verantwortung für den Anderen geschlagen. Dabei werden Positionen von Jean Baudrillard, Marc Guillaume und Edward Said mitbedacht. Mit Levinas plädiert Waßmer dafür, auf den Begriff »Exotismus« zu verzichten. Ob damit etwas gewonnen wäre? Wie lautet die Alternative?

»Exotismus und Alterität bei Victor Segalen und Jean Baudrillard [sowie Marc Guillaume]« (41) ist das Thema von Andreas Michel. Segalen – und in »pointierte[r] Zuspitzung« (52) auch Baudrillard – gehe es um des Subjekts immerwährenden »ästhetischen Genuss« (46) des Fremden als eines idealiter absolut reinen Diversen, nicht jedoch um dessen Anerkennung oder gar um Kreolisierung oder Hybridisierung. Unter Berufung auf Thomas Bedorf plädiert Michel für eine Alteritätstheorie, »in der das Fremde *notwendigerweise* erkannt *und* verkannt wird« (56).

Rolf Parr fragt »nach möglichen Exotismusbefunden« (59) bei Claude Lévi-Strauss'. Kritik am Ethnozentrismus gehe in den *Traurigen Tropen* mit einer »neuerlichen Exotisierung« (68) einher. Das »›Leiden an der Moderne‹« (78) in den politisch-kulturkritischen Schriften *Rasse und Geschichte* und *Rasse und Kultur* lasse sich auch als exotistische, »rückwärtsgewandte Sehnsucht« (ebd.) lesen. Die ethnologisch-mythenanalytische Schrift *Die Luchsgeschichte* thematisiere die »in *Rasse und Geschichte* geforderte Gleichzeitigkeit des differenzierenden Austauschs« (ebd.).

Arne Klawitters ambitionierter Beitrag über Claude Lévi-Strauss' und François Julliens Ostasienstudien begreift Diversität als »epistemologische Heterogenität« (90). Die führe einem »kulturellen Essentialismus« (99) verpflichtete kulturhermeneutische Versuche aufgrund unterschiedlicher »Denkweisen und Handlungsstrategien« (98) in ein fundamentales Dilemma. Aus diesem Dilemma des – tatsächlich umgehbaren? – Denkens in Identitäten und Differenzen führe nur das »Projekt eines ›Ortswechsels des Denkens‹« (98). Das arbeite mit dem Begriff »»Abstand«« (99) und stelle »gewissermaßen eine ›*Dekonstruktion* von *außen*«« (100) dar.

»Exotismen«

Die Beiträge des insgesamt ansprechenden Kapitels unterscheiden sich ungeachtet qualitativer Differenzen darin, dass sie tendenziell unterschiedliche Zugriffe wählen, solche mehr biographisch-positivistischer und solche mehr theoretisch-analytischer Art.

Für Michael Wetzel ist das Schreiben Pierre Lotis ein Paradebeispiel für eine maskeradenreiche, in »bisexuelle[r] Ambiguität« (117) schillernde Autofiktion. Das »Narrativ der Verachtung« (113) für die als Schlafende begehrte »*femme*[ ] *enfants et fragile*« (121) Okane-San in *Madame Chrysanthème* lasse sich mit psychoanalytischen Begriffen wie »Projektion« (113) und »»Verwerfung‹« (114) erklären. Die Bewunderung für männliche Figuren wie Samuel (*Aziyadé*) und Kikou-San (*Madame Chrysanthème*) hingegen sei Lotis »homophile[r] Neigung« (117) geschuldet.

Unter Berücksichtigung der durch Schlagworte wie »autonome Kunstwerke« (128), »Fiktion und Dokumentation« (ebd.) und »Originalität und Exotismus« (ebd.) bestimmten Rezeption der »»Südseebilder‹« (128) von Emil Nolde und Max Pechstein arbeitet Aya Soika heraus, »[w]ie sehr die Maler jeweils von der kolonialen Infrastruktur vor Ort profitierten« (127) bzw. davon anhängig waren und welche Funktion ihre Bilder für Deutschland als Kolonialmacht hatten. Soika plädiert dafür, interpretierend nicht mehr vom Bild als solchem auszugehen, sondern von der »Konstellation des visuellen Objekts im Kontext von strategisch motivierter Bildproduktion, Markt- und Machtverhältnissen.« (145)

Thomas Schwarz zeichnet Robert Müllers »diskursive Position zu den Exotismen der Jahrhundertwende« (150) sowie Positionen »koloniale[r] Biopolitik« (149) nach – Stichworte sind u. a.: »sexuelle[ ] Hybridisierungsfantasien« (157), »tropenmedizinische[r] Spezialdiskurs« (165), »rassistische koloniale Hybridisierungsparanoia« (167), »genozidale[ ] Folgen des sexuellen Exotismus« (177). Müllers Novelle *Das Inselmädchen* zeichne sich durch eine »kolonialismuskritische[ ]« (176), sich gegen biologische Kriegsführung und gegen Raubkunst aussprechende »Stoßrichtung« (ebd.) aus. Müller selbst plädiere am Lebensende für einen »supranationalen, globalen Sozialismus« (180).

Junko Takamiya beschäftigt sich in ihrem von Wiederholungen und Inkohärenzen nicht freien, ausbaufähigen Beitrag mit Alma M. Karlin, der von klassenspezifischen und ethnozentrisch-rassistischen, in der Ablehnung von Hybridisierung kulminierenden Überzeugungen nicht freien »Kritikerin kolonialer exotistischer Fantasien« (188). Karlins Biographie und einer weltreisenden Frau wie Ida Pfeiffer wird breiter Raum eingeräumt. Im Unterschied zu anderen Weltteilen habe Karlin Japan eine »ungewöhnliche Zuneigung« (199) – Stichwort: »Japanexotismus« (202) – entgegengebracht und ein tiefes Verständnis für das Land und dessen Frauen entwickelt.

In Willy Seidels von »rassistische[n] und nationalistisch-exzeptionalistische[n] Diskurse[n]« (225) und »vitalistische[m] Denken[ ]« (232) durchzogener Sammlung von Reisetexten *Die Himmel der Farbigen* sieht Fermin Suter eine eindeutige Nähe pragmatisch ausgerichteter »exotistische[r] Emotionalität« (223) zur durch »Brüderlichkeitsrhetorik« (227) bestimmten deutschen Variante des Kolonialismus. Diese Sammlung stehe wie andere Texte nicht nur von Seidel »im Dienste eines kolonialen Emotionsregimes« (ebd.), auch hinsichtlich der Leserschaft, und warne vor Dekolonialisierung und »imperialer Konkurrenz.« (239)

Manuel Philipp Kraus geht am Beispiel von Ernst Schäfer, Senta Dinglreiter und Otto Schulz-Kampfhenkel dem »Kontrast zwischen wissenschaftlicher und ideologischer Exotik« (245) in Abenteuer- und Reiseliteratur des Dritten Reichs nach. Schäfer als Wissenschaftler erliege »Mythos« (248) und »Exotik« (ebd.) einerseits und ideologischer Diffamierung tibetanischer Einheimischer andererseits. In den »»Gegenkolportage[n]‹« Dinglreiters aus der Südsee und Schulz-Kampfhenkels aus Südamerika gehe es – Stichwort: »Anthropofaschismus« (249) – vor allem um eine Lobpreisung des Eigenen auf Kosten der denunzierten Anderen.

Dem japanischen Dichter, Maler, Bildhauer und »Laienethnograph[en]« (269) Hijikata Hisakatsu, dessen Rezeption und dessen inkohärentem Exotismus gilt das Interesse von Eriko Hirosawa. Ein Bündel an Beweggründen ließen Hisakatsu nach Mikronesien übersiedeln, wo er, der Zivilisationsflüchtling, einen »›Urzustand‹« (275) suchte und ein – allerdings »herrschend-belehrende[r]« (281) – »Eingeborener‹« (275) werden wollte. Dabei habe Hisakatsu zuweilen problematische Verbindungen mit dem von ihm abgelehnten japanischen Kolonialismus bzw. Imperialismus eingehen müssen.

Auch Mechthild Duppel-Takayama beschäftigt sich mit Leben und Werk eines japanischen Exotisten, des Schriftstellers Nakajima Atsushi nämlich. Dessen in Mikronesien entstandenen beiden Erzählsammlungen zeugten vom »Zwiespalt« (291) des weitestgehend unpolitischen, an Existenziellem und an Identitätsfragen interessierten Autors zwischen westlich geprägtem Selbstverständnis und »Sympathie mit den Inselbewohnern« (ebd.). In den Südseeerzählungen entstehe tendenziell »ein Bild, das dem romantischen Konzept vom infantilen Edlen Wilden« (293) entspreche.

»Neoexotismen«

Für dieses Kapitel stellen sich die grundsätzlichen Fragen, ob man nicht eher von epigonalen oder Pseudo-Exotismen sprechen und wie viel Raum man diesen Exotismen einräumen sollte. Die Zuordnung des Hermann Hesse-Beitrags von Alexander Honold überrascht.

Honold zählt, nicht unproblematisch, auch einen »Großteil der mediterranen Flucht- und Sehnsuchtsorte deutschen Dichtens und Denkens« (304) zu den »exotistische[n] Kulturprojekte[n]« (ebd.). Anhand eines »Selbstexotisierung« (310) betreibenden autobiographischen Textes wie *Beim Einzug in ein neues Haus* und insbesondere der dem Expressionismus verhafteten Künstler-Erzählung *Klingsors letzter Sommer* geht Honold »Hermann Hesses Tessiner Überbietung des Exotismus« (303) nach. Dabei werden die Grenzen interpretatorischen Geschicks ausgereizt.

Thomas Pekar spricht mit Blick auf Ingeborg Bachmanns Gedicht *Liebe: Dunkler Erdteil* irritierenderweise von einem »skandalträchtigen Masochismus« (320). Der spekulative Beitrag wirft eine ganze Reihe grundsätzlicher Fragen auf, insbesondere hinsichtlich der vorgeschlagenen »politisch-anti- bzw. postkoloniale[n] Lesart« (325) des Gedichts. Dass das lyrische Du »in der Position absoluter Macht-losigkeit« (328) sei, dürfte sich insbesondere angesichts der letzten beiden Strophen kaum halten lassen.

Anhand von drei um 1980 entstandenen Studien weist Angelika Jacobs über-zeugend nach, dass es sich beim Schreiben des nur bedingt als »Pionier[] deutscher Ethnopoesie« (342) zu apostrophierenden Hubert Fichte »um einen reflektier-ten Prozess des Oszillierens zwischen Anthropologie, Synkretismus und Exotis-mus handelt« (343). Der werde »auf unterschiedliche Weise zum Gegenstand der (Selbst-)Beobachtung und eines eigenen Darstellungsverfahrens« (ebd.): »Autor, Figur und Leser [werden] dem desorientierenden Zustand des Vermischtseins und -werdens ohne universellen oder religiösen Überbau« (351) ausgesetzt.

Azusa Takata theoriegeleiteter Beitrag interessiert sich für das Verhältnis von Politik, Kolonialismus, Medien und Exotismus. Unter Einbeziehung weiterer asia-tistischer und japonistischer Christian Kracht-Titel geht er den Beziehungen zwi-schen Krachts in den 1930er Jahren spielendem »historischen« (361) Roman *Die Toten* und der japanischen Filmindustrie bzw. dem japanischen Arnold Fanck-Pro-pagandafilm *Atarashiki tsuchi* / *Die Tochter des Samurai* nach. *Die Toten* präsentiere Japonismen »spielerisch« (369) und breche sie »vielfach ironisch« (ebd.).

Um die Flüchtlingskrise kreisende Theaterinszenierungen von *Die Schutzbefoh-lenen* (Elfriede Jelinek / Nicolas Stemann) und *Schiff der Träume. Ein europäisches Requiem nach Fellini* (Karin Beier) werden von Shiori Kitaoka hinsichtlich der mit »Dekolonialisierungstendenzen« (371) – Stichworte: »Blackfacing« (372), »Kon-struktion von Authentizität« (385) – in Zusammenhang stehenden Frage analy-siert, wie man auf der Bühne »›den Anderen‹ repräsentiert« (371). Die Inszenie-rungen seien »Indikatoren dafür, dass die Selbstkritik des öffentlichen Theaters im Umgang mit Exoten auf der Bühne [...] im Wandel ist« (385).

Andreas Becker analysiert moralinfrei unter Bezugnahme auf diverse Kultur-schaffende, Tendenzen und Konzeptionen aus Vergangenheit und Gegenwart »die Formen des Exotismus und der Selbstexotisierung« (390) in den Liedern (u. a. *Aus-länder*), den »vielschichtige[n] Aufführungen« (391) und den medialen Verwertun-gen – Stichworte: filmische Soundtracks, Zitierungen und »Brechungen von Kli-schees und Stereotypen« (ebd.) – von Rammstein. Rammsteins Ästhetik beruhe auf einer »perspektivischen Verkehrung« (409) als Folge einer »responsiven Haltung« (410) und feiere »das dystopisch Spezifische« (ebd.) deutscher Kultur.

Fazit und Ausblick

Der Band kann als »Ausgangsbasis« (s. o.) für ein Exotismus-Handbuch gelten. Allerdings vermisst man vor allem Beiträge zur Flut an exotistischen Film- und Fernsehproduktionen allein im deutschsprachigen Raum.

Was dieses anvisierte Exotismus-Handbuch anbelangt: Da wäre man vermut-lich gut beraten, »Exotismus« weder geographisch noch zeitlich noch vom perspektivischen Dispositiv her zu überfrachten. Wie dies hinsichtlich der eine zeitlich ferne Fremde fokussierenden Histotainment, Science Fiction sowie Utopie und Dystopie der Fall ist, wäre es wohl angemessener, auch »Exotismus« als eine Spielart von neuzeitlicher eurozentristischer Xenophilie bzw. Neophilie zu begreifen, als eine, die auf eine weitgehend unvertraute, zeitgleiche doch geographisch ferne Fremde gerichtet ist.

Aus sachlicher Perspektive erschiene es daher sinnvoll, »Exotismus« geographisch auf außereuropäische Gebiete einzugrenzen und einerseits von den Motiven (individuelle ästhetische oder lebenspragmatische Bereicherung, Kreolisierung, Ausbeutung, Zivilisierung) und andererseits von den Sujets her (Erotik/Sexualität, Kunst, Landschaft, Lebensweise, Pflanzen, Sitten und Gebräuche, Tiere etc.) weiter zu systematisieren. Anderenfalls würde man ein gewaltiges ›Fass aufmachen‹, an dessen Boden man beispielsweise auf König Salomos Vorliebe für fremdländische Frauen (1. Könige 11, Nehemia 13) stoßen würde.

Aus pragmatischer Perspektive wäre es weiterhin wohl eine zuträgliche Entscheidung, wenn man sich – unter Berücksichtigung kursorischer Blicke auf Antike, Mittelalter und frühe Neuzeit, auf internationale Ethnologie, auf ehemalige Kolonialmächte und auf xenophile deutschsprachige Vorläufer – auf Artefakte, Erzeugnisse und Praxen aus dem deutschsprachigen Raum (mit einem Schwerpunkt auf der ersten Hälfte des 20. Jahrhunderts) konzentrieren würde. Wie sonst will man der (Über-)Fülle an aussagekräftigen Untersuchungsgegenständen aus Literatur, Film und Fernsehen, Theater und Unterhaltungsindustrie (bspw. Varieté, Zirkus, Schlager, Spiele), ggf. auch aus (Innen-)Architektur, Design, Haut- und Körpergestaltung, Kunst, Mode, Musik oder Werbung gerecht werden?

Günter Helmes

Bernhard Rusch: Dada & München. Eine Art Romanze. 2. korrigierte Aufl. München: Schrägverlag, 2022, 250 S., [ohne ISBN], € 18,19.

Die Forschung zum Dadaismus hat vielleicht heute ihren Zenit überschritten, was nicht zuletzt damit zusammenhängen mag, dass er heute viel von seiner Provokationskraft verloren hat. Wenn es – um ein jüngeres Beispiel aufzunehmen – nur noch darum geht, ob Marcel Duchamp sein Readymade *Fontain* tatsächlich selbst erfunden oder einer mittlerweile vergessenen Künstlerkollegin, hier Elsa von Freytag-Loringhoven, entwendet hat, dann steht nicht mehr das Adorno'sche »offene Meer des Unbekannten« im Mittelpunkt des Interesses, sondern es sind Fragen der Zuordnung, mit einigem Pech auch der Expropriation, hier geschlechtsspezifisch aufgeladen, die Erregungszustände erzeugen. Das ist vielleicht bedauerlich, andererseits bei einer Kunstrichtung, die sich dazu aufgemacht hatte, die Schranke zur Lebenswelt zu durchstoßen und damit einigermaßen erfolgreich gewesen ist, kaum verwunderlich. Dada mag die Welt nicht vor dem Krieg gerettet haben, in dem es entstand, und auch keinen weiteren verhindert haben, aber der Dadaismus gehört auf mittlere Frist zu den erfolgreichsten, mithin teuersten Kunstrichtungen der Moderne. Soll auch heißen: Es bleibt eine der denkwürdigsten Widersprüche der Kunst, dass sie – wenn sie erfolgreich ist – zu einer zugleich seltenen und begehrten Ware wird, und das, obwohl sie doch – gerade, wenn sie Dada ist – die Ordnungen der Welt, zu denen neben der Sprache auch die Ökonomie gehört, ins Visier genommen hat. Das geht nur dann auf, wenn solche Strukturen, solche Ordnungen eigentlich selbst nur als kaschiertes Chaos gelten können. Aber das nur nebenbei und eben auch als Beipack dessen, dass Menschen Sinn produzierende Maschinen sind, egal womit sie sich abgeben.

Was das angeht, ist es eine amüsante Entscheidung Bernhard Ruschs, der 2022 einen kleinen Band zur Vorgeschichte Dadas in München herausgebracht hat, der Romanze, die er zwischen der Kunststadt München und dem Dadaismus sieht, eine ökonomische Note zu geben, und sei es nur, dass er zwischen beiden ein kaufmännisches & gesetzt hat. Aber es ist anzunehmen, dass er das so nicht gemeint hat. Sondern ganz anders: Dass München vor dem Großen Krieg eine Kunststadt war, ein Schwergewicht im internationalen Kunstgeschehen, wird man einigermaßen konzedieren können. Noch in Lion Feuchtwangers Roman *Erfolg* von 1930 klingt das nach, auch wenn die Kunst, vor allem die moderne Kunst, hier der Politik zum Opfer fällt. So – sagen wir – expressionistisch die um 1910 mit etwas mehr als 500.000 Einwohnern viertgrößte Stadt des Deutschen Reiches (nach Berlin und Hamburg und in etwa auf dem Niveau Kölns) sich künstlerisch auch gegeben haben mag, als Hochburg des Dadaismus ist München eben nicht hervorgetreten. Das war Städten wie Zürich, wo der Dadaismus mit dem »Cabaret Voltaire« im Jahre 1916 entstand, Berlin, Köln, ein bisschen Hannover, Paris und dann New York vorbehalten. München ist eben mehr die Stadt des »Blauen Reiters« und der »Gesellschaft«, vielleicht auch des Seminars Artur Kutschers, dessen Einfluss auf Literatur und Literaturwissenschaft kaum hoch genug einzuschätzen ist. Und, um die Liste fortzusetzen, die Stadt eines Erich Mühsam, eines Heinrich und Thomas Mann, Otto Julius Bierbaums oder Frank Wedekinds, als dass sie sich den dann literarischen Avantgarden der 1910er Jahre verschrieben hätte, dem Expressionismus etwa oder gar dem Dadaismus. Aber da trügt der Blick schon, denn es gab eben auch Johannes R. Becher, Karl Otten oder Franz Jung in München, später sogar einen Lion Feuchtwanger und einen Bertolt Brecht, neben den in dem hier relevanten Zusammenhang zu nennenden Hugo Ball und Emmy Hennings, später verheiratete Ball.

Womit wir bei Bernhard Ruschs Thema sind, also bei der Stadt, die eben nur beinahe die Stadt geworden wäre, in der der Dadaismus erfunden wurde. Denn diese Ehre gebührt auch in der Zeit nach Rusch immer noch Zürich. Wobei Rusch eben den Blick dafür öffnet, dass Dada zwar Sinn zerstören will, aber nicht ohne Vorgeschichte entstanden ist. Und zu der gehört eben die Stadt München, wohl wie keine zweite – während die Nachwehen des Dadaismus die Stadt kaum berührten. Lediglich einen, heute vergessenen Dadaisten vermag Rusch im München der Nachkriegszeit aufzuspüren, einen gewissen Alfred Vagts, von dem man – allerdings aus anderer Quelle – erfahren kann, dass er nach seiner Abwendung von Dada als Historiker reüssierte und 1933 in die USA emigrierte.

Dagegenhalten kann Rusch allerdings München als Stadt der Vorgeschichte des Dadaismus, und sei es, weil sich Hugo Ball und Emmy Hennings hier kennen-, wenngleich – wie Rusch betont – nicht auf Anhieb lieben lernten, zumindest was Emmy Hennings angeht. Um diese beiden herum, und damit unter besonderer Berücksichtigung der späten Schwabinger Boheme, entwirft Rusch in seiner knappen, eher als Abfolge von Notizen, denn als zusammenhängende Studie konzipierten Arbeit ein Netzwerk an Beziehungen und Verbindungen, aus denen heraus die Vitalität und zugleich Engmaschigkeit der Beziehungen in der Literatur- und Kunstszene Münchens vor dem Krieg vor Augen geführt wird. Neben Hugo Ball und Emmy Hennings finden sich auch Franz Jung, Richard Huelsenbeck, John Heartfield (noch unter seinem bürgerlichen Namen), Walter Mehring, Sophie Taeuber, Oskar Maria Graf, Karl Otten, der früh verstorbene Hans Leybold, Klabund, Erich Mühsam (der später betonte, dass es seine Absicht sei, »die arbeitenden Menschen zu revolutionieren und nicht die deutsche Grammatik«, was er aber gegen Oskar Maria Graf gewendet wissen wollte, der einen 1920 erschienenen Lyrik-Band Mühsams hinreichend verrissen hatte), Hans oder Jean Arp und der Maler Christian Schad (der vor allem als Repräsentant der Neuen Sachlichkeit bekannt ist). Sogar Marcel Duchamp hat sich einige Zeit in München aufgehalten wie auch der in der Avantgarde so prominente Psychiater Otto Gross. Franz Jung hat sich später für seine Entlassung aus der Psychiatrie eingesetzt und ihn mit seiner Frau Cläre vor seinem Tod in Berlin beherbergt. Die Beziehungen zwischen diesen zahlreichen Protagonisten der Moderne im frühen 20. Jahrhundert – Dadaisten, Nicht-Dadaisten und Dada-Gegner – sind unterschiedlich eng, teils flüchtig, teils stehen sie in Konkurrenz zueinander. Immerhin sind sie eng genug, dass es zur Intimität reicht, mithin der Ärger, des einen über den oder die anderen auch nach Jahren noch stark genug ist, um für einige abfällige Bemerkungen herzuhalten. Auch wenn es dann persönlich wird. Erich Mühsam kanzelte Emmy Hennings als hurenhaft ab und gibt Jahre später noch seiner Verärgerung darüber Ausdruck, dass Hans Leybold nicht nur ein Mündel Mühsams geschwängert habe, sondern dass Ball zur Ehrenrettung des Kumpels bekannte, gleichfalls mit der betreffenden Frau verkehrt zu haben, was die nun alleinstehende junge Mutter um die Alimentierung durch den Vater Leybold gebracht habe. Die sexuelle Freizügigkeit, die eben nicht nur allgemeines Phänomen der Boheme gewesen sein mag, hat wohl mit der persönlichen Befreiung, die Otto Gross in einer entfesselten sexuellen Praxis gesehen haben mag, wenig gemein. Die Irritation wirkt selbst in Ruschs Schrift nach, der mehrmals darauf verweist, dass Emmy Hennings sich eben auch prostituiert habe, um über die Runden zu kommen.

Das Verdienst von Ruschs Schrift besteht nicht zuletzt darin, die zahlreichen Begegnungen, Beziehungen und Vernetzungen, die unterschiedlich intensiv und eng waren, vorzuführen und sie in den Kontext Dada zu stellen – wobei dieser Aspekt eigentlich weniger stark zu machen wäre. Denn dass einige der hier vorgeführten, wenigstens zeitweisen Münchener Größen später Repräsentanten des Dadaismus werden würden, hätte man ihnen – zumal ohne Wissen darum, was denn da auf dem besagten »offenen Meer des Unbekannten« auf einen zukommt – kaum

vorschreiben können. Gerade das aber macht die Stärke und zugleich Schwäche
der Arbeit aus. Sie sammelt um das Gravitationszentrum Dada alles, was es an
Namhaften aus den Münchener Vorjahren zu nennen gibt. Aber mehr, als dass
sich die so Vorgeführten gekannt haben oder begegnet sein mögen (und sei es in
den diversen Spelunken oder Betten der Szene), kommt eben am Ende auch nicht
dabei heraus. Dada hatte eben keine Beziehung zu München, aber es gibt einige
Autoren und Künstler, die vor 1914 in der Kunststadt München waren und die
später Dadaisten geworden waren. Ob das ohne ihre Zeit in München möglich
gewesen wäre, ist eine müßige Frage.

Walter Delabar

*Hannes Gürgen: Arnolt Bronnen. Literatur, Ästhetik und Medienarbeit eines moder-
nen Schriftstellers. Bad Saulgau: Triglyph Verlag UG 2023, 573 S., ISBN 978-3-
944258-13-3, € 49,00.*

Die vom Karlsruher Literatur- und Medienwissenschaftler Stefan Scherer betreute
Studie von Hannes Gürgen – der trat bislang mit Beiträgen über Hans Fallada,
Wolfgang Koeppen, Friedo Lampe und eben Arnolt Bronnen hervor – wurde 2023
von der Fakultät für Geistes- und Sozialwissenschaften am Karlsruher Institut für
Technologie als Dissertation angenommen. Sie handelt über den aus ideologisch-
biographischen Gründen an den Außenrand des literarhistorischen Bewusstseins
gedrängten, als Person eher heiklen und allemal fragwürdigen, als Dramatiker, Erzähler, Film-, Rundfunk- und Fernsehautor sowie Literatur- und Kulturkritiker
jedoch imponierenden Österreicher Arnolt Bronnen (1895–1959).

Erstmals wird das sich über fünf Jahrzehnte spannende literarische und mediale
»Gesamtwerk« (16) dieses Prototyps des modernen Autors in den Blick gerückt.
Der wurde zeitgenössisch mit guten Gründen als »›Richtnadel an der Waage der
Modernität‹« (Bernhard Diepold 1926, 12) verstandenen, war und ist als zunächst
eifernder Rechtsnationaler, dann zeitweiliger Nazi-Anhänger und schließlich Kom-
munist allerdings politisch gleich mehrfach gebrandmarkt.

Die Studie besticht in einer Reihe von Hinsichten: durch frappierenden Materialreichtum, einschlägiges kultur-, literatur- und medienhistorisches Wissen,
überzeugende Kontextualisierungen, akribische, theoriegeleitete Textanalysen statt
kaschierter Inhaltsangaben oder textabstinenter Theoriehuberei, kontrolliertes Spekulieren und ausgewogene Urteile sowie einen klaren, dank meist sachgerechter
bzw. den eigenen Vorgaben folgender Untergliederungen benutzerfreundlichen
Aufbau.

Bei so viel Licht kann der eine oder andere Schatten nicht ausbleiben. Diese
sind aber mehrheitlich nicht substanzieller Natur. Bronnens »moralisierende[]«
(316), wie eine »fiktive Gerichtsverhandlung angelegt[e]« (ebd.) und häufig als
Quelle herangezogene Autobiographie *arnolt bronnen gibt zu protokoll* (1954)
bleibt ihrer Zuverlässigkeit nach unhinterfragt. Es wird von »vielen Widersprü-

chen« (222) bei Bronnen wie beispielsweise hinsichtlich einer »›Führer‹-Gestalt«
(ebd.) gesprochen, wo treffender von Abwandelung oder von doch selbstverständ-
lichen persönlichen Entwicklungen geschuldeter Veränderung gesprochen würde.
Der Aufbau der einzelnen Kapitel (s. u.) bringt es mit sich, dass die Studie nicht frei
von (z. T. wortwörtlichen) Wiederholungen ist. Der Textsorte Dissertation geschuldet, stehen viele Sätze unter einer merklichen ›Beweislast‹. Die Leserfreundlichkeit
leidet zudem – Stichwort: Bleiwüste – unter übervollen Seiten und wissenschaftlich zwar begrüßenswerten, doch erhebliches Durchhaltevermögen abverlangenden
knapp 1100 Fußnoten teils beträchtlicher Länge und zuweilen eher marginalen
Inhalts. Es gibt Seiten, auf denen eine Handvoll Zeilen Fließtext 40 Zeilen Fuß-
notentext gegenüberstehen. Einige Literaturangaben sind nicht vollständig (bspw.
eine den Rezensenten betreffend; der betreffende Text wurde vermutlich nicht ein-
gesehen) oder fehlerhaft (Nils Weber statt Nils Werber, Ludwig Thomas statt Ludwig Thoma). Hinzuweisen wäre schließlich auf den einen oder anderen weiteren
Tipp- und auch auf Satzfehler (u. a. unmotivierte Zeilenumbrüche).

Makrostrukturell lässt sich die mit gut 570 Seiten sehr umfangreiche Studie in
drei Teile unterteilen: In einen knapp 350 Seiten umfassenden Darstellungs- und
Analyseteil, der in elf mit Abbildungen Bronnens und anderer eröffnende Kapitel
untergliedert ist, in ein im Haupttitel etwas unglücklich »Abbildungsverzeichnis«
(350) geheißenes, 50 Seiten langes zwölftes Kapitel und in den gut 200 Seiten umfassenden, aus zwei weiter untergliederten Kapiteln bestehenden Anhang.

Mesostrukturell und mikrostrukturell – vgl. betreffende Ausführungen in der
»Einleitung« (= erstes Kapitel) – ist der Darstellungs- und Analyseteil durch die
Gliederung nach »chronologischen Parametern« (18; vgl. hingegen Kapitel acht, in
dem zeitliche und sachbezogene Orientierung konfligieren) gekennzeichnet. Dabei
werden – Stichwort: »intermediales Wechselverhältnis« (ebd.) – sinnvollerweise die
zeitlich parallellaufenden Arbeitsphasen im Kontext der Neuen Medien [...] jeweils abwechselnd zum Prozess der allgemeinen literarischen Werkgenese dargestellt« (ebd.). Jedes Kapitel des Darstellungs- und Analyseteils bietet zunächst einen
»Überblick« (Biographisches sowie für das Werk relevante »gesellschaftspolitische
Entwicklungen und zeitgeschichtliche Umstände«; 18), dann eine »Hinführung«
(Bronnens »für die jeweilige Werkphase relevante ästhetische Position«; ebd.),
daran anschließend werkimmanent verfahrende Analysen (»textinterne Strukturen«
sowie inhaltliche [...] wie sprachlich-stilistische Gestaltung«; ebd.) und schließlich eine »Zusammenfassung der für die jeweilige Werkphase typischen formal-
ästhetischen Elemente« (ebd.) im »Gesamtkontext der allgemeinen Werkgenese«
(ebd.).

Der »Einleitung« sind ebenfalls knappe, doch zureichende Hinweise auf den
Forschungsstand zu entnehmen. Zudem wird das Erkenntnisinteresse der dem
Konzept der »Synthetischen Moderne« (Gustav Frank, Rachel Palfreyman, Stefan
Scherer) verpflichteten Studie herausgestellt. Es geht, unter dergestalt einsichtig
begründeter Hintanstellung »weltanschauliche[r] Aspekte« (17), vorrangig um die
»ästhetische Verfasstheit von Texten und Medienprodukten« (16) sowie um das
»komplexe Wechselverhältnis zwischen Neuen Medien [...] und Literatur« (17).

Im zweiten Kapitel setzt sich Gürgen – die Vielzahl an Einzelergebnissen, die in diesem wie in den anderen Kapiteln erarbeitet werden, kann an dieser Stelle nicht annähernd wiedergegeben werden – mit Biographischem und mit dem zwischen 1913 bis 1915 entstandenen, aus drei »eng« (54) miteinander verbundenen Dramen bestehenden und von »exstatische[m] Aufbruchpathos« (86) bestimmten expressionistischen Frühwerk Arnolt Bronnens auseinander. Wie in *Recht auf Jugend* und *Die Geburt der Jugend*, folge die Figurenrede auch in *Vatermord*, dem bekanntesten und letzten Stück dieser auch unter dem Einfluss Sigmund Freuds stehenden Phase, »ausschließlich emotional-sinnlichen und affektgeleiteten Kriterien« (54) und bringe »das Animalische und Triebhafte des Menschen unmittelbar, ungeschönt und ungebändigt zum Ausdruck« (ebd.).

In der zweiten, verstärkt von der Psychoanalyse beeinflussten Werkphase zwischen 1916 und 1921, in der Bronnen intensiv das Frühwerk überarbeitet und in der Texte wie *sturmpatrull* (Drama), *Septembernovelle* und *Die Exzesse* (Lustspiel) entstehen, komme es, so auch der Titel des dritten Kapitels, zu einer »Werkkonsolidierung und Bändigung des Expressionismus« (o. S.; 57). Gemeinsam sei diesen Texten eine Erweiterung der sich bislang in Problemen der »Jugend« erschöpfenden Themenpalette um Allgemeingesellschaftliches und Zeitgeschichtliches. Während *sturmpatrull* als »expressionistische[s] Wandlungsdrama[]« (86) stilistisch noch dem Frühwerk zuzuschlagen sei, sei *Exzesse* durch einen »derben Jargon« (88) und eine »volkstümlich-dialektalen Zug« (ebd.) gekennzeichnet. Zudem experimentiere Bronnen hier, »und das noch vor Brechts Theorie vom Epischen Theater, mit neuen szenischen Effekten und dramatischen Ausdrucksmöglichkeiten« (ebd.).

1922/23 gerate Bronnen, so das vierte Kapitel »Arnolt Bronnen und die Neuen Medien I«, aufgrund des überraschenden Bühnenerfolgs von *Vatermord* einerseits und des Freundes Brecht Aufforderung zu »mehr Realismus, Nüchternheit und verstärkte[r] gesellschaftspolitische[r] Fokussierung« (116) andererseits in eine »anhaltende[] Phase kreativer Stagnation.« (Ebd.) Er gehe trotz der wegweisenden Zusammenarbeit mit Brecht (*Robinsonade auf Assuncion*) einer »Entscheidung über die zukünftige Ausrichtung seiner Literatur« (ebd.) aus dem Weg und heuere vorübergehend als »verantwortlicher Dramaturg« (ebd.) bei der *Decla-Bioskop*-Filmgesellschaft an – mit erheblichen Konsequenzen für sein literarisches Werk. Im neuen Tätigkeitsfeld gelinge es ihm nämlich, eine »deutlich nüchterne Schreibprofessionalität und -souveränität auszubilden« (ebd.) und Vorlieben für neue Themen, insbesondere solche historischer Art, zu entwickeln. Das führe später zu geschichtsträchtigen Dramen- und Erzähltexten wie *Ostpolzug*, *Napoleons Fall*, *N* oder *Gloriana* und zu Film- und Fernsehprojekten wie *Fridericus Rex*, *Friedemann Bach*, *Alt-Berliner Miniaturen* oder *Berolina*.

Die laut Gürgen durch die »Hinwendung zu Themen wie Kampf, Risiko, Abenteuer, Männlichkeit« (162) und die Herausbildung einer »›Tendenz der rechten Hand‹« (128; vgl. seine Artikelserie *Bronnens zehn Finger*; vgl. auch Kapitel sieben) bestimmten Jahre 1923 bis 1926 (= Kapitel fünf) stellen nach dem Zwischenspiel *Decla-Bioskop* die dritte Werkphase des Autors dar. Der zusehends sachlich schreibende, ästhetisch und insbesondere politisch weiter polarisierende Bronnen setze sich in den dennoch von »Expressionismus-Anleihen« (163) nicht freien, neuerdings mit »Kolportage-Elemente« (ebd.) durchwirkten und dem »Ästhetikverständnis« (125) nach auch am italienischen Futurismus orientierten Zeitstücken *Anarchie in Sillian*, *Katalaunische Schlacht*, *Rheinische Rebellen* und *Reparationen* auf allegorische, »teilweise auch nationalmythisierende[]« (162) Weise ›verstärkt mit aktuellen, gesellschaftspolitischen Themen und Problemen der Nachkriegszeit« (ebd.) auseinander – Stichworte: Soziale Frage, technisierte Moderne, »Kriegsschuldgefühle […], territoriale Grenzkämpfe und Separatistenaufstände« (163) sowie Versailler Vertrag und dessen Folgen. Das als »dezidierter Beitrag zum Epischen Theater« (152) zu verstehende, den Abschied vom Zeitstück einleitende »Monodrama« (ebd.) *Ostpolzug* teste zudem »die technischen Grenzen des zeitgenössischen Theaters« (164) aus. Die Prosa dieser Jahre (*Napoleons Fall*) sei »durch einen prominenten Einsatz filmischer Montage- und Verfahrenstechniken gekennzeichnet« (ebd).

Kapitel sechs (= »Neue Medien II«) verhandelt wie Kapitel sieben die Jahre 1926 bis 1934 bzw. 1935 und hier Bronnens Arbeit für den Rundfunk. Anfangs nur freier, schon früh in »produktive[r] Kollaboration« (169) mit dem bedeutenden Hörspielregisseur und Rundfunkreporter Alfred Braun stehender Mitarbeiter, werde der sich nunmehr offen antiliberal, nationalistisch und nationalrevolutionär (Stichworte: Konservative Revolution, Ernst Jünger-Einfluss) gegen die Weimarer Republik als »bürgerliches Polit-Konstrukt« (Kapitel sieben, 221) positionierende und eine »konsequente Remilitarisierung Deutschlands« (ebd.) fordernde Bronnen zum 1. Oktober 1928 als »Rundfunkdramaturg[] der literarischen Abteilung der *Funk-Stunde* […] offizieller Bestandteil der Berliner ›Kunst-Bürokratie‹ [Bronnen]« (ebd.).

In einer bis 1928 reichenden ersten Phase produziere Bronnen als »›Monteur‹ und ›Baumeister‹, der analytisch vorgeht und […] rundfunkadäquate Darstellungswege erprobt« (216), »Hörspielbearbeitungen literarischer Klassiker [Goethe, Schiller, Kleist]« (ebd.). Die bei *Michael Kohlhaas* entworfene »Doppelstruktur des dramatischen Aufbaus« (ebd.) finde auch bei seinen Nachkriegsdramen Anwendung, was auf die enge Verzahnung von Dramen- und Hörspielwerk hinweise. In der zweiten, bis 1934 reichenden Phase entwickele Bronnen eine »Konzeption des Nationalen Hörspiels« (217) und versuche mit Hörspielen wie *Potsdam* und *Sonnenberg*, »den Rundfunk als ›volkserzieherisches‹ Medium für deutschnationalistische Propaganda zu gebrauchen.« (Ebd.)

Das siebte Kapitel geht Bronnens parallel zur Rundfunkarbeit entstehenden, nur aus Prosa bestehenden literarischen Produktion, seiner unrühmlichen, auch »alte Weggefährten« (226) wie Leopold Jeßner, Max Reinhardt oder Erwin Piscator brüskierenden Betätigung als »nationalrevolutionärer Aktivist« (225) und seiner »allmählichen Distanzierung« (229) von den Nazis nach 1933 aufgrund eines umfassenden »Desillusionierungsprozes[ses]« (ebd.) nach. Ab 1935 sei Bronnen »zum entschiedenen Gegner des Nationalsozialismus« (ebd.; vgl. auch Kapitel neun, 296) geworden.

Im Fokus dieser vierten Werkphase stehen der Filmroman *Barbara La Marr*, der auch von einem Rechtsaußen wie Alfred Rosenberg inhaltlich und sprachlich kritisierte, von Goebbels freilich als »*erste[r] nationalistische[r]* Roman großen Stils'« (224) gefeierte Oberschlesienroman *O. S.*, der biographische, vom Freikorpsführer Gerhard Roßbach handelnde Roman *Roßbach*, die Liebesgeschichte *Erinnerung an eine Liebe* und der unter dem Pseudonym A. H. Schelle-Noetzel erscheinende Rundfunkroman *Kampf im Äther oder die Unsichtbaren*. Bronnen greife – Stichwort: Synthetische Moderne – »wie selbstverständlich auf die Summe des von ihm entwickelten literarischen Formenvokabulars« (265) als einem »Nebeneinander heterogener Elemente und Einflüsse« (266) zurück. Das »inhaltliche Spektrum« reiche »vom rührseligen Melodram über actionreiche Detektiv- und Kriminalgeschichten bis hin zu absurden Slapstickeinlagen« (265). Kennzeichnend seien eine »Amoralität der Darstellung« (ebd.), »stereotype[] Figurenzeichnungen und chauvinistische[] Schwarz-Weiß-Feindbilder[]« (ebd.), »rassistische[] Zuschreibungen« (ebd.) sowie, in *Kampf um den Äther*, »antisemitische Ressentiments« (ebd.).

Im dem dem Titel nach Bronnens Fernseharbeit in den Jahren 1936 bis 1940 thematisierenden, irritierenderweise aber auch dessen Fernsehprojekte in den Jahren 1956 bis 1959 verhandelnden achten Kapitel (= »Neue[] Medien III«) geht es zunächst um Bronnens Tätigkeit beim Fernsehsender *Paul Nipkow*, dessen erster Reichsdramaturg er ist. In Übereinstimmung mit der »offiziellen NSDAP-Parteilinie« (269) und, widersprüchlich genug, seiner Abkehr vom Nationalsozialismus (s. o.) zum Trotz wolle Bronnen den ihn ob seiner »Live-Qualitäten« (ebd.) faszinierenden »*Sichtfunk*'« (ebd.) zumindest anfangs als »›bedeutendstes *Propagandamittel des Staates*‹ aufbauen« (ebd.). Darüber hinaus beabsichtige er, technikaffin und innovationsfreudig, wie er seit je gewesen sei, mit der taufrischen Gattung »Fernsehspiel« »ganz neue künstlerische Wege« (ebd.) zu beschreiten, das Fernsehen medientechnisch an Theater und Film auszurichten und es durch die Darbietung »anspruchsvoller literarischer Stoffe« (270) zu profilieren. All dies bringe ihn ab April 1937 zusehends in Gegensatz zur neuen Intendanz.

Als »Autor, Bearbeiter, Dramaturg und Regisseur« (273) sei Bronnen »für mehr als 25 gesendete Fernsehspiele verantwortlich« (ebd.). Dabei sei er »auffallend unpolitisch« (275). Er fokussiere sich auf »Autoren des europäischen Realismus« (274) wie Theodor Fontane oder Robert Louis Stevenson, auf historische Stoffe und / oder solche »mit regional-heimatlichem Bezug oder lokalem Sprachkolorit« (ebd.; bspw. *Berolina* zum 700jährigen Stadtjubiläum Berlins), auf das Genre »Krimi« (bspw. *Zweimal Jenkins*), auf »humoristische Sketche oder kurze Kabarettnummern« (276; bspw. *Kabarett in Dur und Moll*) sowie auf das kritische Volksstück (Ludwig Thoma).

Später in der DDR arbeite Bronnen zunächst als kritischer Kommentator des DFF-Programms und des westdeutschen Fernsehens. Seine Forderung nach »Themen mit ›Gegenwarts-Problematik‹« (280) setze er mit mehrteiligen Projekten wie *Der Eid des Hippokrates* und *Ich klage an: Die Rote Hand* um. Diese zeichneten sich durch die virtuose Handhabung technischer, dramaturgischer und nun auch akustischer Möglichkeiten aus.

»Widerstand gegen die Hitler-Diktatur: Bronnens Lustspiel-Camouflage im historischen Gewand (1935–1948)« ist das Bronnens fünfte Werkphase in den

Blick rückende neunte Kapitel überschrieben. Eingangs werden Bronnens Abkehr von Nationalsozialismus, seine voranschreitende Ausgrenzung und anwachsende Gefährdung bis Anfang 1943, seine Flucht nach Österreich und seine 1945 in der Mitgliedschaft in der Kommunistischen Partei Österreichs KPÖ kulminierende Hinwendung zum Kommunismus skizziert.

Im Zentrum der Ausführungen zum sehr schmalen literarischen Werk dieser Phase stehen die beiden Historiendramen *N* und *Gloriana*. Die übten »in Form der Camouflage versteckte Kritik an den politischen Zuständen im ›Dritten Reich‹« (311), seien allerdings im Unterschied zu früheren Dramen ohne jeden politisch-kulturellen Einfluss geblieben. Bei diesen »im Zeichen allgemeiner Werte wie Humanität, Gerechtigkeit und Pazifismus« (310) stehenden, antifaschistischen bzw. antinationalsozialistischen Stücken handelt es sich Bronnen nach um »einen ›neuen Typ‹ des historischen Dramas« (300), werde doch versucht, zugleich »dokumentarisch bis ins Letzte belegt und aufgebaut‹« (ebd.) zu sein und gleichzeitig »die Mechanismen des tatsächlichen historischen Prozesses‹ offenzulegen, also die ›konkreten sozialen und politischen Bedingungen‹ individuellen wie kollektiven Handelns.« (Ebd.)

»Im Zeichen von Humanismus, Pazifismus und Antifaschismus« (Haupttitel), so zeigt das zehnte Kapitel, stehen auch Bronnens österreichische Theatertraditionen (Volksstück, Lustspiel) und diverses Filmische integrierende »[s]ozialistische Lehr- und Zeitstücke« (Untertitel) der Jahre 1948 bis 1959 als der sechsten, nun »wieder sehr produktiv[n]« (319) Werkphase. Es entstehen mit *Die Kette Kolin, Die jüngste Nacht, Kaprun. Ein Spiel für Arbeiter* und *Der Eid des Hippokrates* nicht nur vier »[a]nalog zu Brechts Epischem Theater« (336) konstruierte, »vor allem auf den kritischen Selbstreflexionsprozess des Publikums« (ebd.) und dessen »moralische Urteilskraft« (ebd.) abzielende Dramen, sondern auch »eine Vielzahl von Kurzprosatexten« (319 f.), ein letzter Roman *Aisopos. Sieben Berichte aus Hellas* sowie »eine große Zahl an Artikeln zu Kunst, Kultur und zum politischen Zeitgeschehen in Ost und West« (320). »Das gesamte, seit der Jahrhundertwende entwickelte Formenvokabular« (337) werde von Bronnen »wie selbstverständlich gebraucht, modifiziert und in neue Sprachkontexte überführt« (ebd.), womit er sich »auch gegen die starre Doktrin des Sozialistischen Realismus in der DDR« (ebd.) wende.

Allerdings gelinge es Bronnen weder »im frühen Nachkriegsösterreich« (318) als einem seines Erachtens »›reaktionäre[n]‹ Kleinstaat« (317) noch »in seinem sozialistischen Wunschland DDR« (ebd.), sich literarisch durchzusetzen, obwohl er mit der Reportage *Deutschland. Kein Wintermärchen. Eine Entdeckungsfahrt durch die Deutsche Demokratische Republik* einen propagandistischen Auftragstext verfasst habe. Durch Brechts Tod am 14. August 1956 verliere er zudem – die beiden planten mit *Wir warten nicht auf Godot* als sozialistisch-humanistische Antwort auf das im Westen populäre Absurde Theater eine weitere Zusammenarbeit – »einen wichtigen Fürsprecher« (ebd.) und »die Chance, auf den Theaterbühnen der DDR Fuß fassen zu können.« (Ebd.) So sei er, der schließlich auch von der DDR »tief enttäuscht‹« (319) gewesen sei, in seinen letzten Lebensjahren überwiegend als fleißiger Kulturredakteur für die *Berliner Zeitung* tätig gewesen.

In Kapitel elf fasst Gürgen seine Ergebnisse zu den einzelnen sechs Werkphasen noch einmal zusammen. Eine bestimmte »psychologische Disposition« (ebd.), das Bedürfnis nach »Ablehnung oder sogar Abgrenzung« um der »Selbstvergewisserung und -bestätigung der eigenen Autorenrolle« (ebd.) willen einerseits und das damit einhergehende Bedürfnis »nach Zugehörigkeit zu einem entsprechenden Kollektiv oder einer einheitlich konstituierten Gemeinschaft« (ebd.) andererseits, sei »die Grundkonstante im Wesen Bronnens« und »Antriebsfeder und produktiver Impuls für sein künstlerisches Gesamtwerk.« (Ebd.) Gürgen schließt mit vier Thesen: (a) »[E]rstaunliche verfahrenstechnische wie motivische Kontinuitätslinien« (346) über fünf Jahrzehnte widersprächen »dem bisherigen Diktum der germanistischen Forschung, ›Kehrtwenden‹ bei Bronnen erkennen zu wollen« (347). (b) Diese »Kontinuitätslinien« zeigten zudem, »wie wenig Bronnens weltanschauliche Einsichten das künstlerische Gesamtwerk tangieren.« (Ebd.) (c) Bronnens künstlerisches Gesamtwerk ziehe die »Summe aus der [...] Entwicklungsgeschichte der modernen deutschen Literatur des mittleren 20. Jahrhunderts« (ebd.), was ihn zu einem »avancierte[n] Medienautor« (ebd.) mache, der »souverän auf dem ästhetischen Stand der Synthetischen Moderne« (ebd.) arbeite. (d) Bronnens Arbeit für Film, Rundfunk und Fernsehen sei »kein zu vernachlässigender Nebenschauplatz, sondern kreativ-innovativer Impulsgeber für seine Literatur.« (Ebd.)

Eingedenk dieser Thesen hält Gürgen ganz zu Recht fest, dass Bronnen ein »herausforderndes« (ebd.), literarisch »zwischen Höhenkamm- und Trivialliteratur, schöngeistiger Zurückhaltung und kalkuliertem Tabubruch sowie elitärem Kunstanspruch und massenadressierter Populärkultur« (ebd.) changierendes Werk hinterlassen habe, »das zu interdisziplinären Anschlussforschungen einlädt.« (Ebd.)

Das zwölfte Kapitel »Abbildungsverzeichnis« präsentiert 84 zum Teil erstmals veröffentlichte »Fotos, Skizzen und Illustrationen« (Untertitel; ebd.). Von denen zeigen einige Bronnen privat oder in Arbeitszusammenhängen. Andere stammen von Bronnen selbst und sagen etwas über dessen »Ästhetikempfinden« (ebd.) aus. Wiederum andere geben einen Eindruck von »zeitgenössische[r] Buchästhetik« (ebd.) und damit von verlegerischen »Vermarktungsstrategien« (ebd.). Die meisten Abbildungen haben aber den Hauptzweck, »die heute teilweise längst vergessenen Theaterstücke Bronnens [...] zu dokumentieren und [...] wieder sichtbar« (ebd.) zu machen. Da Bronnens bei der Aufführung regelmäßig »Skandale[] und Tumulte[]« (ebd.) auslösende Stücke in den 1920er Jahren von so namhaften Regisseuren wie Heinz Hilpert, Leopold Jessner, Berthold Viertel und Richard Weichert inszeniert wurden und für die »Bühnenästhetik und Szenengestaltung« (ebd.) so bedeutende »Künstler und Bühnenbildner« (ebd.) wie Karl Jakob Hirsch, Traugott Müller, Caspar Neher, Emil Pirchan und Walter Röhrig verantwortlich« (ebd.) zeichneten, kommt den meisten Abbildungen, so Gürgen, zugleich nicht nur ein kunstgeschichtlicher, sondern auch ein »theatergeschichtliche[r] Wert« (ebd.) zu.

Schließlich der Anhang: Der enthält als dreizehntes Kapitel zunächst eine ca. 180 Seiten umfassende, höchst beeindruckende und sich unermüdlichem Recherche- und Sammlerfleiß verdankende Bibliographie Arnolt Bronnens. Diese, die selbstverständlich auf betreffende Vorarbeiten bspw. von Friedbert Aspetsberger,

Edwin Klinger und William Uricchio zurückgreift, listet nicht nur, »chronologisch gegliedert« (392), teils mit inhaltlichen Informationen, Kommentierungen und bibliographischen Anmerkungen versehene über 1400 »Drucke in Zeitungen und Zeitschriften«, gut 30 »Interviews und Reden«, 8 Filmprojekte, 14 »Hörspiele«, 13 »Lesungen und Vorträge im Rundfunk« sowie 32 »Fernsehspiele« (davon 29 im Dritten Reich) auf. Sie präsentiert zudem eine ca. 1350 zeitgenössische Rezensionen umfassende Liste ganz allgemein zu Leben und Werk sowie zu 48 separat rubrizierten Einzeltiteln Bronnens.

Das vierzehnte und damit letzte Kapitel »Quellen- und Literaturverzeichnis« verweist auf rund 30 Archivalien aus dem Nachlass Bronnens (darunter beispielsweise auch Briefe von Johannes R. Becher, Hanns Johst und Günter Kaltofen sowie ein zusammen mit Fred von Hoerschelmann verfasstes Hörspiel-Typoskript *Der Weg in die Freiheit*), auf ca. 40 selbstständige literarische Werke Bronnens (»Zeitgenössische Rezensionen« listet weitere auf!), auf weitere Primärliteratur von ca. 40 Autoren, auf »Sekundärliteratur« im Umfang von ca. 130 Titeln (wobei bspw. Alfred Polgars »Rundfrage« wohl eher der weiteren Primärliteratur zuzuschlagen wäre) sowie auf gut zwei Dutzend Internetquellen. Ein Titel- und/oder Personenverzeichnis gibt es nicht. Aber das wäre wohl auch zu viel des Guten bzw. des Erwartbaren gewesen.

Fazit: Die Studie von Hannes Gürgen darf schon jetzt als Standardwerk zu Arnolt Bronnen, einem der Großdramatiker der Weimarer Republik, »»exponiertesten Vertreter[] des aufkommenden Medienzeitalters«« (Ulrike Baureithel 1996, 12) und auf seine Art Vertreter der frühen DDR-Literatur gelten. Daher sollte sie auch für all diejenigen von Interesse sein, die sich generell mit Literatur, Kultur und Medien und deren politischen Verflechtungen in der Weimarer Republik, im Dritten Reich, im Österreich der Nachkriegszeit und in der DDR der zweiten Hälfte der 1950er Jahre auseinandersetzen. Darüber hinaus zeigt die Studie, wie insbesondere in schwierigen Fällen – und Arnolt Bronnen ist so ein schwieriger Fall – ein sachgerechtes, multiperspektivisches literarisches Werten und ein besonnenes, in Hinsichten denkendes literarhistorisches Einordnen aussehen können.

Günter Helmes

Carl Einstein: Briefwechsel 1904–1940. Hrsg. v. Klaus H. Kiefer, Liliane Meffre. Berlin: J. B. Metzler, 2020, 666 S., ISBN 978-3-05682-5, € 99,99.

Carl Einstein: Bebuquin oder Die Dilettanten des Wunders. Mit Kommentar und Nachwort hrsg. v. Klaus H. Kiefer. Berlin: J. B. Metzler, 2022, 130 S., ISBN 978-3-662-64132-3, € 54,99.

Carl Einstein (1885–1940) hat in der Kunstgeschichte einen großen Namen (über seinen Ruf in Literatur und Literaturwissenschaft später mehr), was zuerst einmal auf den Band zur *Kunst des 20. Jahrhunderts* in der Propyläen-Kunstgeschichte zurückgeht, der 1926 erschien und 1931 bereits die dritte Auflage erreichte. Der Versuch, die unklaren Kunstverhältnisse des kaum begonnenen Jahrhunderts zu ordnen und zu erklären, wie der Verlag die dritte Auflage bewarb, stieß offensichtlich auf großes Interesse. Heute ist Einsteins Kunstgeschichte, so eindrucksvoll sie auch noch erscheint, vor allem als historisches Zeugnis relevant, findet sich hier doch einer der ersten zusammenhängenden Interpretationen der bildkünstlerischen Moderne, die für das neue Jahrhundert bestimmend war, zudem vorgetragen von einem Insider der Avantgarden. Erklärungs- und Vermittlungsbedarf gab es genug: Nach Kubismus, Konstruktivismus und Expressionismus und was da sonst noch kam, würde in der Kunst nichts mehr so sein wie zuvor. Mit offenen Horizonten aber können nicht einmal unsere Zeitgenossen hinreichend souverän umgehen.

Einsteins Bedeutung für die Kunstgeschichte geht über diesen fulminanten Band jedoch noch hinaus, was gerade einen – aus heutiger Sicht – Schwachpunkt der bisherigen Kunstgeschichtsschreibung betrifft, nämlich ihren Eurozentrismus. Denn 1915 publizierte Einstein eine erste Bestandsaufnahme afrikanischer Bildhauerei, unter dem heute eher anstößig wirkenden Titel *Negerplastik* bei Kurt Wolff herausgegeben. *Negerplastik* machte Einstein bekannt, weil er, wie Ernst Wasmuth (einer der Verleger Einsteins) später hervorhob, »das Sehen« »befreit« hatte, und zwar einerseits vom Ballast der europäischen Kunstgeschichte und ihrer Orientierung auf eine idealisierte Antike. Andererseits hob der Band ähnlich wie Leo Frobenius' anthropologische Arbeiten die Selbst- und Eigenständigkeit der afrikanischen Kultur hervor. Einsteins *Negerplastik* hat deshalb bis heute eine bedeutende Rolle bei der Rezeption afrikanischer Kunst, wie nicht zuletzt einer 2022 erschienenen Aufsatzsammlung mit dem Versuch einer Bestandsaufnahme des Stands der Einstein-Forschung zu entnehmen ist.[1]

Der 1921 bei Wasmuth verlegte Nachfolgeband *Afrikanische Plastik* hat Einsteins Stellung als führender Experte für afrikanische Kunst noch vertieft. Es wundert deshalb nicht, wenn er in den folgenden Jahren mehrere Nachfolgeprojekte plante, wie den von Klaus H. Kiefer und Liliane Meffre herausgegebenen und kommentierten Briefen Carl Einsteins zu entnehmen ist: In den späten 1920er Jahren bereitete Einstein etwa einen Band zur afrikanischen Plastik in enger Zusammenarbeit mit dem britischen Anthropologen Thomas Joyce vor – ein Projekt, das leider doch nicht zustande kam. Einstein hätte zweifellos damit seine enorme kunsthistorische Reputation unter seinen Zeitgenossen noch vergrößern können. Immerhin hat er 1925 einen Band mit *Afrikanischen Legenden* publiziert, was seine Nähe zu Frobenius noch verstärkt hat.

Der Blick in den Briefband, der den Zeitraum zwischen 1904 und 1940 umfasst, in dem Jahr, in dem sich Einstein unter dem Eindruck des deutschen Einmarsches in Frankreich das Leben nahm, erweitert den Blick auf den Kunsthistoriker Einstein. Auch wenn die Briefe sich thematisch gruppieren lassen (was auf die Lücken in der Überlieferung einerseits hinweist, andererseits auf Arbeits- und Lebensphasen zurückgeht, in denen Korrespondenzen keine zentrale Rolle spielten oder Projekte, die Einstein beschäftigten, im Vordergrund seiner Korrespondenzen standen), tritt aus ihnen ein äußerst engagierter und vielseitig beschäftigter Vermittler der Moderne, insbesondere aus Frankreich nach Deutschland, hervor.

Einstein ist an zahlreichen Projekten beteiligt, stellt Kataloge, Bände und Ausstellungen zusammen, besorgt Abbildungen, tauscht Informationen aus, trifft Verabredungen und knüpft vor allem immer wieder neue Kontakte. Dass er 1922 vom Propyläen-Verlag beauftragt wurde, den Band zur Kunst des 20. Jahrhunderts in der grundlegenden Kunstgeschichte des Verlags zusammenzustellen und zu schreiben, ist angesichts seiner Aktivitäten naheliegend, trotz oder gerade vielleicht wegen seiner fehlenden akademischen Meriten. Einstein hatte sein Studium zugunsten seiner publizistischen Aktivitäten nicht abgeschlossen. Der Doktor-Titel wurde ihm dennoch immer wieder angehängt; selbst der Propyläen-Verlag sprach ihn regelmäßig damit an.

Die moderne Kunst des frühen 20. Jahrhunderts war sehr stark von der französischen Kunstszene bestimmt, die eben nicht nur zahlreiche Künstler an sich zog, sondern auch stark ins internationale Kunstgeschehen hinein strahlte. Die Kölner Sonderbund-Ausstellung von 1912 demonstriert das ebenso wie die amerikanische Armory Show aus dem Jahr 1913 oder die ›Sturm-Galerie‹.[2] Einstein seinerseits konnte aus dem Inneren der französischen Moderne berichten, war damit eben nicht nur Chronist und strukturierender Beobachter, sondern auch Kombattant. Das hebt die Briefe Einsteins aus der Vielzahl anderer Briefeditionen heraus, die ihre Protagonisten – ein wenig übertrieben – im alltäglichen Überlebenskampf klagend und hadernd zeigen. Auch davon sind die Briefe Einsteins nicht frei – und um seine Briefe handelt es sich im wesentlichen. Die seiner Briefpartner fehlen in der Regel. Auch hier spielen gesundheitliche Lasten eine Rolle, sind die Anfragen der Verleger eher lästig, finden sich Klagen über die gegenseitigen Fehltritte von Autoren, Künstlern, Galeristen und Verlegern. Abbildungen werden einbehalten oder missbräuchlich verwendet, Versprechungen gemacht und gebrochen, es fehlt wie meist in solch prekären Verhältnissen wie in der Kunst immer wieder an Geld, das an anderer Stelle reichlich zur Verfügung steht. Einstein ließ sich vom Geldmangel nicht davon abhalten, ein Häuschen der ehemaligen Lebenspartnerin zu vermachen, um im selben Atemzug die Einrichtung des nächsten mit der nächsten großzügig zu planen. Welches Feininger-Blatt solls denn sein, Liebste? Aus heutiger Sicht wirkt das wie Angeberei, aus der des Kunstmachers Einstein mit besten Kontakten sind solche Angebote allerdings wohl nicht anstößig.

Eng gebunden an Projekte ist die Korrespondenz mit den Verlegern Kiepenheuer und Wasmuth (Ewald Wasmuth lieferte das Nachwort der bei Insel und später bei Suhrkamp erschienenen ersten Nachkriegsausgabe des *Bebuquin*, auch wenn das Nachwort nur eine eingekürzte Fassung eines Aufsatzes Wasmuths ist), während der andauernde Briefwechsel mit dem Galeristen und Kunsthändler Daniel-Henry Kahnweiler wohl vor allem mit dem Zugang zum französischen Kunstmarkt diente, den Einstein für seine Projekte dringend benötigte. Die Briefe, die er an Größen der europäischen Moderne wie Paul Klee oder Pablo Picasso sandte, sind gleichfalls vom Kunstgeschichtsprojekt motiviert, mit denen die junge Avantgarde eben nicht nur ihren künstlerischen und ökonomischen Erfolg demonstrierte, sondern auch ihr Erbe nachdrücklich in den Blick nahm. Sobald Kunst in ihre Geschichte überführt und Gegenstand der Geschichtsschreibung wird, ist ihre Wirkung über den Peak der jeweiligen Konjunkturen hinaus gesichert. Dass Ernesto de Fiori (1884–1945) Einstein den Band zum 20. Jahrhundert 1926, also in der Erstauflage, wortwörtlich auf den Kopf geschlagen haben soll (er selbst gibt im *Tagebuch* an, es Einstein »um den Kopf«, heute würde man wohl eher sagen, um die Ohren gehaun zu haben), weil er sich von Einstein falsch präsentiert gefühlt habe, mag vorrangig auf gekränkte persönlichen Eitelkeiten zurückzuführen sein, weist aber auch darauf, dass den Avantgardisten die Auswirkung ihrer kunsthistorischen Würdigung durchaus bewusst war. Im Kommentar weisen Meffre und Kiefer darauf hin, dass sich etwa auch Kandinsky und Kirchner intensiv und kritisch mit Einsteins Kunstgeschichte auseinandergesetzt hätten, anscheinend aber nicht mit denselben impulsiven Folgen wie bei de Fiori. In Anbetracht der Prominenz zahlreicher Adressaten ist es, nebenbei bemerkt, fast schon bezeichnend, wer sich nicht darunter befindet – etwa die deutschen Dadaisten, auf die er eine so starke Wirkung gehabt haben soll, oder Gottfried Benn, mit dem er befreundet war, der im Briefwechsel häufig Thema ist und der Einstein sogar ein Gedicht gewidmet hat (was in einer Ausgabe während des NS-Regimes freilich unterschlagen wurde, was Kiefer bissig vermerkt).

Eine besondere Gruppe bilden die Briefe an Moïsse Kisling, einen heute weniger bekannten Repräsentanten der Avantgarde, dem Einstein zeitweise persönlich eng verbunden war. Die überaus zahlreichen Briefe, die Einstein zwischen 1920 und 1924 an Kisling schickte, zeigen eben nicht nur das besondere Interesse, das Einstein für Kislings Werk hegte, sondern auch die enge persönliche Bindung zwischen beiden, die anscheinend in der zweiten Hälfte der 1920er Jahre abriss. Vielleicht anlasslos, vielleicht auch, weil das verbindende Element abgehandelt war: 1922 veröffentlichte Einstein die erste Schrift über Kislings Werk in Deutschland. In der Kunstgeschichte Einsteins, hebt etwa Patricia Nünning hervor (in *Einstein. Ein Widerbesuch*), spielte Kisling freilich nur eine kleine Rolle und sei in den späteren Ausgaben den redaktionellen Korrekturen ganz zum Opfer gefallen.

Einen naheliegend anderen Charakter hat das umfangreiche Konvolut der Briefe an die Geliebte Tony Simon-Wolfskehl (heute vielleicht eher bekannt unter dem Namen Tony Lasnitzki, insgesamt 53 Briefe Einsteins werden abgedruckt), die das Jahr 1923 dominieren. Biografen werden das Konvolut zu schätzen wissen, allerdings zeigt es auch Eigenheiten der Edition, die zumindest diskussionswürdig sind, etwa dass sie streng der Reihenfolge ihrer Quelle folgt und damit die Chronologie verlässt, was zumindest die Orientierung erschwert.

Der Schwerpunkt der in der Edition dokumentierten Briefe liegt in den Jahren 1910 bis 1935, denen knapp 400 der 428 Briefe zuzuordnen sind. Dass der Band nur bis Nr. 420 durchnummeriert, hängt damit zusammen, dass Briefe, die kurz vor Druck der Edition bekannt wurden, unter Hinzufügung eines kleinen a in die nummerische Reihenfolge eingeordnet wurden, die halbwegs der Chronologie folgt. Neben Briefen sind allerdings auch einige Widmungen und die Verlagsverträge, resp. Schreiben von Seiten Propyläen abgedruckt.

Ausdrücklich verweisen Meffre und Kiefer darauf, mit der Edition keine kritische, sondern eine kommentierte Leseausgabe vorlegen zu wollen, was ihnen bei ihren Eingriffen relativ großen Freiraum gewährt. Man erinnere an zahlreiche Mischausgaben, die trotz editorischer Kritik an ahistorischen Texten es dennoch zu Standardausgaben geschafft haben. Sie betonen zugleich, Einsteins Schreibgewohnheiten (Groß- und Kleinschreibung, Schreibversionen, sprachliche Besonderheiten) weitgehend zu folgen und nur einige offensichtliche Fehler korrigiert zu haben, soweit sie ihnen nicht einen eigenen Informationsgehalt zuschreiben konnten. Ansonsten ist der Sprachstand der Briefe erhalten worden, was insbesondere bei den französischsprachigen Briefen von Bedeutung ist: wird Einstein doch ein eigenwilliger, wenngleich intensiver Gebrauch des Französischen zugeschrieben. Der Kommentar erläutert Namen und Werke, stellt – sehr zurückhaltend – Beziehungen her, übersetzt die französischsprachigen Briefe (was als hilfreich begrüßt wird). Als Quellen greifen die Editoren auf Archivbestände oder – soweit die Vorlagen verloren sind – auf gedruckte Belege zurück. Gelegentlich sind die Quellen fast obskur: Joan Miró etwa überließ Einstein-Briefe seiner Tochter als Kritzelpapier, berichten Meffre und Kiefer, das er dann datiert und archiviert habe. So seien immerhin einige Einstein-Briefzeilen erhalten geblieben, schreiben die Herausgeber. Man möge den Spleen stolzer Väter nicht vorschnell verurteilen. Kiefer und Meffre verweisen zugleich auf zahlreiche verlorene Briefe, die ihre Spuren in anderen Briefen und Dokumenten hinterlassen haben. Dass die Edition lückenhaft und aleatorisch wirkt, geht nicht zu Lasten der Herausgeber. Sie verweisen mit Recht auf den gebrochenen Lebenslauf Einsteins, die Kriegsteilnahme, die Scheidung 1923, den Umzug nach Paris im Jahr 1928, das Engagement im Spanischen Bürgerkrieg, die prekäre Situation nach seiner Rückkehr nach Frankreich und die Inhaftierung 1939 nach dem deutschen Einmarsch. Unter solchen Umständen ist eine lückenlose Dokumentation der Briefe kaum zu erwarten, sind Verluste beinahe zwingend. Was allerdings vorhanden ist, lässt immerhin Einblicke auch in die Werkgeschichte und in die Arbeitsumstände Einsteins zu. Der Band ist durch Register gut erschlossen, durch Kommentar hinreichend in die historischen Kontexte eingebunden – und die elektronische Fassung bietet einigen Komfort beim Auffinden oder Zusammenstellen einschlägiger Nachweise. Das kann und wird man als hilfreich loben müssen.

Freilich ist – wie ja auch dem Briefband zu entnehmen ist – Einstein nicht nur als Kunsthistoriker hervorgetreten, sondern auch als literarischer Autor bekannt geworden, vielleicht in der heutigen Wahrnehmung bekannter als zu seiner Zeit. Sein literarischer Ruhm geht dabei auf seinen bereits 1912 im Aktions-Verlag erschienenen Roman *Bebuquin* zurück, der zwar 1917 eine weitere Ausgabe erlebte, wohl aber aus dem inneren Kreis der Avantgarde erst einmal nicht ausgebrochen ist (ein Schicksal, das er mit Benns *Morgue*-Gedichten teilt, deren Nachruhm deutlich größer ist als die zeitgenössische Wahrnehmung). Erst mit der Wiederentdeckung der Moderne nach dem Zweiten Weltkrieg rückte auch Einsteins Roman wieder verstärkt als einer seiner frühesten und extremsten Produkte in die Aufmerksamkeit. Zahlreiche Nachdrucke seit den sechziger Jahren und vor allem die Werkausgaben führten zu einer intensiven Auseinandersetzung, die in einer Reihe von Studien endete, die in den letzten 20, 30 Jahren erschienen.

Nun hat Klaus H. Kiefer bei Metzler eine kommentierte Ausgabe herausgegeben, die den Text und seine Entstehung nachvollziehbar macht, seine Bezüge eröffnet und das Verständnis erleichtert. Hinzu kommen zeitgenössische Rezeptionszeugnisse, die zeigen, wie der Roman (also solcher wurde er wenigstens, wohl vom Verlag, apostrophiert) aufgenommen, ja gefeiert wurde. In den Kommentaren nach 1945 wirkt das noch nach. Dass Kiefer neben dem wissenschaftlichen Kommentar noch eine weitere erläuternde Ebene einfügt, nämlich korrespondierende Bilder beigibt, wird von ihm als Versuch legitimiert, die starke visuelle Orientierung Einsteins aufzunehmen und dies einem jüngeren, gleichfalls visuell sozialisierten Publikum nahezubringen. Freilich darf bezweifelt werden, dass die Abbildungen für die Lektüre und das Verständnis des Textes allzu hilfreich sind. Ein Porträt Nietzsches neben der Dame mit dem Schwein Felicien Rops? Kein Intellektueller der Jahrhundertwende, vor allem kein jüngerer, der etwas auf sich hielt, wäre nicht auf seinem Nietzsche herumgeritten, hätte nicht zugleich demonstrativ gelitten und hätte nicht mit dem Widerspruch zwischen intellektuellem (um nicht zu sagen: geistigem) Habitus und fleischlicher Physiologie gehadert. Das Foto eines Stücks Sackleinwand vor dem dritten Kapitel, das damit beginnt, dass Bebuquins »Gegenspieler« Böhm ein großes Stück Sackleinwand anschreit: »Knoten seid ihr«? Das kann man kommentieren, muss es aber nicht durch die Anschauung eines Stück Sackleinwands visuell übernehmen. Vielleicht zeigt Kiefer hier genau jenen Übereifer, den er seinerseits den zahlreichen Interpreten Einsteins nachsagt, die gerade in diesem Text Bezüge erkennen wollen, die für einen gerade einmal zwanzig Jahre jungen Philosophiestudenten, den es in die große Stadt verschlagen hatte, zwar standesgemäß gewesen sein mögen. Aber dass sie auf einer eigenen intensiven Lektüre beruht hätten, mag ihm nicht einmal Kiefer nachsagen.

Entstanden sein soll der Roman im Jahr 1905 (der Text gibt in verschiedenen Drucken die Jahre 1906 und 1909 an). Ein genialischer erster Wurf also vielleicht, mit der Arroganz und dem Anspruch des jungen Mannes, dem die (literarische) Welt, so wie er sie vorfand, nicht genug war.

Kiefer greift für die Edition auf die erste vollständige Buchpublikation von 1912 zurück, also setzt auf eine Variante der Fassung erster Hand, in diesem Fall gedacht als erster Buchdruck. Freilich liegt ein Typoskript mit handschriftlichen Korrekturen vor, nach Kiefer angeblich aus dem Jahr 1906, das die Akademie der Künste allerdings auf das Jahr 1912 datiert, was angesichts der Drucke, die in diesem Jahr umgesetzt wurden, plausibel erscheint. Kiefer referiert die Gründe leider nicht, die ihn auf die Datierung 1906 bringen. Der Roman wurde 1912 zuerst in der Zeitschrift *Die Aktion* abgedruckt, was ihm immerhin einige Aufmerksamkeit beschert haben wird, die Auflage der Zeitschrift bedenkend. Mit der Entscheidung für den ersten Buchdruck als Grundlage setzt sich Kiefer von der Entscheidung Erich Kleinschmidts ab (der immerhin 1989 Kiefers Habilitationsschrift zu Einstein begutachtet hatte, die Einstein-Forschung ist ein kleiner Kreis), der 1985 für die Reclam-Ausgabe auf das Typoskript zurückgegriffen hatte, auch hier mit dem Argument der größeren Nähe zum Autor, über dessen Willen Editoren allerdings eh nur spekulieren, bestenfalls hinreichend Vermutungen anstellen können. Rolf-

Peter Baacke legte hingegen 1980 in der Medusa-Ausgabe (das ist die erste Fassung der neuen Werkausgabe, die Einstein-Forschung ist editorisch ein Kuriosum, ohne irgendjemandem zu nahe treten zu wollen) die Zeitschriftenausgabe von 1912 zugrunde, also die erste vollständig gedruckte Fassung, was Kiefer in seiner Ausgabe kritisch kommentiert. Baacke habe die Struktur des Zeitschriftendrucks nicht abgebildet, was die Entscheidung angreifbar mache.

Nicht berücksichtigt werden von Kiefer die Werkausgabe bei Limes von 1962, die Ernst Nef herausgab und die die Vorlage der Ausgaben bei Insel (1963) und Suhrkamp (1974) lieferte, sowie die Ausgabe bei Kiepenheuer (1989, in einem Band mit Prosaarbeiten Einsteins), die – herausgegeben von Hermann Haarmann und Klaus Siebenhaar – anscheinend die spätere, zweite Fassung der Werkausgabe bei Fannei & Waltz vorbereitete. Dass Nef eine Fassung der letzten Hand bevorzugte, auf den Druck von 1917 zurückgriff und damit eine eigene kleine Überlieferungslinie begründete, wird von Kiefer nicht berichtet. Ganz im Gegenteil, der Band gehört zu den nicht berücksichtigten Ausgaben, was zumindest eine starke Entscheidung ist.

Lässt man die Argumentation Kiefers Revue passieren, drängt sich freilich der Eindruck auf, dass Editoren des *Bebuquin* eigentlich immer nur falsch entscheiden können. Sie müssen zwischen verschiedenen Fassungen wählen, die alle nicht fehlerfrei und unbedenklich sind. Der Text sei, so Kiefer, »einfach schlampig lektoriert« gewesen. Franz Pfemfert habe die Aktion mehr oder wenig im Alleingang produziert, was Fehler provoziert habe.

Auch Kiefer greift mithin in die Textgestalt ein, vielleicht mir größerem Skrupel als seine Vorgänger. Aber Eingriff bleibt Eingriff, auch wenn der Autor Fremdwörter falsch geschrieben hat, halb Verstandenes hat einfließen lassen und eh ein recht laxes Verhältnis zur Rechtschreibung und Syntax hatte, wenn man einen späteren Kollegen Einsteins paraphrasieren darf. Und am Ende liegen verschiedene, deutlich unterschiedene Fassungen vor, die zwar vielleicht eine korrekte Schreibung vorweisen können, aber eben nicht den Anspruch zu erheben in der Lage sind, einen, wenn nicht <u>den</u> richtigen Text vorzulegen.

Aber gerade, weil das so ist und weil der Kommentar ansonsten wenig liegen lässt, was er für kommentierungswürdig hält, ist es doch bedauerlich, dass Kiefer auf einen halbwegs durchgängigen Variantenapparat verzichtet oder nicht wenigstens die Entscheidungen bei der Textgestaltung ausführlicher erläutert hat. Eine mühselige und im einzelnen missliche Arbeit, sie hätte aber ein wenig von den Brüchen und Bewegungen im Textstand abbilden können. Dass Kiefer nicht normalisiert, ist hingegen zu begrüßen, auch wenn er die Kommasetzung bei der wörtlichen Rede standardisiert. Was das angeht, sind Setzer der Jahrhundertwende sehr wechselhaft (Komma vor oder nach der Abführung, schien vielfach egal). Die Konvertierung von Ue zu Ü und C zu Z – so die Schreibweisen im Typoskript – gehören aber ins selbe Fach wie die Behandlung von ss/ß.

Im Typoskript, soweit es von der Akademie der Künste vorgelegt wird, wird der Titel im Übrigen in zwei Varianten angegeben: *Die Dilettanten des Wunders oder die billige Erstarrnis* auf dem Umschlag und *Bebuquin* auf der Titelseite – der heute gebräuchliche Titel erscheint dann mit dem Zeitschriftendruck, der auch erklärt, dass es sich bei dem Text um einen Roman handeln soll, und wird von dort in den Reclamdruck 1985 übernommen. Kiefer hat dafür überhaupt kein Verständnis, was wohl vor allem darauf zurückgeht, dass er das Archivstück der Akademie der Künste für eine zufällige Kompilation hält: Er behandelt den Umschlag im Scan der Akademie der Künste als gesondertes Blatt, das von Seiten der Akademie dem Typoskript beigelegt worden sei. Er marginalisiert ihn also, was mehr Fragen aufwirft als einem Editor recht sein kann. Zumindest der Anschein, den das Digitalisat macht, lässt zwei verschiedene Papiere annehmen, stützt also Kiefers Vermutung.

Die Relevanz der Textvarianten und Korrekturen bleibt aber fraglich: Ob es etwa einen (relevanten) Unterschied macht (um nur auf den Anfang zu kommen), »dem Überlegen über die Zusammensetzung seiner Person« (so in den Ausgaben 1917, 1962, 1963 und 1974) oder »allen Überlegungen über die Zusammensetzung seiner Person« vorzubeugen (so 1906/1912 im Typoskript und den beiden Drucken aus dem Jahr 1912 bis hin zu Kiefer[3]), mag man diskutieren oder nicht – die Textfassungen unterscheiden sich, und es wäre schön, wenn das nicht nur diskutiert, sondern auch im Stellenkommentar Aufnahme finden würde. Und sei es, weil man im Einzelfall sich selbst vorbehalten will, welche Variante man bevorzugt.

Jenseits solcher Petitessen lässt sich auch damit argumentieren, dass die kleinteiligen Varianten den Gesamteindruck des Textes nicht beeinflussen. Immerhin hält Kiefer das Gesamtkonstrukt des Romans für gefestigt genug, dass es von solchem Kleinkram (meine Zusammenfassung) unbeeindruckt geblieben sei. Egal, welche Fassung man also verwendet, irgendwie ist immer genug Einstein drin, dass es auch ein Einstein ist.

Walter Delabar

Anmerkungen

[1] Jasmin Grande, Eva Wiegmann, Maria Männig und Walter Delabar (Hrsg.): Einstein. Ein Widerbesuch bei Carl Einstein mit philologischen Perspektiven, Fragen zum Wissen der Moderne, zur Ästhetik, Avantgarde und ihren medialen Praktiken, zum Kritiker und dessen Netzwerk und zu den inter- und transkulturellen Zugängen. Bielefeld 2022 (= JUNI 59–60). – Eine Besprechung des Bandes verbietet sich hier, da der Verfasser dieser Zeilen vor allem redaktioneller Mitherausgeber des Bandes war. Inhaltlich wurde der Band fast vollständig von den Kultur- und Literaturwissenschaftlerinnen Jasmin Grande, Eva Wiegmann und Maria Männig bestimmt.

[2] Vgl. etwa den Band: 1912 – Mission Moderne. Die Jahrhundertschau des Sonderbundes. Hrsg. von Barbara Schaefer. Katalog zur gleichnamigen Ausstellung des Wallraf-Richartz-Museums & Fondation Corboud, Köln, 31. 8.–30. 12. 2012. Köln 2012.

[3] 1912 in beiden Druckfassungen (Zeitschrift und ersten Buchdruck), die wie die zweite Ausgabe beim Verlag *Die Aktion* als Digitalisate frei zugänglich sind. Der Druck 1994 der Berliner Ausgabe, die dem Zeitschriftendruck in *Aktion* folgt, und auch bei Kiefer 2022, der auf dem ersten Buchdruck 1912 fußt, findet sich die schlankere Variante. Die Formu-

lierung, die bei Limes, Insel und Suhrkamp zu finden ist, stammt aus der zweiten Ausgabe 1917 und ist von dort aus in die Limes-Werkausgabe 1962 und entsprechend in die Insel- und Suhrkamp-Ausgabe gewandert. Der Herausgeber Ernst Nef verweist ausdrücklich darauf, jeweils die Ausgabe letzter Hand in Anspruch genommen zu haben, trotz aller auch von ihm geäußerten Zweifel, damit immer die richtige Wahl getroffen zu haben.

JUNI-Magazin für Literatur und Kultur, Heft Nr. 61/62, hrsg. von Dirk Heißerer und Walter Delabar: Gregorianische Gesänge. Beiträge zur Literatur und Kultur des frühen 20. Jahrhunderts. Gregor Ackermann zum 70. Geburtstag, Bielefeld: Aisthesis Verlag, 2023, 360 S., ISBN 978-3-8498-1886-9, im Abonnement € 30,00.

Heft Nr. 59/60, hrsg. von Jasmin Grande, Eva Wiegmann, Maria Männig und Walter Delabar: Einstein. Ein Widerbesuch bei Carl Einstein mit philologischen Perspektiven, Fragen zum Wissen der Moderne, zur Ästhetik, Avantgarde und ihren medialen Praktiken, zum Kritiker und dessen Netzwerk und zu den inter- und transkulturellen Zugängen, Bielefeld: Aisthesis Verlag, 2022, 360 S., ISBN 978-3-8498-1805-0, im Abonnement € 30,00.

Seit bald vier Jahrzehnten widmet sich die Zeitschrift mit dem eigensinnigen Namen *JUNI*[1] der Literatur und Kultur des frühen 20. Jahrhunderts, insbesondere der Weimarer Republik und des Exils.[2] Sie hat vergessenen oder zu wenig beachteten Autoren und gezielt auch Autorinnen[3] Aufmerksamkeit verschafft, sei es durch Werkporträts und -Interpretationen, durch die Rekonstruktion von Beziehungsgeflechten oder durch bibliographische Erschließungen. Ebenso hat sie sich mit der Medienlandschaft dieser Zeit beschäftigt, dem Film, der Reportage, der Fotografie, den Zeitungen, Illustrierten und Zeitschriften, dem Feuilleton als Plattform und Experimentierfeld neuer literarischer Formen und Themen. Alle ihre nunmehr über 60 Nummern waren und sind eine Fundgrube für die Forschung und haben ihr wertvolle Anstöße gegeben.

In besonderer Weise gilt dies für den reichhaltigen Doppelband, Heft 51/52, der sich 2016 dem Feuilleton widmete.[4] Hier zeichnete Erhard Schütz, der eminente Kenner der »[K]leinen Form«[5], die »Grenzverläufe des klassischen Feuilletons« nach, Beiträge zu Walter Benjamin, Heinrich Mann, Hans Fallada, Vicki Baum und Gina Kaus, Gabriele Tergit und Maria Leitner warfen Blicklichter auf deren bekanntere und minder bekannte Feuilletonistik. Eine Reihe von Textabdrucken vervollständigte die Erinnerung an den multitalentierten Dichter, Kabarettisten und Komponisten Friedrich Hollaender, um den sich das JUNI-Magazin immer wieder bemüht hat.[6] Insbesondere Gregor Ackermann, langjähriges Mitglied der Redaktion und seit Nr. 32, 2000 Mitherausgeber der Zeitschrift, hat sich um Hollaender verdient gemacht. Ihm war der Feuilleton-Band zum 65. Geburtstag zugeeignet – mit gutem Grund, denn wer immer sich mit der zeitraubenden Feuilletonerschließung abgemüht hat, insbesondere vor der Zeit der großen Zeitungs- und Zeitschriften-Digitalisierungsinitiativen, aber auch noch heute, dürfte seinem Namen über kurz oder lang begegnet sein. Die Werkerschließung von Walter Benjamin, Bertolt Brecht, Walter Hasenclever, Franz Hessel, Friedrich Hollaender, Erich Kästner, Siegfried Kracauer, Heinrich und Thomas Mann, Karl Otten, Franz Pfemfert, Marcel Proust, Hans Sahl, Felix Salten, Rudolf Schlichter, Karl Schnog, Kurt Tucholsky, Hermann Ungar, Robert Walser u. a., sowie – um die Autorinnen hier einmal gesondert zusammenzustellen – von Rose Ausländer, Veza Canetti, Marie Holzer, Irene Kafka, Mascha Kaléko, Ruth Landshoff-Yorck, Maria Leitner, Irène Némirovsky, Annemarie Schwarzenbach, Polly Tieck alias Ilse Ehrenfried und zuletzt auch Helen Grund(-Hessel) verdankt seinen mühevollen Zeitungsrecherchen Neufunde, neue Nachweise, wertvolle bibliografische Ergänzungen und Korrekturen.[7] Das JUNI-Magazin hat vieles davon in den vergangenen Jahren veröffentlicht.[8] Walter Delabar hat seine Beiträge Stand 2016 zusammengestellt.[9] Eine vollständige Bibliographie ist ein dringliches Desiderat.

An den Widmungsband zum 65. Geburtstag schließt nun der hier anzuzeigende Band 61/62 *Gregorianische Gesänge* an, erschienen 2023 als Festgabe zum 70. Geburtstag Gregor Ackermanns. Das JUNI-Magazin präsentiert sich darin mit der ganzen Vielfalt seiner alten und neuen Themen und gibt einer Reihe von Autor/innen Raum für Beiträge, die teils in enger Zusammenarbeit mit Ackermann entstanden sind und/oder ihm den Dank für die Erschließung neuer Materialien und Quellen mit eigenen Beiträgen aussprechen wollen.

Erdmut Wizisla betrachtet das Handexemplar der Bibel, das sich in Bertolt Brechts Nachlass-Bibliothek befindet und, von Brecht mit dem Besitzvermerk 1926 versehen, einige Anstreichungen enthält, sowie auf dem hinteren Vorsatzblatt einen Gedichteintrag, der »bereits das Stück *Die heilige Johanna der Schlachthöfe* anklingen lässt« (S. 9), vor allem aber sind darin Bilder eingeklebt, die in ihrem Bezug zum Objekt rätselhaft erscheinen, die Fotografie einer »ostasiatischen«, wohl buddhistischen, Plastik und das einer Illustrierten entnommene Foto eines Rennwagens mit Fahrer. Ob Brecht selbst, dem die Arbeit mit Bildmontagen vertraut war, sie eingeklebt hatte oder vielleicht sein Sohn Stefan, lässt sich nicht klären, doch ist dies auch nicht sehr erheblich, denn Wizisla erinnert mit Recht daran: »Brecht brauchte keine Bibel. Er hatte sie im Kopf«. Und weist darauf hin, dass das Register der Bibelstellen in der Berliner und der Frankfurter Brecht-Ausgabe mehr als dreißig Seiten umfasst (S. 11). Dass Brecht 1928 auf eine Umfrage des Ullstein-Magazins *Die Dame*, welches Buch ihn am meisten beeindruckt habe, antwortete: »Sie werden lachen: die Bibel«, war nicht nur geglückte Provokation, sondern »pure Wahrheit« (ebd.).

Dirk Heißerer denkt in seiner Ackermann gewidmeten Studie darüber nach, wie es zu der in einem Tagebucheintrag vom 7. Mai 1954 zu findenden »poetischen Verwechslung« des greisen Thomas Mann kommen konnte, der die aus dem Gedicht *Greisenglück* von Friedrich Theodor Vischer stammende Rede von der »wilden Jägerin Leidenschaft« als einem eigenen Jugendgedicht zugehörig erinnert.

Um das Werk des expressionistischen Dichters Walter Hasenclever hat Ackermann sich mit bibliographischen Erschließungen seit Jahrzehnten sehr wesentlich verdient gemacht.[10] Dass der leidenschaftlich pazifistische Dichter 1914, wie so viele, dem Sog der Kriegsbegeisterung erlegen war, weiss man zwar seit langem, Ackermann hat jedoch erstmals die einschlägigen Publikationen recherchiert und veröffentlicht: nämlich die Kriegsberichte, die der junge Hasenclever kurz nach Kriegsausbruch 1914 für das *Berliner Tageblatt* und die *Leipziger Neuesten Nachrichten* von den Schauplätzen des Kriegsgeschehens in Belgien geschrieben hatte.[11] Doris und Jürgen Lauer haben diese Texte in einer sorgfältigen Analyse kontextualisiert und eingeordnet. Sie zeigen, dass Hasenclever zwar zunächst in seinen Berichten distanzlos die Klischees und Stereotype der Feindpropaganda bedient hat, unter den unmittelbaren Eindrücken des Kriegsgeschehens jedoch bereits nach kurzer Zeit eine Wendung vollzogen hat. Sie zeigte sich im Oktober 1914 in brieflichen Äußerungen gegenüber Erik-Ernst Schwabach, dem Herausgeber der *Weissen Blätter*, in denen er die »krampfhafte Pathetisierung des Krieges« kritisierte und eine rationale Auseinandersetzung mit dem Nationalismus, als »Grundlage zur Ethik eines europäischen Staates« forderte; sodann in einem Programm deutscher Kriegslyrik und -prosa, mit dem Hasenclever im November als Rezitator auftrat, und in der Initiative, mit der er sich an René Schickele wandte und ihm vorschlug, ein »literarisches Konzil« abzuhalten, um Abstand von der literarischen Kriegsverherrlichung zu gewinnen. Dieses Schriftstellertreffen fand Ende Dezember 1914 in Weimar statt, unter der Leitung von Ernst Rowohlt. Im Frühjahr 1915 verfasste Hasenclever ein Stück *Der Retter*[12], in dem er sich dezidiert für die Ablehnung der Gewalt aussprach und die herrschende Kriegsethik kritisierte. Wie sich in der Folgezeit sein pazifistisches Engagement verdichtete, rekonstruieren Doris und Jürgen Lauer an weiteren Texten, unter denen ein grosser Teil sich den bibliografischen Nachweisen von Ackermann verdankt.

Ackermann selbst legt zusammen mit Momme Brodersen die Ergebnisse der Bemühungen vor, die beide über viele Jahre an das Werk von Helen Grund (-Hessel) gewendet haben, der Ehefrau von Franz Hessel, berühmt geworden einerseits durch Truffauts ihre Ménage-à-trois mit Hessel und Henri-Pierre Roché inszenierenden Film *Jules et Jim*, andererseits und vor allem aber durch ihre langjährige feuilletonistische Arbeit zum Thema »Mode« für die *Frankfurter Zeitung* und zahlreiche andere Publikationsorgane der 1920er und 1930er Jahre (und darüber hinaus). Hauptresultat[13] ist eine Bibliographie ihrer Veröffentlichungen, welche das Verzeichnis ergänzt und teilweise auch korrigiert, das Mila Ganeva ihrer so verdienstvollen Pionierarbeit, der ersten umfangreichen Auswahledition von Grunds Feuilletontexten[14], beigegeben hat.[15] Ackermann/Brodersen, die in ihrem Werkverzeichnis ausschließlich autopsierte Titel anführen, bieten in vorzüglich genauer Bibliographierung insgesamt 218 Einträge: 184 Texte von Helen Grund, einschliesslich Zweitdrucke, aus dem Zeitraum 1921–2019;[16] 4 Übersetzungen aus dem Zeitraum 1956–1969; 30 Titel über Helen Grund aus den Jahren 1937–2019. Die Titelangaben sind annotiert und geben, bei diesem Gegenstand besonders dankenswert, auch an, wo den Veröffentlichungen Illustrationen beigegeben waren, wenn immer möglich mit Künstlernachweis. So ist erstmals das künstlerische Netzwerk, auf das Helen Grund vor allem für ihre Gestaltung der

Mode-Beilage *Für die Frau* zurückgegriffen hat, ihren Texten zuzuordnen. Zu ihren bevorzugten Fotograf*innen gehörten Marianne Breslauer, Germaine Krull, Man Ray, Marietta Riederer, Yva (alias Else Ernestine Neuländer-Simon), um nur einige zu nennen.[17] Die ebenfalls nachgewiesenen Zweitdrucke dokumentieren die weite Streuung von Grunds Feuilletons, die in New York ebenso gelesen wurden wie in Berlin, Prag und Czernowitz. Begleitend veröffentlichen Ackermann/Brodersen 16 längere und kürzere, bis anhin unbekannte journalistische Arbeiten von Helen Grund, beginnend mit ihrem ersten Beitrag *Bin aus Paris zurück!*, der am 12. November 1924 in der *Frankfurter Zeitung* erschienen war und die langjährige Mitarbeit eröffnete, in der Grund für die Zeitung und ihre Beilagen aus Paris über Mode und Gesellschaft berichtete. Es ist eine glücklich getroffene Auswahl, die die thematische Bandbreite, die journalistische Raffinesse, die stilistische Eleganz und die Originalität von Grunds Feuilletons veranschaulicht, Feuilletons, die über Mode-Journalistik im engeren Sinn weit hinausgehen und das kultursoziologische Interesse zum Ausdruck bringen, das Grunds Perspektive steuerte und ihre Arbeiten interessant machte, nicht nur, aber auch für Walter Benjamin, der sich in Exzerpten für das *Passagenwerk* auf sie bezog und für Theodor W. Adorno, der sie regelmäßig las.

Eine weitere »kleine Erinnerungsarbeit« hat Ackermann der Lyrikerin Mascha Kaléko gewidmet (S. 293–302) und ergänzt mit einer erstaunlichen Anzahl von Nachweisen die Überlieferungsgeschichte, wie sie Jutta Rosenkranz in ihrer 2012 erschienenen Ausgabe der sämtlichen Werke und Briefe[18] bereits sehr umfassend dokumentiert hat. Dabei bringt er als Textabdruck auch ein Kaléko vermutlich irrtümlich zugeschriebenes Gedicht, betitelt *Wetterbericht*, das am 1. Januar 1933 unter ihrem Namen in der Berliner Rundfunkzeitschrift *Sieben Tage* erschienen war und ermöglicht damit die Diskussion über die Urheberschaft.

Um die bibliographische und editorische Erschließung sowie die literaturwissenschaftliche Einordnung des feuilletonistischen Werks von Ruth Landshoff-Yorck, der bravourösen Nichte des Verlegers Samuel Fischer, hat sich das JUNI-Magazin in verschiedenen Nummern verdient gemacht. Nun verbindet Helga Karrenbrock den Abdruck von vier zu Lebzeiten unveröffentlichten Feuilletontexten aus den 1930er Jahren, die sich als Typoskripte im Nachlass der Autorin fanden, mit einem Résumé des Forschungsstands.

Antje Nowak und Thomas Küpper verdeutlichen in ihrem Beitrag über Walter Benjamins Rundfunkarbeiten die medienspezifischen Herausforderungen, die diese für eine kritische Edition bedeuten.

Werner Jung geht der frühen Verehrung Siegfried Kracauers für Georg Simmel und der bleibenden Verbundenheit mit seinem Werk nach, die sich auch nach Kracauers Abwendung von der akademischen Soziologie in seiner kulturphilosophisch und kultursoziologisch ausgerichteten essayistischen Arbeit, in seiner »Lektüre der urbanen metropolitanen Welt – ihrer Straßen, Kaschemmen und Architektur« fortschreibt.

Einen Schwerpunkt des Heftes bildet mit gleich drei Beiträgen die Heinrich Mann-Forschung: Wolfgang Klein analysiert seine intensive und unablässige publizistische Auseinandersetzung mit Faschismus und Nationalsozialismus in den Jahren 1933 bis 1939, bei der Mann gleichwohl nicht bereit gewesen sei, die politischen Realitäten als solche anzuerkennen bzw. zu benennen. Dirk Heißerer liefert »Addenda und Corrigenda zur Heinrich-Mann-Bibliographie«, als »Gedenkblatt« für die 2022 verstorbene Bibliographin Brigitte Nestler, und rekonstruiert in einem weiteren Beitrag die persönliche und die kulturpolitische Beziehung, die zwischen Mann und dem Maler und Grafiker Willi Geiger bestand, anhand der Porträts, die Geiger von ihm geschaffen hat – eines davon wurde als »Zeitgesicht« der 1920er Jahre gerühmt, das verschollene Ölgemälde wurde vermutlich in Zuge der Beschlagnahmeaktion »Entartete Kunst« vernichtet.

Einen weiteren Schwerpunkt bilden Heinrich Vogeler und seine kurzlebige Barkenhoff-Kommune in Worpswede als »Versuch einer Siedlungsgemeinschaft auf ideal-kommunistischer Grundlage«.

Walter Delabar untersucht die Konfektionierung des »schönen alten Deutschland« in den Fotobüchern, die der Verlag Langewiesche zwischen 1918 und 1933 herausgebracht hat und zeigt, wie in ihnen der Erste Weltkrieg, die November-Revolution 1918, der Versailler Vertrag und die nationalsozialistische Machtübernahme das Thema »Nation« jeweils anders konfiguriert haben.

Zwei Beiträge beschäftigen sich mit der 1944 in Auschwitz ermordeten Kunsthistorikerin, Journalistin und Künstlerin Luise Straus-Ernst, der ersten Frau von Max Ernst. Armin Strohmeyr konturiert ihren Exilroman *Zauberkreis Paris*, der in Fortsetzungen zwischen Dezember 1934 und Februar 1935 im *Pariser Tageblatt* erschienen war und von ihm aktuell in einer neuen Edition vorgelegt worden ist.[19] Hermann Ruch geht ihrer frühen Liebesaffäre mit Karl Otten und den letztlich »vergeblichen Avancen« nach, die dieser ihr gemacht hat.

Helga W. Schwarz erinnert an den Schriftsteller, Maler und Exilanten Karl Jakob Hirsch, der mit seinem 1931 bei S. Fischer erschienenen Erfolgsroman *Kaiserwetter* ein höchst illustratives Porträt des wilhelminischen Deutschland gegeben hat.

Den Beschluss des Bandes bilden zwei Beiträge von Helmuth Kiesel und Walter Delabar mit konträren Positionen zur Einschätzung des nationalsozialistisch engagierten Dichters Emil Strauß und seines Romans *Das Riesenspielzeug* bzw. der Frage, ob der Entstehungskontext und die ideologische Ausrichtung von dem Urteil über die literarische Qualität dieses bzw. grundsätzlich aller in der NS-Zeit entstandenen Werke ablösbar seien.

Dieser Band des JUNI-Magazins zeigt mit dem Spektrum der abgehandelten Themen sowie der Qualität und Forschungsrelevanz der Beiträge, dass diese Zeitschrift in jeder Forschungsbibliothek ihren festen Platz beanspruchen kann, nicht nur, aber mindestens in Universitätsbibliotheken und im Bestand germanistischer Institute.

Dies gilt natürlich ebenso für den 2022 erschienen, hier nur noch summarisch zu nennenden Vorgängerband 59/60, der dem Literaten, Dandy, Anarchisten, Antifaschisten, Kunstkritiker und Kunsthistoriker Carl Einstein gewidmet ist. Darin präsentiert (und ergänzt) das JUNI-Magazin die (aktualisierten) Ergebnisse zweier Tagungen, der 2017 im ZKM Karlsruhe von Maria Männig zusammen mit

Sebastian Baden veranstalteten Konferenz »Carl Einstein Re-Visited: Die Aktualität seiner Sprache, Prosa und Kunstkritik« und des 2020 auf Einladung von Jasmin Grande und Eva Wiegmann in Düsseldorf zustande gekommenen Treffens von Wissenschaftler*innen, die sich um »Carl Einstein im Kontext neuer Avantgardetheorien« bemühten. Damit dürfte der aktuelle Forschungsstand zu Carl Einstein repräsentiert sein, wie er sich in Literatur-, Kunst- und Medienwissenschaften herausgebildet hat.

Barbara von Reibnitz

Anmerkungen

1   Der Name leitet sich vom gemeinsamen Geburtstagsmonat der Herausgeber Walter Delabar und Horst Winz her.

2   Sie erscheint seit 1986 und wird seit Heft 39/40, 2007, im Aisthesis Verlag, Bielefeld verlegt.

3   Vgl. das Schwerpunkt-Heft 45/46, hrsg. von Gregor Ackermann und Walter Delabar: Schreibende Frauen. Ein Schaubild im frühen 20. Jahrhundert. Bielefeld: Aisthesis Verlag 2011.

4   JUNI-Magazin Heft 51/52, hrsg. von Werner Jung und Walter Delabar: Weibisch, Frankophil und (nicht nur) von Männern gemacht. Denkbilder, Schmuck- und Fundstücke, Randständiges, Hauptsächliches, Amüsantes und Bedenkliches aus der Geschichte des Feuilletons im frühen 20. Jahrhundert. Bielefeld: Aisthesis Verlag 2016.

5   Noch immer grundlegend: Erhard Schütz, Kai Kauffmann (Hrsg.): Die lange Geschichte der Kleinen Form. Beiträge zur Feuilletonforschung. Berlin: Weidler Verlag 2000.

6   Grundlegend mit dem ihm gewidmeten Heft 33/34, hrsg. von Walter Delabar und Carsten Würmann: Literatur zum Gebrauch: Hollaender und andere. Beiträge zu einer Kulturgeschichte der Weimarer Republik. Berlin: Weidler Verlag 2002.

7   Treffend beschreiben Werner Jung und Walter Delabar seine Verdienste in ihrem Editorial: »Es gibt wohl derzeit kaum einen zweiten Wissenschaftler, der sich so umfassend und detailliert im Feuilleton der Weimarer Republik auskennt und es persönlich durchforstet hat, wie Gregor Ackermann. Seit Jahrzehnten arbeitet er sich Mal um Mal durch die Papier- und Microfichemassen, um seine Funde der Öffentlichkeit zur Verfügung zu stellen. Immer wieder hat er Kolleginnen und Kollegen unprätentiös an seinem Fundus teilhaben lassen, hat Funde mitgeteilt und seine Erkenntnisse weitergegeben.« (in: JUNI-Magazin Heft 51/52, 2016, S. 10).

8   Auch unter den JUNI-Onlines finden sich bibliographische Dokumentationen, vgl. http://www.juni-magazin.de/onlines/.

9   Walter Delabar, Gregor Ackermann, *1951, Aachen. Eine kleine Bestandsaufnahme der Arbeiten Gregor Ackermanns im JUNI-Magazin, JUNI-Magazin Heft 51/52, S. 357–360; vgl. auch die persönliche Würdigung durch Werner Jung, Ad te ipsum – Gregor!, ebd., S. 355–356.

10   Vgl. zuletzt: Gregor Ackermann: Walter Hasenclever. Weitere Hinweise zur Überlieferung seiner Werke. Mönchengladbach 2020 (JUNI ONLINES 4). Auf: juni-magazin.de/Onlines (2. 5. 2024).

[11] Gregor Ackermann: Zwei Reisen. Zu Walter Hasenclevers Kriegsfahrten-Berichten, in: JUNI-Magazin Heft 53/54, hrsg. von Gregor Ackermann und Walter Delabar: Kleiner Mann in Einbahnstraßen. Funde und Auslassungen zu Irmgard Keun, Carl Sternheim, zur Neuen Frau, zu Walter Hasenclever, Louise Dumont, Annemarie Schwarzenbach, Walter Benjamin, Hans Fallada, Albert Einstein, Anna Siemsen, Sigmund Freud, Ernst Toller und anderen. Bielefeld: Aisthesis Verlag 2017, S. 9–11, und die Textabdrucke, S. 11–19.

[12] 1916 als limitierter Sonderdruck erschienen (und u. a. an den Reichskanzler von Bethmann Hollweg übermittelt), 1919 bei Ernst Rowohlt erschienen.

[13] Es handelt sich um einen Zwischenstand. Ihre Recherche fortzusetzen, ist den Bearbeitern aus verschiedenen Gründen nicht möglich. Man hofft auf eine Staffel-Übernahme.

[14] Helen Hessel: Ich schreibe aus Paris. Über die Mode, das Leben und die Liebe. Hrsg. und kommentiert von Mila Ganeva. Wädenswil: Nimbus Verlag 2014.

[15] Dieses Verzeichnis umfasst den Zeitraum 1921–1938 und wurde zusammengetragen in verschiedenen Zeitungsarchiven in Deutschland und Österreich. Es umfasst 250 Einträge (ohne Nachweis von Zweitdrucken) und wird ausdrücklich als unvollständig und ergänzungsbedürftig bezeichnet. Bibliographisch sind die Titelangaben leider so stark verkürzt, dass sie für eine wissenschaftliche Bibliographie nur eingeschränkt brauchbar sind bzw. alles neu autopsiert werden muss.

[16] Darunter finden sich zahlreiche bei Ganeva nicht verzeichnete Erstveröffentlichungen in von ihr nicht ausgewerteten Zeitungen wie *Westfälische Zeitung* (Nr. 33), *Hessischer Volksfreund* (Nr. 35), *Deutsche Zeitung Bohemia* (Nr. 51), *Hannoverscher Kurier* (Nr. 57); die Nachweise aus der *Frankfurter Zeitung* mitsamt der zu ihr gehörenden Blätter sind bei Ganeva für die 1920er Jahre im Vergleich zu Ackermann/Brodersen sehr lückenhaft. Hingegen sind in der Recherche von Ackermann/Brodersen die Nachweise aus den 30er Jahren im Vergleich zu Ganeva sehr viel weniger zahlreich, bedingt durch die eingeschränkte Recherche und die erwähnte Grundsatzentscheidung, nur autopsierte Titel anzugeben.

[17] Vgl. die Zusammenstellung bei Ganeva: Die Modeschriftstellerin Helen Hessel. Nachwort, in: Helen Hessel: Ich schreibe aus Paris ..., S. 340 f.

[18] Mascha Kaléko: Sämtliche Werke und Briefe. Hrsg. und kommentiert von Jutta Rosenkranz. 4 Bde., München: DTV 2012, vgl. bes. Bd. 4 mit Werkregister.

[19] Luise Straus-Ernst: Zauberkreis Paris. Roman aus dem Exil. Hrsg. von Armin Strohmeyr. Konstanz: Südverlag 2022.

AUSGEWÄHLTE NEUERSCHEINUNGEN

Adler, Caroline, Maddalena Casarini, Daphne Weber (Hrsg.): Kleinformate im Umbruch: Mobile Medien für Widerstand und Kooperation (1918–1933). Berlin, Boston: De Gruyter 2023.

Blödorn, Andreas, Stephan Brössel (Hrsg.): »Babylon Berlin« und die filmische (Re-)Modellierung der 1920er-Jahre. Medienkulturwissenschaftliche Perspektiven. Baden-Baden: Rombach 2024.

Box, Marijke: Inneres Erleben erzählen. Zur Prosa von Mela Hartwig und Irmgard Keun, 1928–1948. Bielefeld: transcript 2023.

Braune, Andreas, Michael Dreyer, Torsten Oppelland (Hrsg.): Demokratie und Demokratieverständnis: 1919–1949–1989. Stuttgart: Franz Steiner Verlag 2022.

Danz, Christian, Werner Schüßler (Hrsg.): Paul Tillich in Dresden: Intellektuellen-Diskurse in der Weimarer Republik. Berlin, Boston: De Gruyter 2023.

Detering, Heinrich, Beate Kennedy (Hrsg.): Irmgard Keun. Kein Anschluss unter dieser Nummer. Gespräche statt einer Autobiographie. Zürich: Kampa 2022.

Di Noi, Barbara: Die Wiederkehr des Mythos in Benjamins Pariser Passagen. Würzburg: Königshausen & Neumann 2022.

Drews, Kevin: Inmitten der Extreme: Ästhetik und Politik bei Walter Benjamin und Salomo Friedlaender. Paderborn: Brill | Fink 2023.

Gaillet, Aurore (Hrsg.): Réflexions comparées autour de la Constitution de Weimar (1919–2021). Toulouse: Presses de l'Université Toulouse 1 Capitole 2021.

Gallus, Alexander (Hrsg.): ad *Weltbühne*: ausgewählte kritische Kommentare zur Weimarer Republik. Hamburg: Europäische Verlagsanstalt 2023.

Gallus, Alexander, Ernst Piper (Hrsg.): Die Weimarer Republik als Ort der Demokratiegeschichte: eine kritische Bestandsaufnahme. Bonn: Bundeszentrale für politische Bildung 2023.

Gelz, Andreas, Robert Krause (Hrsg.): Lendemains – Études comparées sur la France, Bd. 46, Ausgabe 184: Walter Benjamins französische Konstellationen. Tübingen: Narr Francke 2022.

Hannig, Nicolai, Detlev Mares (Hrsg.): Krise! Wie 1923 die Welt erschütterte. Darmstadt: wbg Academic 2022.

Hillesheim, Jürgen: Lotte Lenya und Bertolt Brecht. Das wilde Leben zweier Aufsteiger. Darmstadt: wbg Theiss 2022.

Jähner, Harald: Höhenrausch. Das kurze Leben zwischen den Kriegen. Berlin: Rowohlt 2022.

Johannßen, Denni, Dominik Zechner (Hrsg.): Forces of education: Walter Benjamin and the politics of pedagogy. London, New York, Oxford, New Delhi, Sydney: Bloomsbury Academic 2023.

King, Ian, Reinhold Lütgemeier-Davin (Hrsg.): Nationalismus, Patriotismus, Heimatliebe bei Kurt Tucholsky und Kurt Hiller. Beiträge der gemeinsamen Jahrestagung 2021 Kurt Tucholsky Gesellschaft & Kurt Hiller Gesellschaft. Leipzig, Weissenfels: Verlag Ille & Riemer 2022.

Knortz, Heike: Deutsche Wirtschaftsgeschichte der Weimarer Zeit: Eine Einführung in Ökonomie, Gesellschaft und Kultur der ersten deutschen Republik. Mit einem literaturwissenschaftlichen Kapitel von Beate Laudenberg. Göttingen: Vandenhoeck & Ruprecht 2021.

Kolb, Eberhard, Dirk Schumann: Die Weimarer Republik. 9., durchgesehene u. erw. Aufl. Berlin, Boston: De Gruyter Oldenbourg 2022.

Krause-Vilmar, Dietfrid (Hrsg.): Albert Grzesinski. Politische Reden 1919–1933. Stuttgart: Franz Steiner Verlag 2022.

Lerch, Lea: Romano Guardini und die Ambivalenz der Moderne. Liturgische Bewegung und Gesellschaftsreform in der Weimarer Republik. Paderborn: Brill | Schöningh 2023.

Löwy, Michael: Ad Walter Benjamin. Die Revolution als Notbremse. Essays. Hamburg: Europäische Verlagsanstalt 2022.

Löwy, Michael: Franz Kafka: Träumer und Rebell. Eine Annährung an sein Werk. Aus dem Franz. v. Bruno Kern. Wiesbaden: S. Marix Verlag 2023.

McLaughlin, Kevin: The philology of life: Walter Benjamin's critical program. New York: Fordham University Press 2023.

Meis, Daniel (Hrsg.): Die Heterogenität des Judentums in der Weimarer Republik (1918/1919–1933): biographische Zugänge. Berlin: Logos Verlag 2022.

Meyer, Daniel; Gérard Raulet (Hrsg.): A critical archaeology of cosmopolitan thinking: return to the interwar years. Berlin: Duncker & Humblot 2023.

Müller, Christoph: Hugo Preuß, der Vater der Weimarer Verfassung: ihre Grundlegung in der Gemeinde-Demokratie. Hrsg. u. eingeleitet v. Dian Schefold. Hamburg: Europäische Verlagsanstalt 2022.

Müller, Ulf: »Der deutschen Republik«: Heinrich Manns publizistisches Wirken in der Weimarer Republik. Einflussnahme und Rezeption. Bielefeld: Aisthesis Verlag 2023.

Proff, Friederike: Die »große Konfusion«. Der Roman der klassischen Moderne und die Weltanschauungsliteratur: Thomas Mann – Robert Musil – Hermann Broch. Baden-Baden: Ergon Verlag 2022.

Rösch, Eva: Die Restitution des Epischen unter den Bedingungen der Medienkonkurrenz. Das epische Hörspiel bei Walter Benjamin, Bertolt Brecht und Max Frisch. Heidelberg: Universitätsverlag Winter 2022.

Saner, Fabian: Anthologisches Schreiben: eine ästhetisch-politische Konstellation bei Hugo von Hofmannsthal, Walter Benjamin und Rudolf Borchardt. Paderborn: Brill | Fink 2022.

Scheibenberger, Sarah: Formen des Essayistischen: Paradigmen einer Schreibästhetik bei Walter Benjamin. Berlin, Boston: De Gruyter 2023.

Schmidtner, Nico: Alfred Döblin und seine Zeitschrift *Das Goldene Tor* : zwischen Inszenierung und Werkästhetik. Bielefeld: transcript 2022.

Shahar, Galili: Der Stern, das Gebet, ein Narr: zur Dialektik der Tradition bei Benjamin, Rosenzweig und Kafka. Aus dem Hebräischen v. Michal Bondy. Göttingen: Wallstein Verlag 2021.

Suginaka, Yoko: Zwei Formen der Moderne : Die Großstadtromane *Berlin Alexanderplatz* von Alfred Döblin und *Die Rote Bande von Asakusa* von Kawabata Yasunari. Bielefeld: Aisthesis 2021.

Süß, Peter: 1923: Endstation: Alles einsteigen! Berlin: Berenberg 2022.

Ullrich, Volker: Deutschland 1923: das Jahr am Abgrund. München: C. H. Beck 2022.

Utkin, Roman: Charlottengrad: Russian culture in Weimar Berlin. Madison, Wisconsin: The University of Wisconsin Press 2023.

Weber, Thomas (Hrsg.): Als die Demokratie starb: die Machtergreifung der Nationalsozialisten – Geschichte und Gegenwart. Freiburg, Basel, Wien: Herder 2022.

Wieland, Klaus: Moderne Mannsbilder. Zur Semantik von ›Männlichkeit‹ in der deutschsprachigen Erzählliteratur der Frühen Moderne, 1890–1930. Bielefeld: transcript 2024.

Zimmer, Nina, Martin Waldmeier (Hrsg.): Aufbruch ohne Ziel: Annemarie Schwarzenbach als Fotografin. Zentrum Paul Klee. Zürich: Lars Müller Publishers 2020.

VERZEICHNIS DER MITARBEITERINNEN UND MITARBEITER

Fabian Bauer, MA
Albert-Ludwigs-Universität Freiburg
Deutsches Seminar / Neuere deutsche Literatur
Platz der Universität 3
D-79085 Freiburg i. Br.

Prof. Dr. Sabina Becker
Albert-Ludwigs-Universität Freiburg
Deutsches Seminar / Neuere deutsche Literatur
Platz der Universität 3
D-79085 Freiburg i. Br.

Apl. Prof. Dr. Walter Delabar
Beethovenstraße 7
D-12307 Berlin

Wilfried Heise
Meisenweg 9
D-63820 Elsenfeld

Prof. emeritus Dr. Günter Helmes
Silberzeile 16
A-4780 Schärding

Prof. Dr. Britta Herrmann
Universität Münster
Germanistisches Institut
Abteilung für Neuere deutsche Literatur
Schlossplatz 34
D-48143 Münster

Prof. Dr. Jürgen Hillesheim
Universität Augsburg
Brecht-Forschungsstätte
Staats- und Stadtbibliothek Augsburg
Schaenzlerstraße 25
D-86150 Augsburg

Dr. Michael Jansen
Grundbesitzer-Verein der Gartenstadt Berlin-Frohnau
Markgrafenstraße 79
D-13465 Berlin

PD Dr. Robert Krause
Albert-Ludwigs-Universität Freiburg
Deutsches Seminar / Neuere deutsche Literatur
Platz der Universität 3
D-79085 Freiburg i. Br.

Prof. Dr. Maren Lickhardt
Universität Siegen
Philosophische Fakultät
Germanistik – Neuere deutsche und Allgemeine Literaturwissenschaft
Hölderlinstraße 3
D-57076 Siegen

Milosh Lieth, MA
Albert-Ludwigs-Universität Freiburg
Deutsches Seminar / Neuere deutsche Literatur
Platz der Universität 3
D-79085 Freiburg i. Br.

Dr. Wolfgang Menzel
Pädagogische Hochschule Karlsruhe
Institut für deutsche Sprache und Literatur
Campus Bismarckstraße 10
D-76133 Karlsruhe

Dr. Barbara von Reibnitz
Universität Basel
Philosophisch-Historische Fakultät
Departement Sprach- und Literaturwissenschaften
Nadelberg 4
CH-4051 Basel

Bernhard Rusch
Winzererstraße 96
D-80797 München

Thomas Storrer
Wolkausweg 16a
D-22337 Hamburg

PERSONENREGISTER

Abeking, Hermann 49
Adorno, Theodor W. 70, 77,
    223, 236, 266, 287
Albers, Hans 136
Amakasu, Masahiko 241, 243,
    245 ff., 249 ff., 254 f.
Arbuckle, Roscoe 11
Arco von Valley, Anton Graf
    153
Arnheim, Rudolf 72, 108
Arp, Hans; Jean Arp 268
Aspetsberger, Friedbert 275
Asther, Nils 22
Atsushi, Nakajima 264
Ausländer, Rose 285

Baacke, Rolf-Peter 282
Baal, Johann 133
Baal Schem Tov 159
Baby Peggy, d. i. Diana Serra
    Carry 11
Bachmann, Ingeborg 264
Ball, Hugo 215, 231 f., 267 f.
Banholzer, Paula 135, 146
Barkai, Avraham 211
Baßler, Moritz 253
Baudrillard, Jean 262
Bauer, Gustav 163 f.
Baum, Vicki 49, 284
Baureithel, Ulrike 276
Becher, Johannes R. 142 f., 267,
    276
Béla, Dajos 49
Benjamin, Walter 26, 32 f., 36,
    42, 81, 83 ff., 88, 94, 248 ff.,
    256, 284 f., 287

Benn, Gottfried 155 f., 279 f.
Berg, Bengt 50 f.
Berg, G. 28
Bergmann, Carl 216
Bermann-Fischer, Gottfried 181
Bertolucci, Bernardo 254 f.
Betzner, Anton 28
Bierbaum, Otto Julius 267
Binswanger, Ludwig 156
Bischoff, Friedrich 86
Bitterli, Urs 197
Bloch, Ernst 231
Blüher, Hans 10
Borchardt, Rudolf 32
Borchert, Wolfgang 87
Bowie, David 133
Braun, Alfred 81 f., 94
Braune, Rudolf 9, 23, 25–39,
    41 ff., 108
Brecht, Bertolt 26, 28, 30, 72,
    81 ff., 86, 93, 99, 103, 105,
    115, 129–144, 147, 149,
    249, 256, 267, 271, 274, 285
Breitbach, Josef 28
Brenner, Hans Georg 27 f.
Brenner, Hildegard 155
Breslauer, Marianne 287
Brittnacher, Hans Richard 202
Bronnen, Arnolt 269–276
Buber, Martin 231
Büchner, Georg 131
Busch, Wilhelm 211
Butler, Erik 186

Calvin 161
Canetti, Veza 285

Chaplin, Charlie 11–16, 19–22, 27, 30, 33, 35 f., 38, 242 f., 247, 253
Chernow, Ron 213
Clemenceaus, Georges 152
Compson, Betty 23
Coogan, Jackie 11 f.
Cook, James 199
Courths-Mahler, Hedwig 51 f., 55
Cremer, Ludwig 87
Cuno, Wilhelm 226

Daxner, Michael 219
de Fiori, Ernesto 279
Dehmel, Richard 180
Dessau, Paul 136
Deyers, Lien 21
Dieterle, Wilhelm 21
Dinglreiter, Senta 264
Disraeli, Benjamin 213
Döblin, Alfred 77, 91, 102 f., 105 ff., 123, 149 ff., 153–165, 167 f., 179, 181 f., 184, 206
Döblin, Erna 149, 151
Drügh, Heinz 253
Duchamp, Marcel 266, 268

Ebert, Friedrich 149, 164
Eichberg, Richard 18
Einstein, Carl 276 f., 284, 288 f.
Eisenstein, Sergei 16, 30
Eisner, Kurt 150, 153
Eisner, Lotte 240, 242
Elias, Norbert 191
Ernst, Max 288
Erzberger, Matthias 150
Ewers, Hanns Heinz 17

Fairbanks, Douglas 23
Fallada, Hans 269, 284
Fanck, Arnold 265
Fassbinder, Rainer Werner 133
Fechter, Paul 156 f.
Federn, Paul 166
Fehling, Jürgen 106
Feld, Hans 28
Fernau, Rudolf 129, 139 f., 146
Feuchtwanger, Lion 267
Feyder, Jacques 23
Fichte, Hubert 265
Fichte, Johann Gottlieb 261
Fischer, Samuel 181, 287
Fleck, Anton 233
Flesch, Hans 86
Fontane, Theodor 273
Foucault, Michel 194
Frank, Gustav 270
Frank, Leonhard 155
Frémiet, Emmanuel 193
Freudenheim, Rudolf 158
Freud, Sigmund 189, 191, 208, 271
Freytag-Loringhoven, Elsa von 266
Friedell, Egon 228
Fritsch, Theodor 219 f., 232
Fritschs, Willy 18
Frobenius, Leo 277
Fuchs, Eduard 33
Fuetterer, Werner 17

Garbo, Greta 17, 22, 27
Geiger, Willi 288
Gert, Valeska 210
Giese, Fritz 48
Ginsberg, Ernst 94
Glaeser, Ernst 28

Glaser, Ernst 86, 94
Godard, Jean-Luc 185 f.
Goebbels, Joseph 273
Goethe, Johann Wolfgang von 84, 134, 261
Goldenberg, Meta 163
Gollong, Heinz 168
Gortatowski, Günther 52
Gothein, Georg 226
Gotsche, Otto 25 f.
Graf, Oskar Maria 225, 229, 268
Gralla, Dina 18
Griffith, David Wark 198
Griffith, Raymond 34
Gross, Otto 268
Grosz, George 77
Grünbaum, Fritz 91
Grund(-Hessel), Helen 285 ff.
Guillaume, Marc 262
Gürgen, Hannes 269, 271, 275 f.

Haarmann, Hermann 282
Habersbrunner, Hellmuth 87
Hahn, Torsten 194, 204
Halpern, Georg 235
Hamilton, Richard 90
Hamsun, Knut 253
Hanfstaengl, Ernst 240
Harbou, Thea von 185–188, 198–205
Hardt, Ernst 86, 94
Harvey, Lilian 18
Hasenclever, Walter 121, 285 f.
Hasu, Kawase 239
Hauptmann, Gerhart 181 ff.
Hauptmann, Margarete 183
Heartfield, John 268
Hedinger, Daniel 254

Heilmann, Ernst 158
Heimann, Moritz 179 f.
Heimböckel, Dieter 176
Heine, Heinrich 154
Heißenbüttel, Helmut 93
Heister, Hans Siebert von 69
Heister, Hans von 95
Hennings, Emmy 267 f.
Hermes, Stefan 194 f.
Herrmann, Klaus 28
Hesse, Christoph 198
Hesse, Hermann 179, 182, 264
Hessel, Franz 285 f.
Heym, Georg 133
Hilpert, Heinz 275
Himmler, Heinrich 134, 156, 236
Hindemith, Paul 77, 83, 86
Hirsch, Karl Jakob 275, 288
Hisakatsu, Hijikata 264
Hitler, Adolf 150, 157, 217, 226, 244, 273
Hoerschelmann, Fred von 276
Hofmannsthal, Hugo von 141, 179
Hohenester, Max 141, 147
Hollaender, Friedrich 121, 284 f.
Holzer, Marie 285
Homolka, Oskar 141
Hörburger, Christian 95
Hubermann, Bronislav 49
Huch, Ricarda 155
Huelsenbeck, Richard 91, 268
Hugenberg, Alfred 240, 242–245, 254
Huysmans, Joris-Karl 201

Ihering, Herbert 111
Inukai, Tsuyoshi 242

Jacobs, Monty 109
Jacques, Norbert 185–189, 193, 195 f., 198–206
Jahn, Friedrich Ludwig 261
Jessner, Leopold 272, 275
Jhering, Herbert 130
Jogiches, Leo 163
Johannsen, Ernst 86
Johst, Hanns 134 ff., 142, 156, 276
Joyce, Thomas 277
Jullien, François 262
Jung, Cläre 268
Jung, Franz 267 f.
Jünger, Ernst 272

Kaes, Anton 29
Kafka, Irene 285
Kahnweiler, Daniel-Henry 278
Kaléko, Mascha 285, 287
Kaltofen, Günter 276
Kandinsky, Wassily 223, 279
Karasek, Helmut 176
Karlin, Alma M. 263
Kästner, Erich 28, 72, 285
Kaus, Gina 284
Keaton, Buster 22, 34, 38
Kerr, Alfred 130
Kesten, Hermann 28
Keun, Irmgard 49 ff.
Kiefer, Klaus H. 277, 279–283
Kipling, Rudyard 190
Kirchner, Ernst Ludwig 261, 279
Kisling, Moïsse 279
Kläber, Kurt 28
Klabund 268
Klee, Paul 223, 278
Kleinschmidt, Erich 281
Klinger, Edwin 276

Koeppen, Wolfgang 269
Kolbenheyer, Erwin Guido 151, 153
Kollwitz, Käthe 155
Kolumbus, Christoph 199
Körner, Lothar 129
Kracauer, Siegfried 26, 35, 42, 48, 240, 252, 285, 287
Kracht, Christian 237, 239 ff., 243 ff., 247, 251, 253, 255, 265
Krafft-Ebing, Richard von 193
Kraus, Karl 11, 86, 94
Krauß, Werner 22 f., 82
Kronacher, Alwin 129 f., 139
Kropotkin, Piotr 161
Krull, Germaine 287
Küpper, Hannes 31
Kutscher, Artur 134 f., 267
Kuttner, Max 77
Kyser, Hans 180

Lachmann, Tobias 186
Lampe, Friedo 269
Landauer, Gustav 107
Landshoff-Yorck, Ruth 58, 63, 285, 287
Lane, Nora 20
Lang, Fritz 16, 29, 185–188, 198–206, 240, 244
Le Bon, Gustave 106, 122
Lehmann, Wilhelm 176, 180, 184
Leitner, Maria 284 f.
Leni, Paul 12
Leonhard, Rudolf 83
Leopoldi, Hermann 77, 91
Léry, Jean de 199
Lessing, Gotthold Ephraim 185
Lévinas, Emmanuel 262

Lévi-Strauss, Claude 262
Leybold, Hans 268
Liebermann, Max 224
Liebknecht, Karl 150, 165
Lippmann, Walter 66
Lloyd, Harold 11
Loerke, Oskar 155, 175–183
Löhner-Beda, Fritz 91
Lombroso, Cesare 190
London, Jack 50, 51
Loti, Pierre 263
Lotman, Jurij M. 189
Ludendorff, Erich 214f.
Luther 149, 160f.
Luther, Hans 221
Lüttwitz, Walther Freiherr von 163
Luxemburg, Rosa 150, 163, 165

Maase, Kaspar 95
Mann, Golo 234
Mann, Heinrich 155, 267, 284f., 287f.
Mann, Klaus 58
Mann, Thomas 41, 52, 55, 155, 179, 181, 267, 285
Max von Baden 214
Mayer, Carl 12
May, Joe 187
May, Karl 54
McLaglen, Victor 17
Meffre, Liliane 277, 279f.
Mehring, Walter 113, 268
Meisel, Edmund 113
Melchior, Carl 213, 215, 220f., 224, 226, 233f.
Mendelssohn-Bartholdy, Albrecht 223
Mendelssohn-Bartholdy, Paul von 219

Menzel, Wolfgang 178
Milch, Werner 86, 95
Miller, Laura 53
Miró, Joan 280
Mishimas, Yukio 255
Mittenzwei, Werner 156
Moes, Eberhard 95
Monaco, James 205
Moravia, Alberto 185
Morgan, Paul 91
Mühr, Alfred 98
Mühsam, Erich 267f.
Müller, Lothar 178
Müller, Robert 263
Müller, Traugott 110ff., 275
Müller, Wilhelm 134
Münchhausen, Börries von 156
Müntzer, Thomas 17
Münzel, Martin 220, 223
Musil, Robert 62, 184

Nef, Ernst 282, 284
Neher, Caspar 275
Némirovsky, Irène 285
Neumann, Gerhard 183
Nielsen, Asta 10, 22f.
Nietzsche, Friedrich 131f., 228, 237, 250f., 262, 281
Nolde, Emil 263
Noske, Gustav 149, 163

Onken, Hinnerk 196
Orlik, Emil 180
Ossietzky, Carl von 106
O'Toole, Peter 133
Otten, Karl 267f., 285, 288
Overy, Richard 255

Pabst, Georg Wilhelm 22, 34
Palance, Jack 185

Palfreyman, Rachel 270
Paquet, Alfons 155
Pechstein, Max 261, 263
Peter, Frank Manuel 210
Pfanzelt, Georg 142
Pfeiffer, Ida 263
Pfemfert, Franz 282, 285
Picasso, Pablo 223, 278
Pickford, Mary 22
Pinder, Wilhelm 224
Pirchan, Emil 275
Piscator, Erwin 97 ff., 104 f.,
　　109–112, 115, 119, 127, 272
Pitigrilli 17
Poe, Edgar Allan 192, 238 f.
Pohl, Gerhart 30
Polgar, Alfred 276
Proust, Marcel 285
Pudowkin, Wsewolod Illariono-
　　witsch 16, 30
Pyta, Wolfram 155

Quintana, Alejandro 144

Raabe, Wilhelm 196
Rasin, Stenka 17
Rathenau, Walter 150, 215,
　　217, 220
Rathenau, Walther 214, 217,
　　232
Ray, Man 287
Reckwitz, Andreas 89
Reinhardt, Max 126, 272
Remarque, Erich Maria 50, 53,
　　86, 179
Rembrandt 15
Richter, Hans 42
Riederer, Marietta 287
Rimbaud, Arthur 133
Roché, Henri-Pierre 286

Röhrig, Walter 275
Rooms, Abram 35
Rops, Felicien 281
Rosenberg, Alfred 153, 272
Rosenberg, Arthur 150
Roßbach, Gerhard 273
Roß, Colin 50
Roth, Joseph 225
Rousseau, Henri 15
Rowohlt, Ernst 286, 290
Rudolf, Arthur 27 f.
Rühmann, Heinz 240, 242
Rust, Bernhard 155

Safarow, Sven 186 f.
Sahl, Hans 285
Said, Edward 262
Sakae, Osugi 246
Salman, Elijah Ben Salomon
　　159
Salomon, Ernst von 217, 232
Salten, Felix 285
Sanzaras, Rahel 54
Schachmeister, Efim 78
Schacht, Hjalmar 227
Schad, Christian 268
Schäfer, Ernst 264
Schäfer, Wilhelm 151, 153
Schall, Ekkehard 144
Scheffler, Johannes 233
Scheidemann, Philipp 163
Scherer, Stefan 269 f.
Schickele, René 152, 154 f.,
　　286
Schiffer, Eugen 216
Schiller, Friedrich 151
Schillings, Max von 155
Schlettow, Hans Adalbert 17
Schlichter, Rudolf 285
Schlöndorff, Volker 133

Schnitzler, Arthur 157
Schnog, Karl 285
Schoen, Ernst 88
Scholdt, Günter 187, 197
Schöller, Wilfried 157
Scholz, Anke 211
Schönberg, Arnold 223
Schopenhauer, Arthur 131
Schubert, Franz 134
Schulz-Kampfhenkel, Otto 264
Schwabach, Erik-Ernst 286
Schwarzenbach, Annemarie 285
Schweikart, Hans 136
Segalen, Victor 262
Seidel, Willy 263 f.
Seiler, Lutz 176, 178
Semon, Lawrence 11
Senger, Harry 75
Sholem, Gershom 231
Siebenhaar, Klaus 282
Simmel, Georg 287
Simons, Mack 75
Simon-Wolfskehl, Tony 279
Sintenis, Renée 180
Slovek, Helene 163
Sonderegger, René 217
Spengler, Oswald 231
Sprengel, Peter 183
Staden, Hans 199
Stevenson, Robert Louis 273
Stone, Sasha 97
Straus-Ernst, Luise 288
Strauß, Emil 151 ff., 288
Stresemann, Gustav 222
Suhrkamp, Peter 135, 176, 181
Swanson, Gloria 11, 23

Taeuber, Sophie 268
Talmadge, Norma 11, 22, 35, 37

Tanaka, Azusa 253
Tanizaki, Azusa 253
Tergit, Gabriele 284
Theison, Philipp 251
Thevet, André 199
Thoma, Ludwig 270, 273
Thom, Andreas 133
Thomson, Fred 20
Thunecke, Jörg 183
Tieck, Dorothea 94
Tieck, Polly; d. i. Ilse Ehrenfried 285
Tillich, Paul 248, 256
Toller, Ernst 97–109, 111 f., 114–121, 125 ff., 230
Toller, Erwin 97 ff., 101, 103 ff., 107–113, 115–123, 125
Tönnies, Ferdinand 122
Truffaut, François 286
Tucholsky, Kurt 285
Türk, Werner 28

Ungar, Hermann 285
Uricchio, William 276

Vagts, Alfred 212 f., 218, 221, 226, 234, 267
Valentin, Karl 84
Verlaine, Paul 133
Viertel, Berthold 275
Villon, François 133
Virilio, Paul 199
Vischer, Friedrich Theodor 285
Vogeler, Heinrich 288
Vogts, Hanns 28
Voigts, Manfred 231
von Bethmann Hollweg 290
von Salomon, Ernst 217 f., 232
von Schillings, Max 155 ff.

Wagner, Martin 155
Waldau, Theodor 78, 91
Walser, Robert 285
Warburg, Aby 226f., 231
Warburg, Max 211–231, 235f.
Warburg, Paul 212, 217, 223,
    234
Wasmuth, Ewald 278
Wassermann, Jakob 156
Wedekind, Frank 133, 267
Wegmann, Thomas 37
Weichert, Richard 275
Weigel, Helene 82
Weill, Kurt 71f., 76, 83, 86,
    130
Weiskopf, Franz Carl 28
Weiß, Emil Rudolf 180
Weizmann, Chaim 214, 228,
    236
Welk, Ehm 98

Werber, Nils 270
Werfel, Franz 155
Weyrauch, Wolfgang 86, 94
Wilhelm II., Friedrich Wilhelm
    Albert Viktor von Preußen
    161, 213
Wilson, Woodrow 213
Wingate, Lorna 236
Wingate, Orde 236

Young, Louise 255
Yva, d. i. Else Ernestine Neulän-
    der-Simon 287

Zech, Paul 133
Zilcosky, John 195
Zilzer, Wolfgang 23
Zischler, Hanns 178
Zittel, Claus 176
Zweig, Arnold 149

auch als
eBook

Sabine Kyora (Hg.)
2018, 200 Seiten
ISBN 978-3-86916-759-6

Alfred Döblin

»Ein Kerl muss eine Meinung haben«, forderte
Alfred Döblin (1878–1957) in den 1920er Jahren.
Genau dieses Ringen um politische und poetolo-
gische Positionen charakterisiert sein Gesamtwerk.

Die Neufassung versammelt Einblicke in Döblins
satirische, ernsthafte oder innovative Auseinandersetzung mit den gesellschaftlichen und ästhetischen
Herausforderungen seiner Gegenwart.

et+k

edition text+kritik · www.etk-muenchen.de

auch als eBook

Hannah Arnold /
Peter Langemeyer (Hg.)
2019, 138 Seiten
ISBN 978-3-86916-841-8

Ernst Toller

Der Schriftsteller Ernst Toller ist im kollektiven
Gedächtnis vor allem als Autor von Stücken wie
»Masse Mensch« und »Hinkemann« sowie der Selbst-
biografie »Eine Jugend in Deutschland« präsent. Was
er darüber hinaus an literarischen Werken geschaffen
hat, ist dagegen weitgehend in Vergessenheit geraten.
Das Heft widmet sich der ganzen Breite seiner schriftstellerischen Produktion, die nicht nur in enger Verbindung zur Politik, sondern auch zu den modernen
Massenmedien steht.

et+k

edition text+kritik · www.etk-muenchen.de

Julian Hanich /
Michael Wedel (Hg.)
2024, 107 Seiten
ISBN 978-3-96707-889-3

F. W. Murnau
Neue Sichtweisen

Die Beiträge in dieser Ausgabe der FILM-KONZEPTE eröffnen neue Perspektiven auf das Werk des legendären
Stummfilmregisseurs. Lange hat die Forschung das Bild
eines ›tragischen Romantikers‹ bzw. ›melancholischen
Poeten‹ des Kinos gezeichnet und vornehmlich am Beispiel
einiger weniger Filme herausgearbeitet, vor allem NOSFERATU,
FAUST und TABU. Der Band möchte dieses vorherrschende
Bild von Murnau hinterfragen und unternimmt dazu
thematische, motivische und ästhetische Erkundungen.

edition text+kritik · www.etk-muenchen.de